KB089868

SNU SERI 연구총서 3

학습장애 진단과 판별

SNU SERI 연구총서 3

학습장애 진단과 판별

Dawn P. Flanagan
Vincent C. Alfonso 편저
김동일 역

Essentials of Specific
Learning Disability
Identification

학지사

2014년 정부(교육부)의 재원으로 한국연구재단의 지원을 받아 수행된 연구임.
(NRF-2014S1A5A2A03064945)

역자 서문

우리나라의 특수교육연차보고서에 따르면 해마다 특수교육 대상자로 등록하는 학생 수는 지속적으로 증가하는 추세임에 반해, 학습장애 학생의 현황은 2008년 9.4%, 2011년 6.8%에 이어 2012년에는 5.6%로 그 비율이 감소하고 있습니다. 이와는 대조적으로 미국의 경우는 학습장애가 특수교육의 가장 큰 영역으로서 2007년 「장애인교육법(IDEA)」에 의해 서비스를 받고 있는 전체 장애 인구 가운데 학습장애가 차지하는 비율이 약 40%로 가장 큽니다.

아직까지 학습장애에 대한 정의와 진단 준거에 관하여 명확한 합의가 이루어지지 않고 있을 뿐만 아니라 학습장애가 학습부진 혹은 저성취 개념과 혼용되고 있고, 이들을 진단·판별하는 기준과 방법이 명확하지 않기 때문에 나라마다 지역마다 출현율이 다릅니다. 개념과 정의의 문제는 진단·판별과 직결되고, 진단·판별 절차에 따라 산출된 출현율에 의해 전반적인 교육 서비스 및 정책 방향이 결정되기 때문에 그 중요성은 매우 높습니다.

학습장애 개념이 생겨난 1960년대 이후 학습장애 진단에 있어 개인 내 차이를 강조하는 능력-성취 불일치 모델(ability-achievement discrepancy model)이 주요한 관점으로 활용되어 왔으나, 지능 개념에 대한 논쟁, 중재에 대한 반응과의 낮은 관련성, 학생의 학업 성취가 심각해질 때까지 기다려야 하는(wait-to-fail) 문제 등이 지속적으로 제기되었습니다. 이에 2004년 개정된 IDEA에서는 효과적인 중재에 대한 반응을 준거로 진단·판별하는 중재반응 모형(RTI)이 주요 준거로 채택되었습니다. IDEA에서는 학습장애 판별 시 지능검사를 필수적으로 사용하지 않아도 되며 중재반응 모형의 시행을 허용해야 한다고 규정하고 있습니다. 그럼에도 RTI의 적용 가능성과 효과성이라는 측면에서 여전히 많은 논쟁이 지속되고 있습니다. 이러한 논쟁은 새로운 정의와 판별 방법에 대한 지속적인 요청으로 이어졌습니다.

우리나라 학습장애 진단과 판별을 재정립하고 유의미한 교수와 중재를 설계하며 이를 교육 현장에서 효과적으로 펼치기 위해서는 배전의 노력과 현실적인 작업이 필요합니다. 그 첫걸음인 이 책은 지금까지 제시되었던 세 가지 입장에서 학습장애의 정의를 되새기고, 진단과 판별의 기본적인 질문과 대답을 제공하는 매우 유용한 역작으로 판단됩니다.

이 책을 내놓기까지 매우 많은 분의 참여와 도움이 있었습니다. 특히 이 책을 같이 공부한 서울대학교 교육종합연구원 특수교육연구소(Seoul National University Special Education Research Institute: SNU SERI) 연구원들과 정성 어린 손길로 책을 만들어 주신 학지사 임직원 여러분께 진심으로 고마운 마음을 전합니다.

2016년 SNU SERI
서울대학교 교육종합연구원 특수교육연구소
소장 김동일

서 문

미국 국립교육센터의 교육통계에 따르면 미국에서 학령기에 가장 많이 발생하는 장애는 학습장애로 밝혀졌다. 즉, 학습장애가 학령기 장애 인구의 거의 반이나 차지한다는 것이다. 이렇게 높은 학습장애 출현율은 1975년부터 거의 유사하게 유지되고 있는 특정학습장애에 대한 일반적인 정의가 있음에도 불구하고 특정학습장애를 진단하는 최적의 모델이나 방법에 대한 합의가 잘 이루어지지 않은 탓에 이 분야의 전문가가 아닌 사람들에게는 조금 놀라운 사실일지 모른다. 2004년, 미국 공립학교에 장애학생을 위한 무상교육을 처음으로 의무화했던 「전장애아교육법[P.L. 94-142, 장애아동교육법(Education for All Handicapped Children Act)]」을 최근에 개정한 「IDEIA (Individuals with Disabilities Education Improvement Act)」 이후에 특정학습장애 판별을 위한 최적의 접근에 대한 불일치의 목소리가 더 커져 갔다. 2004년 이전 IDEA 시행에 대해 연방법에서는 필요조건이지만 충분조건은 아닌 경우인 특정학습장애 진단을 위해 능력과 성취 사이에는 심각한 불일치가 존재해야 한다고 여겼다. 하지만 1975년 법에 기록되어 있는 것처럼 대체로 특정학습장애의 정의를 유지했던 IDEA에서는 불일치 조항만을 고집하지 않고, 대신에 특정학습장애 진단을 위한 세 가지 기본적인 접근의 조합을 꺼내 놓았다. ① 심각한 불일치, ② 증거기반 중재에 학생이 보이는 반응에 초점을 둔 과정, ③ 특정학습장애를 판별하기 위한 연구기반 접근이나 과학적인 접근에 의한 지역교육청의 의사결정이 그것이다.

연방법의 변화와 애매모호함 그리고 학교에서 새로운 것을 시도하거나 빠르게 진행하여야 한다는 압박은 학습장애 분야를 혼란 속에 빠뜨렸고, 특정학습장애를 판별하는 방법에 대한 논란과 분쟁을 가열시켰다. 만약에 이런 논란이 크지 않았다면, 학령기(K-12)의 특정학습장애 진단규제법은 연방 자금을 받는 사립학교와 공립학교에만 적용되었을 것이다. 특정학습장애 진단과 이들이 받을 수 있는 혹은 받고 있는 자금이나 서비스 조항과 연관되어 있는 대학과 대학교, 사회보장관리제도, 재활부서, 법정 그리고 다른 기관들은 서로 다른 방법을 적용하고 특정학습장애 판별을 위한 다른 규칙을 가지고 있다. 과거 초·중등학교 체제에서 채택된 진단을 위한 최적의 방법도 진단을 받은 개인과 그들의 부모 그리고 다른 기관들이 수용할 수 없고 실망할 수 있다. 이는 결국 법원이 어떻게 특정학습장애를 진단할 것인지를 결정하게 되는 방향으로 갈 수 있다. 연방규제법의 변덕스러움과 미국 교육부의 명백한 가이드라인의 부재 때문에 고비용 소송으로 이어지는 상황은 내가 IDEIA를 변호사만 배불리는 2004년판 '변호사복지'법이라고 부르는 주요 이유다.

특정학습장애를 가진 개인을 판별하기 위한 적절하고 정확한 방법에 대하여 현재 현장에서 가장 많이 시도되고 있는 다양한 방법을 현장 실무자나 전문가들이 이해할 수 있도록 돕는 형식으로 학술단체들의 지대한 관심이 필요하다. 이 책은 학습장애 분야의 실제를 파악하고 각 모형의 정확한 이해를 생략하지 않으면서 명료하게 설명하도록 구성되었다. 그리고 이 책이 학령기의 학생들에게 초점을 두었다고 할지라도 교육적·의학적·심리학적·신경심리학적 모델 역시 이 책에서 만날 수 있다.

이 책의 전반부에서는(비록 몇몇의 저자가 판별을 강조하고 몇몇은 중재를 강조하였지만) 읽기, 쓰기, 수학, 말하기 표현, 듣기 등 학업적으로 중요한 영역에서 특정학습장애의 학문적인 작업을 기술하는 것에 초점을 두었다. 어떤 이들은 뇌 기관의 신경심리학적 차이에 대해서 서로 논쟁을 할 수 있다. 다른 이들은 특정한 결손을 주장한다. 그리고 또 다른 이들은 특정학습장애의 핵심인 발달지연에 대해서 지속적인 관심을 갖고 있다. 특정학습장애가 매우 이질적 집단이며 기저 메커니즘이 모든 사람에게 똑같지 않다는 것에 대하여 모든 저자가 잘 알고는 있지만, 책의 곳곳에서는 오히려 이 사실이 제대로 드러나지 않고 있다.

이 책의 후반부에서는 특정학습장애 판별 모델과 방법을 강조하고 여기에서 우리는 또한 다양한 관점을 찾을 수 있다. 이 책을 읽은 후에 겉보기에는 그럴듯해 보이지만 실제로는 양립할 수 없는 모델, 특히 다양한 지역의 교육기관에 얼마나 많은 모델이 있는지(다른 많은 정부 기관과 프로그램에서 사용하는 전체적으로 다른 접근을 의미하는 것이 아닌)에 대해 알게 될 것이다. 이 책의 후반부에 나오는 현존하는 모든 모델은 특정학습장애 판별을 위한 추천할 만한 접근으로서 강점이 있고, 그 저자들은 각각의 사례를 잘 정리하고 있다. 그렇지만 몇몇의 유사한 접근이 각각 다른 아동을 판별하기도 할 것이다. 몇몇 접근은 또한 전혀 양립할 수 없다. 예를 들어, 학습에 기저가 되는 하나 또는 그 이상의 기초심리 과정에서 장애에 대한 절대적인 필요성을 강조하는 반면에, 이를 평가하거나 고려해 보기에는 불충분하기 때문에 특정학습장애 정의의 관점을 기각하기도 한다.

Fletcher는 그와 동료들이 최상의 모델이라고 인정한 RTI 모델에 대해 명확한 설명을 덧붙이며 진단 모델과 방법에 중점을 두어 글을 썼다. 잘 정리된 그의 주장은 추천받아야 함이 마땅하지만, 불운하게도 많은 주에서 Fletcher조차 문제가 있다고 밝혔고 연방법 조항에도 어긋나는 너무 극단적인 RTI만을 활용한 판별 방법을 적용하였다. Naglieri는 매우 다른 모델을 제시하였는데, 다른 어떤 모델보다 이론에 입각한 방법이며 경험적으로 지지되고 실제적으로 도움이 된다. Hale과 동료 저자들은 또한 이론적인 기반을 가지고 더 전통적인 신경심리학적 RTI 접근들의 통합을 시도하였다. 다음으로, Berninger는 현존하는 대부분의 모델에 의해, 특히 RTI만을 적용한 모델에 의해 간혹 발생하는 이슈, 공존성과 관련하여 특정학습장애의 여러 가지 유형에 따른 처치와 진단의 복합적인 문제들을 끌어오는 매우 훌륭한 글을 썼다. 증거기반 모델에 대한 그녀의 사례 그리고 진단과 중재에 대한 강조점은 아주 훌륭했다. 이 책의 편집자인 Flanagan과 Alfonso는 CHC 모델이 어떻게 특정학습장애를 정의하는지, 왜 정의할 수 있는지, 또한 CHC 맥락에서 평가를 위한 이 접근이 어떻게 맞아떨어지는지 설명하며 특정학습장애 판별을 위한 CHC 접근을 주장한다. 마지막으로, Ortiz는 특정학습장애 판별 맥락에서 장애와 문화적·언어적 '다름'에 대한 차이점을 언급하였다. 또한 문화와 언어로 인한 진단 오류를 피하기 위한 몇 가지 가이드라인도 제공한다. 우리는 같은 주제로서 1970년대 E. Paul Torrance의 '결손이 아닌 다름(differences not deficits)'에 관한 책의 주요 부분을 포함하였다.

이 책은 발달학적인 이론들과 특정학습장애의 병인학적 관점, 중재에 대한 평가 그리고 일반적인 것들 사이에서 특정학습장애 판별에 대한 주요 모델을 제시함으로써 학습장애 분야에 기여한다. 저자들은 이 책을 주의 깊게 읽을 수 있도록 하기 위하여 대부분의 사례에 있는 판별 모델들을 충분한 특징과 함께 상세히 설명하고, 기존의 관점들을 재해석하는 멋진 작업을 해 주었다. 독자들이 마주하게 될 아주 멋진 일은 아마도 모두에게 적용되는 모델을 하나 선정하는 것일 것이다. 이 책의 각 장은 나를 학문적으로 변화시켜 주고 어떤 이슈와 관련해서는 격렬하게 논쟁했지만 다른 부분에서는 동의하기도 했던 많은 저자가 작업해 주었다. 나 자신도 이 책에서 언급하는 다른 사람들의 특정 진단 모델을 적용하고 추천하는 멋진 부조화를 경험하게 될 사람 중 한 명이다. 이 작업을 하면서 우리는 매우 많은 불일치를 배웠는데, 이는 어쩌면 과학이 성장함에 따라 나타나는 모델과 방법의 호환성의 문제라고 볼 수 있다. 나는 과학이 발전함에 따라 특정학습장애를 가지고 있지만 전혀 똑같지 않은 사람들의 진단을 위한 적절하고 정확한 이점과 유용성을 가진 모델들을 모두 찾게 될 것이라고 믿는다. 특정학습장애는 이질적인 집단이기에 이 책에서 제공된 것처럼 우리는 객관적이고 증거를 기반으로 한 정확한 진단을 내리기 위해 각각 다른 모델들이 필요하다(사람마다 취향이 다르듯이). 지금, 우리가 각각의 학습장애 모델을 일관성 있는 (학습장애) 체계를 이루는 하나하나의 구성요소로 생각하고, 특정학습장애 진단에 대해 단 하나의 정답만을 고수하는 태도를 벗어날 수 있다면 바로 그것이 우리의 커다란 발전이 될 것이다.

텍사스 주 배스트롭에서

Cecil R. Reynolds

| 차 례 |

Chapter 6 ┊ 특정학습장애 판별을 위한 중재반응(RTI) 접근 … 149

Chapter 7 ┊ 학습장애 판별에서 PASS 이론에 의한 불일치 접근 … 183

Chapter 1
특정학습장애 개관

Marlene Sotelo-Dynega
Dawn P. Flanagan
Vincent C. Alfonso

이 장에서는 특정학습장애(specific learning disabilities: SLD)의 정의와 분류 체계 및 판별법에 대해 간단히 살펴보고자 한다. 역사적으로 학업적인 면에서 기대 수준만큼 의 성취를 보이지 않은 아동들을 평가를 거쳐 학습장애(learning disability: LD)를 가진 아동으로 판별하였다(Kavale & Forness, 2006). 미국에서 학습장애로 판별된 아동의 수는 1975년 「전장애아교육법(Education for All Handicapped Children Act)」이 시행된 이래 세 배로 늘어났다(P.L. 94-142; Cortiella, 2009). 이 역사적인 법안은 학습장애 아 동을 포함하여 특수한 학습자에 대한 판별 준거를 담고 있으며, 그들이 적절한 무상 공교육(free and appropriate public education: FAPE)을 받아야 함을 명시하고 있다. 가 장 최근 개정된 법인 2004년 「장애인교육법[Individuals with Disabilities Education Improvement Act(P.L. 108-446), 이하 'IDEA 2004']」을 포함하여, P.L. 94-142의 모든 개정법은 본래의 목적을 고수하고 있다. 〈표 1-1〉은 지금까지 이 법안의 주요한 변화 를 보여 준다.

미국 교육부(United States Department of Education: USDOE)는 1975년부터 특수교 육 서비스 적격 대상 학생들에 대한 자료들을 모아 왔다. 가장 최근 자료에 따르면 260만 명의 학령기 학생이 특정학습장애로 분류되었다. 이는 현재 학교에 다니는 약 6,600만 명의 학생 중 거의 4%에 달하는 수치다. 교육적 장애 상태에 있는 것으로 분

■ 〈표 1-1〉 1975년부터 2004년까지 특수교육법의 주요 변화

1975	Education for All Handicapped Children Act(EHA) P.L. 94-142	• 학령기(5~21세) 장애아동에 대하여 적절한 무상 공교육(FAPE)을 받을 권리를 보장함.
1986	EHA P.L. 99-457	• 출생 이후 5세까지의 아동도 포함하는 것으로 EHA의 목적을 확장함. 　- 3~21세 아동에 대하여 FAPE가 보장됨. 　- 각 주는 출생 이후 2세 사이의 장애아동에 대한 조기중재 프로그램을 개발하여야 함.
1990	EHA가 재명명화된 Individuals with Disabilities Education Act (IDEA) P.L. 101-476	• handicapped child라는 용어가 child with a disability로 대체됨. 자폐 및 외상성 뇌손상 분류영역이 추가됨. • 16세부터 장애아동을 위한 전환서비스를 제공해야 함을 규정함. 보조공학 장치 및 서비스를 정의함. • 장애아동이 가능한 최대한도의 범위에서 일반교육 환경에 통합되어야 함을 규정함.
1997	IDEA P.L. 105-117	• 모든 학생이 일반교육과정에 접근할 수 있게 하기 위하여 최소제한환경(LRE)을 확장함. • 학교에서는 모든 학생의 개별화교육을 계획할 때 보조공학 장치 및 서비스 도입을 고려해야 함. • 학교 환경 안에서, 입학 시에 학교로부터 다양한 안내를 받아야 할 필요가 있는 아동들에게 관련 서비스 항목 부분에서 오리엔테이션 및 이동서비스를 추가함.
2004	IDEA가 재명명화된 Individuals with Disabilities Education Act Improvement(IDEIA)[1] P.L. 108-446	• 이 법령은 2001년 아동낙오방지법(No Child Left Behind Act: NCLB)과 연계됨. • 법령의 초점은 장애아동에 대한 책무성과 성취에 있어 높아진 기대에 있음. • 특정학습장애를 판별하는 평가과정에 변화가 추가됨.

1. 'IDEA'('IDEIA'보다는)라는 표현이 2004년 개정법을 일컫는 데 보편적으로 사용되므로, 이 책에서도 그렇게 사용하기로 한다.

■ 〈표 1-2〉 IDEA 2004하에서 서비스를 제공받은 6∼21세 장애학생

IDEA 장애 영역	전체 장애 영역 중 비율	전체 취학학생 중 비율
특정학습장애	43.4	3.89
말 또는 언어 장애	19.2	1.72
기타 건강장애	10.6	0.95
정신지체	8.3	0.74
정서장애	7.4	0.67
자폐	4.3	0.39
중복장애	2.2	0.20
발달지체(3∼9세만 해당)	1.5	0.13
청각장애	1.2	0.11
지체장애	1.0	0.09
시각장애	.44	0.04
외상성 뇌손상	.40	0.04
농맹	.02	0.00

출처: U.S. Department of Education, Office of Special Education Programs, Data Analysis System(DANS). Washington, DC: IES National Center for Educational Statistics. Available from http://nces.ed.gov/das.

류된 학생들 중에서 43%가 특정학습장애로 분류된 셈이다[USDOE, Office of Special Education Programs, Data Analysis System(DANS), 2008]. 〈표 1-2〉에 따르면 IDEA 2004의 어떤 다른 장애 영역의 인구보다 특정학습장애의 출현율이 비교할 수 없이 높으며, 이러한 경향이 1980년부터 유지되고 있음을 알 수 있다(USDOE, 2006).

학습장애 정의의 역사

학습장애의 정의는 1800년대 중후반의 신경학, 심리학 및 교육학 분야로 거슬러 올라간다(Mather & Goldstein, 2008). 최초로 학습장애의 정의를 내린 사람은 평균 혹은

그 이상의 지능에도 불구하고 기초학습 기능 습득에 심각한 어려움을 겪거나 두부 외상 또는 뇌졸중 등으로 뇌손상을 입은 후 특정 작업 수행 능력을 잃은 사람들을 관찰한 임상가들이었다(Kaufman, 2008). 그 당시 임상가들이 뇌기반 학습장애에 대한 가설을 검증하기 위한 필수 기술이나 정신측정학상으로 신뢰할 만한 방법을 가지고 있지 않았다는 것을 고려했을 때, 사회적 구성과 교육에 초점을 맞춘 정의는 점차 발달하였지만 근본적으로 신경학적 병인학으로 추정되는 의학적인 면에 초점을 맞춘 연구들은 줄어들었다(Hale & Fiorello, 2004; Kaufman, 2008; Lyon et al., 2001).

1963년 Samuel Kirk는 시카고 일리노이에서 열린 '지각장애 아동 문제에 대한 탐색' 학술대회에서 교사와 부모에게 강연을 했다. 그 학술대회의 목적은 ① 지각적 학습장애에 기반을 둔 아동의 문제에 대해 다양한 분야의 선두적인 전문가들로부터 정보를 얻고, ② 이러한 아동을 위한 서비스를 보장하기 위하여 영향력을 행사할 수 있는 국가적 조직을 만들기 위함이었다. 이 학술대회에서 Kirk는 그가 최근 출간한 『특수 아동 교육(Educating Exceptional Children)』(Kirk, 1962)이라는 책을 근거로 하여 「학습장애」라는 제목의 논문을 발표하였다. 이 논문에서 Kirk는 학습장애를 다음과 같이 정의하였다.

> 학습장애는 대뇌기능장애나 정서 · 행동장애 때문에 일어난 심리적 장애로 말, 언어, 읽기, 쓰기, 셈하기나 다른 과목의 하나 또는 그 이상의 과정에서 지체, 장애 또는 지연된 발달을 말한다. 이것은 정신지체, 감각 손상 혹은 문화적 · 교육적 요인의 결과는 아니다(p. 263).

학술대회 참가자들은 Kirk가 제안한 '학습장애' 용어와 이에 상응하는 정의를 수용했을 뿐만 아니라 현재 미국학습장애협회(Learning Disabilities Association of America: LDA)로 알려진 조직을 형성하였다. 미국학습장애협회는 학습장애를 가진 아동의 판별과 교육에 관계하기 때문에 '법률 제정, 이론, 진단 과정, 교육의 실제, 연구와 훈련 모델에 대한 거시적 틀'에 지속적으로 영향을 미치고 있다(LDA, 연도 미상).

학습장애에 대한 Kirk의 정의는 특수아동학회(Council for Exceptionl Children:

CEC)와 연방정부의 법 제정을 포함하는 학습장애에 대한 다른 단체의 정의에도 영향을 미쳤다. 또한 1982년에서 1989년 사이에 사용된 11개의 다른 학습장애 정의는 Kirk의 1962년 정의를 포함한다. 그렇기 때문에 대부분의 정의에서 학습장애 하위 구성요소가 일치한다는 사실은 그리 놀라운 일이 아니다(Hammill, 1990). 흥미롭게도, 어떠한 정의도 학습장애 판별에 대한 발전에 강력하게 영향을 미치지는 않았다. 그 주요한 이유는 정의들이 조작적 요소보다 개념적 요소에, 포함 준거보다 배제 요인에 더 초점을 맞추는 경향이 있었기 때문이다. 〈표 1-3〉은 1962년 Kirk의 정의와 함께 국가적이고 세계적인 조직과 학습장애 연구자들이 제안한 가장 일반적인 학습장애의 핵심적인 특징을 설명하고 있다. 대부분의 정의는 학습장애를 학습 문제와 학습 기술 약점을 야기하는 신경상에 근거한 장애나 심리 과정상의 장애로 설명하고, 학습장애가 다른 장애들과 함께 나타난다고 기술한다.

비록 〈표 1-3〉에 포함된 학습장애의 정의는 어떠한 특성(예: 평균이나 더 나은 지능, 전 생애에 걸쳐 명백하게 드러남)을 포함하여 용어적인 측면에서 다양할지라도, 가장 널리 사용되는 정의는 IDEA 2004에 포함된 것이다(Cortiella, 2009). 다른 정의들과는 달리, IDEA 2004 정의에서는 불능(disorder)이나 장애(disability)가 특정 학습 기술이나 영역에 영향을 준다는 것을 내포하며 특정학습장애를 언급한다. IDEA 2004에 따르면 특정학습장애는 다음과 같이 정의된다.

> '특정학습장애'라는 용어는 듣기, 생각하기, 말하기, 읽기, 철자쓰기나 수학적 계산하기에 대한 불완전한 능력에서 나타나는 구어나 문어를 이해하고 사용하는 것과 관련된 하나 또는 그 이상의 기본 심리 과정상의 장애를 의미한다. 이러한 용어는 지각장애, 뇌손상, 경미한 뇌의 기능장애, 난독증, 발달적 실어증과 같은 상태를 포함한다. 시각 · 청각 · 운동장애, 정신지체, 정서장애, 환경적 · 문화적 혹은 경제적 결손으로 나타나는 학습 문제는 포함하지 않는다(IDEA 2004, § 602.30, Definitions).

학습장애의 정의는 어떻게 학습장애의 상태를 판별하거나 진단하는지에 대해서 분명하게 제시하지 않기 때문에 별도의 학습장애의 분류 체계가 발달되었다. 학습장애에서 가장 자주 사용된 세 가지의 분류 체계는 다음과 같다.

■ 〈표 1-3〉 학습장애 정의의 주요 특징

출처	능력-성취 간의 불일치	평균 혹은 그 이상의 지능	신경학적 근거	심리 과정상의 장애	전 생애에 걸친 명백함	듣기와 말하기	학업 문제	개념적 문제	학습적, 언어적 혹은 개념적 장애	중복 장애에 대한 가능성
Samuel Kirk (1962)	−	V	V	V	V	V	V	−	V	V
Barbara Bateman (1965)	V	−	V	V	−	−	V	−	−	V
National Advisory Committee on Hadicapped Children (1968)	−	−	V	V	−	V	V	V	−	V
Northwestern University (1969)	V	−	−	V	−	V	V	−	V	V
Council for Exceptional Children, Division for Children with Learning Disabilities (1960년대 후반)	−	V	V	V	−	V	−	−	−	−

Joseph Wepman (1975)	−	−	−	V	−	−	V	−	−	−
Education for All Handicapped Children Act (1975)	V	−	−	V	−	V	V	−	−	V
U.S. Office of Education (1977)	−	−	V	V	V	V	V	−	−	V
National Joint Committee on Learning Disabilities (1981)	−	−	V	−	V	V	V	V	−	V
Learning Disabilities Association of America (1986)	−	−	V	−	V	V	V	V	V	−
Interagency Committee on Learning Disabilities (1987)	−	−	V	−	V	V	V	V	V	V
Individuals with Disabilities Education Act (1986, 1990, 1997, 2004)	−	−	V	V	V	V	V	−	−	V

National Joint Committee on Learning Disabilities (1990)	−	−	V	−	V	V	V	V	−	V
Kavale, Spauding, & Beam (2009)	V	V	V	V	−	V	V	V	−	V

출처: Hammill (1990). On defining learning disabilities: An emerging consensus. *Journal of Learning Disabilities, 23,* 74-84에서 인용

🔑 학습장애의 분류 체계

> **주의!**
>
> 세 가지의 주요 분류 체계가 다소 불명확하고 애매한 용어를 사용하고 있기 때문에, 특정학습장애를 신뢰롭고 타당하게 판별하기 어렵다. 따라서 아동들을 정확하게 진단하기 위해서는 다양한 자료와 다양한 자료 수집 방법이 사용되어야 한다.

"분류 체계 범주는 개인이 특정한 진단에 적합한지를 결정하기 위해 적용되는 규칙이다."(Reschly, Hosp, & Schmied, 2003, p. 2) 비록 학령기 아동의 학습장애 평가는 IDEA 2004의 권고와 규정에 의해 설명되었지만, 학습장애(LD) 진단 범주 또한 『정신장애의 진단 및 통계 편람 4판(Diagnostic and Statistical Manual of Mental Disdrders, Fourth Edition, Text Revision: DSM-IV-TR)』(American Psychiatric Association, 2000)과 국제질병분류(International Classification of Diseases: ICD-10)』(World Health Organization, 2006)에 포함되어 있다. 비록 학령기 아동의 LD 평가가 IDEA 2004에 의한 평가이고 또 그것의 수반된 규정이기는 하나, LD의 진단적 기준은 또한 DSM-IV-TR과 ICD-10에 포함된다. 〈표 1-4〉는 학습장애의 유형과 각 진단 체계에서 학습장애의 분류 기준을 보여 준다. 주목할 만한 사실은 위의 세 가지 진단 체계 모두 애매한 용어들을 사용한다는 점인데, 이것은 현장 전문가들이 LD를 확인하는 데에 있어 신뢰도와 타당도를 심각하게 낮춘다는 것이다(Kavale & Forness, 2000, 2006).

다양한 분류 체계가 있음에도 불구하고, 학교에서 학업적 어려움을 가진 3세에서 21세까지의 학생들은 그들이 특수교육 서비스를 받아야 하는지를 결정하기 위해서 일반적으로 IDEA 2004의 세부 사항에 따라 평가된다(IDEA 2004, § 614). IDEA 규정

■ 〈표 1-4〉 자주 사용되는 세 가지 학습장애 진단적 분류 체계

분류 체계	학습장애의 형태	분류 기준의 예시[1]
Diagnostic and Statistical Manual of Mental Disorders, Fourth Edition, Text Revision (DSM-IV-TR, 2000)	읽기장애 수학장애 쓰기표현장애 비범주화된(NOS) 학습장애	수학장애: A. 개별적으로 실시된 표준화 검사의 산술 능력이 개인의 생활연령, 측정된 지능, 그리고 나이에 적합한 교육과 비교하여 기대수준보다 현저하게 낮다. B. 기준 A항의 장애가 계산이 요구되는 학업의 성취나 일상생활의 활동을 현저하게 방해한다. C. 만약 감각에 결함이 있다면 산술능력장애는 통상적으로 감각 결함이 동반되는 정도를 초월해서 심한 정도로 나타난다. D. 이 장애는 다음과는 구별되어야 한다. 학업 성취의 정상적인 변화, 기회의 부족, 부적절한 교수, 문화적인 요인, 시각 그리고/혹은 청각의 손실, 정신지체
International Classification of Diseases (ICD-10, 2006)	특정읽기장애 특정철자장애 특정수학기능장애 혼합된 학습기능장애	특정읽기장애 • 읽기 기능의 발달에서 구체적이고 중요한 결함은 단지 정신연령, 시각적인 문제들, 또는 비효과적인 학교 교육만으로는 설명하기 불충분하다. • 읽고 이해하기, 읽고 단어 인지하기, 소리 내어 읽기, 그리고 읽는 것에 필요한 수행 등 모든 면에서 영향을 받을 수 있다. • 철자에 대한 어려움은 특정읽기장애와 주로 연관되어 있으며, 읽기를 어느 정도 할 줄 아는 단계 이후인 청소년기 때에도 흔히 남아 있다. • 말하기 혹은 언어 발달장애가 특정읽기발달장애보다 먼저 나타난다. • 정서적 그리고 행동적 문제와의 관련성은 흔히 학령기 동안에 자주 나타난다. • 포함: 거꾸로 읽기, 발달적 난독증, 특정 읽기 지체 • 불포함: 독서불능증(alexia), 난독증, 정서적 스트레스에 의한 2차적인 읽기의 어려움

Individuals with Disabilities Education Improvement Act (IDEA, 2004)	특정학습장애: 구두 표현 듣기 이해 쓰기 표현 기본적인 읽기 기능 읽기 유창성 읽기 이해 수학 계산 수학 문제 해결	특정학습장애: 1. 기본적인 심리적 과정의 하나 또는 그 이상의 장애 2. 인지장애, 뇌손상, 미소 뇌기능 손상, 난독증, 발달적 실어증과 같은 조건을 포함한다. 3. 학습에 대한 어려움의 원인이 일차적으로 다음의 결과 때문은 아니다. • 시각, 청각 혹은 운동 장애 • 정신지체 • 정서적 장애 • 문화적 요인 • 환경적 혹은 경제적 불이익 • 제한된 영어 사용 능력

1. DSM-IV-TR과 ICD-10의 진단 분류 체계로 인해, 다음 권에서 제시된 참조에 각 장애에 대한 구체적 기준이 있다. 이러한 장애 기준들 중의 하나가 예시로 이 책에 포함되어 있다.

내 특정학습장애(SLD)의 분류 기준은 부정확한 용어들을 포함하기 때문에, 미국 교육부에서 규정을 명확히 하고 주 교육국(State Educational Agencies: SEA)에 일하는 사람들에게 그들 스스로 규제를 계발할 수 있도록 하는 지침을 제공하기 위하여 연방 규정(Federal Regulation, 34 CFR, Part 300)을 출판하였다. 2006 연방 규정에 제공된 지침은 특정학습장애(SLD)가 어떻게 판별되는지에 대한 더 자세한 세부 사항을 제공한다.

SLD 판별 방법과 2006 연방 규정

비록 SLD의 정의가 지난 30년 전부터 거의 변하지 않고 내려오고 있지만, SLD를 판별하는 데 사용된 방법론은 최근에 바뀌었다. 2006 연방 규정(Federal Regulation)에 따르면(34 CFR §300.307-309), 주(state)에서는 아동이 SLD를 가지고 있음을 결정하기 위해 기준을 채택해야만 한다. 그 기준은 ① 지적 능력과 성취 간의 심각한 불일치의 사용을 의무적으로 적용하지 않으며, ② 과학적이고 연구 기반의 중재를 위해 아동의 반응을 기본으로 한 절차를 사용해야 하고, ③ 아동이 SLD를 가지고 있는지를 확인하기 위해서 다른 대안적 연구 절차의 사용을 허용할 수도 있다. SLD 판별을 위한 세 가지 접근 방법에 대한 출판물 때문에 많은 논란이 뒤따랐다. 그 논란들은 지침에서의 정확한 의미, 종합적 평가에 대한 구체적 설명, SLD 판별을 위한 유일한 방법으로서 중재반응 모형(RTI) 사용의 함의, 그리고 의사 결정자들의 부족한 법적 지식 등과 관련된 것들이 적혀 있다(Fletcher, Barth, & Stuebing, 이 책; Gresham, Restori, & Cook, 2008; Kavale, Kauffman, Bachmeier, & LeFever, 2008; Reschly et al., 2003; Reynolds & Shaywitz, 2009a, 2009b; Zirkel & Thomas, 2010 참조). 이 장의 남은 부분에서는 SLD 분류를 위한 세 가지 선택 사항을 구분하는 데 초점을 맞춘다. 이 세 가지 접근 방법은 여러 주에 걸쳐서 현재 시행되고 있다(〈표 1-5〉 참조).

■ **〈표 1-5〉 주 교육부의 판별 방법 개관**

- 특정학습장애(SLD)의 정의를 위해 선택된 2006년 주정부 규정에 포함되어 있는 세 가지 접근 방법이 무엇인지 결정하기 위해 51개의 주 교육국(State Education Agency, 워싱턴 DC 포함)이 조사됨.
- 불일치(능력-성취 불일치) 모델은 많은 주에서 지역교육청 수준으로 위임되어 있으며, 금지된 것이 아니라 실시 가능한 상태로 남아 있음.
- 12개의 주는 RTI(중재반응 모형)를 특정학습장애 정의를 위해 요구되는 접근법으로 채택. 그중에서 7개 주는 심각한 불일치 그리고/혹은 대안적인 연구기반 접근을 추가로 허용함.
- 20개의 주는 대안적인 연구기반 접근을 허용한 것으로 나타남.

주: 자세한 내용은 Zirkel과 Thomas(2010, Table 1, pp. 59-61) 참조
출처: Zirkel & Thomas (2010).

능력-성취 불일치

능력-성취 불일치 모델은 그것이 기대되지 않은 저성취를 조작적으로 정의할 수 있기 때문에 SLD의 진단에 중심이 된다. SLD를 진단할 때에 실험적인 기반에 따라 진단을 하는 것이 아니기 때문에 경험적으로 검증된 접근은 아니지만, 전통적인 능력-성취 불일치 모델은 많은 문제를 가지고 있다. 그중에 많은 것은 〈표 1-6〉에 강조되어 있다. SLD의 신뢰성과 유효성을 판별하는 데에 있어서 능력-성취 불일치 모델의 문

■ 〈표 1-6〉 능력-성취 불일치 모델의 문제점

- 학습장애를 가진 학생들과 단순히 저성취를 보이는 학생들을 충분히 변별하는 데 실패했다.
- IQ가 개인의 잠재력을 거의 완벽에 가깝게 예측한다는 잘못된 가정에 근거하고 있다.
- 분석적인 임의성을 가지고 급변하기 때문에 주, 구역, 학교 간에 일관되게 적용되지 않는다.
- 능력과 성취 간의 불일치는 통계적으로 유의미할지라도 임상적으로는 적합하지 않다.
- '실패하기까지 기다리는(wait to fail)' 모델이다. 학생이 3, 4학년이 되기 전까지는 능력-성취 차이가 눈에 띄지 않기 때문이다.
- 내적 결손의 진단과 분명히 일치하지 않는다.
- 소수(minority) 학생들을 과잉 추정한다.
- 중재에 대한 정보를 주지 않는다.

제점은 Ysseldyke(2005)가 다음과 같이 잘 요약하고 있다.

> 전문가 집단, 변호사, 정부 기관은 LD를 가지고 있는 학생의 학업적 특성을 정의하기 위해 태스크포스 팀을 구성했다. 우리는 메타분석의 메가분석을 실시했고 종합적인 분석을 거듭했다. 그 결과, 거의 모든 그룹은 같은 결론에 도달했다. 즉, 불일치 모델이 학습장애를 판별하는 데 어떤 실험적 근거도 가지고 있지 않다는 것이다(p. 125).

그러므로 능력-성취 불일치 모델의 사용이 더 이상 강조되지 않는 것은 많은 사람이 법의 변화를 환영하는 이유가 된다. 불일치 모델의 의무적 시행을 삭제한 부분은 새로운 방법으로 채워지고 있는데, 그 새로운 방법은 여러 주가 중재반응 모형을 기초로 한 방법을 사용하기 시작한 것이다.

중재반응 모형

중재반응 모형(response to intervention: RTI)의 개념은 어떻게 SLD를 정의할 것인가에 대한 고민으로부터 나왔다. 예를 들어, 전통적인 SLD의 정의에서는 능력-성취 불일치 모델이 미국의 많은 주에서 일관성 없이 적용되었다. 그리고 종종 학생에 대해 잘못 판단하고 소수 학생을 SLD로 과잉 판별하는 결과를 낳았다(예: Bradley, Danielson, & Hallahan, 2002; Learning Disabilities Roundtable, 2005; President's Commission on Excellence in Special Ediucation, 2002). 이러한 전통적 모델의 문제는 패러다임의 변화를 낳았고(Reschly, 2004) 이것은 중재의

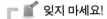

잊지 마세요!

RTI가 IDEA 2004에서 허용되기는 했지만, RTI를 촉진시킨 힘은 아동낙오방지법(NCLB, 2001)이다(P.L. 107-110).

유효성을 기초로 하고 있다. 새로운 패러다임에서는 중재의 효과를 연속적으로 알려주고, 촉진하고, 필요한 것을 기록하는 것이 가능하고, 나아가 특별한 효과성을 보는 것이 가능하다(L. S. Fuchs & D. Fuchs, 1998).

가장 일반적인 수준에서 중재반응 모형(RTI)은 학업이나 행동에 어려움이 있는 학생들을 보다 빨리 파악할 수 있는 방법이다. 이 장에서 우리는 학업적 어려움에서의 RTI만을 다루고자 한다. RTI 절차는 양질의 교수를 일반 교실에 있는 모든 학생에 제공하는 것으로 시작되는데, 이것은 학업의 실패나 기초적인 읽기 영역에 대한 어려움이 있는 학생들에 대한 전반적인 선별과 함께 진행된다(I단계). 읽기에 어려움을 보이는 학생들—즉, 모든 학생과 함께 있는 교실에서는 제대로 된 지도를 받을 수 없는 학생들— 에게는 주로 기본적인 처치 프로토콜을 따르는 과학적 기초가 있는 중재가 제공된다(II단계). 만약 학생이 II단계에서 제공된 중재에 반응하지 않는다면 그 학생은 아마도 '반응하지 않는 자'로 정의되고, 그 학생의 배우는 속도를 증가시키기 위해 추가적이거나 더 집중적인 중재를 받을 것이다. 그리고 하나의 중재를 통해 학생이 향상되지 못하면 우리가 목표하는 반응이 나올 때까지 새로운 중재가 제공된다.

법에서 SLD 진단을 위한 가능한 선택 중의 하나로 RTI를 포함하는 것은 2004년에 IDEA가 재승인받은 이후로 아마도 가장 많은 논쟁을 일으켰을 것이다. 이는 오직 RTI만 기반으로 접근을 한 학생들의 경우에 보다 집중적인 중재를 받았지만, 반복적으로 적합한 반응을 보이는 것에 실패한 학생들은 기본적으로 SLD를 가지는 것으로 여겨지기 때문이다.

이러한 접근은 규정과 일치하게 나타나지 않는다. 예를 들어, 규정에 따르면 주들은 ① 기능적이고 발전적인 학업 정보를 얻기 위해서 반드시 다양한 평가의 도구와

전략을 사용해야 한다, ② 아이의 장애 유무를 판단하기 위한 하나의 조건으로 단순한 측정이나 평가를 사용해서는 안 된다, ③ 신체적이나 발전적인 요소 이외에도 상대적인 인지와 행동 요소를 평가할 수 있는 기술적으로 견고한 도구(technically sound instruments)를 사용해야 한다, ④ 의심되는 장애에 관련된 모든 분야에서 아이를 평가해야 한다, ⑤ 평가가 모든 아이의 특별한 교육과 관련된 서비스 필요성과 충분히 일치하는지 검토해야 한다, ⑥ 평가 도구와 전략이 도움이 필요한 아이들을 결정할 수 있는 사람들에게 직접적으로 상대적인 정보를 제공하는지를 확인해야 한다.

SLD를 진단하기 위한 유일한 방법으로서 RTI의 사용이 법의 목적과 일치하지 않음에도 불구하고, 이러한 모형의 종류는 특히 일반교육의 중재를 위한 I단계와 II단계의 형성에 있어 최근 학교에 큰 영향을 미쳤다. 학생들이 경험에 기초한 수업으로부터 혜택을 받고, 체계적으로 수집된 데이터를 통해 수업에 대한 그들의 반응을 확인하는 RTI를 강조하는 것은 판별과 새로운 수준에 대한 과정 모니터링 절차를 향상한다. 그리고 많은 사람으로 하여금 예방과 교정이라는 두 목적을 위해 이러한 종류의 서비스 전달 모형을 포함하도록 한다. 본질적으로 RTI는 학습이 개선되었는지 그리고 충분한 진전이 이루어졌는지에 관하여 입증할 수 있는 데이터를 통해 책임을 향상하는 역할을 한다. 〈표 1-7〉은 SLD 판별 절차의 사용에 대한 RTI 서비스 전달 모형의 가장 핵심적인 몇몇 강점과 약점을 강조한다.

SLD 판별을 위한 대안적인 제3의 연구기반 절차

2006 연방 규정에서 SLD을 결정하기 위한 세 번째 접근은 대안적인 연구기반 절차(§ 300.307[a])들을 사용하는 것이다. 완전히 명료하지는 않지만, 이 절차는 학습 성취나 인지 능력 그리고 신경심리학적 과정 검사들을 통해 SLD를 판별하는 데 있어 강점과 약점 프로파일에 대한 평가가 포함되는 것으로 해석되고 있다(Hale et al., 2008, 2010: Zirkel & Thomas, 2010). 이 책에서는 세 번째 접근과 일치하는 모델을 소개하고 있는데, SLD에 대한 Flanagan과 동료들의 조작적인 정의(10장), Hale과 Fiorello의 일치-불일치 모델(Concordance-Discordance Model, 8장), 그리고 Naglieri의 불일치/

■ 〈표 1-7〉 RTI의 강점과 약점

SLD 판별의 독자적 방법으로서 RTI의 핵심적인 약점	RTI 서비스 전달 모형의 강점
• RTI 모형이 가장 잘 작용하는지에 대한 연구 부족, 표준 중재 프로토콜 또는 어떤 상황하에서 사용되어야 하는지에 대한 연구 부족 • 교육과정, 수업 수단 또는 측정도구가 사용되어야 하는지에 대한 합의의 부족 • 무엇이 연구(경험연구)기반 접근인지에 대한 혼란 • 어떤 수단이 성적과 학업 내용 영역에서 작용하는지에 대한 합의의 부족 • 반응(response)과 무반응(nonresponse)을 구별하는 데 다른 방법을 적용함으로써 같은 아동을 반응자로 혹은 무반응자로 다르게 분류할 수 있는 가능성 • 중재 통합을 어떻게 확인할 것인가에 대한 공감대 형성 부족 • RTI 모형에 있어서 참–긍정(true positive)에 대한 설명 부족	• 더 효과적인 수업에 초점을 두는 것 • 학업에 곤란을 겪고 있는 학습자들의 요구를 충족하기 위해 학교로 하여금 조기 중재를 제공하게 하는 것 • 수집된 데이터가 전통적인 능력–성취 불일치 방법으로 생성된 데이터보다 더 교수–학습에 도움이 됨. • 학생의 부족한 학업 성취가 부족한 교수 때문이 아니라는 것을 확인하도록 돕는 것 • 수업 중 학생 성취 및 향상에 대해 보고서 평가를 문서화하는 것으로 교사들의 책무성을 높이는 것

출처: Learning Disabilitis Association of America, White Pater (Hale et al., 2010).

일치 모델(Discrepancy/Consistency Model, 7장)이다. 이는 SLD 판별을 위한 경험적 연구를 기반으로 한 방법들이다.

[그림 1-1]은 SLD 판별에 대한 세 번째 접근(연구기반 절차)의 공통적인 구성요소 세 가지를 그림으로 나타낸 것이다(Flanagan, Fiorello, & Oritz, 2010; Hale et al., 2008). 아래에 있는 두 개의 타원은 학업 및 인지적인 약점을 나타내고, 둘이 평행한 것은 성취의 수준이 학업 및 인지적인 영역에서 유사하거나 일치한다는 것을 나타낸다. 아래의 두 타원 사이의 양방향 화살표는 부진한 학습 분야에서 측정된 수행에 있어 심각한 불일치가 있지 않다는 것을 의미한다. SLD에는 인지와 학업 간에는 경험적 데이터나 관찰 가능한 수준에서 의미 있는 관련성이 존재하는데, 대체로 인지적 결함이 학업적

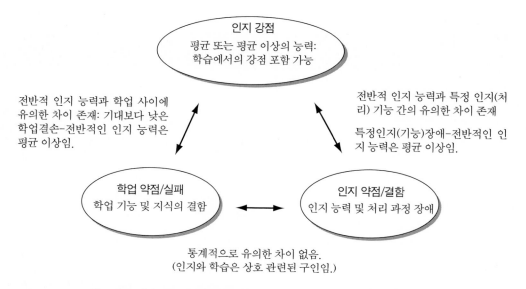

[그림 1-1] SLD 판별에 대한 연구기반 제3의 접근 공통적 구성 요소

출처: Flanagan, Fiorello, & Ortiz (2010); Hale, Flanagan, & Naglieri (2008).

결함의 추정되는 원인이다. [그림 1-1]의 제일 위에 위치한 타원은 일반적으로 평균적인(또는 상위의) 인지 또는 지적 능력을 나타낸다. 위의 타원과 아래의 두 타원 사이의 양방향 화살표는 일반적으로 인지 능력과 학업적·인지적 약점의 영역 사이에 측정된 수행 간에 통계적으로 혹은 임상적으로 의미 있는 차이가 있다는 것을 나타낸다. [그림 1-1]에서 나타난 인지 및 학업상의 강점 및 약점의 패턴은 기존 SLD 구인에서 보이는 기대보다 낮은 성취 수준과 같은 의미로 볼 수 있다(Kavale & Forness, 2000).

결 론

이 장에서 우리는 일반적인 정의와 진단 분류 체계 및 LD 판별 방법에 대해 간략하게 검토했다. SLD에 대한 연방 정의는 사실상 30년 동안 유지되어 왔다. 그리고 SLD

는 우리나라 학교에서 가장 자주 진단되는 교육적으로 장애가 있는 상태다. IDEA의 가장 최근 개정에서 SLD의 정의에 변화가 없음에도 불구하고 SLD를 판별하기 위한 방법은 2006 연방 규정에서 변화했다. 예를 들어, 비록 능력-성취 불일치가 대부분의 주에 있어서 실행 가능한 조항으로 남아 있다 하더라도 그것은 더 이상 유일한 것이 아니다. 이러한 접근이 단지 연방법과 일치하지 않음에도 불구하고 RTI는 SLD 확인을 위해 필요한 접근으로서 여러 주에서 채택되고 있다. SLD 판별에 대한 세 번째 접근 또는 연구기반 판별 방법은 전체 주를 통틀어 20개 이상의 주에서 허용되었고, 기존 방법(예: 능력-성취 불일치 방법)보다 더 신뢰할 수 있고 타당한 방법으로서 가능성이 있어 보인다.

이 책의 나머지 부분에서는 이 장에서 간략히 논의된 주제들을 더 상세하게 기술한다. 예를 들어, 2~5장에서는 SLD가 어떻게 읽기, 셈하기, 쓰기 및 말하기에서 나타나는지 깊이 있는 내용을 제공할 것이다. 6~10장에서는 RTI와 SLD 판별을 위한 여러 세 번째(third-method) 접근을 다룰 것이다. 마지막으로, 11장에서는 영어 학습자의 평가에 있어서 실천가가 어떻게 SLD와 문화적·언어적 차이를 구별할 수 있는지를 설명할 것이다. 결국 11장은 현장 전문가와 교사들이 다문화 학습자들을 평가할 때 문화와 언어 차이로 인해 발생하는 문제를 SLD와 구별하는 방법에 관하여 기술하고 있다. 몇 년간 SLD의 정의와 그것을 검증하는 전형적인 방법 사이에는 분리가 있었으며, 이로 인하여 SLD의 검증 방법을 둘러싼 논란이 지속적으로 일어나고 있다. 최고 전문가들이 집필한 이 책은 앞으로 IDEA의 법적 지위를 지속시키고 SLD의 정의와 판별 방법을 명료화하는 데 중요한 기여를 할 것이다.

📖 관련자료

Council for Exceptional Children: www.cec.sped.org. 이 웹사이트는 중재반응 모형(RTI) 관련 블로그와 함께 IDEA 규정, 그리고 변화가 교사-학생에게 어떻게 영향을 미치는지에 관한 비교를 포함한 전문적인 발달 자료를 제공한다.

IDEA 2004: http://idea.ed.gov 법규, 규정 그리고 IDEA 2004와 관련된 다른 문서들을 제공한다.

IDEA Partnership: www.ideapartnership.org 이 웹사이트는 IDEA Partnership(55개 이상의 국가 조직, 기술 지원 센터, 그리고 지역사회 차원과 주 차원의 조직과 기관의 연합)과 Office of Special Education Program(OSEP)이 개발한 자료를 제공한다.

LD Online: www.ldonline.org 이 웹사이트는 부모와 교사 및 학생을 위한 자료 및 특정학습장애와 주의력결핍 과잉행동장애에 관한 포괄적인 정보를 제공한다.

National Association of School Psychologists(NASP): www.nesponline.org/about_nsap/positionpapers/SLDPosition_2007.pdf 2007년 채택된 특정학습장애 판별에 대한 입장을 표명한 성명서다.

National Association of State Directors of Special Education(NASDSE): www.nasdse.org 이 웹사이트는 최근의 프로젝트 정보 및 중재반응 모형과 관련된 발의, 학교 현장 그리고 IDEA Partnership을 포함하는 NASDSE의 공식 사이트다.

National Center for Learning Disabilities: www.ld.org NCLD는 국내의 1,500만 명의 특정학습장애 아동, 청소년, 성인이 학교, 직장, 일상생활에서 평등한 기회를 갖도록 보장하고자 한다.

National Center on Response to Intervention: www.rti4success.org NCRI는 기술적인 지원을 주와 지구(district)에 제공하고 효과성이 증명된 모델인 중재반응 모형과 증거기반 중재 서비스(Evidence Based Interaction Service)를 제공함으로써 지역을 돕는 주의 능력을 기르게 한다.

National Dissemination Center for Children with Disabilities(NICHCY): www.nichcy.org/resources/IDEA2004resources.asp NICHCY는 IDEA 2004의 정보 자료와 주의 리스트를 제공한다. www.nichcy.org/states.htm을 확인하라.

National Early Childhood Technical Assistance Center: www.nectac.org/sec619/stateregs.asp 이 페이지는 IDEA의 Part B의 수행에 기여하기 위하여 주 규정과 함께 다른 정책 문서(성명서, 절차 양식, 안내서) 링크를 제공한다.

National Joint Committee on Learnign Disabilities(NJCLD): www.ldonline.org/njcld 이 웹사이트는 NJCLD와 해당 조직 구성원에게 임무를 제공한다. 또한 연구 논문과 함께 특정학습장애가 있는 개인에게 도움을 제공하려고 구성된 연합에 필요한 연락 관련 정보(contact information)를 제공한다.

National Resource Center on Learning Disabilities(NRCLD): www.nrcld.org 이 웹사이트는 교육자 및 부모에게 특정학습장애를 판별함에 있어 중재반응 모형을 사용하는 도구적 방법을 포함한 자원을 제공한다.

RTI Action Network: www.rtinetwork.org 이 웹사이트는 지역 및 미국에서 중재반응 모형의 효과적인 성취 정보를 제공한다.

자문위원회(State Advisory Panels)

주 교육부 안에는 특수교육에 관한 지침을 제공하는 자문위원회가 있다. 교육 분야에 관한 특정 정보를 얻기 위해 당신이 속한 주 교육부 웹사이트를 확인할 수 있다.

U.S. Department of Education(USEDOE): www.ed.gov USDOE 홈페이지는 미국의 교육정책과 주 규정에 관한 최신 정보를 제공하고 있다.

What Works Clearinghouse, Institute of Education Sciences: http://ies.ed.gov.ncee/wwe 이 웹사이트는 최선의 교육 전략 및 교수에 관한 과학적인 증거를 제시한다.

자 기 점 검

1. 1975년의 P.L. 94-142 제정 이래로 특정학습장애(SLD) 판정을 받은 아이들이 두 배로 증가 하였다. 참인가 거짓인가?

2. 역사적으로 학습장애의 정의는 학습장애 판별 방법(어떻게 학습장애를 분류해 왔는지)에 강 하게 영향받아 왔다. 참인가 거짓인가?

3. 다음 중 공립학교 현장에서 특정학습장애의 주요한 판별 방법이 무엇인지 고르시오.
   (a) DSM–IV 준거
   (b) IDEA와 IDEA의 하위 법규
   (c) ICD–10
   (d) 위의 셋 모두

4. 다음 중 2006 연방 규정에서 지역 내의 특정학습장애 아동을 판별하는 데 반드시 요구하지 않는 과정은 무엇인지 고르시오.
   (a) 중재반응 모형(RTI) 과정
   (b) 능력–성취 불일치 모델
   (c) 대안적 연구기반 과정
   (d) 교육심리학적 사정

5. 중재반응 모형(RTI)은 특정학습장애 판별을 위한 도구로 유효성을 인정받지 못했다. 참인가 거짓인가?

6. 다음 중 중재반응 모형(RTI)의 강점이 <u>아닌</u> 것은?

   (a) 보다 효과적인 교수 제공에 초점이 있다.

   (b) 학교로 하여금 어려움을 겪고 있는 학생에게 조기에 중재를 제공하도록 한다.

   (c) 기존 능력–성취 불일치 모델로부터 수집된 자료보다 중재반응 모형에서 수집된
      자료가 교수에 더 많은 정보를 제공한다.

   (d) 확실한 실재(특정학습장애 판별)는 중재반응 모형에서 더욱 명백하게 판별된다.

7. 특정학습장애 판별에서 세 번째 접근법인 대안적 연구기반 과정을 허락한 주는 몇 개인가?

   (a) 5

   (b) 10

   (c) 15

   (d) 20

8. 특정학습장애는 뇌인지과학에 근거하고 있다. 참인가 거짓인가?

9. IDEA 2004에 따라 특정학습장애로 의심되는 아동이 보일 수 있는 증상이 <u>아닌</u> 것은?

   (a) 쓰기

   (b) 읽기 유창성 기술

   (c) 산수 계산

   (d) 맞춤법

10. 특정학습장애 아동은 하나의 학습 분야에서만 특정학습장애로 보이는 문제를 가진다. 참인
   가 거짓인가?

정답: 1. 거짓, 2. 거짓, 3. (b), 4. (b), 5. 참, 6. (d), 7. (d), 8. 참, 9. (d), 10. 거짓

Chapter 2

읽기학습장애

Steven Feifer

 ## 읽기장애의 정의

학습장애(learning disabled: LD)라는 용어의 개념화는 그것이 교육적으로 장애라는 것이 인식된 이래로 학교심리학적인 논의, 연구, 실무에서 중심이 되어 왔다. 분명히, 매우 중요한 이 용어에는 내재적인 명확성이 불충분하다. 그래서 학자들과 실무자들, 교육기관들 그리고 공공정책 제정자들은 그들의 해석과 측정 기술을 사용하여 이 장애의 속성을 가장 잘 압축하여 정교화할 것을 강요받는다. 오늘날 학습장애가 읽기, 수학, 쓰기, 말하기와 같은 여러 학습 영역에서의 다양한 기능적 결손 집단을 나타낸다는 것에는 거의 모두가 동의한다. 그럼에도 불구하고 많은 학교에서 학습장애를 나타내는 아동들에 대한 모순된 설명들, 그리고 그들을 어떻게 조작적으로 정의 내리고, 신뢰할 만하게 측정하고, 생산적으로 개입할지에 대한 다소 잘못된 개념들을 채택해 왔다. 미국 교육부(2006)에 의하면, 학습장애 아동으로 판정받은 학생들의 약 80%가 주로 읽기 기술의 결함을 가지고 있다. 결과적으로 많은 교육적 연구가 오로지 읽기장애나 발달적 난독증 연구에 초점을 두었고, 엄격한 규준 점수를 사용하여 장애 아동과 비장애 아동을 분류함으로써 장애를 설명하였다(Fletcher, Lyon, Fuchs, &

잇지 마세요!

학습장애 학생의 80%가
읽기 기술에 결함이 있다.

Barnes, 2007). 그리하여 읽기장애를 가진 아동들은 이분법적으로 분류되었고, 장애를 보이는 학생들만이 자격을 얻어서 개별화교육계획(Individal Education Plan: IEP)을 제공받는다.

연구 문헌들의 상당 부분이 읽기장애 아동을 정확하게 판별하고 측정하기 위한 이론적인 시도뿐만 아니라 때때로 불완전한 개념들로 가득하다. 예를 들어, 불일치 모델은 오랜 시간 동안 학교 시스템이 특정학습장애(SLD) 아동을 채택해 온 대표적인 방법이었다. 이 방법은 읽기, 수학, 쓰기 같은 하나 혹은 그 이상의 주요 교육과정 영역의 학업 성취 측정을 포함하고, 학생의 성취가 지능에 비해 유의미한 불일치를 보이는지에 대한 결정을 포함한다. 불일치 모델은 읽기에 내재하는 특정 신경 인지적 과정에 초점을 두지는 않지만, 인지와 성취의 좀 더 전반적인 속성에 초점을 둔다. 이 모델에서는 읽기장애를 가진 아동은 읽기 기술을 얻을 만한 지능은 되지만 내재된 학습장애로 인해 학교에서 저성취를 보이는 것이라고 가정한다.

불일치 모델은 개인의 논리적 기술들의 여러 특징을 측정하는 전체 IQ 점수를 과도하게 신뢰하는 것(Hale & Fiorello, 2004), 다양한 연령과 학년의 불일치의 크기에 대한 합의의 부족(Feifer & DeFina, 2000)을 포함한 매우 많은 결점이 있어 왔다. Kavale과 Forness(2000)에 의하면 이 방법의 통계적 모호성 때문에 학습장애로 판별된 학생의 거의 50%는 적성과 성취 사이에 유의한 불일치가 나타나지 않는다. 아마도 불일치 모델의 가장 주목할 만한 결점은 실패하기까지 기다려야 한다는 점인데, 특수교육 서비스를 받을 자격을 얻기 위해서는 학생들이 특정 수준의 읽기 실패를 보여 줘야 한다. 이것은 특히 읽기장애를 가진 아동들에 대한 조기 중재의 중요성을 강조한 국가읽기패널(National Reading Panel, 2000)의 결론에 나타난 특이점이다. 요약하면, 불일치 모델은 장애아동과 비장애 아동 간의 일차원적인 연속선상에서 읽기장애를 바라보려는 오랜 교육적 신화를 전승하고 있다.

Reynolds(2007)에 따르면 학습장애의 생물학적인 기반은 뇌 기능에 대한 다양한 신경심리학적인 연구를 통하여 정의되어 오고 있으며, 다양한 하위 유형과 정확한 진단 기준들이 분명하게 나타나고 있다. 결국 학습장애를 판별하는 데 능력-성취 불일치 모델만을 단독으로 사용하여 인위적인 구분점을 만드는 것은—현저하게 낮은 IQ

점수를 가진—학생들이 거의 다 특수교육 지원과 서비스를 제공받게 만든다. Goldberg(2001)가 주목했듯이, 인간의 인지는 단선적인 혹은 모듈식의 어떤 방식이 아니라 지속적이고 점차적인 방식으로 대뇌 피질 영역들에 걸쳐 분산되어 있는 다차원적인 현상이다. 따라서 학습과 인지에는 차이의 수준이 있다. 이것은 뇌 기능의 다차원적인 조사를 통해 연구되어야만 하며, 그렇지 않으면 성취검사 점수의 분포에 따라 인위적인 분할점을 너무 쉽고 단순하게 나눠 버리게 된다. Kavale와 Forness(2000)가 학습장애를 파악하기 어려운 것으로 조작적 정의를 한 후로, 신경심리학의 논문들이 학습에 포함된 인지적 과정에 대한 훨씬 더 정교하고 입증된 관점을 제공했음에도 불구하고 학습장애는 여전히 더 엄밀하고 정확하게 측정되지 못하고 있음이 사실이다. 그럼에도 불구하고 학습장애의 조작적 정의를 더 정교화하려는 실질적인 움직임이 있어 왔고, 이에 대해서는 이 책의 이어질 다른 장들에서 논의될 것이다(예: Naglieri, 7장; Hale, Wycoff, & Fiorello, 8장; Flanagan, Alfonso, & Mascolo, 10장). 2004년 IDEA의 재공인 이후, 주(state)들은 학교들이 읽기장애 학생의 판별에서 IQ(지능)-성취 불일치를 필요조건으로 사용하는 것을 금지했다. 이 법의 많은 조항에서 주들은 마침내 읽기장애 판별에 불일치 모델을 사용하지 않도록 허락했고, 그 모델을 중재반응 모형(RTI)의 사용으로 대체했다. 다시 말하자면, 학생들의 종합 지능과 교육적 장애의 존재 여부를 판별하는 국가적인 읽기 성취 규준검사를 비교하는 것보다, 학교들에게 종합적 측정의 하나로서 정책 결정에 융통성이 주어짐으로써 조기의 증거기반 읽기 학습에 반응하지 않는 학생들이 특수교육 서비스에 적합하다고 고려될 수 있다.

　RTI는 새로운 것이 아니다. 이것은 처음엔 지난 수십 년간 다양한 지역에서 학교 차원의 예방 프로그램으로 사용되어 왔다. 하지만 RTI가 새로운 점은 학생의 특수교육 서비스 적합성 판정에 대해 효과성이 떨어진 기존 불일치 모델의 대안으로서 연방특수교육법으로 분명한 지지를 받는다는 것이다(Canter, 2006). RTI는 학교심리전문가협회(National Association of School Psychologists: NASP) 같은 기관들로부터 전폭적인 지지를 받아 왔다. 왜냐하면 RTI가 전통적 불일치 모델의 많은 결점을 막아 주었기 때문이다. 게다가 RTI는 증거기반 접근 교수법의 사용을 강조하는데, 이 교수법은 종종 교육과정의 결함이나 좋지 않은 교수 방법으로 인해 발생하는 학습 문제를 제거해 줄 것으로 기대되는 것이다. 다시 말하면, RTI의 초점은 아마도 좋지 않은 교수 수행과 부적절한 중재 도구 때문에 핵심 교과목에서 저성취를 보이는 학생에 대해서 아동 중심적이기보다는 좀 더 교육과정 중심적이다. 요약하면, RTI는 문제해결 모델에서 특수교육 서비스의 적합성과 필요를 판별하기 위한 종합 측정을 결합하는 데에 사용할 수 있는 절차를 확장한 것이라 할 수 있다(Feifer & Della Toffalo, 2007).

 잊지 마세요!

설령 RTI 서비스 전달 모형에서 수집되더라도, 교육과정중심 측정(CBM) 검사만으로는 읽기장애를 진단할 수 없다. 읽기장애의 진단은 반드시 여러 다양한 자료를 기반으로 해야 한다.

RTI가 얼마나 예민하게 특정읽기장애를 판별해 낼 것인가에 대해서는 혼란이 매우 많다. Reynolds(2007)에 따르면, RTI 모형이 학교에서의 아동의 상호작용에서 보이는 외부적인 요소들에 더 초점을 맞추는 데 반해, 장애는 아동 내적으로 존재하는 특정한 상태(조건)로 알 수 있는 것이다. 즉, RTI는 좀 더 서비스 전달 차원의 모형이고, 꼭 특정읽기장애를 판별하기 위한 진단적인 모형이지는 않다는 것이다. 교육과정중심 측정(curriculum-based measurement: CBM) 기술이 많은 RTI 모형에서 강조되고, 교육자들이 성과를 효과적으로 모니터링하도록 돕는 데 매우 유용함에도 불구하고, 측정 표준으로서의 CBM은 장애 여부를 판별하는 데는 불충분하다. 결과적으로 학습장애 국가합동위원회[National Joint Commitee on Learning Disbilities (NJCLD), 2005]는 추가적인 데이터 없이 RTI 모형에서 CBM을 핵심 도구로 사용하는 것은 읽기장애 진단에는 불충분하다고 결론지었다.

읽기장애 판별에서 신경심리학의 역할

Moats(2004)는 읽기 교수, 읽기 발달 그리고 궁극적으로 특정읽기장애의 판별이라는 개념들이 신경과학적 근거를 기반으로 해야 한다고 말한다. 즉, 인지 신경심리학은 조기에 읽기의 어려움을 분명하게 보이는 아이들의 필요를 충족하도록 고안된 읽기 프로그램을 선택, 도구화, 모니터링하는 데 아마도 최선의 과학적 이론을 제공할 것이다.

　최근 신경심리학 연구는 읽고 쓰는 것의 신경적인 토대를 지지하는 수많은 중요한 연구를 밝히고 있다. 그리고 난독증 이론들을 통합하는 교육학적 연구들과 동맹관계를 맺어 가기 시작했다. 예를 들자면, 인간의 뇌가 읽기에 알맞은 언어적 부호화를 어떻게 습득하는가와 같은 일반적인 사실들이 있다. 먼저, 발달적 읽기장애(난독증)를 가진 아동들은 학습한 모든 단어에서 모든 언어적 단계에서의 음운적 단위를 인식하는 것과 조작하는 것 둘 다에서 일차적인 어려움을 갖는다(Goswami, 2007). 둘째, 아동들은 모든 단어에서 음절, 운율, 리듬과 같은 단어 자체에 내재한 더 큰 청해 단위를 먼저 인식하게 된다. 그러나 영어와 같은 복잡한(complex) 언어에서 한 글자가 다섯 개 정도의 음소나 소리로 구성되어 있을 때, 영어를 사용하는 아동들은 스페인어나 이탈리아어 같은 음운적으로 좀 더 안정된 언어권의 아동들보다 음소 인식 발달이 더 느린 경향이 있다(Goswami, 2007). 마지막으로, 특정 신경영상 기술은 음운적 과정이 뇌 좌반구의 관자놀이 부위의 연접부들의 기능이 통합된 산물임을 증명했다(McCandliss & Noble, 2003; Pugh et al., 2000; Sandak et al., 2004; Shaywitz, 2004). 난독증을 가진 많은 사람은 음운적 과정에서 어려움을 겪는데, 이는 읽기 과정에 포함되어 있는 다른 피질 영역과 관자놀이 부근 영역을 백질과 연결하는 연결관의 비조직화에서 초래된다(Temple, 2002). 사실 Ramus(2004)는 왼쪽 관자놀이 영역을 따라 있는 피질 영역의 미세한 손상이 음운 과정의 일차적인 원인이며, 많은 읽기장애의 일차적 원인이라고 제안했다.

　그럼에도 불구하고 읽기장애 아동 모두가 음운과정장애에서 같은 종류의 결함으로 고통을 겪거나, 모든 치료 기술에서 같은 유익을 얻는 것은 아니다(Ramus, 2003). 예를 들어, 조사연구는 저성취 아동의 2/3가 그들 학급에서 보통으로 읽는 그룹으로 돌아오지만, 약 1/3은 읽기회복(Reading Recovery) 방법을 사용

주 의!
RTI가 특정읽기장애를 얼마나 예민하게 판별할 것인가에 대해서는 많은 혼란이 존재한다. 왜냐하면 RTI는 좀 더 서비스 전달 모형에 가까우며, 특정읽기장애를 판별하는 데 필수적인 진단적 방법은 아니기 때문이다.

잊지 마세요!
약 1/3의 학생이 읽기회복(Reading Recovery) 교수법에서 충분한 진전을 보이지 않았다. 이 아동들을 위한 더 효과적인 중재 전략이 신경인지적인 차이를 이해하는 것에서 도출되어야 할 것이고, 이것은 종합적인 인지적 혹은 신경심리학적인 측정을 통해 얻어질 수 있다.

하여 충분한 진보를 이루지 못했다(Deford, Lyons, & Pinnell, 1991). 그러므로 읽기회복 방법이 증거기반 중재로 고려될 수 있는지 아닌지에 의문이 생긴다. 즉, 많은 읽기 중재는 그것들로부터 유익을 얻는 아동들과 그렇지 않은 아동이 모두 존재한다. 그러므로 교육자와 심리학자들은 모두 유사하게 또 다른 의문을 더 크게 갖기 시작한다. 그것은 읽기로 고생하는 모든 아동을 도울 수 있는 더 효과적인 중재 전략을 위해 뇌의 신경인지학적인 특정 차이를 기반으로 한 읽기장애의 다른 하위 유형을 밝히는 것이 가능한가 하는 것이다.

읽기장애의 하위 유형

읽기 학습자를 다양한 유형으로 세분하기 위한 분류 체계는 매우 많으며, 지금까지 가장 효과적인 읽기 결함 목록의 방법은 무엇인가에 대한 의견은 분분하다(Heim et al., 2008). 그럼에도 불구하고 인지 신경심리학자들은 대부분 읽기장애가 두뇌의 다른 인지 과정의 상대적인 기여나 결함이 반영된 것이라는 데 동의한다. 예를 들어, Heim 등은 읽기장애의 세 개의 하위 유형을 제안했다. 첫 번째는 주로 음운적 인식 결핍으로 구성되고, 두 번째는 시각적 주의력 결핍으로 구성되며, 세 번째는 음운적 인식과 시각적 인지 결핍 둘 다를 포함하는 다면적 인지 결핍으로 구성된다. 그러나 다른 연구들은 명백히 신경인지적인 과정의 결핍에 기인한 더 큰 규모의 읽기 결함 유형을 보여 준다. 예를 들어, Morris 등(1998)은 빠르고 자동적인 명명 기술과 음운적 과정의 과잉 결핍의 결합을 기반으로 한 읽기장애의 일곱 수준을 규명했다. King, Giess와 Lombardina(2007)는 빠른 명명 기술과 음운적 인식의 결합을 기반으로 한 난독증의 네 가지 특정 하위 그룹을 발견했고, Lachmann, Berti, Kujala와 Schroger(2005)는 정확한 단어와 비단어 읽기 기술을 기반으로 읽기 결함을 두 하위 유형으로 나누었다. 마지막으로, Ho, Chan, Lee, Tsang과 Luan(2004)은 읽기장애를 가진 중국 학생들을 검사하고 음운적 기억 기술, 빠른 명명 기술, 표기법 과정 기술 그리고/혹은 모든 기술 영역의 전반적 결핍의 결합을 기반으로 한 결함을 기록하였다. 요약하면, 많은 신경심리학자의 연구는 단일 특성이 아닌 신경인지적 병리학의 다양성의 표현으로서 난독증의 재개념화를 시도하는 것이다(Pernet, Poline, Demonet, & Rousselet, 2009).

읽기와 관련한 결함의 하위 유형의 다양성과 범위 때문에 읽기장애는 뇌에서 다초점을 갖는다. 사실 난독증의 많은 유전자기반 연구들은 뇌 이상의 유형들을 분류한다. 예를 들어, Grigorenko(2007)는 발달적 난독증에 포함되어 있는 아홉 개의 염색체 영역이 있다고 밝혔다. 요약하면, 염색체 15q, 6p, 2p, 6q, 3cen, 18p, 11p, 1p 그리고 Xq다. Pernet 등(2009)은 또한 유전 연구를 통해 난독증의 뇌에서 염색체 이상을 보이는 다양한 영역을 밝혔는데, 구체적으로 염색체 16, 6 그리고 2번이다. 이 유전 연구들은 난독증의 다면적 영역 문제를 제안했고 읽기장애의 특정 하위 유형들의 이론적인 기틀을 제공했다(Pernet et al.). 요약하면, 각 유전적 전사는 다음 발달을 위한 규칙을 따르며 읽기를 할 때의 뇌에서 전체적인 기능의 통합을 따라 일어난다. Cao, Bitan과 Booth(2008)에 따르면 읽기장애는 궁극적으로 유전적 전사의 결함에서 초래되며, 이는 읽기를 할 때 뇌의 다양한 영역의 기능적인 연합을 왜곡한다. Feifer과 Della Toffalo(2007)는 뇌의 다양한 영역의 기여도와 각각의 기능적 연합에 기인한 난독증의 네 가지 하위 유형을 요약했다. 이 유형들은 〈표 2-1〉에 제시되어 있다.

읽기장애의 첫 번째 하위 유형은 발화성 난독증(dysphonetic dyslexia)이다. 이것은 문자와 소리를 성공적으로 연결하기 위해 음운적 방법을 활용하는 데 어려움을 겪는 특징을 갖는다. 대신 인쇄된 단어를 알려 주는 시각적 단서와 표기적인 단서에 과잉 의존하는 경향이 있다. 흥미롭게도, 신생아들은 낯선 언어의 음운을 구별하는 능력이

■ 〈표 2-1〉 읽기장애의 네 가지 하위 유형

1. 발화성 난독증(dysphonetic dyslexia): 음성적으로 단어를 소리 내는 데 갖는 어려움.
2. 표면성 난독증(surface dyslexia): 쓰여 있는 단어의 빠르고 자동적인 인식의 어려움.
3. 혼합 난독증(mixed dyslexia): 음운적인 장애와 표기법 과정 기술의 장애로 특징되는 다면적 읽기 결함. 이것은 난독증의 가장 심각한 형태임.
4. 이해력 결핍(comprehension deficits): 기계적으로 읽는 것은 가능하지만 의미를 끌어내는 것에는 어려움.

있다. 그 후 6~10개월이 되면, 뇌는 일상적으로 노출된 모국어 음운의 판별 민감성을 발달시킨다(Posner & Rothbart, 2007). 문자에서 소리로의 변환에는 상관성이 거의 없기 때문에, 독자들은 자주 처음 본 첫 문자로 단어를 추측하는 경향이 있다. 예를 들어, cat은 couch 또는 corn으로 읽힌다. 이런 학생들은 단어를 기저의 소리 단위로 나누는 전략들의 연합에 심각한 어려움을 겪는다. 그들은 자주 부정확하게 읽게 되고, 단순하게 단어 전체를 외워서 읽으려는 경향을 보인다. Noble과 McCandliss(2005)에 의하면 어린 나이에 음운 처리에 어려움을 가질 경우 문자와 소리 간의 신경적 연계망이 불충분해진다. 관자놀이와 정수리의 연접부에 위치한 supramarginal gyrus는 뇌의 음운 처리 과정의 핵심 부위로 밝혀졌다(McCandliss & Noble, 2003; Shaywitz, 2004; Sandak et al., 2004).

읽기장애의 두 번째 하위 유형은 표면성 난독증(surface dyslexia)이라고 불리는 것으로, 발화성 난독증과는 정반대다. 이 장애를 가진 학생들은 소리 내어 읽을 수는 있지만, 인쇄된 단어를 자동적으로 노력하지 않고 인식하는 능력에서 결핍을 보인다. 결과적으로 이 학생들은 문자별로 떠듬떠듬 읽는 경향이 있고, 단어의 음운적 특징에 과잉 의존하며, 시각적 단어 형태의 표기나 공간적인 특징의 도움은 거의 받지 못한다. 그들은 대부분의 단어를 노력을 들여 개개 음운으로 쪼개어서 매우 천천히 그리고 공을 들여 읽어야만 한다. 음운적 처리 과정 기술이 상대적으로 완전하더라도 유창하기는 가장 힘들다. Cao 등(2008)에 의하면 자동적 단어 인식의 핵심 영역인 왼쪽의 방추상회(fusiform gyrus)는 읽기장애를 가진 아동이 그렇지 않은 아동보다 더 약한 경향이 있다. 이 뇌 영역이 단어의 표기 표상에 특히 예민하기 때문에, 읽기장애를 가진 아동은 유창성과 속도에 어려움을 겪는다. 게다가 읽기장애를 가진 아동은 비슷한 표기를 가졌지만 다른 소리를 내는 단어 짝(예: pimt/mint)을 인식하는 데 어려움을 겪는다(Cao et al., 2008). 구체적인 중재는 자동화와 유창성을 목표로 삼고, 반드시 명확한 음운적 접근을 할 필요는 없다.

읽기장애의 세 번째 하위 유형은 종종 혼합 난독증(mixed dyslexia)이라 불리는 것으로, 읽기장애 유형 중 가장 심각하다. 일반적으로 이 장애를 가진 아동들은 언어의 전 범위에서 어려움을 겪으며, 음운적 처리 기술의 부족과 빠르고 자동적인 단어 인지 기술의 속도 저하, 일관성 없는 언어 이해 기술, 읽기에서의 기이한 오류 패턴이 특징적이다. 이중결함 가설(double-deficit hypothesis)이 종종 여기에 덧붙여지는데, 인쇄된 단어의 빠르고 자동적이며 자연스러운 인식의 흐름을 방해하는 매우 많은 결함이 있기 때문이다. Cao 등(2008)에 따르면 심각한 읽기 어려움을 가진 아동들은 왼쪽 방추상회(fusiform gyrus)에서 왼쪽의 뇌반구를 조절하는 효과가 약하고, 단어의 음운 표상과 표기 표상을 통합하는 데 결핍이 있다. 이런 이유로 이 학생들은 음운적 처리, 빠른 명명 기술, 언어적 기억 그리고 읽기 유창성에서 어려움을 갖는다(Feifer & Della Toffalo, 2007). 대부분의 개입이 균형 잡힌 문해력(balanced literacy) 접근에 초점을 맞추어야만 하며, 이것은 성공을 위한 최고의 기회를 만들어 내기 위해 읽기 절차의 여러 다양한 면을 겨냥하고 있다.

읽기장애의 마지막 하위 유형은 읽기 이해(reading comprehension) 기술의 결함을 포함한다. 전체 학령기 아동의 10% 정도는 글자 해독은 잘하지만 읽기 이해 기술에서는 특정한 어려움을 겪는 것으로 추정되었다(Nation & Snowling, 1997). 말하자면 이 아동들은 잘 읽어도 글자에서 의미를 끌어내는 데 어려움이 있다. 학교심리학적 평가는 실행 기능(executive functioning)과 같은 것으로 구성되어야 한다. 이는 학생들이 유입된 정보를 이전에 읽었던 요소들과 함께 조직화하는 기능이다. 그리고 작업기억(working memory)으로 구성되어야 한다. 이것은 주어진 인지적 과제를 수행하는 데 필요한 기억의 양이다. 또한 언어토대기술(language foundation skill) 평가를 할 수 있다. 이러한 평가는 학생들이 익숙한 많은 어휘를 조사하는 것이며, 이는 이해력 장애의 기저 원인을 결정하는 데 필요하다. (Feifer & Della Toffalo, 2007).

앞서 언급했듯이, 읽기 이해력의 어려움을 가진 아동들은 종종 선택적으로 실행 기능 기술과 특히 작업기억 기술 면에서 주목할 만한 결함을 보인다(Reiter, Tucha, & Lange, 2004; Vargo, Grosser, & Spafford, 1995; Wilcutt et al., 2001). 작업기억은 우리 주변 세계의 표상된 지식을 파악할 수 있는 능력을 포함하며, 실행 기능과 함께 작동한다. 간단히 적용하면, 정보를 사용할 수 있는 시간이 길어질수록 인출을 용이하게 하는 방법으로 이 정보를 조작, 저장 및 배열하는 심리적인 유연성은 더 커진다. Cutting, Materek, Cole, Levine과 Mahone(2009)에 따르면, 빈약한 시각적·언어적

작업기억 기술은 읽기 이해력을 낮출 뿐 아니라 실행 기능이 기억할 정보를 계획, 조
직화 그리고 자기모니터링하는 능력에 영향을 미친다. 그러므로 학교심리 전문가들
은 읽기 이해 결함 검사를 실시할 때, 언어적 IQ(지능), 운영(경영)적 지능, 작동기억,
주의력 그리고 읽기 유창성에 평가의 초점을 맞추어야 한다. 요약하면, 읽기 이해력
이 떨어지는 것과 관련한 내적인 언어적 · 인지적 요소를 구체화하는 것은 아동들을
그들의 학습 과정 속에서 도울 수 있는 더 효과적인 개입 전략을 개발하는 데 도움이
된다.

　어떤 인지적 속성들은 실제로 음운학적 · 표기적 기술의 향상과 관련 있고, 인쇄된
단어의 자동화된 해독에 도움이 된다. 예를 들어, Posner와 Rothbart(2007)는 뇌가 읽
기 절차를 가능하게 할 때의 뇌의 실행 주의력 네트워크(executive attention network)
의 중요성을 강조했다. Posner와 Rothbart에 따르면 단어의 자동적 인지의 전제조건
은 인쇄된 단어의 독특한 특징에 시각적으로 주의를 집중하는 능력이다. 그러므로 음
운적 처리 과정 기술을 개선하기 위한 읽기 개입에서는 시각적 단어 형태 자체의 인식
을 고려해야 더 나은 결과를 가져올 수 있다. 다음의 예를 생각해 보라. 평균 성인들은
분당 대략 250개의 단어를 읽을 수 있거나 초당 4개의 단어를 읽을 수 있다.
Stein(2000)에 따르면 눈은 읽는 과정 동안 한 단어에 300msec를 집중하고, 미묘하지
만 빠른 눈동작[단속성 운동(saccade)이라 불림]으로 다음 시각적 자극으로 옮겨 간다.
시각적 단어 형태 자체에는 매우 짧은 시간의 노력만 들이므로, 주어진 각 시각 자극
을 자동적으로 부호화하는 주의력에 큰 부담이 된다. 영어는 더 복잡한데, 다른 문자
조합으로 44개 소리를 (음운적으로) 표상해 내는 1,100가지 이상의 방법이 존재한다
(Uhry & Clark, 2005). 반면에, 이탈리아어는 그다지 모호함 없이 25개의 음운을 표상
하는 데 33개의 문자소로 충분하다. 이탈리아어에서는 같은 문자 그룹이 항상 같은
소리로 표상되며, 이는 단어를 좀 더 논리적 · 일관적으로 그리고 더 쉽게 읽을 수 있
게 해 줌을 의미한다.

　요약하면, 표기된 글자의 미세한 차이를 판별해 낼 필요가 없으면 실행 주의력 네
트워크가 그리 중요하지 않다. Posner와 Rothbart(2007)에 따르면 실행 주의력 네트워
크는 하향식 주의력 체계이고, 뇌의 전두엽 쪽의 전측대상회(anterior cingulate gyrus)

가 관장한다. 이 주의력 네트워크는 학습자로 하여금 상대적으로 느린 음운 처리 과정 대신에 직접적인 시각-의미 처리 과정을 통해 단어를 인식하게 하여 읽기에 기여한다. 게다가 대다수의 어린 아동도 실행 주의력 네트워크를 활용하는데, 단어를 시각적으로 처리하여 형태 인식을 하고 그 형태의 독특성으로 이미 형태를 기억하고 있는 단어들과 비교함으로써 단어를 자동적으로 인식할 수 있다.

읽기장애의 치료적 전략

국가읽기패널(2000)은 읽기장애를 가진 학생들을 위한 가장 효과적인 연구기반 게임 전략을 정하기 위해 1966년 이래로 읽기 분야에서 연구·출판된 10만 개 이상의 글을 채택했다. 불행히도, 이 연구들의 압도적인 다수가 방법적인 실패로 인해 버려지고 있다. 국가읽기패널이 철저한 규준을 엄격하게 선정하였는데, 영어로 쓰인 연구, 통제집단이나 다양한 준거 틀을 이용한 실험 혹은 유사실험 설계를 사용한 연구, 규범적 표본의 분명한 세부적인 특징을 가진 연구, 반복 가능한 구체적인 개입을 가진 연구, 그리고 마지막으로 어떻게 치료 효과가 지속되었는지에 대한 세세한 분석을 포함하고 있는 연

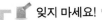

잊지 마세요!

성공적인 읽기를 위해서는 음소 인식, 발음, 유창성, 어휘, 독해력의 다섯 가지 영역에 대한 명시적이고 직접적인 교수가 필요하다.

구 등이다. 국가읽기패널이 내린 결론은 아이들이 기능적으로 독립된 독자가 되기 위해 필요한 5개의 언어적 기술을 규명함으로써 증거기반 개입의 황금기준을 제시하는 것이다. 읽기 수행을 위한 5개의 기준은 음운적 인식(phonemic awareness, 단어 음절의 조정), 파닉스(ponics, 문자-소리 대응 관계), 유창성(fluency, 읽기 속도와 정확성), 어휘력(vocabulary, 아는 단어의 목록) 그리고 이해력 기술(compreheasion skils, 문자의 의미를 끌어내는 것)에 대한 분명하고 직접적인 교수를 포함한다. 게다가 패널은 장애 여부를 떠나 모든 학생이 음운 인식과 파닉스의 분명한 가르침을 포함한 교수적 기술의 혜택을 받아야 한다고 결론 내렸다. 나아가 균형 잡힌 문해력의 교수적 접근법이 실천적인 방법으로 탄생했다.

국가읽기패널의 구체적인 발견들은 여러 문헌의 메타분석을 기반으로하며, 이전의 연구들과 크게 다르지 않았다. 예를 들어, Adams(1990)는 문헌들을 대규모로 검토하고, 저학년 시기에 철자-소리 연계를 가르쳐야 할 뿐만 아니라 실제 읽기 과정에도 연결을 해야 학생들이 그 연계를 교과서에 적용할 수 있게 된다고 결론지었다. 게다가 Snow, Burns와 Griffin(1998)은 음운 인식과 파닉스의 직접적 교수는 다른 형태의 교수법보다 읽기 교수에서 더 효과적이라고 말했다. Adams의 조사에 의하면 음운 인식 발달에는 위계적 구조가 존재하는데, 어린 아동들에게 구체적인 개입 전략을 생각할 때 도움이 된다. Berninger와 Richards(2002)는 이 위계를 음운 처리에 따르는 특정 뇌 영역의 발달과 연결시켜 확장하였다. 〈표 2-2〉에는 이 구체적인 뇌 영역과 연관된 음운적 발달이 설명되어 있다(Feifer & Della Toffalo, 2007).

■ 〈표 2-2〉 음운 처리 과정의 발달적 순서

활동	연령	목적	뇌 발달
1. 운율 반응 (Response to Rhymes)	3~4	3~4세 아동은 놀이방에서의 운율(리듬), 운율이 있는 노래를 기억할 수 있으며, 운율 있는 글의 마지막 단어를 말할 수 있다.	측두엽 청각피질의 수초화가 진행되면서 아동들은 대략 3세에 말소리를 더 잘 구별할 수 있게 된다(Berninger & Richards, 2002).
2. 음소 분화 (Classifying Phonemes)	4~5	이 연령의 아동들은 비슷한 소리들을 함께 대응시켜 포함되지 않은 소리를 구분해 낼 수 있다 (예: book, look, took, cat).	뇌 발달은 우반구에서 좌반구로 진행되는 경향이 있다. 4세까지 아동들은 우반구에서 소리 구별을 하기 시작하고, 왼쪽으로 분화되며, 양쪽 반구 간의 소리 구별을 소통할 수 있게 된다(Berninger & Richards, 2002).
3. 단어 나누기 (Segmenting Words)	5~6	5세가 되면 단어의 시작과 끝의 소리를 분리할 수 있으며 창의적인 철자법을 사용할 수 있게 된다(예: cat를 'KT').	교차 통합의 연계가 이제는 더 자동적으로 발달한다. 그래서 단어의 시각적·철자적 표상(두정엽)이 청각적 방법(측두엽)으로 저장된다.

4. 음소 나누기 (Phoneme Segmentation)	6~7	1학년이 될 때까지 아동들은 단어에서 수많은 음소를 두드려 보고, 창의적인 철자법으로 모든 소리를 단어로 표상할 수 있게 된다.	뇌 발달과 수초화는 뒤에서 앞으로, 특히 언어적 영역에서 진행된다. 뒤쪽 영역은 앞쪽 구조가 소리를 연속적으로 배열할 동안 소리를 부호화한다(Berninger & Richards, 2002).
5. 음소 빼기/ 탈락 (Phoneme Deletion)	6~8	단어의 복잡성에 따라 아동들은 단어의 소리를 또 다른 단어로 만들기 위해 음소를 탈락시키거나 대치할 수 있다(예: 't' 없이 sting이라고 말해 보세요).	교육환경은 더 높은 수준의 생각과 음소 조절을 위해 제3의 영역을 발달시키는 데에 중요하다.

음운적 전략

구체적인 음운적 과정 기술을 가르치는 가장 오래되었고 전통적인 방법 중 하나는 1930년 초에 Anna Gilligham과 Samuel Orton 박사가 개발한 Orton-Gilligham 다감각 교수법(Orton-Gillingham Multisensory Method)이다. 처음 이 프로그램의 목적은 다감각적이고 소리와 낱자가 어떻게 연결되는지 묘사함으로써 그 자체의 발달이 연속되는 읽기의 순차 체계를 만드는 것이었다. 그 프로그램은 가장 흔히 사용되는 영어 단어 3만 개 중 80%가 예상 가능한 부호를 따르고, 결국 음운학적으로 일관적이고 규칙적일 것이라는 가정에 기초한다(Uhry & Clark, 2005). Feifer과 Della Toffalo(2007)는 이 프로그램을 상향식 혹은 종합적 읽기 교수 방법으로 언급했는데, 프로그램의 이론적 기반이 철자와 소리 간의 규칙과 상호작용 학습 기반의 위계적 구조와 순차를 가졌기 때문이다. 진행 성과의 모니터링은 철자 지식, 알파벳 기술, 읽기, 스펠링, 쓰기를 검사하는 측정법을 벤치마크하여 문서화하였다. 다양한 읽기 상황에서 44개의 음소와 68개의 문자소를 부호화할 때 구별할 수 있는 표지를 활용하는 것을 강조한다. 〈표 2-3〉에는 소리-단어 체계, 혹은 읽기의 상향식 접근으로부터 읽기 교수의 다섯 가지 기본 단계가 요약되어 있다(Barton, 1998).

■ 〈표 2-3〉 음운체계 교수법의 5단계

1단계: 음소의 인식(phonemic awareness)에서 학생들은 어떻게 적절히 한 단어나 음절을 듣는지 그리고 각각의 음소로 쪼갤 수 있는지를 배운다. 영어는 44개의 음소를 가지고 있고 이는 언어의 가장 작은 소리 단위를 표상한다. 아동들은 또한 소리 치환, 소리 빼기 그리고 소리 비교뿐만 아니라 합치기 전략을 배운다.

2단계: 음소/문자소의 대응(phoneme/grapheme correspondence)은 음소와 연관된 시각적 요소를 표상하는 알파벳 체계의 교수를 포함한다. 아동들은 구체적인 소리가 다양한 철자의 조합에 의해 표상되는 것을 정확하게 배운다. 강조점은 또한 철자를 어떻게 한 음절의 소리로 섞는가 하는 것이다.

3단계: 6종류의 음절(the six types of syllables). 영어를 구성하고 있는 여섯 종류의 음절은 소개된 바 있다. 만약 학생들이 구체적인 종류의 음절을 인지한다면 소리는 자동적이 될 수 있다. 이 음절들의 하위유형은 다음과 같다.
   a. 닫힌 음절(하나의 모음, 예: cat)
   b. 열린 음절(마지막이 장모음, 예: baby)
   c. 모음-자음 'e' 음절(묵음 'e'가 길어지는 모음, 예: make)
   d. 모음-연합 음절(두 개의 모음이 한 소리를 만듦, 예: caution)
   e. R-제어 음절('r' 뒤에 나오는 모음의 소리가 변함, 예: hurt)
   f. 자음 'le' 음절('le'로 끝나는 단어, 예: turtle)

4단계: 개연성과 규칙(probabilities and rules)은 분명히 가르쳐진다. 영어는 같은 단어의 철자법을 몇 가지로 제공한다. 예를 들어, caution이라는 단어는 /SHUN/이라는 소리를 갖고, 이것은 /TION/, /SION/ 또는 /CION/으로 쓸 수 있다.

5단계: 어근과 접사(roots and affixes) 또한 학생들이 어휘력과 낯선 단어를 이해할 수 있는 능력을 확장하기 위해 형태와 더불어 가르쳐져야 한다.

출처: Barton (1998).

유창성 전략

어떤 아동들은 읽기 유창성 기술에서 어려움을 겪는다. 그리고 필연적으로 음운 처리 기술에서의 어려움을 겪을 필요는 없으나 그들은 인쇄된 문자의 철자를 빠르고 자동적으로 인식하는 데 어려움을 겪는다. 측두엽 회로가 음소 인식과 음운 처리 기술에 필수적인 반면, 후두엽 영역은 Shaywitz(2004)가 이야기한 시각적 단어 형성 영역(visual-word form area)의 핵심을 구성한다. 시각적 단어 형성 영역은 일차적으로 빠르고 자동적인 단어 인식 기능을 수행하고 후두엽 영역의 기능에 상당 부분 의존하고

■ **〈표 2-4〉 정확한 단어 읽기에 대한 음소 인식 기술의 세 가지 지원**

1. 그것들은 아동들이 알파벳 규칙을 이해하도록 돕는다. 단어에서 소리를 감별하는 능력 없이는, 인쇄된 철자와 각 음소가 발화되었을 때 이들의 더 깊은 관계를 알기 어렵다.
2. 그것들은 부분적으로만 발화된 맥락 속에서 가능한 단어들을 알게 한다. 예를 들어, 아동이 단어의 처음 두 철자에서 소리가 만들어진 것을 알았을 때(예: 'ch'), 이 아동은 정확한 단어를 더 잘 추측할 수 있다.
3. 그것들은 아동들이 철자들이 단어로 소리화되는 일반적인 방법들을 알게 한다. 만약 아동이 cat에서 세 개의 소리를 듣는다면, 그것은 아동으로 하여금 철자가 소리와 대응하는 방법을 알게 해 준다. 이 것은 특정 철자 양식을 강조하고 대부분의 기억술로 작용하여 아동이 단어를 흘낏 보기만 해도 자동적으로 인식할 수 있게 해 준다.

출처: Schatschneider & Torgeson (2004).

있다. 다시 말하면, 소리의 효과적인 음운망은 시각적 단어 형성 영역이 그 기능을 잘할 수 있게 해 주는 것이다. 나아가 음운의 인식과 빠르고 자동적인 시각적 단어 형성 처리 과정 간에는 공생하는 면이 있다. Schatschneider와 Torgeson(2004)에 의하면 음소의 인식 기술이 정확한 단어 읽기의 발전을 지원하는 세 가지 방법이 있고, 각각 은 〈표 2-4〉에 설명되어 있다.

다음의 개입은 유창하게 읽지 못하지만, 읽기의 음운적인 면에서는 어려움이 없을 수 있는 학생에게 적합한 것이다.

Read Naturally(Read Naturally, Inc.)는 더 정확한 이해 기술을 발전시키는 것뿐 아니라, 읽기 유창성과 속도를 향상하는 데 초점을 둔다. 이 프로그램은 전반적인 유창성 향상을 위해 읽기 모델에 반복적으로 노출시키고 향상을 모니터링한다. 이것은 언어 유창성이 8단계(133wpm) 중에 2단계(51wpm) 이하로 떨어지는 학생들을 위해 고안 되었다. 먼저는 각 학생들이 프로그램을 시작할 때의 단계 수준을 정하는 초기 검사 가 있다. 다음으로, 학생과 선생님은 읽기 유창성의 목표를 함께 설정하는데, 이 목표 는 보통 학생의 현재 수행 수준보다 분당 30~40단어 정도 더 높은 수준 정도다. 학생 은 반드시 다음 읽기 수준의 반 정도(next half-grade)로 올라가기 전에 각 단계에서 24개의 이야기 중 적어도 8개 이야기에서 속도, 정확성, 운율, 이해, 재발화/요약 목표를 성취해야 한다.

모든 Read Naturally 과제는 학생들이 처음 흥미를 가지고 선택한 이야기에서 순차적인 구조로 진행되는데, 기록과 함께 용어와 의미를 소리 내지 않고 말하고, 그 이야기를 예측하여 이야기해 보게 한다. 다음으로, 학생은 이야기를 '단조롭게 감정 없이 읽기(cold read)'를 시도하고 1분에 정확하게 읽은 단어의 수를 그래프로 기록한다. 그러고 나서 각 학생들은 이야기를 녹음된 테이프와 함께 적어도 세 번 큰 소리로 읽는다. 녹음된 테이프의 속도는 읽기를 성공함에 따라 증가시킨다. 학생은 '정서를 담아 읽기(hot read)'를 시도하고, 교사는 실수와 운율 모니터를 하고 1분간 읽은 횟수를 기록한다. 주제와 세부 내용, 어휘를 포함한 다양한 이해도 질문들, 추론과 단답식의 질문들이 정서를 담아 읽기를 하기 전이나 후에 제시될 것이다. 마지막으로, 학생은 5~8분간 구어로 혹은 쓰기로 이야기를 다시 이야기해야 한다.

Read Naturally는 최소한 하루에 30분, 일주일에 3~5일간 수행하는 것이 좋다. 단조롭게 감정 없이 읽기와 정서를 담아 읽기 모두 이해력 점수와 다시 말하기 점수와 함께 기록되고 그래프화되어야 한다.

Great Leaps Reading(Diarmuid, Inc.)은 보충읽기 프로그램으로 고안되었고, 적어도 하루에 10분, 일주일에는 3회 이상을 권장한다. 이 프로그램은 3개의 주요 부분으로 나뉜다.

① 음소(Phonics): 기본 소리 인식 기술의 향상을 위해
② 일견구, 일견단어(Sight-phrases, sight words): 기술의 정복을 위해(아마도 맥락 속에서 단어를 이해하는 것을 의미하는 듯함-역자 주)
③ 유창성(Fluency): 학생의 동기를 향상할 뿐 아니라 발화 읽기 유창성과 자동화를 향상하기 위해 연령에 따라 적합한 이야기가 고안되었다.

프로그램이 담고 있는 핵심은 유창성을 향상하는 것이다. Great Leaps는 높은 빈도로 자주 사용된 단어를 가르치는 것에 반대하며, 대신 이야기의 맥락 속에서 '일견

구'를 이해해야 한다고 주장한다. 이 프로그램은 한 기술의 숙달이 다음 기술을 인도하는 것을 의미하는 것과 같이 고도로 비계 설정되어 있다. 사실 학생들은 1분 검사에서 도달한 성취를 마스터하면 다음 단계로 말 그대로 '도약'한다. Great Leaps의 목표는 유창성과 독립적 읽기 기술을 5학년 수준까지 발달시키는 것이다. 공립학교에서 Great Leaps를 이용하는 데 실용적인 이점 두 가지가 있다. 첫째는 프로그램의 비용이 상대적으로 싸다는 것이고, 둘째는 Great Leaps가 작은 훈련을 요구하고 교사, 부모, 교수적 보조자, 가정교사 그리고 학교 자원봉사자들로부터 사용될 수 있다는 것이다. 일반적인 훈련 세션은 3시간 정도 걸리고, 노련한 교사들은 이 교수법이 훈련 없이 적용을 시작하는 데 보다 적절하다고 생각할 것이다.

READ 180(Scholastic)은 국가읽기패널(2000)이 설명하고 있는 읽기의 다섯 가지 기준의 하나 이상의 영역에서 어려움을 보이는 학생들의 필요를 채워 주도록 설계되었다. 90분 교수 모델은 20분의 대집단 교사지시 교수로 시작한다. 그리고 나머지 60분 동안 학생들은 세 개의 소집단을 돌게 된다. 첫 번째 그룹은 교사에게 보다 차별화된 교수를 허용하는 소집단 교수 활동을 포함한다. 두 번째 그룹은 학생들이 네 가지 학습 영역을 통하여 체계적으로 가르치는 고도로 상호작용적이고 적응적인 소프트웨어를 사용하는 것으로 이 프로그램을 독특하게 만든다.

① Reading Zone은 학생들이 단락을 통해 읽으면서 파닉스, 유창성 그리고 어휘 교수를 포함한다.
② Word Zone은 6,000단어가 정의되고 분석됨으로써 해독과 단어 인지 기술의 체계적 교수를 제공한다.
③ Spelling Zone은 학생들이 철자를 연습하고 즉각적인 피드백을 받도록 허락한다.
④ The Success Zone은 다른 영역이 숙달되었을 때 이해에 초점을 맞춘다.

이 프로그램의 소프트웨어 구성요소는 고도로 적응적이고, 소리 내어 읽기의 반복 기회를 제공하고, 유창성을 가진 읽기 시범을 듣고, 배경지식을 제공하고 어휘를 도입하는 비디오를 보도록 한다. 아동들이 읽는 방식을 기반으로 하여, 소프트웨어는 개별 학습자에게 맞도록 교수의 수준을 지속적으로 조정한다. 컴퓨터 훈련에 이어, 학생들은 종이책과 오디오북 모두를 이용하여 읽기 이해를 만드는 또 다른 소집단 교수 활동을 위해 만난다. 세션은 10분간의 대집단 요약 수업으로 마무리된다.

Wilson Reading System(Wilson Language Training)은 난독증 청소년과 성인을 위해 특별히 고안된 몇 안 되는 읽기 프로그램 중의 하나다(Uhry & Clark, 2005). Barbara Wilson이 개발하였고 Orton-Gillingham 접근을 기반으로 하였는데, 즉 언어 기반의 어려움을 가진 아동을 위한 다감각적이고 합성적인(synthetic) 음소 접근 읽기 교수다. Wilson Reading System은 3학년부터 성인까지의 학생을 위해 고안되었고, 적절한 영어 기술을 가졌지만 지속적으로 문어 기술에 어려움을 가지고 있는 이중언어 학생들에게 적절할지도 모른다. Uhry와 Clark에 따르면 Wilson 프로그램은 난독증을 가진 나이 많은 학생에게 과도하게 유용할 수 있는 세 가지 독특한 특성이 있다.

- 첫째로, 복잡한 발음을 구별하는 표지가 프로그램의 구성요소는 아니지만 6음절 유형에 대한 즉각적인 강조가 있다. 대신에 학생들은 띄어쓰기 표시 대신에 밑줄을 이용하여 그들 자신의 해독음절(coding syllable) 체계를 만들어 낸다.
- 이 프로그램의 두 번째 특성은 철자를 보조하기 위해 구어를 음소로 분석하는 독특한 손가락치기(펑거태핑) 체계의 사용이다. 예를 들어, map이라는 단어를 가르칠 때 세 낱자 카드가 단어의 세 소리를 나타내기 위해 책상 위에 놓인다. 학생은 엄지손가락에 다른 손가락을 치는 동안 각 소리를 말하도록 가르쳐진다.
- 이 프로그램의 소리 카드는 색깔로 코드화되어 있다. 즉, 자음은 노란색, 모음은 주황색, 단어군은 초록색이다.

이 프로그램은 학생들이 매일 45~90분의 지도를 받도록 권장하며, 주어진 레슨을 완성하는 데에는 아마도 하루 이상이 걸릴 것이다. 이 프로그램의 모든 단계는 동일한 단계에서 시작하며 학생들과 함께하는 매우 구조화된 형식으로 되어 있다. 교수법들이 스크립트화되지는 않았지만, 교사 훈련은 초기의 2일 개관과 함께 시작한다.

읽기 이해 전략

열약한 읽기 이해 기술을 가진 아동은 제한된 의미 처리뿐만 아니라 수용어휘 발달의 결함도 보인다(Catts, Adolf, & Weismer, 2006; Nation & Snowling, 1997; Nation et al., 2004). 게다가 이러한 아동들은 초등학교 후기의 음운과 이해 사이의 비연관성으로 이해되는 상대적으로 정상적인 음운 처리 능력을 보이는 경향을 보인다. 따라서 열약한 읽기 이해 기술을 보이는 아동을 위한 중재의 초점은 언어적 수준이 아닌 언어 수준에 있어야 한다. 배경지식을 이용하고 텍스트로부터 추론을 이끌어 내는 능력은 이해 과정을 용이하게 하고 보다 깊고 풍부한 문단에 집중하게 해 준다. 명확하게, 실행 기능 기술은 학생이 글자로부터 의미를 이끌어 내기 위해 문단과 관련된 영역을 함께 연관 짓는 능력을 나타낸다.

Soar to Success(Houghton Mifflin)는 상대적으로 빠른 속도의 소집단 교수 프로그램으로 3학년부터 6학년 학생의 읽기를 촉진시키기 위하여 설계되었다. 이 프로그램은 주로 읽기 이해 기술을 향상하는 데 목적을 둔 언어기반 전략에 초점을 둔다. 특정한 교수 전략들은 글자로부터 의미를 시각적으로 구성하도록 도와주는 그래픽 조직자의 사용을 포함한다. 여기에 덧붙여 텍스트가 읽히는 동안 교사가 이들의 전략 사용을 시범 보일 때 상호교수는 네 가지 전략—요약하기, 명료화하기, 질문하기, 예견하기—을 사용한다.

Lindamood-Bell Learning Process Center는 작동기억 기술을 향상함으로써 읽기 이해를 돕는 다양한 상품을 제공한다. 작동기억은 이전의 읽기 정보를 일시적으로 보류하는 동시에 새로운 정보를 얻도록 허락함으로써 읽기 과정을 촉진한다. 작동기억의 결함은 확실히 학생의 텍스트 내에서의 정보들 간에 적절한 결합을 만드는 능력을 붕괴시킨다. 예로는 다음과 같은 것들이 있다.

- Lindamood Visualizing and Verbalizing for Language Comprehension and Thinking은 학생의 읽기 이해, 비평적 사고, 의미를 대화에 연결하기 등을 돕기 위한 수단으로서 개념 표상을 사용하도록 개발되었다.
- Seeing Stars: Symbol Imagery for Phonemic Awareness, Sight Words and Spelling은 통문자 발달과 글자의 맞춤법에 대한 이해를 용이하게 하기 위해 상징 표상 기술을 발달시키도록 설계되었다. 이 프로그램은 단어 내의 소리를 위한 낱자 순서의 시각화를 통해 시작하고 다음절과 문맥적 읽기와 철자로까지 뻗어 나간다.

향후 중재 방향

현대 신경영상(neuroimaging) 과정의 출현과 함께, 과학자들은 알려지지 않는 인지적 노력, 순식간의 기억, 각각의 지나가는 생각들을 가지고 있을 때의 뇌의 변화를 관찰할 수 있다. 100년이 넘게 신경과학자들은 뇌에서의 혈류와 혈중 산소치의 변화[혈액역학(hymodynamics)으로 알려진]가 특정 신경 활동과 긴밀하게 관련되어 있다는 것을 인식하여 왔다. 따라서 음악을 듣거나 TV 프로그램을 보는 것은 보다 적은 인지적 에너지를 요구하기 때문에 셈이나 문헌을 읽는 과제를 수행하는 것과 같이 인지 활동을 과도하게 요구할 때보다 적은 산소를 사용한다(Bremner, 2005). Shaywitz와 Shaywitz(2005)는 매일 명백한 타입의 파닉스 교수를 받은 읽기장애 학생은 fMRI 기술로 측정하였을 때 두정-척두엽(temporal-parietal) 안에서 변화가 있었다. 이 획기적인 연구는 특정한 교수 기술이 어떻게 신경 연결을 바꾸어 커다란 학업 성취를 이루어내는지 설명하였다. 믿을 수 없을 만큼, 현대 신경과학은 파닉스의 명시적 교수를 포함한 증거기반 중재들이 읽기의 기저에 있는 신경 체계의 발달을 용이하게 하는 방법임을 밝혀내기 시작했다(Shaywitz & Shaywitz, 2005).

미래의 연구는 뇌의 두정-측두엽에서의 강화된 신경 연결들이 보다 효과적인 읽기 기술을 이끌어 갈지도 모른다는 아이디어에 대해 상세히 기술할 것이다. 뉴로피드백 연구들은 뇌파유형(EEG) 연구의 전담을 이끌었고, 아동은 실제로 그들 자신의 뇌파 활동을 자기조절할 수 있다고 설명했다(Swingle, 2008). 예를 들어, 뇌가 고도의 인지가 요구되는 읽기와 같은 활동에 관여할 때, EEG 패턴은 주의력 결함에서 흔히 보이는 것처럼 느려지면 안 된다. 오히려 증가한 인지 부담을 다루기 위해 속도를 증가해야 한다. 그러나 Arns, Peters, Breteler과 Verhoeven(2007)은 난독증 아동의 전두엽과 측두엽에서 느려진 뇌파 활동(델타와 세타)이 더 많이 나타나는 것을 발견했다. 이것은 난독증 아동이 음운 처리 과제를 하는 동안 측두엽과 전전두엽에서 보다 낮은 활동성을 나타내고 보통 언어 처리에 할당된 뇌 영역을 사용하지 않은 것을 보여 주는 기존 연구(Backes et al., 2002; Shaywitz, 2004)와 일치한다. 만약 읽기장애 아동이 이러한 언어 영역에서 느려진 뇌 활동을 보인다면, 반대로 읽기에 능숙한 독자들은 이러한 뇌 영역에서 보다 빠른 신경 활동을 보이는가? 사실 몇몇의 연구는 읽기에 능숙한 독자의 최고조 알파 뇌파는 동일 학년의 학습자들보다 5.2% 빠른 경향을 보인다고 한다(Suldo, Olson, & Evans, 2001). Demos(2005)에 따르면 뉴로피드백의 모든 형태는 EEG 일관성이나 두 개의 뇌 영역 간의 기능적 연결성을 변화시킬 수 있다. Shaywitz와 Shaywitz(2005)가 언급한 것처럼 읽기를 위한 뇌 체계는 가소성이 있으며, 난독증 아동에서의 결손은 증거기반 중재 프로그램을 통해 치료될 수 있을 수도 있다. 아마도 뉴로피드백은 모든 아동에게 읽기장애 치료의 가망성을 제시해 줄 것이다.

 **자 기 점 검**

1. 소리/상징 관계에 대한 과도한 의존, 낮은 유창성과 속도, 단어 인지의 문제로 특성 지을 수
   있는 난독증의 하위 유형은?

   (a) 음운적 난독증(dysphonetic dyslexia)

   (b) 표층적 난독증(surface dyslexia)

   (c) 혼합 난동즉(mixed dyslexia)

   (d) 음소 난독증(phonemic dyslexia)

2. 다음 구인 중 읽기 이해 기술과 가장 관련이 적은 것은?

   (a) 실행 기능

   (b) 작동기억

   (c) 기초 언어 기술

   (d) 동작성 IQ 점수

3. 다음 중 불일치 모델의 단점은?

   (a) 1차원적 연속선상에서 읽기장애를 봄.

   (b) 불일치가 무엇인지에 대한 합의가 이루어지지 않음.

   (c) 실패할 때까지 기다리는 정책을 조장

   (d) 위의 모든 것

4. 아동의 음운 처리 기술 교수는 _____를 제외한 모든 것을 포함한다.

   (a) 음소/자모 대응 교수

   (b) 읽기에 대한 통글자 접근 이용하기

   (c) 6음절 하위유형 교수

   (d) 음운인식 교수

5. 다음 중 _____를 제외한 모두가 이용의 명백한 장점이다.

(a) 조기 중재를 가능하게 한다.

(b) 진전도를 점검하는 탁월한 방법을 제공한다.

(c) 중재에 대한 증거기반 접근을 강조한다.

(d) 읽기장애를 진단하는 데 탁월하다.

6. 단어 해독에 있어서 시각단서의 과도한 의존, 빈번한 추론, 그리고 열약한 낱자-소리 변환 기술로 특징지을 수 있는 난독증의 하위 유형은?

(a) 음운적 난독증(dysphonetic dyslexia)

(b) 표층적 난독증(surface dyslexia)

(c) 혼합 난동증(mixed dyslexia)

(d) 음소 난독증(phonemic dyslexia)

7. 열약한 음운 처리 기술을 가진 어린 학생을 위한 상향식 유형의 읽기 중재의 예는?

(a) 통문자 접근

(b) Orton-Gillingham 방식

(c) 바이오피드백

(d) Read Naturally 프로그램

8. 다음 중 _____을/를 제외한 모두가 열약한 읽기 이해를 가진 아동의 좋은 전략이다.

(a) Soar to Success 프로그램

(b) Lindamood Visualizing and Verbalizing for Language Comprehension and Thinking 프로그램

(c) 언어와 어휘 기술의 강화

(d) 위의 모든 것

9. 열약한 읽기 유창성 기술에 대한 효율적인 중재는?

   (a) Read Naturally 프로그램

   (b) 혈액의 산소 공급

   (c) 자아존중감 평가들

   (d) 인지기능 평가들

10. 국가읽기패널에서 밝히고 있는 읽기의 다섯 가지 기준은?

   (a) 작동기억, 성격 기능, 언어 기술, 인지 기능, 음운 인식

   (b) 언어 기술, 실행 기능 기술, 사회경제적 지위, 읽기 유창성, 교수 훈련

   (c) 음운 인식, 파닉스, 유창성, 어휘, 이해 기술

   (d) 내용의 유사성, 작동기억, 실행 기능, 언어 기술, 자동화

정답: 1. (b), 2. (d), 3. (d), 4. (b), 5. (d), 6. (a), 7. (b), 8. (d), 9. (a), 10. (c)

Chapter 3
수학학습장애[1]

David C. Geary
Mary K. Hoard
Drew H. Bailey

　많은 학생이 수학을 어렵다고 느끼는 이유는 학습장애 때문이 아니라 수학이 복잡하고 까다로워서 대부분의 사람이 배우기에 노력과 집중을 요구하는 교과이기 때문이다. 그럼에도 수학 학습에 관련된 인지 결함이나 발달적 지체로 인하여 수학에서 특정학습장애(SLD)를 가진 7% 정도의 아동과 청소년이 있으며(Barbaresi, Katusic, Colligan, Weaver, & Jacobsen, 2005), 정상적인 인지 능력과 읽기 성취에도 불구하고 수학에서 지속적으로 저성취를 보이는 5~10%의 아동과 청소년이 있다. 수학학습장애(math learning disability: MLD) 아동과 수학저성취(low achievement in mathematics: LA) 아동에 대한 연구는 읽기장애 학생에 관한 연구보다 적지만, 지난 15년 동안 발전을 해 왔다(Gersten, Clarke, & Mazzocco, 2007). 이 장에서는 이러한 발전 과정에 대한 검토, 특히 수학학습장애와 수학저성취의 정의, 원인론과 출현율, 수학학습장애와 수학저성취가 수, 수 세기 그리고 연산 영역에서 나타나는 방식의 차이점, 수학학습장애와 수학저성취의 인지적 변인들과 판별적 특징, 수학학습장애와 수학저성취 평가, 치료 프로토콜, 실제적 자료를 제시할 것이다.

■◦■◦■◦■◦■◦■◦

1) 이 장은 NICHD(National Institute of Child Health and Human Development) 연구비(R37 HD045914) 지원을 받아 작성되었음.

수학학습장애 및 수학저성취의 정의, 원인론, 출현율

정 의

최근에 수학학습장애(MLD) 또는 수학저성취(LA) 진단에 사용되는 테스트 또는 성취 절단점수에 관한 합의가 이루어지지 않았다(Gersten et al., 2007; Mazzocco, 2007). 그러나 최소한 MLD와 LA 간의 구별의 중요성에 대하여서는 연구자들 간의 합의가 나타나기 시작하고 있다. 아동이 최소한 연속되는 2년간의 학업 기간 동안 표준화된 수학 성취검사에서 10%ile 이하로 나타났을 때는 MLD로 분류되며, 연속되는 2년의 학업 기간 동안 25~30%ile(그러나 10%ile 위)을 보였을 때는 LA로 분류된다. 이 두 그룹은 뒤의 '인지변인'과 '진단 지표' 부분에서 설명하듯이 이러한 어려움의 기저에 있는 원천에서의 차이뿐 아니라 그들이 가진 수학의 어려움의 심각도와 깊이에서도 다르다.

집단으로 보면 LA 아동은 전형적으로 평균 IQ를 가지고, MLD 아동은 평균 이하의 IQ를 가진다. 두 그룹 간의 IQ 차이는 수학 학습 부진과 관련이 있지만, MLD의 기본적인 원인으로 나타나지는 않는다. 따라서 MLD의 진단 규준으로서 수학 성취와 IQ 간의 불일치 준거가 유용하지 않을 수 있다(Mazzocco, 2007).

> **✏ 주 의!**
>
> MLD 또는 LA 진단을 위한 합의된 검사나 성취의 절단점이 없으며, MLD 진단 준거로서 IQ-성취 불일치의 유용성은 확립되지 않았다.

원인론

특정학습장애와 마찬가지로 쌍둥이와 가족 연구로 MLD에 관한 유전적이고 환경적인 영향을 탐색할 수 있다(Kovas, Haworth, Dale, & Plomin, 2007; Light & DeFries, 1995; Shalev et al., 2001). Shalev 등은 MLD 아동의 가족 구성원(부모와 형제)들이 또한 MLD로 진단받을 확률이 일반 가정보다 10배 높다는 것을 알아냈다. Kovas 등은 초등학교에서의 학업적 학습에 관한 쌍둥이 연구에서 수학 성취에서의 개별적 차이와 MLD에 기여하는 공유되고(쌍둥이 간) 독특한 환경적 영향뿐 아니라 유전적 영향도 알아냈다. 학년과 사용된 수학검사에 따라 수학 성취에서 1/2부터 2/3까지의 변산이 유전적 원인에 기인된 것으로 보이며, 나머지는 공유되거나 독특한 경험의 결합에 기인한 것으로 보인다.

동일한 유전적 영향은 수학 수행의 전체 범위에 걸친 개인의 차이에 영향을 미친다. 다른 말로 하면, MLD의 낮은 성취를 초래한 유전적 영향이 모든 수준의 성취에서의 개인적 차이를 초래한다(Kovas et al., 2007; Oliver et al., 2004). 이러한 결과는 MLD 자체를 보이는 유전인자가 있다기보다는 MLD에 대한 유전적 영향이 평균 수준부터 최고 높은 수준까지 수행의 수학 성취에 영향을 미치는 것과 비슷하다고 할 수 있다. 유전적 영향 중에서, 1/3은 일반적인 인지 능력, 1/3은 인지 능력과 독립된 읽기 능력, 그리고 1/3은 수학과 관련이 있다. 따라서 MLD에 대한 유전적 영향의 2/3는 다른 학업 영역에서의 학습에 영향을 미치는 요인들과 동일하고 오직 1/3만이 수학 학습에만 영향을 미친다.

서로 관련되어 있기에 학업 성취에 관한 유전적 영향은 아마도 많은 MLD 아동이 읽기장애(RD) 또는 주의력결핍 과잉행동장애(ADHD)와 같은 학교에서의 학습을 방해하는 다른 어려움을 가지는 이유를 설명할 수 있다(Barbaresi et al., 2005; Shalev et al., 2001). Barbaresi 등은 MLD 진단 준거에 따라 57~64%의 MLD 아동이 동시에 읽기장애를 가지고 있다는 것을 알아냈다. 그러나 환경의 변화가 MLD 상태 그리고/또는 관련된 결과에 미치는 유전적·환경적 영향을 변화시킬 수 있기 때문에, 이러한 유전적 영향은 미래의 중재가 얼마나 효과적일지 확실히 알 수 없다. 현재까지의 연구들은 수학 학습과 MLD에 관한 중요한 환경적 영향을 제시하고 있다. 예를 들면, 학교 교육은 수학 성취에 일반적으로 영향을 미치고, MLD를 위한 중재는 대체로 일반교육의 영향을 넘어서 부진 아동의 수학 성취를 향상한다.

출현율

몇몇의 다양한 연구 대상을 포함하는 연구, 장기 연구와 많은 소규모 연구를 종합해

잊지 마세요!

대략 7% 정도의 아동과 청소년
이 고등학교 졸업 전에 수학학
습장애로 진단받을 것이다.

보면 아동과 청소년의 약 7%가 고등학교를 졸업하기 전에 수학의 최소한 한 영역에서 MLD로 진단받을 것이다(Barbaresi et al., 2005; Lewis, Hitch, & Walker, 1994; Shalev, Manor, & Gross-Tsur, 2005). 아동과 청소년 중의 5~10%가 추가로 LA로 판정될 것이다(Berch & Mazzocco, 2007; Geary et al., 2007; Murphy et al., 2007).

🔑 MLD의 하위 유형과 발달 특성

우리는 아직 독특한 학습장애 유형을 가진 하위 집단이 있는지 여부는 알 수 없지만, MLD로 진단된 학생들은 몇몇의 영역에서 결손을 가지고 있다. 가장 일관적으로 발견되는 세 가지 결함은 수 감각, 의미기억 그리고 절차적 능력(procedural competence)이다(Geary, 1993). MLD 아동과 LA 아동은 하나 또는 그 이상의 영역에서 결손을 가지고 있을 수도 있다. 아동은 각각의 유형에서의 결손 정도에 차이가 있을 수 있다. 그리고 아동은 결손의 발달적 과정에서도 차이가 있을 수 있다. 이러한 발견들은 대부분 수, 수 세기 그리고 산술능력 연구를 기반으로 한다. 다양한 형태의 결함이 대수나 기하학과 같은 수학의 다른 영역에서 발견될 수 있는지에 대한 확대된 인지 연구가 앞으로의 다양한 결손 연구에서 이루어질 것이다.

잊지 마세요!

수학적 장애: 인지적, 신경심리
학적 그리고 유전적 요인
저자: David C. Geary
출판 연도: 1993
발견: 공간 요인과 더불어, MLD
의 의미기억과 절차적 요인을
확인한 첫 번째 개관 연구
학술지: *Psychological Bulletin,
114*, 345-362.

수 감각

전형적 발달

아동의 수 감각은 물체의 집단과 이러한 양을 표상하는(예: 3 = ■ ■ ■) 상징(예: 아라비아 숫자들)의 정확한 양이나 다양한 근사치(approximate magnitude)에 대한 내재적인 이해를 포함한다(Butterworth & Reigosa, 2007; Dehaene, Piazza, Pinel, & Cohen, 2003; Geary, 1995). 이 내재적 지식은 ① 수 세기 없이, 즉 개수의 즉각적인 파악(subitizing)을 통해 3~4개의 구체물 양을 이해하는 능력(Mandler & Shebo, 1982; Starkey & Cooper, 1980; Strauss & Curtis, 1984; Wynn, Bloom, & Chiang, 2002), ② 비구어적 처리 과정 또는 작은 수의 물체의 양으로부터 적은 양을 더하거나 빼기 위해 세기(Case & Okamoto, 1996; Levine, Jordan, & Huttenlocher, 1992; Starkey, 1992), ③ 물체의 양의 정도와 단순한 수 계산의 결과를 추정하는 아동의 능력(Dehaene, 1997)에서 명백하게 나타난다.

> **잊지 마세요!**
>
> 개수의 즉각적인 파악은 그룹으로 있는 물체의 수를 수 세기 없이 빠르게, 정확하게, 확실하게 식별하는 것을 의미한다. 아동과 성인은 1부터 3까지, 때때로 4개의 물체의 개수를 즉각적으로 파악(subitizing)할 수 있으나 그 이상은 어렵다.

아주 적은 (물체의) 양의 차이에 대한 예민성(예: ■■ vs ■■■)은 유아기 동안에 분명히 나타나고(Antell & Keating, 1983), 몇몇 아동은 취학 전 기간 동안에 어느 정도 향상을 보인다. 근사표상체계(approximate representational system)은 아동이 많은 수의 물체를 비교할 때 '보다 많이'와 '보다 적게' 사이를 구별하는 능력을 통해 평가될 수 있다. 6개월 된 유아는 2:1 비율로 다른 세트(예: 16>8, 그러나 14>8은 아님), 즉 보다 많은 양이 적은 양보다 100% 컸을 때에 구별할 수 있다. 8개월 된 유아는 양의 차이를 보이는 여러 집단의 서열 순서를 결정할 수 있다(A<B<C; Brannon, 2002; Xu & Spelke, 2000). 상대적인 양을 어림하는 능력은 뇌의 성숙과 경험의 결합 덕분에 빠르게 향상되어서, 6세와 같은 취학 전 시기에 20% 정도 차이 나는 양을 변별할 수 있으며, 아동후기에 이르면 성인의 변별 수준(12%)에 도달한다(Halberda & Feigenson, 2008). 이러한 기본적인 수 감각 능력은 아동의 초기 수학 학습의 많은 부분에 대한 토대를 제공한다(Geary, 2006, 2007). 예를 들면, 정확한 표상 체계는 개수를 '즉각적으로 파악(subitizing)' 하는 능력으로부터 만들어지는 것으로 보이며, 이는 아동이 아라비아 숫자와 숫자 글자가 각각의 수를 표상한다는 초기 이해에 매우 중요하다(예: ■■■=3=세 개=삼). 근사체계(approximate system)는 수학 수열(number line)을 학습하는 데 중요하다.

Geary 등(2007)은 적은 양의 정확한 표상을 접근하고, 그들을 결합하고 분해하는 데

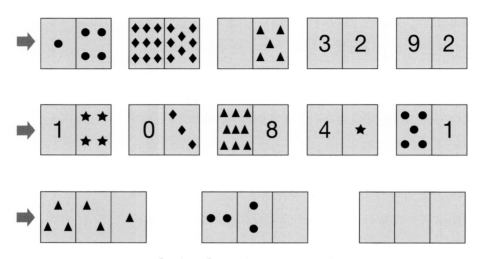

[그림 3-1] 수 세트 검사의 예시 문항

에 있어서의 유창성을 평가하는 도구로서 수 세트 검사(Number Sets Tests)를 만들었다. [그림 3-1]에 예가 제시되어 있다. 학생은 아라비아숫자들의 세 짝이나 한 쌍(예: 1 4) 또는 물체의 세트(예: ■■ ◆◆◆)를 합쳐서 목표 숫자(예: 5)와 일치하는 곳에 동그라미로 표시하도록 요구받는다. 하나의 전략은 여러 세트의 수효(numerosity)를 파악하고 양을 관련시켜 더하는 것이다(예: ■■ ◆◆◆ = 5; Geary & Lin, 1998). 다른 전략은 '개수의 즉각적인 파악'과 수 세기 또는 단순히 세기(세기는 양에 대한 표상의 발달에 기여할 수도 있다)를 합쳐서 수행하는 것이다. 일반 아동(typically achieving chidren: TA)이 이러한 표상들을 이해하고 이들을 결합하는 속도는 1학년부터 4학년까지 꾸준히 증가한다. 3 = ◆◆◆를 파악하는 능력은 변화하지 않지만, 아동은 보다 빠르게 이러한 지식에 접근하고 기본적인 양의 표상들을 모아서 보다 큰 수로 만드는 것을 학습한다.

  학생들에게 수직선은 근사표상체계를 평가하기 위해 사용된다. 수직선을 기반으로 숫자를 배치할 때 초기 예는 자연 로그(natural logarithm)의 패턴을 보인다(Feigenson, Dehaence, & Spellke, 2004; Gallistel & Gelman, 1992). 특히 [그림 3-2]의 아래 수직선이 보여 주는 것과 같이, 8과 9 사이에 인식되는 거리는 2와 3 사이에 인식되는 거리보다 작다. 학교에서 공부를 하게 되면서 일반 아동은 일정한 수 간격을 따르는 수직선에 숫자

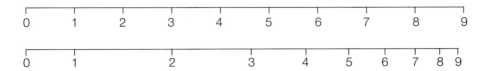

[그림 3-2] 위의 수직선은 연속적인 전체 숫자들 사이의 간격이 동일하다는 것의 수학적 표상이다. 아래의 수직선은 아동이 수학적 수직선을 학습하기 전에 숫자를 표현하는 방법을 보여 준다. 그들에게는 1과 2 사이의 거리가 2와 3 사이의 거리보다 크다. 숫자가 커질수록 그 거리가 작아 보인다.

를 배치하는 능력이 빠르게 발달한다(Siegler & Booth, 2004). 두 개의 연속적인 수 간의 차이는 수직선상에서의 거리와 관계없이 동일하다([그림 3-2]의 위 수직선 참조).

MLD와 LA의 특징

MLD(수학학습장애) 아동 그리고 그보다 덜하지만 LA(수학저성취) 아동은 수효의 즉각적인 파악(subitizing)과 대략의 양을 표상하는 능력에 결손 또는 발달적 지체를 보인다(Butterworth, 2005; Geary, Hoard, Nugent, & Byrd-Craven, 2008; Koontz & Berch, 1996; Landerl, Bevan, & Butterworth, 2003). Koontz와 Berch는 MLD 아동의 정확한 표상 체계를 최초로 연구했다. 3학년과 4학년의 MLD 아동 그리고 일반 아동(TA)에게 Posner, Boies, Eichelman과 Taylor(1969)의 '물체와 이름 변별 검사' 의 변형검사를 실시하였다. 예를 들어, 아동에게 아라비아숫자의 결합(예: 3-2)이나 숫자 세트(■ ■-■ ■)를 주고 (2-■ ■)처럼 같은지 (3-■ ■)처럼 다른지 판단하게 하였다. 이전의 연구(Mandler & Shebo, 1982)와 일치하게, 일반 아동의 반응 시간 패턴은 기호가 아라비아숫자(3)건 숫자 세트(■ ■ ■)건 관계없이 2와 3의 양의 표상에 자동화된 수효의 즉각적인 파악을 보여 준다. MLD 아동은 2의 양에 대한 수 이해(numerosity) 표상에 빠른 접근을 보여 주지만 3의 양을 결정할 때에는 수 세기에 의존하는 것으로 보인다. 이 결과는 몇 명의 MLD 아동은 3의 수 이해에 대해 내재하는 표상을 가지고 있지 않거나, 3에 대한 표상 체계가 정확하게 2를 구별하지 못하는 것으로 보인다.

일반 아동과 비교해서 MLD 아동의 숫자 세트 검사에서의 수행은 세트의 정확한 양을 알아내고 세트들을 결합해 보는 유창성이 3년 정도 지체된다(Geary et al., 2007; Geary, Bailey, & Hoard, 2009). LA 아동의 수행 수준은 MLD 아동과 일반 아동 사이에 있지만 일반 아동에 보다 더 가깝다.

근사표상체계를 평가하기 위하여, Geary 등(2008)은 MLD 아동과 LA 아동 그리고 일반 아동이 1부터 100까지를 수직선상에 배치하는 유형을 1학년 초와 2학년 말에 측정하였다. 예를 들면, 숫자 50은 0과 50의 정확히 중간 위치에 배치해야 한다. 배치 패턴은 아동이 숫자 순서를 이해하는 방법을 제시한다. 숫자의 배치는 [그림 3-2]의 위의 수직선과 일치하는가, 아니면 아래의 자연로그에 따르는(compressed) 수직선과 일치하는가? 주로 1학년의 수학적 수직선의 선형을 따르는 아동들의 배치는 2학년 말 때는 더욱더 그렇게 된다. MLD 아동의 숫자 배치는 자연로그와 같은 배치 간격을 따르는데, 이는 근사값 체계에 의존하는 것을 암시한다. 이들은 동 간격 수직선을 수용하지 않고 근사값 체계를 계속 사용한다. LA 아동의 숫자 배치는 2학년 말까지는 대부분 선형적이 되고, 이 시점이 되면 일반 아동과 유사하게 된다. 이것이 전체의 이야기는 아니지만, MLD 아동의 숫자 배치가 LA 아동과 일반 아동보다 '자연로그와 같은 간격이' (예: 8과 9 사이가 매우 작음) 되기 때문에 MLD 아동은 지능과 작업기억 수준의 영향력을 통제하더라도 작은 숫자 간의 간격을 훨씬 넓게 지각한다. 이 발견은 LA 아동이 근사표상체계의 정확성에 있어 1년 정도의 발달지체를 보이며 MLD 아동은 이 체계에서 상당한 지체와 결손을 가지고 있음을 암시한다.

🔑 수 세기 지식

전형적 발달

대부분의 학생은 기계적으로 암기하여 수 세기를 빠르게 학습하고, 이것 자체가 MLD 나 LA 판정에 유용한 잣대가 되지는 않는다. 흥미로운 것은 이러한 아동이 수 세기의 핵심 원리를 이해하는지 여부를 아는 것이다. Gelman과 Gallistel(1978)은 아동의 수 세기

행동이 〈표 3-1〉의 윗부분에서 보여 주듯이 취학 전 기간 동안 성숙하는 다섯 가지의 내재적이고 잠재적인 원리를 통해 나타난다고 제안했다. 일대일 대응, 안정된 순서, 집합의 크기의 원리들은 초기에 발현되는 아동의 신생하는 수 세기 지식을 위한 내재된 구조를 제공하는 '수 세기 방법' 규칙을 말한다(Gelman & Meck, 1983). 수 세기 지식의 선천적 제약이 있든지 없든지, 아동은 다른 사람의 수 세기를 관찰함으로써 수 세기의 기본적 특성에 관하여 귀납적으로 추론할 수 있다(Brairs & Siegler, 1984; Fuson, 1988).

주의!

기계적 순서를 통한 수 세기 능력 자체가 MLD나 LA의 진단 표식이 되지 않는다. 아동 대부분은 암기해서 수 세기를 할 수 있다.

이렇다 보니 결과적으로 〈표 3-1〉에서와 같이 수 세기의 비본질적 특징이 오히려 필수 불가결하다는 오해가 생길 수 있다. 표준적 방향과 인접성이라는 비본질적 특징이 수 세기의 흔한 오류의 원천이 되기도 한다.

아동의 수 세기를 평가하는 한 가지 방법은 아동에게 강아지가 수 세기 방법을 학습할 수 있도록 도와달라고 요청하는 것이다. 아동은 강아지가 물체를 세는 것을 점검하고 강아지에게 수 세기가 '맞다' 또는 '틀렸다' 고 이야기하도록 요구한다(Brairs & Siegler, 1984; Gelman & Meck, 1983). 강아지는 몇몇의 세기에서 맞게 세고 다른 세기에서는

■ 〈표 3-1〉 수 세기의 내재적 원칙과 비본질적 특징

내재적 원칙	기술
일대일 대응	각각의 물체 하나에 단 하나의 수 단어 태그(예: 하나, 둘)만이 할당된다.
안정된 순서	단어 태그의 순서는 어느 집합에서도 불변하여야 한다.
집합의 크기(cardinality)	집합에서 마지막 센 수 단어 태그가 그 집합의 원소 수효(집합 크기)를 나타낸다.
추상화	어떤 대상이라도 집합으로 묶을 수 있고 원소 수효를 셀 수 있다.
순서 무관련	주어진 집합 내의 아이템들은 어떠한 순서로도 셀 수 있다.
비본질적 특징	**기술**
표준적 방향	왼쪽부터 오른쪽으로의 수 세기 진행
인접	인접한 물체를 연속적으로 세기
가리키기	대상을 세면서 손으로 가리킴(한 번씩).
끝 부분부터 시작하기	대상의 배열의 끝에서부터 수 세기 진행

Gelman과 Gallistel의 함축적 원리 또는 Briars와 Siegler의 본질적인 특성을 어기게 된다. 만약 아동이 Gelman과 Gallistel의 원리들 중 하나의 위반을 찾아내면, 아동은 최소한 함축적으로 이 원리를 이해하고 있다고 가정한다. 예를 들어, 아동이 오른쪽부터 왼쪽으로의 정확한 수 세기가 맞다고 이야기한다면, 아동은 표준적인 왼쪽-오른쪽 수 세기가 비본질적이라는 것을 아는 것이다(예: 다른 방법으로 수 세기를 할 수 있고, 각각의 아이템이 한 번에 하나의 수 단어 태그로 값이 매겨진다면 여전히 정확한 답을 얻을 수 있다). 아동의 수 세기의 원리와 비본질적 특성에 대한 지식과 수 세기 원리의 위반에 대한 자각은 손가락으로 세기 시작하는 취학 전 시기에 나타나서 초등학교 저학년 동안에 성숙한다(LeFevre et al., 2006).

MLD와 LA의 특징

손가락(인형) 수 세기 과제를 사용하여, 우리는 초등학교에서 MLD와 LA 아동들이 대부분 기본 계산 원리를 이해할 수 있지만 왼쪽에서 오른쪽으로 수 세는 기본 형식에서 벗어나면 때때로 혼동을 보인다는 것을 발견했다(Geary, Bow-Thomas, & Yao, 1992; Geary, Hoard, Byrd-Craven, & Desoto, 2004). 일관성 있는 결과에 따르면 LA가 아닌 MLD 아동은 한 줄에서 첫 번째 사물을 두 번 셀 때 오류라는 것을 알아차리지 못한다. 즉, 이 단일 대상이 '하나, 둘'이라고 두 번 명명된다. MLD 아동은 마지막 대상을 셀 때야 이 오류를 알게 된다. 이는 이들이 숫자와 대상의 일대일 대응은 알고 있지만, 첫 번째 대상을 두 번 세었을 때 작업기억상 수 세기 오류의 개념을 알아채는 데 어려움이 있다는 것을 나타낸다(Geary et al., 2004; Hoard, Geary, & Hamson, 1999). 수 세기 오류를 알아차리지 못하는 것은 잠재적으로 수학 문제를 풀기 위해 셈하기를 사용하는 아동들에게 문제가 될 수 있다. Ohlsson과 Rees(1999)는 수 세기 오류를 찾아내는 데 유능한 아동들이 이러한 잘못 셈하는 것을 교정할 확률이 더 높고, 궁극적으로 그들이 수학적 문제를 풀고자 셈하기를 사용할 때 오류를 덜 범할 것이라는 것을 예측했다. 이 예측에 대한 증거는 여전히 일관적이지 않지만(Geary et al., 1992, 2004), 이러한 두 번 셈하기 오류의 탐지는 MLD 가능성의 좋은 경험적 지표가 된다(Geary et al., 2007; Gersten, Jordan, & Flojo, 2005).

연 산

전형적 발달

아이들은 유치원에 가기 전까지 그들의 수 감각과 수 세기 기술을 덧셈과 뺄셈의 내재적 원리에 맞추어 본다. 그 결과로 덧셈과 뺄셈 문제를 풀기 위한 숫자 사용 능력이 나타난다(Groen & Resnick, 1977; Siegler & Jenkins, 1989). 연산 능력에서 가장 힘들게 향상되어 가는 것은 아동들이 여러 전략을 혼합하여 문제를 해결해 가는 변화를 보이는 것이다(Ashcraft, 1982; Carpenter & Moser, 1984). 간단한 덧셈 문제를 풀기 위한 공통적인 초기 전략은 양쪽 모두의 가수(addends)를 세는 것이다. 이러한 셈 절차는 때때로 손가락의 도움을 받아 실행되는 '손가락 셈 전략', 그리고 때때로 손가락의 도움 없이 실행되는 '구어 셈 전략'을 통해 이루어진다(Siegler & Shrager, 1984). 아이들이 그들의 손가락을 사용하든 그렇지 않든 간에, 주로 사용되는 이 두 절차는 'min' 또는 'sum'이라 불린다(Fuson, 1982; Groen & Parkman, 1972). 'min 절차'는 큰 가수를 말하고 난 뒤 작은 가수의 크기와 동일한 횟수로 수 세기를 하는 것을 포함한다. 예를 들어, 5＋3을 계산하기 위해 5, 6, 7, 8이라고 세는 것이다. 'sum 절차'(max 절차라고도 불림)는 작은 가수로부터 시작하여 높은 숫자만큼 세는 것을 말한다.

예를 들어, 3＝5를 계산하기 위해 3, 4, 5, 6, 7, 8과 같이 셈하는 것이다. sum 절차는 양 가수를 1로부터 시작하여 셈하는 것을 포함한다. 절차적 능력의 발달은 부분적으로 아동이 셈의 개념적 이해에서 향상을 보이는 것과 관계되어 있다(Geary et al., 1992).

수 세기 기술의 사용을 통해 연산과 수 개념의 자동화된 기억이 발달한다(Siegler & Shrager, 1984). 일단 형성되면, 이러한 장기기억의 표상이 자동화된 연산을 하게 도와준다. 가장 자주 나타나는 과정은 연산의 직접 인출(direct retrieval)과 분해(decomposition)다. 직접 인출이란 연산 문제에 대한 자동화된 기억으로 답을 하는 것이다. 예를 들면, 5＋3이란 연산 문제에 바로 이라고 이야기할 수 있다. 분해란 자동화된 연산 기잊지 마세요!

수학 문제해결의 발달은 덜 복잡한 전략에서 더 복잡한 전략으로 진전하지 않는다. 그보다는 아동이 발달함에 따라 더 복잡한 전략이 덜 복잡한 전략보다 더욱 자주 간단히 사용된다.

억 과정을 부분적으로 활용하여 전체적 연산 과정을 수행하는 것이다.

예를 들어, 6+7은 6+6을 계산한 답을 인출한 후, 1을 이 부분 합에 더하는 것으로 해결할 수 있다. 이러한 전략의 변화는 수 세기로 하는 매우 단순한 연산 문제해결 절차에서 인출(기억) 기반의 매우 효율적인 전략으로 나타난다. 그러나 전략 발달은 단지 덜 복잡한 전략의 사용에서 보다 복잡한 전략의 사용으로의 전환을 의미하지 않는다. 그보다는 언제나 아동들이 각각의 절차를 다른 문제를 풀기 위해 다르게 사용하는 것을 말한다. 3+1을 계산하기 위해서 인출(기억)을 사용하지만, 5+8을 풀기 위해서는 수 세기 기법을 사용한다. 단순한 전략은 덜 자주 사용하고, 더 정교한 전략은 더 자주 사용하는 것이 전략 사용의 발달이다(Siegler, 1996).

MLD와 LA의 특징

MLD와 LA의 수학적 능력의 발달에 관한 연구에는 그들이 일반 동료들이 사용하는 것과 같은 종류의 전략을 문제해결에서 사용한다는 것이 밝혀졌다(예: Geary, 1990; Geary & Brown, 1991; Jordan & Montani, 1997; Ostad, 1997). 그러나 일반 아동(TA)에 비해 MLD 아동과 LA 아동은 연산 절차 수행 능력과 장기기억 표상에 의한 자동화된 연산 개념의 발달에 문제가 있다(Geary, 1993).

의미기억

MLD 아동과 일부 LA 아동은 한 번 외웠던 장기 의미기억에서 기본적인 연산 개념을 인출하는 데 어려움을 보인다(Barrouillet, Fayol, & Lathuliére, 1997; Geary, 1990; Geary, Hamson, & Hoard, 2000; Jordan, Hanich, & Kaplan, 2003a). 이들이 결코 완전하게 답을 하지 못한다는 것이 아니다. 그보다 지속적으로 기본적 연산 개념을 통해 답을 하는 정확성의 빈도가 낮고 연산 오류의 패턴이 나타난다.

이러한 인출 곤란에는 최소한 두 개의 잠재적 원인이 있는데, 장기기억에서의 음운적·의미적 정보 표상 능력의 결함(Geary, 1993), 그리고 문제를 해결하는 동안 관련 없는 연합이 작업기억으로 들어가는 것을 막는 능력의 결함(Barrouillet et al., 1997)이다. 전자는 체계적으로 연구되어 오지 않았으나, MLD를 가진 아동들이 반복되는 연습에도 불구하고 기본적 연산 개념을 외우는 데 어려움이 있다는 것이 알려져 있다(예: Goldman, Pellegrino, & Mertz, 1988). 후자의 기억 결손 형태는 Barrouillet 등이 처음 발견하였는데, 이는 Conway와 Engle(1994)의 기억 모델에 기초하고 더불어 우리의 연구에 의해 확인되어 왔다(Geary et al., 2000).

이러한 기억 문제(즉, 작업기억과 관련이 없는 연합이 방해하는 것을 막지 못하는 능력)를 평가하는 하나의 방법은 아동들에게 일련의 추가 문제를 풀도록 하면서, 셈 하기 방법을 쓰지 않고 문제의 답만을 기억하도록 하는 것이다(Jordan & Montani, 1997). Geary 등(2000)은 이러한 과제를 MLD 그리고 LA를 가지고 있는 2학년 집단에 시행하고, 그들을 TA 아동들의 그룹과 비교했다. MLD/LA 집단의 아동들은 더욱 많은 기억 오류를 범했고, 17%와 29% 사이의 오류는 문제에 들어 있는 숫자와 연달아 나오는 숫자가 답인 경우에 발생한다. 예를 들어, 아동은 4+6의 답으로 7을 인출했다(수 세기에서 7은 6 다음에 나온다). MLD에 관한 종단적 연구에서, Geary, Bailey와 Hoard는 2학년, 3학년, 4학년의 MLD, LA, TA 아동들에게 같은 과제를 시행했다. LA 집단(LA-R: LA 중에서 인출 오류가 높은 집단)에서는 인출된 답 중 85%가 학년 간 차이 없이 모든 학년에 걸쳐 정확하지 않았다. 나머지 LA 집단에서는 2학년에서 55%의 인출 오류를, 4학년에서 37%의 오류를 보였다. MLD 아동들은 2학년에서 78%의 인출 오류를 보였고, 4학년에서는 59%의 오류를 보였다. TA 아동들은 가장 적은 오류 빈도를 보였다(전 학년에 걸쳐 37%에서 34%). 가장 흥미로운 발견은 수 세기에서 잇달아 나오는 수를 인출하는(counting-string: 연속 수열의 방해) 오류다(예: 3+4를 풀기 위해 5를 인출하는 것). 이러한 것들은 TA 아동들에게서 드물며(2학년에서 5% 오류), LA 아동들에게서 더 흔하게 나타나며(9%), 특히 LA-R(21%) 그리

> **잊지 마세요!**
>
> MLD 아동과 LA 아동은 그들의 기본적 연산 능력에 영향을 미치는 두 가지 종류의 인출 오류를 가지고 있을 수 있다. 하나는 답을 전혀 기억하지 못하는 형태로 나타난다. 다른 하나는 아동이 정확한 답은 인출하나 그것을 인출하려 할 때 다른 연속된 숫자가 간섭하여(예: 3+4를 계산하라고 요청할 때 5) 오류를 나타낸다.

고 MLD 아동들(21%)에게서 더욱 자주 나타난다. LA를 가진 아동들이 MLD를 가진 아동들을 대부분의 과제에서 능가하는 것과는 달리, LA-R 집단은 연속 수열의 인출 오류의 비율에서 학년 간 차이를 보이지 않았지만, MLD 집단은 비율이 8%까지 떨어졌다.

이러한 오류 비율 패턴은 MLD를 가진 아동들이 공통적으로 기본 연산에 어려움을 보이는 것을 드러내며, 얼마나 많은 아동이 이러한 오류를 지니는지 알려져 있지 않으며, 이러한 결손을 극복하기 위해서는 시간 연장을 통한 훈련만으로 충분하지 않을 것이라는 것이다. 심지어 기본 연산이 자동화되더라도, 많은 MLD 아동과 일부 LA 아동은 더욱 많은 기능적 기억 결손을 가지고 있다. 특히 기본 연산 문제(예: 5 + 9)에 답을 하도록 하면, 그들은 몇몇의 숫자를 장기기억으로부터 인출해 내고, 많은 경우에 인출 오류가 된다.

절차적 능력

MLD 아동과 LA 아동은 TA 아동과 비교하여 그들이 간단한 연산 문제(4 + 3), 간단한 문장제 문제 그리고 복잡한 연산 문제(예: 745-198)를 풀 때 더 많은 절차적 오류를 범했다. 이들이 절차적 오류를 범하지 않더라도 그들은 종종 TA 아동과 비교해서 발달적으로 미성숙한 절차를 사용했다(Geary, 1990; Hanich et al., 2001; Jordan et al., 2003a; Jordan, Hanich, & Kaplan, 2003b; Raghubar et al., 2009). 간단한 덧셈 문제를 푸는 동안, MLD 아동들은 TA 아동보다 수 세기(sum-counting) 전략을 더 오랫동안 자주 사용하고, 결국 작은 수(min) 전략을 잘 사용하게 된다. 이러한 패턴은 특별히 MLD와 RD의 문제를 동시에 가진 아동들에게서 나타났다. LA를 가진 많은 아동은 또한 절차적 능력의 발달에서 지체를 보이지만 간단한 문장제 문제를 해결하는 데 심각한 결손은 보이지 않는다. 그 이유를 추측해 보면, 그들의 읽기 이해는 대부분의 MLD 아동보다 낫다(Jordan et al., 2003b). 전체적으로 MLD 아동들의 절차적 능력은 TA 아동들보다 2년 혹은 3년 뒤처졌다(예: Geary et al., 2004; Ostad, 1998). LA 아동들의 절차적 능력은 MLD 아동과 TA 아동의 능력 사이에 있으며, TA 아동과 비교하여 1년의 지체를 나타낸다(Geary et al. 2007).

MLD 아동과 LA 아동이 보이는 간단한 수학적 문제를 풀 때의 결손과 지체는 복잡한 수학적 문제를 풀 때 더욱더 분명하게 나타난다(Fuchs & Fuchs, 2002; Jordan & Hanich, 2000). 다단계의 수학적 문제(예: 45×45 또는 126 + 537)를 해결하는 동안, Russell과

Ginsburg(1984)는 4학년 MLD 아동들이 IQ가 비슷한 TA 아동들에 비해 더욱더 많은 오류를 범했다고 밝혀냈다. 이러한 오류들은 자릿값에 제대로 답을 쓰지 못하는 오류 혹은 받아올림/받아내림 오류다. Raghubar 등(2009)은 이러한 발견을 확인했고, 그것은 더하기보다는 빼기에서 더욱 많이 나타난다고 밝혔다. 빈번한 뺄셈 오류는 무조건 더 큰 수를 작은 수로부터 빼거나(83-44=41), 받아내림 오류(예: 92-14=88; 받아내림이 되면 90에서 80이 되지 않는다), 0을 포함한 받아내림(예: 900-111=899)을 포함한다. 이러한 패턴은 MLD 아동들에게서 그들의 읽기 성취 수준과는 관계없이 발견된다.

> **잊지 마세요!**
>
> MLD 아동의 절차적 능력은 TA 아동보다 2~3년 뒤처진다. LA 아동의 절차적 능력은 MLD 아동과 TA 아동의 능력 사이에 위치하며, TA 아동과 비교하여 1년 정도의 지체를 나타낸다.

인지 변인과 진단 지표

가장 자주 수행되는 MLD와 LA의 인지 관련 변인 연구는 작업기억, 처리 속도, 전체 지능(예: IQ)이다. MLD와 LA의 인지 변인 연구는 MLD와 LA의 차이를 설명하거나 원인이 되는 하나 혹은 그 이상의 인지 영역의 결손에 관한 것이다.

작업기억과 처리 속도

작업기억의 핵심 기능은 다른 인지 절차를 처리하는 동안 정보의 인지적 표상을 유지시키는 것이다. 작업기억은 두 가지 표상 체계로 주의집중을 통한 정보 통제를 하는 중앙실행 기능으로 볼 수 있다(Baddeley, 1986). 이러한 두 가지 표상 체계는 언어기반 음성학적 버퍼와 시공간 스케치 패드다. MLD 아동이 TA 아동보다 작업기억 과제 수행을 잘하지 못한다는 것은 잘 알려져 있지만(Bull, Johnston, & Roy, 1999; Geary et al., 2004; McLean & Hitch, 1999; Swanson, 1993; Swanson & Sachse-Lee, 2001), MLD 아동의 수학 인지 결손에 작업기억의 어떤 요소가 기여하는지는 잘 알려져 있지 않다. Geary 등(2007)은 중앙실행기능, 음성학적 버퍼, 시공간 스케치 패드를 동시에 평가하여 어떤 것이 MLD 아동의 수학적 인지 결손의 원인이 될 수 있는지 탐색하였다.

Geary 등(2007)은 MLD를 가진 아동들에게서 중앙실행(관리) 기능이 셈하기, 숫자 표상, 덧셈 절차 등을 포함하는 수학 인지 과제 전반에 걸친 결손의 잠재적 원인이라는 것을 밝혀냈다. 음성학적, 시공간 작업기억은 처리 속도와 관련 있는 것처럼 특정한 수학 인지 결손과 관련이 있다. MLD 아동은 LA 아동에 비해 1표준편차 아래 점수를 획득했다. 즉, LA 집단의 16백분위 점수 수준이다. 이는 작업기억 시스템의 측정에서, 이 몇몇의 처리 속도 측정에서도 비슷한 정도의 결손을 보였으며, Swanson 등이 수행한 MLD 작업기억의 전반적인 결손에 대한 연구 결과와도 일치한다(Swanson, 1993; Swanson & Sachse-Lee, 2001). 그러나 이전에 언급되었듯이 LA 아동들은 경미한 수 감각 결손을 가지고 있고, LA-R의 한 하위 집단은 기초적인 덧셈 인출에도 지속적인 어려움을 가지고 있다. 그러나 이러한 LA 집단들은 중앙실행(관리), 음성학적 루프, 시공간적 스케치 패드를 측정하는 표준화 검사 결과로는 작업기억 결손을 가지고 있지 않다 그럼에도 LA-R 중에서 기억 결손을 가지고 있는 아동들은 중앙실행(관리) 기능의 특정 요소에서의 결손(관련없는 자극을 인식하지 않도록 제어할 수 있는 능력)을 가지고 있다는 것을 시사하는데, 그것은 많은 표준화 작업기억 검사에 의해 평가되지 않는다(Raghubar, Barnes, & Hecht, 출판 중 참조).

수학 인지 결함에서 작업기억의 역할은 처리 속도에 의해 더 복잡해진다. MLD 아동과 LA 아동은 TA 아동보다 정보를 더욱 천천히 처리하는데(Bull & Johnston, 1997; Murphy et al., 2007; Swanson & Sachse-Lee, 2001), 이는 작업기억 및 수학 능력을 포함하는 여러 영역에서 결손을 야기하게 된다. 그러나 처리 속도와 작업기억의 관계는 논란이 되었고 계속 연구가 필요하다. 이 쟁점은 작업기억에서 개인적 차이가 신경 처리 속

잊지 마세요!

MLD 아동은 전반적인 작업기억 결손을 가지고 있으며, 특히 중앙실행(관리)의 결손을 가지고 있다. 중앙실행(관리)을 평가하는 과제는 아동이 하나 혹은 몇 개의 기억 과제를 유지하면서 동시에 또 다른 인지 과제를 수행하는 것이다. 예를 들어, 실험자가 '3, 6, 9, 2'라고 말하고, 아동이 그 순서를 거꾸로 반복한다. 음성학적 루프를 평가하는 과제는 인지적 조작 없이 소리를 기억하는 능력을 필요로 한다. 예를 들어, 아동이 세 단어를 그대로 듣고 반복하는 것이다. 시공간적 스케치 패드를 평가하기 위한 과제는 미로의 길을 처음부터 끝까지 보여주고 아동이 빈 미로에 그 길을 다시 그려 보도록 하는 것이다.

도에서의 근본적인 차이에 의해서 비롯되거나(Kail, 1999), 혹은 중앙실행(관리)과 연계된 주의 초점화 정보를 빠르게 처리하는지에 맞추어져 있다(Engle, Tuholski, Laughlin, & Conway, 1999). 두 가지 중 어느 경우에는 MLD 아동과 LA 아동은 숫자 명명하기와 같은 정보 처리 속도가 늦고, 이에 따라 정보 처리 과정이 필수적인 수학 학습에서도 어려움을 보이게 된다.

지 능

표준 지능(IQ)검사의 점수는 학업 성취에 대한 최상의 단일 예측 지표다(예: Walberg, 1984). 수학 성취 검사에서 낮은 점수를 얻은 학생은 또한 낮은 IQ를 가질 경향이 있지만 교과에 대한 흥미와 노력이 중요하다는 신념이 수학 성취에 또한 영향을 미칠 수 있다(Blackwell, Trzesniewski, & Dweck, 2007; Spinath, Spinath, Harlaar, & Plomin, 2006). MLD 아동은 전형적으로 평균 이하 지능을 가지고 있고, 이는 수학 학습에 영향을 미친다. 그러나 앞에서 언급했던 대부분의 인지 결손은 IQ와 별개로 MLD를 가진 아동에게서 발견된다. LA 아동들은 전형적으로 평균 수준 지능을 가지며 따라서 지능이 수 감각과 정보 인출에 장애가 되지는 않는다.

중다방법 진단 접근의 요소

표준화 성취검사와 IQ검사는 진단 평가에 포함이 되어야 한다. MLD 아동들은 보통 전국적으로 표준화된 수학 성취검사에서 한두 학년 이상 하위 10% 집단에 속한다(Geary et al., 2007; Murphy et al., 2007). 이에 반하여, 한 학년에서 낮은 성취를 보이고 그다음 학년에 평균 수준으로 올라간 아동은 MLD나 LA는 아니다(Geary, 1990). MLD 진단에 있어 IQ의 중요성은 아직 확정되지 않았으나, 연구자들은 90~95의 평균 범위 IQ(85 이하는 배제)를 대상으로 한다. LA 아동들은 평균 IQ와 전국 규준 하위 20%에서 10% 정도의 수학 성취 점수를 가지는 경향이 있다. 또한 어떤 학생이 LA로 인정되려면

몇 개 학년에 걸쳐 낮은 수학 성취 점수를 보여야 한다.

MLD와 LD를 진단하기 위해 특별히 설계된 검사는 여전히 초기 개발 단계에 머물러 있다(Geary et al., 2009; Jordan, Glutting, & Ramineni, 출판 중; Locuniak & Jordan, 2008). Jordan 등은 유치원 아동의 수 이해, 수 세기, 수가 증가하는 덧셈과 수가 감소하는 뺄셈에 대한 기본적 이해를 다루는 수 감각 검사를 개발했다. 이들의 검사로 측정한 이 핵심 수 감각 역량은 아동의 지능과 작업기억 능력의 영향을 넘어서 이후 수학 성취의 예언 변수가 되는 것을 밝혔다. Geary 등은 유용한 선별검사인 수 세트 검사(Number Sets Test)를 개발했다.

수 세트 검사: 유용한 진단적 도구인가

수 세트 검사는 집단 지필 검사로서 아동이 수와 사물의 수효를 확인하고, 수효를 숫자로 표기한 것을 알아내는 속도와 정확성을 측정한다. 즉, 수 감각의 핵심 특성을 측정하는 문항으로 이루어져 있다(Geary et al., 2007; 〈표 3-2〉 참조).

수 세트 검사 시행

아동들은 최대한 빨리 그리고 가능한 한 정확하게 몇 개 세트의 사물, 숫자 또는 이들의 조합이 목표 숫자(5와 9)와 일치하는지 확인하게 된다. [그림 3-1]에서 볼 수 있듯이 사물 쌍 혹은 숫자들은 도미노 형태의 사각형 안에 그려져 있다. 구체적으로 두 가지 종류의 자극이 개발되었다. 즉, 0에서 9까지의 작은 대상(원, 사각형, 다이아몬드, 별)이 0.5인치의 사각형 안에 있고, 그리고 하나의 숫자(18포인트 서체)가 0.5인치의 사각형 안에 있다. 매 페이지 검사는 각각의 조합에 세 개의 사각형으로 이루어진 세트의 두 줄을 포함한다. 목표 숫자는 각 페이지 상단에 큰 서체(36포인트)로 제시되어 있다. 각각의 페이지에서 18개의 문항이 목표와 짝지어져 있는데, 12개는 목표보다 크고, 6개는 목표보다 작으며, 6개는 0을 포함하거나 빈 공간이다. 4의 목표 숫자에 해당하는 두 개의 문항이 연습을 위해 첫 번째로 제시되었다. 그리고 3을 목표 숫자로 사용하고, 두 문항의 네 줄이 연습으로 제시되었다. 연습 페이지를 위해, 아동은 왼쪽에서 오른쪽으로 어떠한 것도 건너뜀 없이 페이지의 각각의 라인을 따라 풀도록 안내되었으며, "5(9)를 만들기 위해서 합쳐서 만들 수 있는 어떠한 그룹에 동그라미를 치시오." 그리고 "실수 없이 최대한 빨리하시오."라고 안내되었다. 아동에게는 목표 숫자인 5와 9에 각각 페이지당 60초와 90초가 주어졌다. 이 검사에서 다음 네 가지 정보가 제공된다.

- 적중(hits): 목표 값에 맞추어 정확히 동그라미 표시하여 맞춘 수
- 누락(misses): 목표 값에 제대로 표시하지 못한 문항 수, 즉 올바른 자극을 제대로 탐지하지 못하는 경우, 오반응
- 바른 기각(correct rejections): 목표 값이 아닌 경우 동그라미 표시를 하지 않아 매치를 하여 기각함, 올바른 자극이 나타나지 않았을 때 올바른 신호를 하지 않은 경우, 올바른 반응
- 오경보(false alarm): 틀린 문항에 목표 값과 매치된다고 표시하여 틀린 수, 올바른 자극이 제시되지 않았는데도 자극이 올바르다고 한 오류, 오반응

■ 〈표 3-2〉 간단한 선별 도구로서 수학 성취와 수학학습장애 예측하기: 수 세트 검사

저자: David C. Geary, Drew H. Bailey, & Mary K. Hoard
출판 연도: 2009
발견: 수 세트 검사 결과는 3학년의 수학 성취 점수를 예측할 수 있으며, 1학년 검사 결과로 3학년에 MLD로 진단된 학생의 2/3를 판별하였으며 MLD가 아닌 아동의 9/10를 판별했다.
학술지: *Journal of Psychoeducational Assessment, 27*, 265-279.

수 세트 검사 채점하기

이 검사는 아동의 정확한 반응에 대한 신호탐지 분석을 할 수 있도록 설계되었다 (Macmillan, 2002). 주요한 변수는 민감성(d', sensitivity)인데, 이는 목표 값(즉, 5 나 9)을 정확하게 탐지하는 아동의 반응 민감성을 말한다. 예를 들어, 한 아동이 많은 올바른 값에 동그라미를 칠 수도 있지만(적중 수가 높아질 수 있지만), 실제로는 단순히 비슷하게 보이는 자극에 무조건 동그라미를 치는 경우가 있다. 이 경우에는 많은 오경보(false alarm) 수를 보이게 된다. 다른 아동은 자신이 올바르다고 확신한 경우에 동그라미 표시를 하게 되어 적중 수는 많고 오경보 수는 적을 수 있다. 이 때 두 아동의 적중 수효는 같을 수 있지만, 첫 번째 아동의 경우에는 낮은 민감성(d')을 보이게 된다. 또한 두 번째 아동의 경우, 많은 정답과 많은 오답을 보이게 될 수도 있는데 이는 이 아동이 많은 문항에 대하여 추측으로 응답한 것이다. 민감성은 추측경향성 효과를 통제할 수 있다.

수 세트 검사의 예언타당도

이 검사의 1학년 민감성(d') 점수는 작업기억, 처리 속도, 지능 등의 영향과는 독립적으로, 1학년, 2학년, 3학년 수학 성취와 높은 상관관계를 보이고 있다(Geary et al., 2009). MLD 진단을 예언하는 유용성을 평가하기 위하여 Geary 등은 전국적으로 표준화된 수학 성취검사(Numerical Operations mathematics achievement test; Wechsler, 2001)에서 2학년, 3학년 하위 15퍼센트 성취 수준을 MLD 상태라고 조작적 정의를 하였는데, 각각 8백분위 점수(2학년), 7백분위 점수(3학년)를 보였다. 1학년 수 세트 검사의 민감성 점수는 1학년 수학 성취검사 점수보다 3학년 말의 MLD 상태에 대한 보다 나은 예언변수였다. 진단적 민감성(diagnostic sensitivity: 실제 MLD를 예언하는 정도)과 특이성(specificity: MLD가 아닌 아동을 배제할 수 있는 정도)을 최대화하는 통계 방법을 적용하면, 1학년의 수학 성취검사는 3학년 말 MLD로 진단받은 아동의 51%를 판별하였지만, 민감성(d')은 66%를 판별하였다. 1학년 수학 성취검사와 민감성은 3학년 말에 비 MLD 아동의 96%, 88%를 각각 정확하게 MLD가 아닌 것으로 판별하였다. 여전히 추수 연구가 필요하지만, 수 세트 검사는 MLD 위험 아동을 판별하는 유망한 선별검사로 볼 수 있다.

치료 프로토콜

MLD 아동과 그들의 LA 아동의 수학 인지 결손을 판별하기 위하여 특별히 고안된, 과학적으로 타당화된 치료 프로토콜은 거의 없다. 미국수학자문패널(National Mathematics Advisory Panel)은 학습장애 학생들을 위한 양질의 수학 중재의 메타분석을 실시했는데, 대체로 보면 어떻게 특정한 타입의 문제를 풀지에 대한 교사 주도의 명시적 교수법이 가장 효과적인 개입이었다(Gersten et al., 2008). 효과적인 중재는 몇 주에서 6개월에 걸쳐 이루어졌고, 수학 문장제 문제와 연산 문제, 새로운 단어와 계산을 해결하는 학생의 능력이 크게 향상되었다.

Fuchs 등은 MLD와 LA 위험 아동들을 위해 인지적으로 동기화된 중재를 개발했다(예: Fuchs et al., 2006; Fuchs et al., 출판 중). 그들은 특별히 예전에 언급되었던 수학적 인지 결손에 초점을 맞추기 위해 이러한 중재를 설계했다. 예를 들어, Fuchs 등(출판 중)은 덧셈 문제를 풀기 위해 'min 계산 절차'를 사용하는 MLD 아동의 빈도수와 정확성을 높이기 위한 중재와 비슷한 절차를 활용한 뺄셈 중재를 개발하였다. 연산 절차를 위한 명시적 교수법과 반복 연습은 간단한 덧셈과 뺄셈 문제 그리고 간단한 것이 내재되어 있는 더욱 복잡한 문제(예: 34 + 62는 4 + 2가 1단위 줄에, 3 + 6이 십 단위 줄에 있다)를 풀기 위한 향상된 능력을 이끌어 냈다.

결 론

MLD와 LA의 원인 및 치료에 관한 연구는 지난 15년간 괄목할 만하게 성장해 왔다. MLD 판별 준거에 대하여 완벽하게 합의되지는 않았지만, 대체로 한 학년 이상 수학 성취검사 결과가 하위 15% 이하인 학생들이며, 실제로 이들이 거의 모든 학년에서 하위 10% 이하가 되게 된다는 것이다(예: Murphy et al., 2007). 어떤 학년에서 15백분위 이하의 점수를 얻은 몇몇 아동은 다음 학년에서 높은 점수를 획득할 수 있지만, 많은 아동이 계속해서 학년이 올라가면서 더 낮은 성취를 보이며, 이러한 대부분의 아동은 10백분위 이하의 성취를 거의 모든 학년에서 나타낸다. LA 아동의 준거는 약간 높아서 전 학년에 걸쳐 전형적으로 25% 또는 30% 이하이며 이들은 거의 모든 학년에서 하위 20%의 성취 수준을 결과적으로 보인다(Geary et al., 2007). MLD 아동과 정도는 약하지만 LA 아동은 수 감각, 연산 알고리즘, 기본 연산을 배우는 데 결손 혹은 지체를 보인다. 이러한 학습의 어려움은 그들의 IQ(즉, 90~96의 범위)와 부분적으로 관련 있으며, (LA 아동은 해당되지 않지만) MLD 아동의 경우 작업기억의 문제와도 관련이 있다. 수 감각과 연산 문제는 결손(학년과 학년 사이에 향상이 작음)이라기보다는 발달적 지체(전 학년에 걸쳐서 조금씩 향상)로 볼 수 있다. LA 아동들은 TA 아동들보다 한 학년 뒤처지고 MLD 아동들은 3학년 뒤처진다(예: Geary et al., 2004). 기본 사칙연산을 기억하는 데서의 어려움은 MLD 아동과 일부 LA 아동에게서 지속적으로 나타난다. 최근 연구는 또한 MLD와 LA를 가지고 있는 아동들의 판별을 위한 수학 성취검사보다 더욱 효과적인 잠재력을 가지고 있는 평가의 발달과 선별 측정을 제시하였다(Geary et al., 2009; Locuniak & Jordan, 2008). 특정한 수학 인지 발달 지체와 결손에 초점을 맞추어 설계된 개입 연구는 또한 유망한 결과를 산출해 내고 있다(예: Fuchs et al., 출판 중). MLD와 LA에 대하여 아직 연구할 것이 많이 남아 있지만, 과거 15년 동안의 연구에서 어떤 단서가 보였기에 앞으로 우리는 보다 잘 연구된 결과를 기대해도 좋을 것이다. 이러한 결과는 특정한 결손 영역을 측정할 수 있는 특정한 인지 진단 검사와 이에 대응하는 치료 프로토콜의 개발로 나타날 것이다.

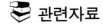 **관련자료**

Berch와 Mazzocco(2007)의 편저서, *Why Is Math So Hard for Children?*은 교육 영역의 현황
　에 대한 권위 있는 리뷰를 제시한다.

Resources for parents and teachers can be found on the website for the National Center for
　Learning Disabilities (www.ncld.org), 그리고 MU Math Study 웹사이트(http://
　mumathstudy.missouri.edu)의 수학학습장애 저성취 연구에 대한 최신 자료, 벤더빌트
　피바디 대학 Lynn Fuchs의 최신 자료(http://peabody.vanderbilt.edu/x4751.xml)

National Mathematics Advisory Panel의 웹사이트(www.ed.gov/about/bdscomm/
　list/mathpanel/reports.html)에 Gersten 등 (2008)의 학습장애 중재 연구와 Geary 등
　(2008)의 일반 아동과 수학학습장애 아동의 수학학습 시 일어나는 인지적인 과정에 대
　한 전문적인 비평이 제시되어 있다.

미국 교육부 What Works Clearing House에서는 학부모, 교사, 교장을 위해 다양한 연구기반
　자료를 제공한다(http://ies.ed.gov/ncee/wwc). 이러한 자료들은 수학학습장애 아동들
　을 위해 수학 교육과정의 효과성에 대한 비평에서부터 특정 교수법에 대한 실제적인 안
　내까지 포함하고 있다.

자기점검

1. 수학 성취 점수가 낮은 사람은 _____에 어려움이 있다.
    (a) 수 감각
    (b) 지능
    (c) 작동기억
    (d) 읽기 성취
    (e) 모두 옳음

2. 낮은 수학 성취는 일반적이거나 높은 수학 성취보다 유적적인 요소와 _____ 연관성이 있으며, 이는 수학학습장애가 일반적인 수학 성취와 비교하여 _____ '유전적'임을 시사한다.
    (a) 더 많은, 더 많이
    (b) 더 많은, 비슷하게
    (c) 더 적은, 더 적게
    (d) 동일한, 비슷하게
    (e) 동일한, 더 많이

3. 수학학습장애를 가진 사람들은
    (a) 일반적인 사람들보다 연산 전략을 덜 효과적으로 사용하고 적용한다.
    (b) 일반적인 사람들보다 연산 전략을 덜 효과적으로 사용하나 더 효과적으로 적용한다.
    (c) 일반적인 사람들만큼 연산 전략을 효과적으로 사용하고 적용한다.
    (d) 일반적인 사람들만큼 연산 전략을 효과적으로 사용하나 덜 효과적으로 적용한다.

4. 수 세트 검사(Number Sets Test)는 이후의 수학적 성취와 수학학습장애를 예측하는 데 특히 유용한 도구이며, 손상된 _____이/가 수학학습장애의 주요 특성이라는 주장과 일치한다.

(a) 지능

(b) 주의 기억

(c) 수 감각

(d) 손재주

5. 연산 지식(arithmetic fact) 결함은 _____을/를 포함한다.

(a) 장기기억에 있는 사실들의 불충분한 부호화

(b) 수직선에 대한 경험 부족

(c) 관련없는 작동기억을 억제하는 능력 부족

(d) a와 c

6. 수 세기에 내포된 원리가 <u>아닌</u> 것은?

(a) 집합 안의 원소의 개수(cardinality)

(b) 순서-무관성(order-irrelevance)

(c) 시작-끝(start-at-an-end)

(d) 일대일 대응

7. 수직선 이해에 대한 최근 연구에서 지지하는 주장은 무엇인가?

(a) 일반적인 성취와 저성취의 배치는 2학년 말의 성적과 선형적 관계가 있다.

(b) 수학학습장애 배치는 2학년 말의 대수학 성적에 따른다.

(c) 수학학습장애 배치는 저성취와 일반적인 성취보다 큰 수에서 더 간단해진다.

(d) 위에 제시된 것 모두

정답: 1. (e), 2. (d), 3. (a), 4. (c), 5. (d), 6. (c), 7. (d)

Chapter 4
쓰기장애

Nancy Mather
Barbara J. Wendling

 ## 쓰기장애의 정의, 원인론, 출현율

쓰기장애는 쓰기 과정과 마찬가지로 복잡하고 다면적이다. 글쓰기는 언어, 사고 그리고 운동 기능의 연결을 요한다. 글을 쓰는 사람은 읽기 쉽게, 철자에 맞게 쓰고, 생각을 글로 담아내는 등의 다양한 능력을 통합하여 가지고 있어야 한다. 쓰기는 또 다른 장애에 영향을 미칠 수 있다. 예를 들어, 빈약한 소근육 운동은 글씨 쓰기에 직접적인 영향을 준다. 그리고 글씨 쓰기를 잘 못하는 것은 글의 양과 질에 영향을 줄 수 있다. 그러므로 쓰기는 '엄청난 고난도 행동(an immense juggling act)'으로 묘사되는 매우 힘든 작업이다(Berninger & Richards, 2002).

정 의

『정신장애의 진단 및 통계 편람(DSM-IV-TR)』(American Psychiatric Association, 2000)에 따르면 쓰기장애란 나이, 지능, 학력 교육 수준을 고려하여 기대되는 수준보다 낮은 쓰기 능력을 보이는 것이다. 또한 장애는 학업 성취나 쓰기와 관련 있는 일상

생활 활동들에서 어려움을 보이는 것을 의미한다. IDEA(Individ uals with Disabilities Education Improvement Act, 2004)에서는 쓰기장애를 특정학습장애의 8개 범주 중 하나로 보았다. DSM-IV-TR과 IDEA의 가이드라인에 의하면 글씨 쓰기나 철자 쓰기를 잘 못하는 것만으로는 쓰기장애로 진단하기에 불충분하다. 쓰기장애는 글을 통해 자신을 표현하는 능력에 어려움이 있어야 한다. 그러나 많은 경우, 글씨 쓰기와 철자 쓰기 같은 낮은 수준의 기술은 쓰기 표현에서 어려움을 겪는 이유가 된다. 쓰기 문제의 조기 판별을 위해서는 학령기 초기의 기초 기능이라 할 수 있는 글씨 쓰기와 철자 쓰기에 어려움을 느끼는 아동에게 주의를 기울이는 것이 필요하다.

원인론

쓰기장애 아동들은 이질적인 하위 유형들로 나뉠 수 있다. 쓰기에 어려움을 느끼는 원인은 다양한 요인으로부터 올 수 있는데, 신경의학적, 신경과학적 그리고 환경적 요인을 들 수 있다. 일산화탄소 중독과 태아알코올증후군(FAS) 같은 의학적인 치명적 상태로 인하여 뇌의 두정엽 부분에 트라우마가 발생하는 것 등이 쓰기장애와 연관 (Bernstein, 2008)이 있다[National Institute for Neurological Disorders and Stroke (NINDS), 2009]. 가족 또는 쌍둥이를 대상으로 한 연구 결과를 보면 유전적인 구성요소 역시 연관이 있음을 나타낸다(예: Bernstein, 2008; Raskind, 2001). 특정 언어 손상과 지체를 가지고 있는 아동은 확실히 쓰기장애의 위험이 있다. 신경심리학적인 원인으로는 소근육 운동 능력, 언어, 시각-공간적 능력, 주의, 기억, 또는 순서를 맞추는 기술에서의 어려움을 포함할 수 있다. 게다가 쓰기 문제의 원인은 쓰기 어려움의 유형에 따라 변형될 것이다. 예를 들어, 철자 문제는 언어의 철자법의 제한된 회상 때문에 발생할 수 있고, 반면에 쓰기 표현 문제는 부적절한 음성 언어의 발달로부터 유래할 가능성이 크다.

몇몇 경우에는 학급에서 읽기 발달을 더욱 강조하기 때문에 1학년이 되었음에도 쓰기장애에 대해 정확히 알지 못할 수 있을 것이다. 사실 쓰기에 대한 요구가 급격히 증가하고 구술 시험을 자주 치러야 하는 3학년에서 4학년으로 올라가는 시기까지 쓰기에 대한 어려움은 관찰되지 않을 수도 있다.

출현율

학습장애의 몇몇 유형을 가지고 있는 학생의 유병률은 미국 학령기 인구 전체의 5%와 6% 사이로 측정된다(National Center for Education Statistics, 2009). 쓰기장애의 경우 유병률은 읽기장애의 유병률과 비슷하게 나타난다. 쓰기 표현의 문제는 학령기 아동의 2%에서 8%까지 나타나는 것으로 측정되고 여자아이보다 남자아이에게서 더 높은 출현율을 보인다(Katusic, Colligan, Weaver, & Barbaresi, 2009; Wiznitzer & Scheffel, 2009). 쓰기장애를 보이는 사람들에게 여러 장애가 공존하는 경우가 많기 때문에(예: 읽기, 수학, 주의력, 행동에서의 장애) 쓰기장애 한 가지만을 보이는 사람의 수를 정확히 기술하기는 어렵다. 쓰기장애의 발생과 관련한 연구에서 Katusic 등은 전체 표본 중 75%에 해당하는 쓰기장애 학생들(806명)이 읽기에서도 문제를 겪는다는 것을 밝혀냈다. 즉, 오직 1/4의 학생만이 읽기장애를 갖고 있지 않았다.

그러나 교사들은 글씨 쓰기장애가 훨씬 더 자주 일어남을 보고한다. 남학생의 거의 1/3과 여학생의 10%가 글씨 쓰는 것에 어려움을 보인다(Rosenblum, Weiss, & Parush, 2004). 이러한 연구 결과는 쓰기장애가 그동안 과소 진단되었음을 시사한다. 쓰기장애가 과소 진단된 이유는 부분적으로는 공존성 이슈 때문

> **잊지 마세요!**
> 쓰기장애는 읽기장애와 비슷한 유병률을 나타내고 있음에도 불구하고 과소 진단되고 있다.

이며, 또한 연구자와 교육자 모두가 글쓰기를 충분히 강조하지 않았기 때문이기도 하다. 미국의 학교에서 쓰기에 대한 교육적 강조가 부족했다는 증거는 전국교육성취도평가(National Assessment of Educational Progress: NAEP)의 결과 리뷰에서 찾을 수 있다. Nation's Report Card: Writing 2007(Salahu-Din, Persky, & Miller, 2008)에 따르면 4학년과 8학년의 1/3 미만, 12학년의 1/4 미만이 쓰기에 있어 능숙한 것으로 밝혀졌다.

쓰기장애의 하위 유형

쓰기장애를 겪는 사람들은 문어 표현의 한 가지 혹은 그 이상의 측면에서 어려움을 겪고 있다. Berninger(1996)는 쓰기를 평가할 때, 평가자는 쓰기에 영향을 미칠 수 있는 '제약 사항'을 고려해야 한다고 주장하였다. 다양한 제약 사항이 쓰기 기술의 여러 측면에 영향을 미치기 때문에 제약 사항(예: 제한된 교수, 특정한 인지적 약점 혹은 언어적 약점, 제한된 문화적 경험, 낮은 동기)의 다차원적인 영향을 이해하는 것은 필요한 교수와 조정(accommodation)의 종류와 정도에 관한 정보를 제공하는 데에 도움이 된다. 몇몇 경우에 문제는 주로 글씨 쓰기에 영향을 미치는 운동 기능과 관련된 것이다. 다른 경우에는 문제가 철자 쓰기에 영향을 주는 코드를 기반으로 한 것이고, 또 다른 경우에는 주로 작문에 영향을 주는 언어를 기반으로 한 것이다. 문제들이 서로 결합되는 경우가 자주 있고, 이로 인해 개개인의 쓰기장애의 진단과 치료가 복잡해진다.

> **잊지 마세요!**
>
> 기초적인 쓰기 기술이 능숙해야 쓰기를 할 수 있다. 글씨 쓰기나 철자 쓰기에서의 문제가 쓰기 표현의 어려움에 영향을 줄 수 있다.

기본적으로는 쓰기장애의 하위 유형으로 난서증, 난독증, 구어장애의 세 가지가 존재한다. 그러나 다수의 현장 전문가는 쓰기 학습에서 어려움을 보이는 사람들을 두 유형으로 분류한다. 첫째는 기초 쓰기 기술에서 어려움을 겪는 부류이고, 둘째는 글쓰기에서 어려움을 겪는 부류다. 기초 쓰기 기술은 글씨 쓰기와 철자 쓰기와 같은 표기 기술을 포함한다. 난서증과 난독증은 주로 이러한 표기 기술에 영향을 준다. 글쓰기 혹은 텍스트 생성에서의 어려움은 주로 구어장애나 실행 기능에서의 심각한 문제에서 비롯된다.

난서증

난서증(dysgraphia)은 쓰기장애로 특징지을 수 있는 신경장애로 정의되었으나 (NINDS, 2009), 난서증의 정의는 다양하다. 몇몇은 난서증이 본질적으로 조악한 표기

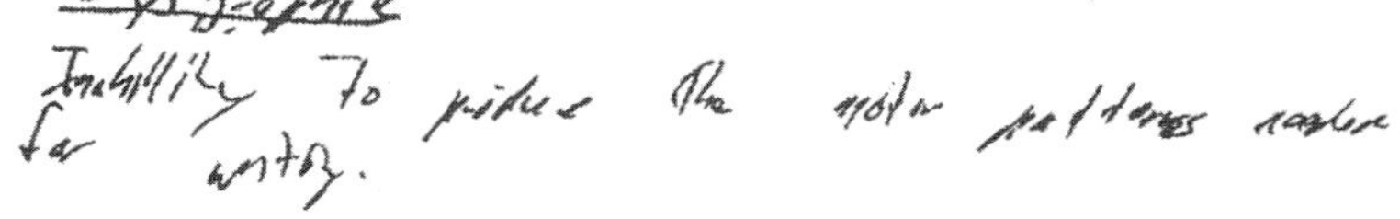

Dysgraphia
Inability to produce the motor patterns needed for writing.

[그림 4-1] 난서증(쓰기에 필요한 운동 기술을 제대로 발휘하지 못하는 것)

에서 자체적으로 드러나는 운동기능장애라고 주장하였다(Deuel, 1994; Hamstra-Bletz & Blote, 1993). 다른 정의에서는 난서증을 익숙한 단어와 생소한 단어 두 가지 모두에서 철자 쓰기를 하지 못하는 것과 연관 지었다(Miceli & Capasso, 2006). 또 다른 정의에서는 난서증이 단일 차원의 장애가 아니라고 주장하였고, 개인이 쓰기 수행에서 하나 혹은 모든 면에서 낮은 수행을 보일 수 있다고 하였다(Wiznitzer & Scheffel, 2009).

이 장에서는 난서증을 주로 글을 쓸 때의 근육 운동 기술에서의 장애와 (글씨 쓰기와 철자 쓰기 발달에 영향을 미치는) 쓰기 형태를 만들어 내는 능력에서의 장애로 볼 것이다. 난서증을 겪는 사람은 쓰기의 운동적 측면에서 어려움을 겪는데, 특히 운동 조절과 특정 움직임의 수행에서 약점을 가진다. 글씨 쓰기 기술에서의 문제, 명확성(다른 사람이 얼마나 쉽게 글씨를 알아보는지)에서의 문제, 자동성이 지연되는 문제(15초 내에 얼마나 많은 단어를 쓸 수 있는지 정도), 속도(쓰기 과제를 완수하는 데에 필요한 시간) 문제 등을 겪는다(Berninger & Wolf, 2009a, 2009b). 이와 같은 글씨 쓰기 장애의 어려움은 종종 철자 부호화, 글 쓸 때의 근육 운동 조절, 철자 쓰기 문제로 이어지는 계획 문제 등과 같이 일어난다(Berninger, 2004; Gregg, 2009). 난서증을 겪는 사람은 지능과 구어 능력에서 다양한 수준을 가질 수 있다. 숫자를 적는 것 빼고는 수학이나 읽기에서는 전혀 문제가 없을 수도 있다. [그림 4-1]은 평균적인 읽기 능력을 보이는 난서증을 가진 22세 대학생 토비의 쓰기를 나타내고 있는데, 거의 알아볼 수 없다.

난독증

쓰기장애를 겪는 사람 중 다수는 난독증(dyslexia)으로 진단받는다. 난독증은 읽기와 철자 쓰기 모두에 영향을 주는 장애다. 사실상 철자 쓰기에서의 문제는 종종 난독증의 현저한 특징으로 여겨진다(Gregg, 2009). 해독(단어 읽기)과 부호화(단어 철자 쓰기)는 동일한 과정을 상당 수 포함한다. 이러한 기술은 알파벳 원리를 숙달하고, 소리와 문자가 상응하는 법을 아는 것을 요구한다. 다수에게 단어 읽기와 단어 쓰기 문제는 같은 뿌리에서 비롯되는데, 그것은 부족한 음성학적·철자법적(맞춤법) 능력이다. 난서증과 난독증은 언어의 상징적 측면(단어 읽기 또는 쓰기)과 관련된 문제를 포함한다. 난서증 또는 난독증을 겪는 사람은 종종 평균 수준의 지적 능력과 적당한 수준의 구어 능력을 가지고 있기도 하다.

구어장애

구어장애(oral language impairments)를 겪는 학생들은 쓰기 표현에서도 문제를 보이는 경우가 종종 있다. 이것은 이들 학생이 그들의 생각을 글로 표현하는 데에 있어 필수적인 어휘적, 형태학적, 철자법상의 그리고 구문론적 지식이 부족하기 때문이다. 그들은 글씨 쓰기와 철자 쓰기에서도 문제를 보일 수 있다. 제한된 언어가 주요한 문제인 경우에 말하기와 글쓰기 모두에서 문제를 보일 수 있다. 어휘가 주요한 문제가 아닐 경우에는 쓰기보다 말하기를 더 잘할 수 있다. 이러한 경우에는 글을 계획하고 조직하고 수정하는 데에 요구되는 실행 기능을 수행하는 능력 외에도 개인의 기초 쓰기 기술 수행 능력을 탐색하는 것이 중요하다. 기초 쓰기 기술 또는 실행 기능에서의 낮은 수행은

■ 〈표 4-1〉 용어의 정의

- 어휘적 지식: 어휘, 단어의 의미, 단어들 간의 관계에 관한 지식
- 형태학: 언어의 의미 단위(형태소)(즉, 접두사, 접미사, 어근)
- 철자법: 문자소를 포함하여 문어를 구성하는 부호의 체계
- 구문론적 지식: 문장 구조를 결정하는 규칙과 문법에 관한 지식

쓰기 문제의 원인이 되거나 영향을 주는 요인이 될 수 있다.

발달상 쓰기장애가 드러나는 과정

글씨 쓰기, 철자 쓰기와 글쓰기는 모두 각기 다른 발달 과정을 따른다. 물론 한 영역에서의 문제가 다른 영역의 발달에 영향을 주기도 한다. 글씨 쓰기에서 어려움을 겪는 학생은 철자 쓰기를 연습할 기회를 거의 가지지 못한다. 철자 쓰기를 못하는 학생은 자기가 쓸 줄 아는 단어로만 단어 선택이 제한될 수 있다. 관념화하거나 표현하는 것에 어려움을 겪는 학생은 단순한 문장과 반복적인 아이디어만 글로 적게 되어 철자와 어휘의 발달이 느려질 수 있다. 쓰기장애를 보이는 학생들은 종종 적절한 피드백과 중재가 제공되기 전까지 한 발달단계에 머무르는 경우가 많다.

글씨 쓰기

초기에 아동이 쓰기를 시도할 때에 그 아동이 미래에 쓰기장애를 겪을지에 대한 경고가 되는 징후를 찾아볼 수 있다. 서투른 연필 잡기, 알아볼 수 없는 글씨체, 쓰는 동안에 큰 소리로 말하는 것, 쓰기 과제를 피하거나 쓰기 과제를 하고서 빨리 지치는 것 등은 잠재적으로 쓰기에서 문제를 나타낼 수 있음을 보이는 징후다. Levine(1987)에 따르면 글씨 쓰기에서의 숙련도는 전형적으로 다음의 단계를 거친다. ① 모방(유치원): 다른 사람의 글씨를 베껴 적음으로써 쓰는 시늉을 한다. ② 그래픽 프레젠테이션(1~2학년): 어

떻게 철자를 쓰는지를 알고 적절한 공간을 두고 줄 맞춰 쓰는 법을 배운다. ③ 점진적 혼합(2학년 후반~4학년): 글자를 적을 때 전보다 노력을 덜해도 된다. ④ 자동화(4~7학년): 빠르게, 쉽게, 효율적으로 쓴다. 마지막 단계에서 학생들은 각자의 개별화된 스타일을 구축하고 쓰기 속도를 빠르게 한다. 글씨 쓰기에서 문제를 보이는 학생은 종종 초기부터 글자 형태를 만들어 내는 법을 배우는 것을 어려워하고 별 노력 없이 글쓰기를 하는 데에 문제를 보인다. 일반적으로 학급 친구들과 비교했을 때, 학습장애가 있는 학생들은 글씨 쓰는 속도가 더 느린 편이다(Weintraub & Graham, 1998).

철자 쓰기

대부분의 학생에게 음소-문자소 상응에 관한 지식은 알파벳 이름을 알고 그 소리를 아는 것부터 한 단어에서 각각의 소리를 쪼개는 것까지 유치원에서 초등학교 저학년 사이에 자연스럽게 발달한다. 1학년 학생의 대다수는 음절 단위로 단어를 쪼갤 수 있고, 2학년이 되면 대부분의 학생이 음소 단위로 쪼갤 수 있게 되며, 철자법, 형태론, 구문론이 점차 중요해진다(정의에 대해서는 〈표 4-1〉 참조). 소리를 차례로 배열할 수 있게 되면 다양한 철자 패턴, 철자 선택에 보다 더 주의를 기울여야 한다. 철자법에 대한 지식이 발달함에 따라 허용 가능한 철자 배열을 알아내고 사용하게 되며, 올바른 순서로 문자열을 배열할 수 있다(예: ight). 불규칙한 철자 패턴은 암기되겠지만, 이러한 이미지를 기억하는 것이 규칙적인 철자 패턴을 형성하는 데에 쓰이는 단어를 기억하는 것보다 더 어렵다(Ehri, 2000).

철자 쓰기가 향상됨에 따라 그리스어, 라틴어 및 그 밖의 언어로부터 파생된 단어의 철자와 불규칙한 단어와 접사(접두사와 접미사)의 철자를 인식하는 능력이 점차 발달된다. 몇몇 연구자는 어떻게 철자 쓰기 기술이 발달하는지를 연구하였고, 철자 쓰기 기술 발달의 단계 및 국면을 설명하는 다양한 모델을 제시하였다(예: Bear, Invernizzi, Templeton, & Johnston, 2008; Ehri, 2000; Gentry, 1982; Henderson, 1990). 〈표 4-2〉는 Bear 등이 제시한 철자 쓰기 기술의 발달 과정을 설명한다.

또한 특정 언어의 문맥 안에서 철자 쓰기의 발달을 고려할 필요가 있다(예: 스페인어는 영어에 비해 문자소-음소 상응이 보다 규칙적이다). 따라서 상응이 보다 규칙적인 철자법을 배운 학생들이 상응이 덜 규칙적인 철자법을 배운 학생들보다 철자 쓰기를 더 빨리 배운다. 음운 체계의 발달은 알파벳을 쓰는 모든 언어권에서 보편적일 수 있지만, 소리가 철자화되는 방식은 언어마다 특수하고, 어떤 언어에서 철자 쓰기가 다른 언어에서보다 쉬울 수 있다(Goswami,

> **잊지 마세요!**
>
> 아동의 철자를 분석할 때는 아동의 모국어(주로 쓰는 언어, primary language)가 고려되어야 한다.

■ 〈표 4-2〉 **철자 쓰기 기술의 발달 과정**

알파벳 이름과 철자(Letter-Name Alphabetic Spelling): 5~8세
- 휘갈겨 적는 것에서부터 소리를 대표하는 신호로 철자의 이름을 사용할 수 있게 된다.
- 단어 내 소리를 분절하는 법을 배운다
- 세 단계로 구성되어 있다. 초기(prephonemic to semiphonemic), 중기(phonetic), 후기(transitional to correct).

단어 내 철자 패턴(Within Word Pattern Spelling): 7~10세
- 자음 바로 앞에 있는 비음(예: jump의 'm'), 겹자음(예: bl-, -st), 자음과 장모음(예: ph, oa) 철자를 쓴다.
- 대부분의 자음-모음-자음-묵음 'e'(CVCe) 단어의 철자를 바르게 쓴다(예: five).
- 장모음의 철자를 바르게 적는다(예: ea, oa, ai)
- 동음어의 철자를 바르게 적는다(예: bear와 bare).

음절과 접사(Syllables and Affixes): 9~14세
- 한 음절 이상인 단어의 철자를 적는다.
- 음절과 접사를 고려하기 시작한다.
- 음절과 접사가 만나는 곳에서 오류를 범한다(예: hopeful을 hopful로 적기)
- 강세를 받지 않는 두 번째 음절에서 오류를 범한다(예: mountain을 mountin으로 적기)

어원 관련 철자(Derivational Relations Spelling): 10세~성인
- 공통 어원을 가진 단어의 철자를 쓴다(예: big, bigger, biggest).
- 그리스어나 라틴어 어원을 가진 단어의 철자를 바르게 쓴다(예: psychology, aquatic).
- 접사를 붙일 때에 올바른 철자 규칙을 쓴다[예: 마지막 자음을 두 번 적기(stop-stopped), 모음으로 시작되는 접사를 붙일 때 단어 끝의 'e'를 빼기(like-liking)].

2006). 게다가 학생 자신의 모국어가 가진 철자법 특성이 학습하고 있는 영어단어 철자 쓰기에 영향을 미친다(Joshi, Hoien, Feng, Chengappa, & Boulware-Gooden, 2006).

문어 표현

앞서 말했듯이 쓰기의 한 영역은 다른 영역의 발달과 수행에 영향을 미칠 수 있다. 어떤 단어를 어떻게 적는지를 생각하느라 멈춰 있는 사이 그 전에 형성된 아이디어를 잊을 수 있다(Graham, Berninger, Abbott, Abbott, & Whitaker, 1997). 문어 표현의 발달을 살펴보면, 일련의 철자를 휘갈겨 적는 것부터 한 단어를 적는 것, 목록을 적는 것, 완전한 문장을 연결되지 않게 적는 것으로 점차 발전하여 이야기, 문단, 에세이를 만들어 내도록 통합된 완전한 문장을 연결하여 적는 것까지 발달한다. 종속절을 포함한 다양한 문장 구조를 사용함에 따라 문장 문법은 복잡해진다. 쓰기 기술이 낮은 학생은 단문과 복문만을 쓰는 반면, 문어 표현 기술을 좀 더 발달시킨 학생은 독자의 관심을 붙잡아 두기 위해 다양한 종류의 문장 구조를 활용한다. 글쓰기 기술이 발달함에 따라 학생들은 글의 독자, 글의 구성, 응집력(아이디어의 통일성), 글의 구조를 파악하는 지식이 늘어난다. 학교에서 학년이 올라감에 따라 요구되는 글쓰기의 특징이 달라지기 때문에 글쓰기에서의 문제는 3학년이나 4학년이 되어서야 파악되기도 한다.

> **✏️ 잊지 마세요!**
>
> 기초 쓰기 기술에서의 문제들을 간과하는 것은 쓰기장애의 판별을 지연시킬 수 있다.

🔑 쓰기에서 특정학습장애의 인지적 관련과 진단 표식

쓰기는 다양한 인지적·언어적 요인의 몇 가지 단계에서의 통합을 필요로 한다. 그것은 보조단어(subword, 예: 음운 체계, 철자법, 형태론), 단어(예: 철자, 어휘), 문장(예: 구문론), 문맥(예: 응집력, 글 구조의 종류)이다(Englert & Raphael, 1988; Gregg, 1995, 2009; Gregg & Mather, 2002). 이러한 요인들은 글을 계획하고 초안을 작성하고 수정하는 능력에 영향을 미친다(Englert, Rapheal, Anderson, Anthony, & Stevens, 1991; MacArthur & Graham, 1993). 글쓰기 기술 중 가장 복잡한 기술인 글 작성과 글 수정은 수많은 인지적 능력 및 언어적 능력을 요구한다(예: 아이디어 생성, 논리적 사고, 구어, 구문과 어휘에 대한 지식; McCloskey, Perkins, & Van Divner, 2009). 쓰기 과제에 요구되는 과정을 상세히 분석하면 인지 처리 과정 중 어떤 측면이 필요한지를 결정할 수 있다. 감별진단에는 다차원적 하위 구성요소의 처리에 대한 정밀한 검사가 요구된다(Hale & Fiorello, 2004). 완성된 글의 수준은 여러 가지 요인에 의해 높아질 수도 있고 제한될 수도 있다(Hooper et al., 1994).

지난 25년간 Berninger 등(2009)은 글씨 쓰기, 철자 쓰기, 작문의 다양한 예측변인을 정밀하게 조사했다. 수년간의 연구 결과물을 살펴본 결과, 글씨 쓰기의 가장 강력한 예측변인은 철자 부호화(문어 표현의 심적 표상을 형성하는 능력)와 순차적인 손가락 운동을 위해 손 근육 운동을 계획하는 것이었다. 철자 쓰기의 가장 강력한 예측변인은 1~3학년 수준의 어휘 지식, 음운 체계 부호화, 철자법상의 부호화 변인이었다. 작문 유창성(제한된 시간 내에 적은 단어의 수)과 작문의 수준의 가장 강력한 예측변인은 철자법상의 부호화, 글씨 쓰기 자동화, 작동기억이었다. 철자 쓰기는 저학년에서만 작문 유창성과 중요한 관련이 있었던 반면 글씨 쓰기 자동화는 1학년에서 6학년 전체에서 작문 유창성과 중요한 관계가 있었다. 사실 자동적 글자 쓰기는 초등학교와 중고등학교 학생들 모두에게서 작문의 길이와 수준을 예측하는 가장 강력한 예측변인으로 확인되었다(Connelly, Campbell, MacLean, & Barnes, 2006; Jones, 2004). 따라서 문어 표현의 능력 수준은 반응의 유창성과 질 모두에 기반을 둔다(Hale & Fiorello, 2004).

CHC 이론에 따르면, 문어 표현과 관련 있는 인지적 능력은 청력 처리 능력(Ga), 장기기억 능력(Glr), 처리 속도(Gs), 결정적 지능(Gc), 단기기억 능력(Gsm), 유동적 지능(Gf)와 같은 광범위한 능력을 포함한다(Floyd, McGrew, & Evans, 2008). 청각 처리, 특히 음성 부호화는 철자 쓰기를 위한 음절 나누기를 할 때에 중요하다. 결정적 지능은 습득한 지식의 저장고이며 철자법상의 지식, 형태론적 지식, 어휘 관련 지식을 포함한다. 이 지식들 모두는 철자 쓰기와 문어 표현에 일정 역할을 한다. 단기기억 능력[기억의 범위(memory span)와 작동기억을 포함)은 쓰기 과정에서 발휘된다. 예를 들어, 단기기억 능력은 단어를 글로 적어 내는 동안에 아이디어를 유지하는 데에 쓰인다. 유동적 지능은 논리적으로 사고하는 능력과 습득한 지식을 새로운 상황에 적용하는 능력을 포함하는데, 이 두 가지 능력 모두는 문어 표현에서 필수적이다.

그뿐 아니라 글로 자기의 생각을 표현하는 과정은 실행 기능을 요구한다. 이때 요구되는 실행 기능에는 주의집중, 작동기억, 계획하기, 자기조절 행동이 있다. 이러한 실행 기능을 비효율적으로 혹은 일관성 없게 쓰는 것은 글쓰기 과정의 어느 측면에든 영향을 줄 수 있고, 문어 표현 관련 문제의 핵심 부분이 될 수 있다(Dehn, 2008; Hale & Fiorello, 2004; McCloskey et al., 2009). 이러한 실행 기능은 주의력결핍장애로 인해 손상될 수 있는데, 이는 주의력결핍장애를 겪는 사람들 중 쓰기장애의 발병률이 높은 이유를 설명하는 데 도움이 된다(Mayes & Calhoun, 2006, 2007).

쓰기에서 특정학습장애를 판별하는 진단적 접근의 구성요소

쓰기장애의 평가는 다중 자원, 다중 방법의 진단적 접근을 필요로 한다. 그 접근에는 교육과정중심 측정(CBM)과 수업 시간에 쓴 글쓰기 샘플과 같은 비공식적 자료뿐 아니라 표준화된 검사도 포함된다. 평가가 주요 관심 영역을 잘 설명할 수 있도록 고안하기 위해서 평가자는 의뢰 질문뿐 아니라 검사의 이유에 대해서도 명확하게 알고 있어야 한다(Hooper et al., 1994). 쓰기는 수행에 대한 영구적인 기록을 남기기 때문에 개인이 겪는 문제가 쉽게 관찰되고 분석될 수 있다. 종합적인 평가의 목적은 글씨 쓰기, 철자 쓰기, 문어 표현의 결함의 기반을 진단한 후에 가장 적절한 중재를 추천하는 것이다(Fletcher, Lyon, Fuchs, & Barnes, 2007). 평가자의 목적은 쓰기 문제 중 특정 영역을 정확히 기술하고 쓰기 기술의 발달을 방해하는 특정 인지적 및 언어적 연관성을 진단하는 것이다. 뒤의 〈표 4-7〉은 현장 전문가들을 위한 평가 자료들을 제시하고 있다.

종합적인 평가를 수행하기 전에 교육과정중심 측정과 같은 형성평가를 통해 학생의 쓰기 기술에 대한 중요한 정보를 수집할 수 있다. 철자와 쓰기 표현에 대한 학생들의 수행을 평가하고 모니터링할 수 있는 구체적인 절차가 교육과정중심 측정에 담겨 있다. 교육과정중심 측정검사 결과와 규준을 비교하여 교수 목표와 진전도의 준거를 정하는 교수적 의사결정을 내리게 된다(Deno, Fuchs, Marston, & Shin, 2001). 진전도 점검은 교수 수정으로 이어지고 교수적 중재 개입의 효과성을 파악하기 위해 교육과정중심 측정에서 그래프로 제시된 자료를 해석하는 데에 자료 기반의 결정 규칙을 적용한다(Stecker, Fuchs, & Fuchs, 2005). 중재반응 모형(RTI)을 쓰고 있을 때에는 이러한 종류의 정보가 손쉽게 사용 가능한 상태로 제시되어야 한다. 그러나 중재반응 모형이 아니더라도 교육과정중심 측정에서 얻은 정보는 의뢰 전 자료의 일부로 통합되거나 평가 실시 후 진전도를 점검하는 도구로 사용될 수 있다.

글씨 쓰기

글씨 쓰기의 근육장애 중 특정학습장애와 ADHD를 가진 청소년 및 성인에게 흔한 세 가지 종류는 상징체계 결손, 운동 속도 결손, 감각통합기능장애다(Deuel, 1992; Gregg, 2009). Gregg는 이러한 장애를 다음과 같이 설명한다. 상징체계 결손을 보이는 사람은 특정 음소 관련, 철자법 관련, 형태론 관련 약점을 보이며, 이 약점은 그리기에는 영향을 미치지 않고 글쓰기에만 영향을 미친다. 이러한 언어적 문제는 감각통합기능장애와 같이 발생하는 경우가 자주 있다. 운동 속도 결손을 보이는 사람은 글씨 쓰기를 잘 해낼 수는 있으나, 글씨를 쓰는 데에 오랜 시간이 걸린다. ADHD의 경우에는 종종 운동 속도에서 결손을 보인다(Deuel, 1992). 감각통합기능장애는 그리기와 글씨 쓰기 모두에 영향을 미치는 수의적 운동 활동(의지에 따라 조정되는 신체 동작 활동-역자 주)을 배우고 수행하는 능력이 제한되어 있다.

글씨 쓰기 능력을 평가할 때에 전반적으로 글씨를 알아볼 수 있는 정도, 글자 형성 오류, 글씨 쓰기 속도를 고려하는 것은 중요하다. 알아볼 수 있는 정도는 학생이 쓴 글을 읽으려고 시도

잊지 마세요!

유창한 쓰기 기술들은 자동성과 (글을 쓰는 데 필요한) 운동 기능이 있어야 한다.

할 때 가장 잘 파악할 수 있다. 글자 형성 오류는 단어와 철자를 보다 세심하게 살핌으로써 진단할 수 있다. 쓰기 속도는 보통 학생에게 짧은 글을 1분 동안 베껴 적도록 하거나 알파벳 철자를 가능한 한 빨리 적으라고 해 봄으로써 측정할 수 있다. 저학년의 경우, 글씨 쓰기에서의 어려움은 주로 소근육 운동 문제, 제한된 단어 심상화 능력, 철자 형태를 만들어 내는 운동 패턴을 기억하는 것에서의 어려움이 합쳐진 결과다. 보다 나이가 많은 아이들의 경우는 문제가 전반적인 글씨를 알아볼 수 있는 정도와 유창성, 쓰기 속도의 자동화에서 주로 비롯된다. 기술을 잘 숙달해서 최소한의 의식적 집중과 노력이 요구될 때에 자동적이라고 할 수 있다(Dehn, 2008). 글 쓰는 근육의 속도와 자동화는 유창한 글을 구성하는 기술을 발달시키는 데에 기초가 된다. 그 이유는 자동적인 운동 습관이 아이디어를 글로 구성하는 데에 필요한 인지적 자원에 여유를 주기 때문이다(McClokey et al., 2009). 빠르고 정확한 글자 형성은 학생이 글자를 적거나 문장을 베껴 적을 때 가능한 한 빠른 속도로 측정된다.

기초 쓰기 기술

기초적인 글쓰기 기술의 측면을 측정할 수 있는 표준화 검사가 다수 존재한다. 그 예로는 Woodcock-Johnson III 성취도검사(Woodcock-Johnson III Test of Achievement; Woodcock, McGrew, Schrank, & Mather, 2001, 2007), Kaufman 학업성취검사 제2판(Kaufman Test of Eucational Achievement, Second Edition; Kaufman & Kaufman, 2004)이 있다. 이 외에도 수업 시간에 쓴 글쓰기 샘플을 분석하는 것은 학생의 철자 오류의 종류와 빈도, 구두점과 대문자 표기 규칙에 대한 지식을 파악하는 데에 도움이 된다. 쓰기에서 특정학습장애를 보이는 경우에 흔한 철자 쓰기 문제를 가진다면 학생의 음운 체계 관련, 철자법 관련, 형태론 관련 지식의 사용을 고려하는 것이 중요하다.

음운 체계
철자 쓰기는 단어의 내부 구조에 대한 이해를 필요로 하기 때문에 음운 과정은 철자 쓰기 기술의 발달에 필수적이다(Bailet, 1991; Blachman, 1994). 고등학교 학생이나 성

인이 보이는 철자 쓰기 문제도 언어의 음운 체계 측면에서의 특
정 결손을 반영한다(Bruck, 1993; Moats, 1995). 철자 쓰기에 있
어 가장 중요한 음운 체계 인식 능력은 분절(언어 음을 쪼개는 능
력)이다(Ehri, 2006; Smith, 1997). 이 능력을 통해 음소를 대표하
는 문자소를 올바른 순서로 배치할 수 있게 된다. 영어의 철자

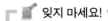

잊지 마세요!

음소분리 능력은 철자 능력을 위해 중요하다.

패턴을 구성하면서 그 자체로는 의미를 가지지 않는 단어의 철자를 적는 능력을 보면
음소-문자소 연결에 대한 지식을 얼마나 갖고 있는지를 알 수 있다.

철자법

철자법에서 약점을 보이는 학생들은 글자의 순서를 기억하는
것과 불규칙한 철자 패턴을 포함한 단어(예: once)의 철자를 적
는 것에서 특정한 어려움을 보인다. 그 이유는 단어의 심상이
기억에 저장되어 있지 않기 때문이다(Ehri, 2000). 최근의 연구
결과에 따르면, 난독증을 갖고 있는 대학생 중 수행 수준이 높
은 학생들은 익숙한 단어의 철자를 쓰는 데에 음운 체계 기술을
활용하지만, 여전히 철자법상의 패턴을 기억하는 것과 철자 규

주 의!

무의미 철자 쓰기는 음운 체계
적 지식과 철자법 지식이 모두
필요하다. 철자 쓰기에서의 어
려움은 이러한 언어적 지식 결
손에서 비롯된다.

칙을 불러오는 것에서 문제를 보여서 불규칙한 단어와 익숙하지 않은 단어에서 일관
적이지 않은 철자 쓰기 능력을 보였다(Kemp, Parrila, & Kirby, 2009). 철자법은 철자법
수행능력검사(Test of Orthographic Competence; Mather, Roberts, Hammill, & Allen,
2008)와 같은 표준화된 검사, 혹은 불규칙한 구성요소를 포함한 단어(예: once, said,
again)의 철자를 적는 것과 같은 비공식적인 절차를 통해 측정할 수 있다.

형태론

형태론은 음운 체계 및 철자법과 서로 영향을 주고받으며 단어의 철자에 영향을 미
친다. 단어의 의미 요소인 형태론에 약점이 있는 학생들은 접두사와 접미사, 어미(예:
동사 시제, 복수형)에서 문제를 보인다. 철자는 글자-소리의 연결 이상의 의미를 담고
있기 때문에(예: music과 musician, hymn과 hymnal) 형태론은 단어가 어떤 철자로 이

루어져 있는지에 영향을 미친다. 철자법 관련 지식의 구성요소로서 평가자는 형태론적 패턴 변형의 사용과 지식에 대해 파악할 필요가 있다.

문어 표현

글쓰기를 잘 못하는 사람들은 글쓰기의 전반적인 과정에 대한 지식이 부족한 경향이 있고, 다른 사람들에 비해 글의 명확성을 높이기 위해 글을 수정하는 경향이 적다(Hooper et al., 1994). 구어와 문어 상호 간의 영향이 존재하기 때문에 말하기 능력은 글을 구성하는 능력에 영향을 미친다(Berninger & Wolf, 2009b). 따라서 자신의 생각을 표현하는 개인의 능력을 평가할 때에는, 구어의 이해 능력과 표현 능력 두 가지 모두에 대한 측정을 포함해야 한다. 그뿐 아니라 평가자는 개인이 작동기억 및 실행 기능이 요구되는 과제에서 어떻게 수행하는지를 파악할 필요가 있다. 기억 능력이 우수한 사람은 더 복잡한 구조의 문장을 쓸 수 있고 다양한 쓰기 과제를 동시에 처리할 수 있다(Dehn, 2008; Swanson & Siegel, 2001). 나아가 평가자는 글 쓰는 이의 서술 관련 지식(예: 주제에 대한 지식), 과정적 지식(예: 다양한 글의 장르를 만들어 내기 위해 쓰이는 전략에 대한 지식), 조건적 지식(예: 특정 독자에게 어떤 전략이나 글의 구조를 쓸 것인가)을 고려해야 한다(Hooper et al., 1994).

인지적/언어적 능력

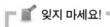

잊지 마세요!

구어는 쓰기의 기초다.

개인의 인지적 및 언어적 능력의 종합적인 평가는 진단적 접근의 중요한 구성요소다. 어떤 능력이 온전하고 어떤 능력이 손상되어 있는지를 파악하는 것은 어떤 사람이 왜 글쓰기에서 어려움을 겪는지를 이해하는 데에 필수적이며, 가장 효과적인 교수 프로그램을 계획하는 데에 도움이 된다. Woodcock-Johnson Ⅲ 인지능력검사(Woodcock-Johnson Ⅲ Test of Cognitive Abilities; Woodcock, McGrew, & Mather, 2001, 2007)와 같은 검사를 활용하면 쓰기와 관련된 기초 능력의 종합적인 평가가 가능하다. 예를 들어, 평가자는 앞서 언급한 인지적 관련성(작동기억, 처리 속도, 이해 지식, 유동적 지식, 장기기억 능력, 청각 처리)의 다수를 평가할 수 있다. 또한 주의집중과 같은 실행 기능은 쓰기 수행에서 매우 중요하며 파악할 필요가 있다.

🔍 치료 계획서의 예시

　문어 표현에서 학습장애를 갖고 있는 것으로 진단된 다수의 학생은 일반교육 수업에서 하루의 대부분을 보낸다. 같은 학급의 다른 학생들과 마찬가지로, 그들은 다양한 주제에 대해 명쾌하고 응집성 있는 글을 적절한 시간 내에 써내기를 요구받는다. 말하기 및 읽기 능력과는 다르게, 쓰기장애에 대한 치료는 많이 알려져 있지 않은 편이다(Fletcher et al., 2007; Graham & Perin, 2007). 이것이 아마 쓰기에서 문제를 보이는 많은 학생이 왜 학년이 올라가도 거의 향상을 보이지 않는지를 설명해 줄 수 있을 것이다. 글을 잘 못 쓰는 것은 특정학습장애로 인한 것만은 아니다. 사실상 4학년 학생의 2/3는 수업 기준을 맞출 수 있는 수준으로 글을 써내지 못하고, 4~12학년 중 70%의 학생은 글쓰기 기술에서 결함이 있다(Persky, Daane, & Jin, 2003). 일부 교사는 글쓰기를 교육과정에 통합하는 데에 충분한 시간을 들이지 않을 수 있다. 반면, 다른 교사들은 학생들이 중고등학교에서 필요한 쓰기 기술을 발달시키는 데보다는 쓰기 시험을 통과하도록 준비시키는 데에만 너무 집중할 수도 있다. 따라서 효과적인 쓰기 교육과정에서는 일반 교사와 특수교육 교사 모두가 쓰기 교수에 관한 지식을 가진 상태에서 학생들의 쓰기 기술을 향상하기 위해 협력할 필요가 있다.

　쓰기장애를 가진 학생을 위한 치료를 선택할 때 우선적으로 고려해야 하는 것들은 ① 영향을 받고 있는 쓰기의 영역, ② 쓰기 문제의 심각한 정도, ③ 서비스가 제공될 장소와 방법이다. 예를 들어, 감각통합기능장애가 있는 학생은 타자 치는 기술을 향상하기 위한 교수나 음성 인식 소프트웨어를 사용하는 것으로부터 효과를 볼 가능성이 있다. 반면에, 문어 표현에 약점이 있는 학생은 관념화 및 글 조직하기에 도움이 되는 전략을 배우는 것이 필요할 것이다. Isaacson(1989)은 글쓰기 과정에서 서기와 작가의 서로 다른 역할을 구별했다. 기초 쓰기 기술을 향상하는 데에 초점을 맞춘 개입은 서기의 글쓰기에 방향을 두고 있는 반면, 작문 능력을 향상하는 데에 초점을 맞춘 개입은 작가의 역할을 다룬다.

〈표 4-3〉에는 Cutler와 Graham(2008)이 제안한 초등학교 쓰기 교수를 향상하기 위한 일곱 가지 권고 사항, Graham과 Perin(2007)이 제안한 중고등학교 쓰기 교수를 향상하기 위한 권고 사항이 제시되어 있다. 몇몇 경험기반 프로그램은 쓰기 문제를 보이는 학생들에게 효과가 있는 것으로 밝혀졌다. 중재가 선택된 후에는 진전도를 점검하고 문서화할 구체적인 방법, 서비스의 기간과 강도를 결정해야 한다.

■ 〈표 4-3〉 쓰기 교수를 향상하기 위한 권고 사항

초등학교 쓰기 교수를 향상하기 위한 권고 사항(Cutler & Graham, 2008)
1. 학생의 글쓰기 시간을 늘릴 것
2. 설명문을 쓰는 데에 시간을 더 쓰도록 할 것
3. 기술과 글쓰기 전략을 가르칠 것
4. 글쓰기의 흥미와 동기를 높일 것
5. 집에서의 글쓰기와 학교에서의 글쓰기를 연결시키도록 할 것
6. 쓰기 프로그램에서 컴퓨터가 중심 역할을 하도록 할 것
7. 교사의 전문성 발달을 제공할 것

중고등학교 쓰기 교수를 향상하기 위한 권고 사항(Graham & Perin, 2007)
1. 자신이 쓴 글을 계획, 수정, 교정하는 전략을 가르칠 것
2. 본문을 요약하는 법을 가르칠 것
3. 친구와 짝을 이루어 계획, 초안 작성, 수정, 교정을 같이 하도록 할 것
4. 글쓰기에 관련한 구체적이고 도달 가능한 목표를 설정하도록 할 것
5. 컴퓨터와 워드프로세서를 글쓰기 과제를 돕는 교수 자원으로 활용할 것
6. 보다 복잡한 문장 구조를 연습할 수 있도록 문장 합치기 활동을 할 것
7. 아이디어를 생성하고 조직하는 것을 돕기 위해 미리쓰기(prewriting)를 하도록 지도할 것
8. 특정 쓰기 과제의 내용이나 아이디어를 발달시키기 위해 구체적 정보나 데이터를 분석하도록 지도할 것
9. 쓰기 기회 확장, 실제 독자를 위한 글쓰기, 개별화 교수를 제공하는 등의 다양한 쓰기 교수 활동을 혼합한 쓰기 접근 과정을 쓸 것
10. 학생에게 잘 쓴 글을 읽고 분석하게 할 것
11. 학습 자료를 배우는 도구로 글쓰기를 활용하도록 할 것

글씨 쓰기

다수의 학교 장면에서 글씨 쓰기 교수는 인쇄체 쓰기에서 시작해서 2학년이나 3학년 말에 필기체 쓰기로 이어진다. 글씨 쓰기 문제가 있는 학생에게 인쇄체를 먼저 가르칠지, 필기체를 먼저 가르치는지에 대해서는 합의된 결론이 없다. 인쇄체가 더 쉽다고 느끼는 학생이 있는가 하면, 필기체가 더 쉽다고 느끼는 학생도 있다. 두 가지 방식을 합친, 획이 이어지는 방법인 인쇄-필기체(예: D'Nealian)를 가르치는 방법이 가장 효과적일 것이다. 그 이유는 학생이 한 가지 쓰기 방식만 숙달하면 되기 때문이다. 글씨 쓰기 교수 프로그램은 몇 가지 공통 요소를 가지며, 이는 〈표 4-4〉에 요약되어 있다.

글자 형성을 가르치는 데에 효과적인 네 가지 법칙은 다음과 같다. ① 언어적 단서로 글자 형성하기를 시작하고 글자와 패턴을 자동적으로 익힐 때까지 비치는 종이에 대고 베껴 적는 것, ② 글자 베껴 적기, 보지 않고 글자를 적기, 단어 속에서 글자 쓰기 연습하기의 순으로 익히기, ③ 자신의 글씨를 학생 스스로 평가하도록 하기, ④ 명확하고 알아보기 쉬운 글씨 스타일을 습득할 때까지 돕기(Mather, Wendling, & Roberts, 2009). Berninger(2009)는 글자 형성 교수에 있어 가장 효과적인 방법은 기억으로부터 글씨 쓰기와 결합한 자모쓰기순서표시(number arrow cues)를 사용하는 것이라는 대규모 연구 결과를 기술하였다.

워드프로세서는 학생들이 써낸 것의 깔끔하고 명확한 사본을 만들어 내도록 함으로써 글씨 쓰기 문제를 넘을 수 있게 도와준다. 글씨 쓰기 관련 문제가 심각해서 2학

■ **〈표 4-4〉 글씨 쓰기 교수 프로그램의 공통 요소**

1. 글씨 쓰기를 연습할 수 있는 기회: 고학년의 경우에는 연습에 기능적인 글쓰기를 포함시킬 수 있다 (예: 지원서 작성하기 등)
2. 글자를 형성하는 방법에 관한 직접적인 교수와 함께 제공되는 교사의 글자 형성 시범
3. 본뜨기(예: 점선 글자)를 하면서 글자 형성을 연습하고, 점차적으로 본을 없애 나가는 과정
4. 어린 학생들에게는 알맞은 글자 크기를 만들 수 있도록 가운데 선을 그은 종이를 주고 기술이 발달하면 일반 종이를 준다.

년이나 3학년부터 워드프로세서 교수를 시작하는 학생들도 있다. 워드프로세서를 효율적으로 활용하기 위해서 학생들은 타자 치기 기술과 워드프로세서 프로그램의 다양한 기능을 작동시키는 방법을 배울 필요가 있다.

기초 쓰기 기술

특정학습장애를 가진 학생들 사이에 철자 문제가 흔하기 때문에 양질의 철자 교수가 필수적이다. 철자 쓰기에 관한 전통적인 접근 방식(예: 매주 철자 시험 보기)이나 보다 전체론적인 접근 방식(예: 글쓰기를 통해 철자를 배울 것이라고 가정하기)은 문제를 겪는 학생들에게 효과적이지 않다.

맞춤법 지식과 언어적 원리의 지식이 발전적으로 증가했음에도 불구하고, 특정학습장애를 가진 많은 학생은 또래보다도 철자 기술에서 천천히 발달한다. 따라서 철자는 기초 쓰기 기술에서 교수 초점의 주요 영역이다. 더불어, 몇몇 학생은 또한 조사법, 구두법 그리고 대문자 사용 규칙의 직접 교수를 요구한다. 적절한 철자 중재를 결정하기 위해서는 우선 학생의 근본적인 어휘 또는 철자법 지식 수준을 사정하고 결정할 필요가 있다(Baumann & Kame'enui, 2004). 〈표 4-5〉는 효과적인 철자 교수를 위한 일반적 연구기반 원리들을 설명한다.

■ **〈표 4-5〉 효과적인 철자 교수를 위한 연구기반 원리**

1. 문장보다는 목록으로 단어 철자 제시
2. 학생들이 단어 철자를 말할 때 천천히 단어의 음소를 발음하도록 권장
3. 학생들이 학습하고 있는 단어에 대하여 빈번하고 체계적인 복습을 제공
4. 학생의 현재 기술 발달 수준을 분석하여 그들에게 적절한 단어들을 결정
5. 학습 기술로써 학생에게 단어를 쓰도록 자주 요구하지 않기. 대신에 단어를 보지 않고 기억해서 단어를 쓰도록 하기
6. 영어 철자 양식을 따르지 않는 불규칙 단어(예: once)들을 가르칠 때에는 특히 유의하기. 몇몇 학생은 베껴 쓰기와 말하기로부터 이후에 이러한 단어들을 기억해서 쓰는 데 도움이 될 것이다.

문어 표현

일반적으로 계획, 문제해결 그리고 자기점검에 초점을 둔 명시적 전략을 지도하는 것은 작문 능력을 향상시킨다(Fletcher et al., 2007). 그러나 만약 학생들이 필기와 철자와 같은 낮은 수준의 기술에 능숙하지 않다면 학생들을 위해 이 전략을 사용하기는 어렵다(Graham & Perin, 2007).

자기조절 전략 개발

전략 훈련을 위한 모형의 잘 연구된 한 예는 자기조절 전략 개발(self-regulated strategy development: SRSD)인데, 이는 초등학교와 중고등학교에서 40개 이상의 교수적 쓰기 연구들에서 입증되었다(Graham & Harris, 2009; Harris & Graham, 1992; Harris, Graham, Mason, & Friedlander, 2008). SRSD의 많은 적용은 학생들의 쓰기 어휘를 풍부하게 하고, 서사적인 글과 설명글을 작성하는 능력을 향상시키며, 작문에서 요구되는 고수준의 인지 과정에 대한 이해를 향상하는 데 도움을 주기 위해 만들어졌다. 〈표 4-6〉은 Graham과 Harris가 개발한 SRSD 교수 단계를 소개한다.

> **주 의!**
>
> 특정학습장애(SLD) 학생들은 일반교육 환경에서 전략들을 교수받았을 때, 실행과 복습을 위해 충분한 기회들을 제공하는 명확하고 집중적인 교수를 받지 못할 수도 있다(Schumaker & Deshler, 2009). 그들은 종종 그들의 연습에 대하여 개별적인 피드백을 제공받지 못하며, 숙련도가 획득되지 못해서 쓰기 전략을 획득하지 못하게 된다. 따라서 만약 특정학습장애 학생들이 쓰기 능력을 향상하기를 원한다면 구체적인 교수적 조건들이 준비되어야 한다.

텍스트 구조 교수

일반적인 구조적 형태의 인식과 사용을 위한 학생들의 학습을 돕기 위한 방법의 다른 예는 서사적(예: 이야기 문법)이고 설명적(예: 비교/대조, 원인/결과, 또는 순차적 단락들과 에세이들)인 텍스트 구조의 다른 형태에 대한 직접 교수다. 이 교수 형태는 학생들이 그들의 작문을 계획하고 조직화하도록 돕는다. 학생들에게 다양한 텍스트 구조에 대해 가르치기 위해, 교사들은 다른 텍스트 구조들의 견본들로 직접적이고 명시적인 교수를 제공한 후에 텍스트 구조 모형들과 계획, 일반화 그리고 그들의 쓰기 모니

■ 〈표 4-6〉 자기조절 전략 개발(SRSD) 교수 단계

1단계: 사전 지식을 발달시키고 활성화하기 　초기 단계에서는 교사가 학생들이 전략을 이해하기 위해 배워야 할 사전 기술들을 시범 보이고 설명한다. 작문 샘플들을 읽고 논의한다.
2단계: 논의하기 　학생들과 교사는 전략 사용의 목표와 이점들을 논의한다.
3단계: 시범 보이기 　교사는 전략이 어떻게 사용되는지 시범을 보이고, 성취하기 위한 계획들을 위해 목표를 설정하고, 이후에 그 목표들이 달성되었는지 평가한다.
4단계: 기억하기 　학생들은 전략 단계들을 기억하기 위해 활동에 참여한다.
5단계: 지원하기 　교사는 학생들이 쓰기에 전략들을 적용할 때 비계, 유도 그리고 안내를 제공한다.
6단계: 독립적 실행 　마지막 단계에서 학생들은 스스로 전략을 올바르게 사용할 수 있다.

잊지 마세요!

쓰기장애를 가진 학생들은 개별적, 순차적, 명시적 그리고 체계적인 교수를 요구한다.

터링을 위한 그래픽 조직자들의 사용법을 학생들에게 보여 준다. 텍스트 구조 교수를 위한 연구기반 접근의 한 예는 Englert와 동료들이 개발한 쓰기의 인지적 전략 교수법(Cognitive Strategy Instruction in Writing: CSIW)이다(Englert, 2009). 인지적 전략 교수법(CSIW) 교육과정은 학생들이 그들의 작문들을 이해하고 자기평가하도록 돕기 위해 생각 정리지와 그래픽 조직자를 포함한다.

결론

　쓰기는 가장 복잡한 인간의 기능 중 하나다. 그것은 학습 성공, 더불어 사회적 · 행동적 안녕(well-being)을 위한 중요한 의사소통 기술이다(Katusic et al., 2009). 사는 동안 쓰기의 중요성으로 인해, 교육가들과 심리학자들은 쓰기 어려움의 조기 발견이 학교와 직업에서의 성공을 위해 중요하다는 의견에 일치를 보인다(Hamstra-Bletz &

Blote, 1993). 유감스럽게도, 'neglected R'(The Need for a Writing Revolution; National Commission on Writing in America's Schools and Colleges, 2003, 2004)로 지칭된 쓰기는 교육가들과 연구자들로부터 읽기와 같은 수준의 관심을 받지 못했다. 아마도 이것은 왜 많은 사례에서 쓰기장애가 진단되지 않고, 개개인의 어려움이 시작된 지 오래되어서야 다루어지는지에 대한 이유를 뒷받침할 수 있을 것이다. 희망적으로, 미래의 추가적 연구가 쓰기장애의 하위 유형의 판별과 더불어 평가와 중재의 가장 효과적인 방법들에 관한 우리의 지식을 더욱 공고히 할 것이다.

📖 관련자료

현장 전문가들은 문어를 위해 교수 자료뿐 아니라 평가 도구에 대해 잘 알 필요가 있다. 〈표 4-7〉에서는 쓰기 양상을 평가하기 위한 다양한 평가 도구를 열거한다. 〈표 4-8〉에서는 필기, 철자 그리고 작문의 범주로 정리된 쓰기를 위한 교수 자료의 예를 열거하고, 뒤이어 보조공학과 전문 서적들을 제시한다.

■ 〈표 4-7〉 교사를 위한 평가 자료

운동/글씨 쓰기(Motor/Handwriting)

Beery–Buktenica Developmental Test of Visual-Motor Integration, Fifth Edition: www.psychcorp.pearsonassessments.com

Bruininks-Oseretsky Test of Motor Proficiency, 2nd Edition: www.psychcorp.pearsonassessments.com

Peabody Developmental Motor Scales, 2nd Edition: www.proedinc.com

Process Assessment of the Learner-Second Edition (PAL-II) Diagnostics for Reading and Writing: www.psychcorp.pearsonassessments.com

글씨 쓰기를 관찰하고 분석하기 위한 비공식 체크리스트들

철자 쓰기(Spelling)

철자 하위검사 Kaufman Test of Educational Achievement, Second Edition (KTEA-II) and Wechsler Individual Achievement Test, Third Edition (WIAT-III): www.psychcorp.pearsonassessments.com

철자 하위검사 Woodcock-Johnson III Tests of Achievement (WIAT-III): www.riversidepublishing.com

철자 하위검사 Wide Range Achievement Test, Fourth Edition (WRAT-4): www3.parinc.com

Word Identification and Spelling Test (WIST): www.proedinc.com

Test of Written Spelling, Fourth Edition (TWS-4): www.proedinc.com

Test of Orthographic Competence (TOC): www.proedinc.com

비공식 철자 검사

교육과정중심 측정

작문(Composition)

Oral and Written Language Scales (OWLS) Written Expression Scale: www.psychcorp.pearsonass essments. com

Test of Written Expression (TOWE): www.proedinc.com

Test of Written Language, Fourth Edition (TOWL-4): www.proedinc.com

Writing Process Test (WPT): www.proedinc.com

쓰기 채점기준표(Writing rubrics)

교육과정중심 측정

철자 하위검사 the Kaufman Test of Education Achievement, Second Edition (KTEA-II)

철자 하위검사 the Wechsler Individual Achievement Test, Third Edition (WIAT-III): www.psychcorp. pearsonassessments.com

검사 the Woodcock–Johnson III Tests of Achievement (WJ III ACH): www.riversidepublishing. com

쓰기와 연관된 인지 능력(Cognitive Abilities Related to Writing)

Differential Ability Scales, Second Edition (DAS-III): www.psychcorp.pearsonassessments.com

Kaufman Assessment Battery for Children, Second Edition (KABC-II): www.psychcorp. pearsonassessments.com

Stanford Binet Intelligence Scales, Fifth Edition (SB5): www.proedinc.com

Wechsler Intelligence Scale for Children, Fourth Edition (WISC-IV): www.psychcorp. pearsonassessments.com

Woodcock-Johnson III Tests of Cognitive Abilities (WJ III COG): www.riversidepublishing.com

■ 〈표 4-8〉 현장 전문가를 위한 교수 자료

글씨 쓰기 또는 키보드 작업

Fonts4Teacher: www.fonts4teachers.com

Handwriting without Tears: www.hwtears.com

Read, Write, and Type: www.talkingfingers.com

Start Write: Handwriting Software: www.startwrite.com

The Handwriting Worksheet Wizard™: www.startwrite.com

쓰기관련 도움정보(예: 연필 잡기, 줄 쳐져 있는 노트): www.thepencilgrip.com, www.theraproducts.com

철자 쓰기

Franklin Spelling Tools: www.franklin.com

Patterns for Success in Reading and Spelling: www.proedinc.com

Phonics and Spelling through Phoneme-Grapheme Mapping: www.sopriswest.com

Scholastic Spelling: www.scholastic.com

Sitton Spelling Sourcebook Series: www.sittonspelling.com

Spellography: www.sopriswest.com

Word Journeys: Assessment-Guided Phonics, Spelling, and Vocabulary Instruction: www.guilford.com

Words Their Way: Word Study for Phonics, Vocabulary, and Spelling Instruction, Fourth Edition: www.phschool.com

Wordy Qwerty: www.talkingfingers.com

작 문

Draft Builder®: www.donjohnston.com

Excellenceinwriting: Excellenceinwriting.com

Inspiration®: www.inspiration.com

Kidspiration®: www.inspiratin.com

Write: Outloud®: www.donjohnston.com

보조공학

Co-writer® Solo: www.donjohnston.com

Dragon Naturally Speaking: www.nuance.com

Neo or Neo2 Portable Word Processors: www.alphasmart.com

WordQ® and SpeakQ®: www.wordq.com

최근 전문 서적 예

Best Practices in Writing Instruction (Graham, MacArthur, & Fitzgerald, Eds., 2007)

Handbook of Writing Research (MacArthur, Graham, & Fitzgerald, Eds., 2006)

Helping Students with Dyslexia and Dysgraphia Make Connections: Differentiated Instruction Lesson Plans in Reading and Writing (Berninger & Wolf, 2009a)

Teaching Basic Writing Skills: Strategies for Effective Expository Writing Instruction (Hochman, 2009)

Teaching Students with Dyslexia and Dysgraphia: Lessons from Teaching and Science (Berninger & Wolf, 2009b)

Writing Assessment and Instruction for Students with Learning Disabilities (Mather, Wending, & Roberts, 2009)

Writing Better Effective Strategies for Teaching Students with Learning Difficulties (Graham & Harris, 2005)

 **자 기 점 검**

1. IDEA 2004에서는 기본적 쓰기 기술 또는 쓰기 표현에서 학생을 특정학습장애를 가지고 있다고 판별할 수 있다고 명시한다. 참인가 거짓인가?

2. 쓰기 표현에서 특정학습장애를 가진 개인은 항상 제한된 구어 능력을 갖는다. 참인가 거짓인가?

3. 글씨 쓰기 기술은 왜 중요한가?
   (a) 글씨 쓰기는 쓰기 표현의 질을 예측한다.
   (b) 글씨 쓰기 자동화는 작문 유창성의 중요한 예측변인이다.
   (c) 글씨 쓰기를 잘 하지 못하는 것은 철자 쓰기와 작문을 방해할 수 있다.
   (d) 위 사항을 다 포함한다.
   (e) 답이 없다.

4. 철자 쓰기를 위한 가장 중요한 음운적 기술은?
   (a) 합성
   (b) 분절
   (c) 소거
   (d) 대체

5. 문자들과 문자열의 인식은?
   (a) 음운적 인식
   (b) 형태적 인식
   (c) 철자법 인식
   (d) 음소–문자열소 지식

6. 철자 쓰기는 자연적으로 발달한다. 참인가 거짓인가?

7. 쓰기 표현에서 어려움은 3~4학년 때까지 알려지지 않을 수도 있다. 왜 그런가?

8. 난서증은 항상 글씨 쓰기에만 영향을 주는 장애다. 참인가 거짓인가?

9. 쓰기 표현에서 특정학습장애를 위한 개인을 평가 시 _____을/를 고려한다.

   (a) 글씨 쓰기 과제 수행

   (b) 철자 쓰기 과제 수행

   (c) 구어 과제 수행

   (d) 위 사항을 다 포함한다.

   (e) b와 c

10. 쓰기를 위한 효과적 교수 방법은?

   (a) 명시적 교수

   (b) 전략 교수

   (c) 텍스트 구조 교수

   (d) 위 사항을 다 포함한다.

정답: 1. 거짓, 2. 거짓, 3. (d), 4. (b), 5. (c), 6. 참, 7. 쓰기는 한 단어에 대한 반응과 빈칸 채워넣기에서 작문으로의 변화를 요구한다 또는 쓰기보다는 읽기에 더 초점이 있기 때문이다, 8. 거짓, 9. (d), 10. (d)

Chapter 5

언어기반 특정학습장애:
구두 표현과 듣기 이해력 문제

Elisabeth H. Wiig

 서 론

언어장애를 가지고 있는 아동과 청소년은 다양한 증상을 나타내고, 평가와 중재에 있어 독특한 교육적 요구를 가지고 있다. 학생들의 언어적 강점과 약점을 판별하기 위해 사용하는 검사와 평가 방법을 결정하는 것은 교육진단 전문가의 책무다. 이것은 많은 생각을 해야 하고 고려할 필요가 있는 구두 표현과 청취 이해에 영향을 미치는 변인에 관한 결정을 기반으로 해야 한다.

개인 내 변수들은 아동 또는 청소년이 학습과 사회적 상호작용을 위한 언어 사용 과정과 관련된 변수를 설명한다. 여기에는 언어적 기술과 언어 능력, 뇌 기능, 인지적·정의적 변수가 포함된다. 이 장에서는 구두 표현과 듣기 이해에 있어 이러한 변수들의 발달과 영향에 대해 알아본다. 구두 표현과 듣기 이해와 관련된 내적 언어와 신경심리학 변수들은 많은 표준화된 규준참조검사에서 다루어졌다. 이러한 변수들의 기여를 평가하는 검사와 평가의 특징 또한 이 장에서 논의된다.

개인 간 변수들은 아동 또는 청소년이 성장하고 기능해야 하는 환경과 문화에 따라 결정된다. 이 변수들은 학교의 교육적 환경, 학교 내에서의 문화, 교육과정 목표들과 기대된 교육적 성과, 지역사회와 사회 전체를 포함한다. 언어장애와 사회적 상황에서 언어 사용에 대한 요구의 상호작용을 논의할 것이다. 교육과정과 학생들의 상호작용에 초점을 맞춘 교육 및 학업평가는 다른 장에서 자세히 다룰 것이다. 이 장에서는 학업 성취를 평가하는 것에 대해 간략하게 살펴볼 것이다.

언어장애의 정의, 원인론, 출현율

정 의

언어기반 학습장애는 학습적 목표와 사회적 상호작용을 위한 언어 체계를 배우고 사용하는 것을 포함하는 심리적 과정에서의 하나 이상의 장애를 반영하는 특정학습장애(SLD)다. 이것은 주로 구두 표현(구어)을 포함하거나 구두 표현과 듣기 이해에서의 어려움의 조합으로 설명된다. 「장애인교육법(IDEA)」(U.S. Department of Education, 2004)은 특정학습장애의 넓은 범주하에 언어장애를 포함한다. 만약 학생이 연령에 적합한 성취를 하지 못하거나 구두 표현 또는 듣기 이해 영역에서 주에서 인정하는 학령 수준에 미치지 못한다면, 언어장애로 여겨질 수 있다.

『정신장애의 진단 및 통계 편람(DSM-IV-TR)』(American Psychiatric Association, 2000)에서는 '표현성'(code 315.31) 또는 '수용-표현 혼합형'(code 315.32) 중 하나가 존재한다는 임상적 관점으로 언어장애를 정의한다. 표현성 언어장애들은 다음 기준에 따라 판별된다. ① 구두 표현의 발달이 듣기 이해 발달과 비언어성 지적 능력에 비해 현저히 낮고, ② 언어장애는 학습, 직업, 전문적 성취 그리고/또는 사회적 의사소통을 방해하고, ③ 언어 곤란은 인지, 감각 또는 운동 결핍 또는 환경적 결손이 항상 보통 이상으로 관찰되고, ④ 증상들은 구두 표현과 청취 이해 또는 전반적 발달장애에서 혼합된 장애 기준을 충족하지 못한다(DSM-IV-TR, pp. 58-61). '수용-표현 혼합형' 언어장애는 다음 기준으로 정의된다. ① 구두 표현과 듣기 이해가 비언어성 지적 능력보다 현저히 낮고, ② 언어장애는 학습, 직업, 전문적 성취 그리고/또는 사회적 의사소통을 방해하고, ③ 증상들은 전반적 발달장애 기준을 충족하지 않는다(DSM-IV-TR, pp. 62-64).

질병 및 관련 건강 문제의 국제통계분류(ICD-10; World Health Organization, 2005)에서는 언어장애를 '표현성' 또는 '수용성'으로 분류한다(codes F80.1 and F80.2). 양쪽 정의(DSM-IV-TR과 ICD-10)에서 구두표현장애는 분리된 임상, 진단적 분류, Leonard(2009)가 제기한 개념을 구성하는 것으로 고려되었다.

DSM-IV-TR과 ICD-10에서 특성화한 언어장애를 위한 증상기반 분류 체계들은 많은 표준화된 언어검사에 반영되었다. 따라서 어휘검사들은 전형적으로 수용 능력과 표현 능력을 분리하고, 심지어 최근 언어검사들은 수용(듣기 이해) 대 표현(구두 표현) 언어 능력의 합성 또는 색인 점수들이 특징적이다. 이것은 임상가들과 출판인들이 버리기를 망설이는 표준화된 평가들에서의 장기간 지속된 전통을 반영하는 것이다. 그러나 본 저자는 더 이상 사용하지 않을 것을 주장했다. 나와 동료들은 '표현언어장애'는 '수용언어장애'로부터 완전히 분리될 수 없다는 Leonard(2009)의 주장에 동의한다. 분리된 범주명이 공격받는 몇 가지 이유는 〈표 5-1〉에 요약되어 있다. 또한 우리는 '수용적 표현'(듣기 이해와 구두 표현) 진단 범주가 이해를 위한 과정 조건들과 의사소통을 위한 구두 언어 사용에서 중첩되므로 더 명확할지도 모른다는 것에 동의한다.

임상/교육적 현장에서 언어장애는 흔히 언어 영역들과 영향받는 신경심리학적 기능들에 따라 판별된다. 언어장애를 설명하기 위해 언어병리학자들이 사용하는 일반

■ **〈표 5-1〉 언어장애들의 분리된 범주가 어려움을 겪는 이유**

- 문법적으로 형태론(예: 동사 시제, 조동사 'is')을 사용하는 것처럼, 언어장애를 판별하는 중요한 구어의 세부 양식들은 이해력을 통해 평가하기는 어렵다.
- 검사를 통해 표현언어장애를 가지고 있다고 분류된 많은 아동은 1년 후 수용-표현장애를 가지고 있다고 재분류되었다(Conti-Ramsden & Botting, 1999).
- 표준화된 언어검사 결과들을 요인 분석한 결과, 일차원 모형이 언어장애의 특성을 가장 잘 설명했다(Tomblin & Zhang, 2006).

■ **〈표 5-2〉 언어 영역 정의**

- 음운론은 의미적 단어를 만들기 위한 언어 음들의 합성을 사용한 규칙들을 일컫는다.
- 형태론은 특히 3인칭 사람(-s)과 동사 시제(-ed), 조동사(is) 그리고 비교(-er, -est)를 나타낼 때 의미의 작은 단위를 사용하는 규칙을 일컫는다.
- 구문론은 한 절에서의 단순한 문장 또는 많은 절에서의 복잡한 문장에서 합성한 단어들을 사용하는 규칙을 일컫는다.
- 의미론은 내용에서 단어(어휘)와 표현의 의미적 단위 형태를 위해 사용하는 규칙들을 일컫는다.
- 실용성은 비공식적 또는 공식적 사회 상호작용에서 단어, 문자 그리고 표현을 위한 규칙들을 일컫는다. 그 예는, 'May I…….'를 말함으로써 허락을 구하는 것이다.

적 접근은 준거로서 영향받는 언어 영역들을 사용한다. 이 체계에서 언어장애는 주로 영향을 미치는 문맥(의미/의미론), 구조(음운론, 형태론과 구문론), 사용(문맥 사용/실용성) 또는 이들의 혼합으로 분류된다(〈표 5-2〉의 정의 참조). 이 분류 체계는 언어 영역에서 강점과 약점의 개별적 프로파일의 판별을 야기한다. 이것은 언어 내용 대 언어 구조와 관련된 능력을 위한 합성 또는 색인 점수를 제공하는 표준화된 언어검사들에 반영된다. 또한 표준화된 몇 개의 언어검사는 문맥(실용성)에서 언어 사용을 위한 규준참조검사를 만들기 위해 행동적 평가 척도를 포함한다.

특정 영역 분류 체계가 언어장애의 특성을 판별하는 데 사용될 때, 획득과 구조의 사용(문법)에서의 결핍이 내용(어휘)에서의 결핍보다 더 흔히 나타난다. 문맥(실용성)에서의 언어 사용처럼 양쪽 영역의 결핍은 심각한 언어장애의 특징들이다. 교육적 실행에서 언어적 분류 체계를 사용하는 것의 하나의 장점은 특히 영어와 언어 과목들을 학령 수준의 교육과정 목표들에 응하도록 만들 수 있는 중재/교육을 위한 목표 설정된 결과다. 두 번째 장점은 중재를 위해 내용, 구조 또는 사용의 특정 언어 영역을 목표로 하는 경향이 있는 전통적이고 증거 기반의 방법들과 자료들을 발표하는 것이다.

신경심리학적 분류 체계는 즉각적이고 작업기억, 의미론 분류를 위한 구두 유창성 (예: 동물 이름들), 익숙한 시각적 투입 명명을 위한 처리 속도(예: 색깔, 모형, 숫자, 글자), 그리고 참고로 자기조절과 관련된 다른 집행 기능들의 측정에 사용된다. 이러한 측정들은 표준화된 언어검사들을 포함할지도 모른다(Semel et al., 2004). 집행 기능

■ 〈표 5-3〉 절대적 및 상대적 강점과 약점 판별

규준참조검사 중 하위검사에서 학생들의 절대적이고 상대적인 강점과 약점은 프로파일 형식으로 판별될 수 있다.

• 절대적 (규범적) 강점과 약점은 규준참조 하위검사인 표준화된 또래 수행과 비교하여 10의 평균과 3의 표준편차를 가진 것으로 심사한다. 하위검사 범위 점수가 10+3(또는 13) 또는 그 이상이면 절대적 강점으로 결론 내릴 수 있고, 점수가 10-3(또는 7) 또는 그 이하이면 절대적 약점으로 결론 내릴 수 있다(Semel, Wiig, & Secord, 2004).
• 상대적 강점과 약점은 하위검사 범위 점수의 평균에 비교하여 결론 내릴 수 있다. 하위검사의 평균에서 3 또는 그 이상의 범위 점수의 편차는 평균에서 편차의 방향에 따라서 상대적 강점 또는 약점이라고 결론 내린다(Semel et al., 2004).

내에서 절대적 또는 상대적 강점과 약점을 판별하는 것(〈표 5-3〉 참조)의 진단적 장점은 다양한 입력을 사용하거나 집행 기능을 지원할 중요한 개념을 개발하는 구조화된 접근들을 제공하는, 특히 가능한 보상 전략을 결정하는 데 직접적으로 관련이 있다.

원인론

언어 습득과 성숙은 복잡한 처리 과정을 필요로 하고 관여하는 기능적 체계는 유전적·신경해부학적·신경학적·의학적·환경적 요소로 쉽게 방해될 수 있다(Brown & Hagoort, 1999). 언어장애는 또한 본래 이차적으로 발생할 수 있다. 예로, 언어와 의사소통 장애는 다운증후군, 취약X증후군, 투렛장애와 같은 유전적 증후군의 일부다(Dornbush & Pruitt, 1995; Prestia, 2003). 더불어 언어장애는 자폐범주성장애의 중요한 부분이고, 주의력결핍 과잉행동장애(ADHD), 강박장애와 같은 집행기능장애(EFD), 양극성 및 불안 장애와 정신병과 같은 정신질환과 함께 나타난다(Barkley, 1997; Brown, 2000; Culatta & Wiig, 2002; Pinborough-Zimmerman et al., 2007; Ottinger, 2003; Wetherby, 2002). 또한 언어장애는 특정 발달단계에서의 외상성 뇌손상으로부터 나타날 수 있다. 독성물질에의 노출과 같은 환경적 요인, 임신 기간 중 심리사회적 스트레스와 같은 출산 전 요인 그리고 저체중 출생 또한 언어장애의 원인일 수 있다

(Breslau, Chilcoat, DelDotto, Andreski, & Brown, 1996; Entringer et al., 2009).

일반적으로 언어장애를 가진 아동과 청소년은 다양한 요인으로 인해 장애를 가진 이질적 집단으로 받아들여졌다. 이 집단은 나이, 그리고 업적 성취와 사회적 관계를 위한 인지적 요구와 언어 필수 요건에서 더 이질적이 된다. 결과적으로 언어장애는 인생 전반에 걸쳐 다양하게 나타난다(Larson & McKinley, 2003; Paul, 2000).

신경학적 기반

언어장애를 위한 신경학 기반의 연구는 중요한 신경해부학 구조의 발달에서 평균 또는 정상과의 차이에 초점을 둔다. 따라서 신경학자들은 뇌 부피, 비대칭 발달, 언어 발달, 난독증, 그리고/또는 정신분열증의 특이성 또는 비특이성의 다른 해부학적 차이 검사를 혼합하여 해부학적 위험 지수를 개발했다(Leonard et al., 2001; Leonard et al., 2008). 높은 부정적 위험 지수 점수를 가진 아동은 듣기 이해, 구두 표현 그리고 읽기 점수에서 낮은 수행도를 보인다(Leonard et al., 2002; Leonard, Eckert, Given, Virginia, & Eden, 2006; Leonard, Eckert, & Kuldau, 2006). 이러한 결과들은 교육 현장에서 흔히 볼 수 있는 공유된 신경학적 위험 요소들을 통해 언어장애와 난독증을 연결시킨다.

신경촬영법의 발전과 함께, 해부상과 회백질 뇌 요소들과 기능들에 대한 초기 강조가 백질 발달과 관련된 뇌 기능으로 바뀌었다(Fields, 2008). 뇌의 백질은 뇌세포의 축색을 둘러싸고 보호하는 지방질과 수초로 덮여 있는 수백만의 축색을 포함한다. 축색은 뇌의 다른 영역에 있는 신경세포들을 연결하고, 뇌파는 축색이 수초로 적당히 둘러싸였을 때 신경세포와 함께 100배 이상 빠르게 움직인다. 특정 세포들은 수초 발생을 조절하고, 이러한 세포들의 결점은 정신장애와 연관되고, 집행기능장애의 언어장애로 표출될 것으로 추정된다. 백질 구조에서 높은 수초 발생 수준은 또한 높은 지능(영역)과 연관되어 있다. 백질 발달과 기능에 대한 이해는 언어장애를 가지고 있는 많은 아동에게서 집행기능장애가 나타나는 이유와 그것이 청소년기에 더욱 현저하게 나타나는 이유를 설명하는 데 새로운 길을 제안한다.

출현율

언어장애의 출현율은 장애의 정도와 유형, 판별 나이, 그리고 통합과 정의를 위해 사용된 준거와 같은 요소들에 따라 다양하다. 유치원 아동에 대한 연구에서는 전체 출현율이 7.4%이고, 남자(8%)가 여자(6%)보다 높다고 보고했다(Tomblin, Mainela-Arnold, & Zhang, 2007). 다른 연구들은 출현율을 학령기 아동의 6~8%로 보고(Gilger & Wise, 2004), 대략 조기 언어장애를 가진 아동의 절반이 후에 읽기 어려움을 경험한다고 보고했다. 8세 아동을 대상으로 한 최근 연구에서는 언어장애 출현율이 6.3%이고 남자가 여자의 거의 두 배(1.8:1)라고 추정했다(Pinborough-Zimmerman et al., 2007). 자폐범주성장애와 관련된 언어장애의 비율은 3.7%이고, 지적장애(즉, IQ<70)는 4%로 추정되었다. 언어장애와 동반되는 정신건강장애의 출현율은 ADHD 6.1%, 불안장애 2.2%, 품행장애 1.7%라고 보고되었다(Pinborough-Zimmerman et al., 2007).

언어장애의 하위 유형

언어병리학자가 특정언어장애(specific language impairments: SLI)로 간주한 언어장애를 가지고 있는 아동들의 증후군 군집을 위한 조사들에서는 영어와 독어로 말하는 아동에게서 공통된 군집이 있음을 보여 준다(Botting & Conti-Ramsden, 2004; van Daal, Verhoeven, & Van Balkom, 2004; Haskill & Tyler, 2007). 첫 번째 공통 군집은 음운적 결핍과 동시에 구두 표현 결핍을 가진 아동들을 판별한다. 이 집단의 아동들은 말소리를 조음하는 데 어려움을 겪고, 구두 표현의 명료성이 연령 기대 수준에 비해 지연된다. 두 번째 공통된 군집은 음운론, 구문론 그리고 어휘 결함을 가진 아동을 판별한다. 이 집단의 아동들은 특히

잊지 마세요!

특정언어장애(SLI)라는 용어는 일반적으로 언어장애가 근본적 상태이고, 정서장애, 인지지연, 감각장애, 또는 언어 차이의 결과가 아닌 학령기 아동, 청소년 그리고 청년을 명명하는 데 사용된다(Leonard, 1998; National Joint Committee on Learning Disabilities, 1994).

혼합 또는 대체 소리 또는 음운에서 문제들을 포함할 수 있는 음운론 인식에서 지연을 보인다. 또한 그들은 특히 절이 길고 복잡한 문장에 혼재되었을 때, 문법적 문장에서 단어들의 혼합된 규칙들을 요구하는 문제들을 가지고 있다. 이러한 아동들은 구체적 자료들(즉, 특정 목표, 이행 또는 자질)을 위해 사용하는 단어에서 추상적 자료들을 위해 사용하는 단어 또는 비유적 표현으로 전환하는 데 어려움을 보이거나 제한된 어휘들을 사용한다. 후자의 군집에서 아동들은 가장 심각한 언어학습장애를 보인다.

발달적 적응

언어 체계는 복잡하고 아동은 장기기억에 단어, 구 그리고 문장(어휘와 문법)의 큰 레퍼토리를 습득하고 저장해야 한다. 언어는 혼합되어 있고, 우리에게 다양한 길이의 많은 양의 발화를 하게 하기 때문에, 새로운 발화와 메시지를 만들기 위해서는 혼합된 원리 또는 규율(문법)들이 꼭 학습되어야 한다. 이것은 실시간으로 언어를 처리, 이해 그리고 산출할 수 있는(즉, 말하기 정상 속도에서) 적절한 작업기억을 요구한다. 언어 능력을 발달시키기 위해서 뇌는 많은 언어 영역으로부터 정보를 처리해야 한다. 처리는 의미와 의도를 창조 및 표현하는 것과 관련된 기능적 신경망에서 빠르게 동시적으로 일어나야 한다. 이것은 정상적 발달 아동들을 대상으로 10년 이상 걸리는 습득의 복잡한 처리 결과이고, 예측 가능한 단계에서 일어난다. 다음 논의에서는 표상적 언어 체계를 구조, 내용 그리고 활용으로 나눌 것이다.

구조 습득

음운 수준에서 아동은 언어-소리 순서 처리와 구어 소리(음소)를 단어로 조합하는 규칙을 배워야 한다. 이것은 음운적 체계가 구문론 구조(형태론과 구문론)와 접목하고, 음운적 기술은 듣기와 말하기, 그리고 읽기와 쓰기를 위한 문해 기술 습득을 지원하므로 중요하다. 정상 발달 아동들은 유아기에 음소 기술이 발달하고 18개월에 의미를 접목시키고, 대부분의 아동은 대략 150개 단어를 이해하고 의사소통을 위해 50개 단어를 사용한다. 이 학습 과정은 특정 청취(즉, 범주 지각) 언어와 소리를 연결하여 단어로 표현하고 반복되는 소리(음소) 패턴을 인지하기 위한 계산적 전략들을 요구한다(Kuhl, 2004).

주 의!

말이 늦은 아동들은 종종 심각한 언어 어려움 또는 언어장애를 가질 것이라고 추정되었다. 이 추측은 많은 연구에 의해 지지되지 않았다(Rice, Taylor, & Zubrick, 2008; Weismer, 2007). 예를 들어, Weismer는 5.5%의 말이 늦은 아동들이 5세에 언어장애 판정을 받았음을 보고했다. 같은 연구에서 말이 늦은 아동의 2세 반의 언어 이해도는 4세 반의 언어 산출의 예측변수라고 설명했다.

　아동들은 또한 숫자, 시제, 비교, 그리고 대명사로 표기된 말들(형태론)을 해석하고 표현하기 위해 언어적 규칙들을 습득해야 한다. 형태론 규칙 체계는 일반적으로 유치원에서 초등학교 저학년 동안 습득되고, 정상적으로 3~4학년 때까지 확립된다. 조기 구문론 규칙 체계는 주절과 함께 간단한 문장을 만드는 데 적용하고, 일반 아동들은 유치원에 다니는 동안 형태론 습득과 함께 이러한 규칙들을 습득한다. and, but, or 단어들과 함께 조정된 절들은 유치원 후반기에 발달한다. 전형적인 5세 아동들은 종속절—부사절(예: "She left before……."), 명사절(예: "She decided that…….") 그리고 비교절(예: "She told the woman who…….")—과 함께 복잡한 문장들을 만든다. 이러한 문장 구조들은 후에 길이와 추상성의 정도, 지식기반의 증가에 따라 개선된다(Nippold, Hesketh, Duthie, & Mansfield, 2005; Nippold, Mansfield, & Billow, 2007).

　유치원과 초등학교 저학년 동안, 언어장애를 가지고 있는 아동들은 특히 조동사 be와 do, 3인칭 단수 -s, 규칙적 과거 시제 어미(예: -ed) 그리고 불규칙 명사와 동사 형태 사용을 위한 규칙을 습득하는 데 어려움을 보인다. 그들은 전형적인 발달을 하는 아동들에 비해 부정확한 어미를 사용하고, 형태론의 사용을 기반으로 한 언어장애 유무 아동의 정확한 판별 비율(예측치)은 거의 또는 80% 이상을 넘는다(Bedore & Leonard, 1998; Joanisse, 2004).

　언어장애를 가지고 있는 학령기 아동과 청소년은 대화하는 동안 복잡한 구문론의 사용과 서술적 해설적 대화에서 결함을 보인다. 그들은 전형적으로 비교적 짧고 단순한 문장을 구사하고 종속절을 비교적 조금 사용한다(Nippold, Mansfield, Billow, &

Tomblin, 2008). 조기 언어장애(1학년)의 이력을 가지고 있는 15세 청소년들은 여전히 구문론 능숙도에서 전형적으로 발달하는 아동과 다르다(Nippold, Mansfield, Billow, & Tomblin, 2009). 이러한 청소년들의 언어장애는 담화에서 절 수와 명사절 사용의 낮은 빈도와 표준화된 언어검사에서 구문론 결함으로 나타난다. 더불어 담화와 구문론 사용의 표준화된 측정은 사회성을 위한 구문론의 자연스러운 사용에서의 실수들 또한 표준화된 검사에 포함된 일반적인 과제에서 일어난다는 것과 확실히 연관이 있다.

내용 습득

유치원과 초등학교 시절, 아동들은 개념과 결부된 많은 단어와 구문론 구조에 포함된 조합적 규칙들(즉, 의미론)을 개발해야 한다. 언어 체계의 이 수준은 말하는 사람의 일생을 통해 발달하고 수정된다. 구조적 및 의미론적 언어 체계는 모든 인지 영역 학습에 공통된 유추적 비교를 통해 습득된다. 이러한 비교는 진보적 과정에서 초기의 구체적인 유사점에 대한 초점에서 추상적 관계 유사성에 대한 비교로 발달한다(Gentner & Namy, 2006). 공간과 시간 기준(예: 공간과 시간을 위해 forward 사용), 반의어(예: inward와 outward), 유의어(예: pattern을 위한 configuration), 추상적 단어(예: ethics), 비유적 표현(예: bridging the generation gap)과 같은 전치사의 이해와 사용의 문제들은 언어장애를 가진 개인의 전형적인 특징들이다.

활용 습득

문맥에서 의사소통을 위한 규칙 체계는 의도를 표현하고, 자신과 타인을 통제하며, 문화적-언어적 기대를 순응할 필요가 있는 사람들에 의해 만들어진다. 체계는 정말 복잡하고 충분히 기능하는 상호적인 신경 단위망을 요구하므로, 만약 망 요소의 하나 이상이 손상되었다면 많은 부분이 잘못될 것이다. 중요한 실용적 기능 중 하나는 질문을 통해 정보를 끌어내고 공유하는 것이다. 심지어 삽화의 문맥에서 질문했음에도 불구하고, 언어장애를 가지고 있는 아동들은 고수준의 wh- 질문들(예: 'why?' 'how?')의 이해와 사용에 문제를 갖는 경향이 있다(Deevy & Leonard, 2004).

추리적 사고(즉, 동시적으로 글을 읽고 말하는 동안에 주어진 사실을 넘어서는 것)를 요구하는 'wh-'의 질문들을 했을 때, 그들은 심각한 어려움을 갖는다(Wiig & Wilson, 1994). 더구나 언어장애를 가지고 있는 아동과 청소년은 통제된 환경과 다른 것들로부터 간접적으로 표현된 의도를 해석하는 데 어려움을 갖는다(예: "Shouldn't you take your shoes off?"). 그들은 또한 사과, 설득 그리고 협상 의미와 같은 복잡한 목적을 요구하는 상호작용과 연관된 어려움을 가지고 있다.

 ## 인지적 상호관계와 진단적 표시

주의집중

주의집중은 전념(concentration), 초점 맞추기(focalization), 의식(consciousness)으로 설명되며, 한정된 용량이나 자원 속에서 통제되는 인간의 지각의 한 측면이라 여겨졌다. 주의집중을 실행하는 것과 관련된 기능적인 체계는 몇 가지 상호작용적인 요소로 구성된다. 주의집중 결함의 특징과 정도는 장애에 따라 다양한데, 기저의 두뇌 구조가 관여되는 방식에 따라 다르다(〈표 5-4〉 참조).

주의집중의 양은 중추신경계와 대뇌의 전두엽의 성숙에 따라 아동기부터 증가한

■ 〈표 5-4〉 서로 다른 주의집중 유형

- 지속적 주의집중은 시간이 지나도 주의집중을 계속하는 것이며 두뇌의 망상체, 뇌간, 전두골 부분으로 통제된다.
- 선택적 주의집중은 우리가 단일 자극에 초점을 맞추고 외부 자극을 차단하게 하는데 이는 두뇌의 측두엽, 두정부, 선조체 부분이 매개한다.
- 반응을 억제하고(inhibiting responses), 주의집중을 분산시키고 이동하는 것은 주의집중 체계의 실행 수준을 구성하는데, 이는 두뇌의 두정엽 부분이 매개한다.

다(Manly et al., 2001). 선택적 주의집중은 어린 시절인 6세에서 13세 사이에 발달한다. 안정적이고 지속적인 주의집중은 8세에서 10세 사이 모든 주의집중 단계가 성장하는 때에 발달하며, 11세경에 폭발적으로 성장한다. 손상된 주의집중, 특히 반응 억압(response inhibition)은 ADHD 아동에게 많이 보이며, 대뇌의 전두엽이 잘 기능하지 못하는 것과 관련이 있다(Semrud-Clikeman et al., 2000). 최근 연구에서 ADHD 아동은 계속적인 처리 검사(continuous processing test)에서 주의집중 측정을 할 때 수행하지 못하는 것으로 나왔는데, 이는 주의집중 체계의 통합 면에서 광범위하게 결여되어 있다는 것을 의미한다(Anderson et al., 2006). 지속적인 주의집중과 처리 속도의 결여도 흔히 심각하지 않은 혹은 심각한 외상성 뇌손상(TBI) 이후에 나타난다. 심각하지 않은 외상성 뇌손상 아동은 약한 주의집중 결함을 보이는데, 주로 선택적 주의집중과 지속적 주의집중에 대한 것이다(Anderson et al., 2006). ADHD 아동과 외상성 뇌손상 아동에게는 언어장애도 동시에 일어나기 때문에, 언어 개입이나 교실에서 적절한 지지를 제공하는 것은 주의집중 결함의 정도와 특성을 평가하는 데 중요하다.

처리 속도

처리 속도는 아동이나 청소년이 일련의 단순한 청각적 혹은 시각적 자극에 대해 반응할 수 있는 속도를 의미한다. 처리 속도 결함은 아동, 청소년, 성인의 언어장애, 난독증 그리고 다른 읽기장애와 같은 요인과 관련해서 나타나 왔다(Leonard et al., 2007; Miller et al., 2006; Tallal, 2003; Wiig, Zureich, & Chan, 2000; Wolf, Bowers, & Biddle, 2000). 두뇌의 두정엽 그리고/혹은 측두엽-두정부 부분과 피질하의 구조는 처리 속도를 중재하는데, 이는 투입이 청각적인지 혹은 시각적인지에 따라 결정된다. 처리 속도는 수초화, 수상돌기의 가지치기, 신경화학적 혹은 생물물리학적 요소의 정도에 관련해서 나타난다(Colombo, 2004). 더 높은 처리 속도 수준은 작동기억 용량 및 귀납적 추론 능력과 상당한 관련을 보인다(Kail, 2007). 그러므로 모국어가 아닌 새로운 언어를 학습하는 능력은 좌측의 측두골-두정부 부분의 백질(신경섬유로 된 조직의 일부)의 정도와 연관되어 왔다. 난독증은 측두골과 두정부 사이의 백질 연결이 비정상적인 것과 연관되어 왔다. 증거로 알 수 있는 것은 처리 속도가 특정한 영역이 아닌 많은 부분에 영향을 미치며, 통합적인 뉴런의 네트워크 활성화를 나타낸다는 것이다. 이는 일반 지능과 처리 속도의 관계에서 관찰되어 제시된 바와 같다(Ho, Baker, & Decker, 2005).

청각 처리 속도 영역에서 Tallal(2003)은 빠르게 반응하는 유아가 청각적 투입을 빠르게 변화시키고 언어를 정상적으로 발달시킨다고 보고했다. 다시 말하면, 언어에서 음소의 청각적인 패턴은 정상적인 대화 속도로 반복되는 경험을 통해 학습된다. 반복은 빠른 청각적 처리를 중재하는 두뇌의 부분에서 특징적인 신경의 뚜렷한 패턴으로 조직된다. 반면에, 더 늦은 속도로 제시되는 청각적 자극에만 정확하게 반응하는 유아는 언어장애의 위험에 처해 있다(Tallal, 2003). 즉, 언어 학습 과정은 아동이 선천적인 말하기의 청각적 특성을 너무 빠르게 처리할 때 느려진다. 왜냐하면 음소가 산출되는 언어적 맥락에서 기능에 따라 요구가 다르기 때문이다.

시각적 영역에서 처리 속도의 차이는 읽기 기술과 유창성의 초기 발달에 영향을 미친다. 5개월에서 36개월 사이의 유아와 미취학 아동은 만삭아와 미숙아에서 보이는 비슷한 선형 발달 패턴을 보인다. 그러나 그들의 수행 수준은 다르다(Rose, Feldman, & Jankowski, 2002). 만삭 출산아는 주의집중을 하는 데 더 짧은 시간인 몇 초만 필요하고, 미숙아로 태어난 유아보다 익숙해지는 데 반복을 덜 필요로 한다. 이는 효과적인 처리 속도를 위한 긍정적인 조짐이다.

친숙한 시각적 자극(예: 색깔과 모양)에 대한 처리 속도와 명명 속도는 정상적인 언어 발달 아동과 언어학습장애 아동을 구별할 수 있다. 언어장애가 있는 그리고 없는 아동과 청소년은 단일(색깔이나 형태) 및 이중(색깔-형태 조합) 자극에 대하여 시각적 처리 속도와 명명 속도에서 증가된 비슷한, 선형의 패턴을 보인다(즉, 명명 시간이 줄어드는 것)(Wiig et al., 2000; Wiig, Langdon, & Flores, 2001; 〈표 5-5〉 참조). 정상적으로 자라는 아동에게, 색깔-형태 조합의 처리 속도와 명명 속도는 13세에서 15세 사이에 안정된다. 반면에, 언어장애가 있는 아동들은 특히 이중 자극(예: 빨간 동그라미)에 대한 처리 속도와 명명 속도에서 유의미하게 더 늦다. 색깔-형태 조합에 대해 처리 속도

■ 〈표 5-5〉 처리 속도

- 단일 차원의 명명(예: 색깔이나 형태)은 반응(reaction) + 인출(retrieval) + 반응 시간(response time) 또는 '지각 속도'를 측정한다.
- 이중 차원의 명명(예: 색깔-형태 조합)은 지각 속도 + 주의집중, 시각적 작동기억, 그리고 세트 변화(set shifting) 또는 '인지적 속도'의 증가된 요구의 결과인 인지적 과부하를 측정한다.
- 색깔-형태 조합의 빠른 명명 동안에 부분적 뇌 혈액 흐름의 신경영상(rCBF)은 대뇌피질의 흐름이 측두엽-두정골 부분에서 좌우대칭으로 유의미하게 증가하고 전두골 부분에서 감소함을 보여 준다(Wiig, Nielsen, Minthon, & Warkentin, 2002).
- 기능적 자기공명영상(fMRI)은 rCBF를 타당화하며, 해마를 포함하는 피질하 부분의 공존이 활성화되는 것을 보여 준다(Wiig, Nielsen, Minthon, & Jacobson, 2008).

와 명명 속도에서 상당한 결함이 있는 아동(즉, 명명에 더 오랜 시간이 걸리는 아동) 중 50% 정도가 극심한 언어장애를 나타냈다(즉, 전체 언어 규준 점수가 70이거나 그 이하였다)(Wiig et al., 2000).

행동 지표 중에 시각적인 투입에 대한 처리 속도와 명명 속도가 앞서 기술된 대뇌피질의 해부학적 위험 목록과 유의미하게 관련되어 있는 것은 아니다(Leonard et al, 2002; Leonard, Eckert, & Kuldau, 2006). 그 지표는 수초화와 백질에서의 변화를 설명하지는 않는다. 이것은 백질의 뇌 발달에서 변화가 언어장애와 읽기장애 둘 다에 연관되어 있음을 암시한다. 결과는 또한 우리가 처리 속도 결함이 언어장애를 예측하는 중요한 요소임을 결론 내리게 해 준다. 다른 중요한 표시는 청각 처리와 음운론적 지각, 주의집중, 단기 청각 기억, 청각과 시각 작동기억, 그리고 인지적 유연성의 결함을 포함한다.

단기기억

(즉각적인) 단기기억 용량은 언어 습득과 사용에서 가장 중요하다. 청각적 단기기억은 이해를 위하여 말을 짧은 시간 동안 저장하기 위해 사용된다(〈표 5-6〉 참조). 단기기억은 언어 이해를 위한 언어적 측면을 통합하는 동안 적은 양의 정보를 유지하기 위해

■ 〈표 5-6〉 단기기억

성인에게 단기 청각 기억은 7을 기준으로 2 이상 및 이하(±2) 단위에 한정되어 있다(Miller, 1956). 청각 기억 용량은 다음에 의해 향상된다. (a) 더 짧은 단어를 사용하여 단어 길이를 통제하는 것, (b) 자각하고 있는 정서적 부분을 시연을 통해 발달시키는 것, (c) 기대를 형성하기 위해 준비하는 것(Cowan, 1996; Cowan et al., 1992), (d) 발달하고 있는 언어적 구조를 의미 있는 단어로 그룹화(청킹)하는 것이다.

시각적 단기기억은 읽기와 다른 시각적 처리 작업을 위해 중요하다. 그런데 이것은 성인에게 네 가지 단위로 제한되어 있다(Awh, Barton, & Vogel, 2007). 비슷한 개입 원칙은 시각 처리 용량을 촉진하도록 적용될 수 있다.

사용된다.

아동과 성인의 단기 청각 기억은 자신이 2초 내에 만들어 낼 수 있는 언어 단위(소리, 음절, 단어)의 수와 직접적으로 연관되어 있다. 보다 중요한 것은 소리 생산과 시간의 관계는 삶을 통틀어 유지된다는 것이다(Cowan, 1996; Cowan et al., 1992). 언어장애를 가진 아동은 실시간 처리 및 청킹(chunking)과 그 결과로 들은 것에 대한 해석을 위한 부적절한 단기 청각 기억 용량을 갖는 경향이 있다. 단기 청각 기억 결함이 필연적으로 심각한 초기 언어장애로 바로 연결되지 않는 동안, 그들은 다양한 하위의 그리고/또는 삽입된 절을 가진 문장과 같은 장황하고 복잡한 정보를 처리하고 이해하는 것을 방해한다. 구문론에서와 같은 순차적 학습에 관련된 절차적 기억은 또한 언어장애를 가진 아동에게 부적절하다. 그리고 결함은 언어적 영역을 넘어 학습에 영향을 미친다(Tomblin, Mainela-Arnold, & Zhang, 2007; Ullman & Pierpoint, 2005).

작업기억

작업기억은 제한된 용량과 제한된 기간의 신경적 활성화 자원이다(〈표 5-7〉 참조). 그것은 완충지의 역할처럼 처리하고 해석하거나 반응하는 동안 마음속에 정보를 보관하는 역할을 한다. 적절한 작업기억 용량은 복잡한 구두 표현을 위한 통합적 생각

■ 〈표 5-7〉 작업기억

Baddeley(1986, 1996)는 구분되는 하위 체계를 가진 작동기억 모델을 제안했다. (a) 음운론적 고리, 기억에서 활성화하는 언어적 정보(예: 내용과 구조), (b) 시각-공간적 스케치판, 기억에서 시각 정보를 활성화하는 것(예: 읽기와 쓰기), (c) 모양이 정해져 있지 않은 중심적 실행이다.

과 언어를 위해, 그리고 들은 언어를 해석하기 위해 필수적이다. 연구에서는 들은 언어에 대해 언어장애와 부적절한 작업기억의 연결을 지지한다(Adams & Gathercole, 1995, 2000; Leonard et al., 2007; Weismer, Evans, & Hesketh, 1999; Weismer, Plante, Johnes, & Tomblin, 2005).

작업기억과 억제 통제(inhibitory control)의 발달적 관계에 대하여 복잡한 인지와 행동을 안내하는 일반적인 목적의 기능이 있다는 증거가 있다(Roncadin, Pascual-Leone, Rich, & Dennis, 2007). 전형적으로 성장하는 아동에게서 작업기억과 억제 통제는 상호작용하며 남학생과 여학생에게서 유사하게 발달한다. 하지만 이는 구별되는 연령과 관련된 차이를 보여 준다. 두 작업이나 차원 사이의 이동에서와 같은 이중 작업 효율성은 6세에서 11세 아동의 경우 작업기억 활성화와 긍정적인 상호 관련이 있다. 이는 나이와 경험에 따라 일반적 목적의 자료보다 전략적 처리가 서로 경쟁하는 자극이나 반응에 대한 요구에 대하여 복잡한 작업을 수행하도록 결정함을 가리킨다. 언어적 손상을 지닌 아동의 경우, 작업기억과 억제의 인지적 통제의 성장과 통합은 복잡한 문장 구조와 인지적 내용의 습득과 사용에 부정적으로 영향을 미치는 정도에 따라 늦게 나타난다.

단어 인출

기억언어상실증(dysnomia)은 장기기억 저장고에서 단어를 인출하는 데서의 어려움을 일컫는 일반적 용어다. 이러한 어려움은 언어장애가 있는 아동이 명명하기, 결합하여 명명하기, 언어적 유창성, 문장의 완성 그리고 주제에 대하여 말하기 및 쓰기와 같이 저장된 어휘에 통제된 접근을 필요로 하는 작업에서 일반적으로 보이게 된다 (German & Newman, 2004; German & Simon, 1991; McGregor, Newman, Reilly, & Capone, 2002). 전형적으로 동물에게 이름 붙이기와 같은 결합적 명명 작업에 대한 반응은 인출을 촉진하는 조직화된 의미론적 청킹에 결함이 있다. 통제된 언어적 맥락에 맞게 특정한 단어를 불러오지 못하면 전형적인 실수 패턴을 만들어 낸다. 기억언어상 실증의 일반적인 패턴은 개체에 이름을 붙이면서 에둘러 말하는 것이다(예: "그것은 ~한 것이야."). 다른 명명 실수는 아주 연관이 높은 단어(예: 포크와 나이프)나 공유된 접두사를 가진 단어(예: TV 대신 전화)를 포함한다. 자발적인 말하기는 청중의 주의를 지속시키는 데 종종 긴 멈춤(pause)과 플레이스홀더(예: "well, you see")의 사용으로 방해받기도 한다. 단어를 찾는 어려움은 인출에 대한 단서가 거의 없고 결합할 수 있는 연결이 약할 때 최대화된다.

　정확하고 신속한 단어 인출은 좌측 뒷부분 대뇌피질과 전두 부분을 포함하는 신경 네트워크가 활성화된 결과다(Buckner, 2003). 좌측 뒷부분 대뇌피질은 요구된 정보가 기억 형성 동안 저장되어 왔는지의 여부를 결정한다. 전두 부분은 통제된 접근을 위한 신경적 자료를 제공한다. 신경영상은 시각이나 청각 자극으로 같은 동물이나 물체에 이름을 붙이는 것이 똑같은 좌측 하위의 측두골 부분을 활성화한다는 것을 알려 준다(Tranel, Grabowski, Lyon, & Damasio, 2005). 이것은 단어 형성과 그것의 개념적 구현 사이의 중재는 투입 양상에 독립적임을 암시한다. 이러한 결과는 언어와 읽기 장애를 가진 아동에게 단어 인출 결함이 있다는 광범위한 특징을 설명해 준다.

✎ 잊지 마세요!

기억언어상실증은 빠르고 정확하게 기억해 내는 것을 방해하고 특히 물건 이름에 대한 기억을 되살리는 것을 방해하는 발달장애를 나타내는 의학용어다. 명칭실어증(anomia)은 뇌졸중이나 외상성 뇌손상 후에 단어 회상의 결손이 발생할 때 진단 용어로 사용된다.

다중점수, 다중방법 진단적 접근의 구성요소

목 적

언어장애의 전문가 진단의 목적은 학생이 수행할 것이라고 기대되는 상황과 관련해서 역동적으로 학생의 어려움을 설명할 수 있는 신뢰할 만하고 타당한 측정과 관찰을 얻는 것이다. 어떤 주어진 상황에서 한 학생의 수행은 개인 간 변수(즉, 상황에 의해 기대되는 것)뿐만 아니라 개인 내 변수(즉, 학생이 상황에 무엇을 가지고 오는지)에 따라 통제된다. 〈표 5-8〉은 개인 내 그리고 개인 간 변수의 예를 보여 준다. 통제의 복잡성과 상호작용적 변수 때문에, 수행의 강점과 약점을 확인하기 위해서는 다차원적이며 다중방법과 다중점수 측정이 요구된다.

언어장애에 대한 평가는 중재반응 모형(RTI) 내에서 일어날 수도 있고 그렇지 않을 수도 있다(Fuchs, Mock, Morgan, & Young, 2003). 이는 연령, 이전 판별/진단, 장애 정도, 상황(임상적/교육적)과 같은 요소에 따라 달라진다. RTI에서는 세 단계로 된(tiered) 과정에서 자연스러운 평가를 강조하며, 진전도 모니터링은 교육과정중심 평가를 사용해야 한다고 강조한다. 첫 번째 단계(Tier I)에서 교사는 일반적 교육 프로그램 내에서 질적 학업적 교수(quality academic instruction)와 지원을 제공한다. 만약 9주 동안의 특정한 기간 동안 진전을 추적한 후 교육적 목적이 맞지 않았다면, 학생들은 중재를 위한 전문 팀에 의뢰된다. 두 번째 단계(Tier II)에서 학생은 증거기반 중재를 받는데,

■ 〈표 5-8〉 개인 내 그리고 개인 간 변수

개인 내 변수는 (a) 언어적 지식(예: 음운론, 형태론, 통사론, 의미론, 어용론), (b) 인지적 요소(예: 기억, 실행 기능(추론, 문제해결)), (c) 정의적 변수(예: 자각, 자신감, 자기통제, 성격 유형)와 관련이 있다.
개인 간 변수는 언어와 의사소통을 통제하는 것으로, (a) 학교 상태(예: 환경, 상호작용, 문화), (b) 교육과정(예: 학년 수준, 교육과정 목적, 학습 결과), (c) 일반적인 사회(예: 문화, 종교, 사회적 역할, 기능, 환경)와 관련이 있다.

이는 종종 소집단으로 이루어지며 핵심 교육과정을 보충한다. 만약 교육과정중심 평가에서 기대되는 진전이 없다면, 학생들은 세 번째 단계(Tier III)에서 개별화되고 집중적인 연구 기반의 중재를 받도록 의뢰된다.

언어병리학을 포함하여, 특수교육의 중심 주제는 현재 규준참조 언어검사가 미래에 공립학교 장면에서 자리를 잡을 수 있을지 하는 것이다. 각각의 관점이 다양한 방법과 접근을 요구하기에, 언어적 손상을 가진 학생들을 표준적으로 평가하는 몇 가지 관점에 대해서 생각해 본다.

임상적 관점

임상적 관점에서 언어병리학자(SLP)는 학생이 언어장애를 가진 증거를 보일지에 대해 결정해야 한다. 규준참조검사가 전통적으로 재능 있는 학생의 성취를 정규분포에서 다수의 연령/학년 또래와 비교하고, 장애의 정도와 특성을 확인하며, 담화와 언어 서비스의 적격성을 결정하는 데 사용되어 왔다. 이러한 검사는 언어적 발달의 구체적인 측면에 초점을 맞출 수 있는데, 이 점은 수용적이고 표현적인 단어의 검사(예: Dunn & Dunn, 2004), 기본 개념 검사(예: Bracken, 2006a, 2006b; Wiig, 2004) 또는 통

■ 〈표 5-9〉 **규준참조검사의 점수**

- 원점수는 검사/하위검사에서 얻는 실제 점수를 의미한다.
- 백분위 점수는 학생의 점수 위치에서 위와 아래가 나타날 수 있는 점수의 퍼센트를 기반으로 하여 상대적인 위치를 보여 준다.
- 표준 점수는 전체 점수 평균 100을 빼고 표준편차 15로 나눈 점수이며 하위검사에서는 평균 10을 빼고 표준편차 3으로 나누어 산출한다.
- 등가연령점수는 연령의 평균을 보여 준다. 이것은 실제로 존재하지 않는 아동을 정의한다. 이것은 오해의 소지가 있으며 부모나 다른 사람들로 하여금 그들의 상호작용을 가정된 기대 연령에 맞추게 만든다.
- 백분위 점수와 표준 점수는 성숙을 의미하는 연령과 상관이 있다.
- 전체 또는 총합 점수는 검사-재검사 신뢰도가 높고, 높은 민감성, 특이성을 제공해야 하며, 언어장애를 판별하는 예측 점수여야 한다.

> **주 의!**
>
> 지능, 언어 그리고 학습에 대한 많은 규준참조검사는 총합 혹은 색인 점수를 제공한다. 검사자의 지각된 요구로 총합 혹은 색인 규준 점수를 비교하려는 시도가 있을 수 있다. 이것은 학생의 강점이나 약점에 대한 잘못된 해석을 낳을 수 있다. 두 세트의 총합 혹은 색인 점수에 관한 규준 점수는 오직 하위검사 내용의 중복이 없을 때[즉, 그것들이 직교(orthogonal)일 때]만 비교되어야 한다. 이 주의사항은 타당한 평가를 위해 필수적이다.

사적인 발달검사(예: Rice & Wexler, 2001)와 같다. 그것들은 또한 범위가 넓고 몇 가지 하위검사와 의미론적 · 형태론적 · 통사론적인 것과 이들 사이의 상호작용과 같은 언어적 영역을 포괄하는 작업을 포함한다(Semel, Wiig, & Secord, 2004).

규준참조검사는 다른 종류의 점수를 제공하는데, 그중 어떤 것들은 다른 것들보다 신뢰할 수 있고 적절하다(〈표 5-9〉 참조). 포괄적 언어검사에서는 하위점수가 전체 언어 점수를 내기 위해 합해질 수 있다. 두 가지 혹은 그 이상의 하위검사 점수는 총합(composite) 점수를 형성하기 위해 합해지고, 색인 점수를 발달시키기 위해 요인분석이 사용될 수 있다. 전체, 총합 점수, 색인 점수의 이점은 그것들이 가장 신뢰할 수 있다는 점과 가장 높은 민감성(즉, 장애를 가진 아동을 판별해 내는 정확성)과 특이성(즉, 장애가 아닌 아동을 판별해 내는 정확성)의 타당도를 가졌다는 점이다(Semel et al., 2004). 그뿐 아니라 두 가지 총합/색인 점수의 근거가 되는 구인이 상대적으로 뚜렷할 때, 이러한 점수는 개인 내적 강점과 약점을 결정하도록 비교된다.

인지적 관점

평가에 대한 인지적 관점은 심리학적 혹은 신경심리학적 검사로 예증된다(Lezak, Howieson, & Loring, 2004). 지능에 대한 전통적인 검사인 Stanford-Binet 지능검사는 현재 5판까지 나왔으며(Roid, 2003) 아동용 Wechsler 지능검사는 현재 4판이 나왔는데(Wechsler, 2003), 이들 검사는 인지와 추론에 대한 광범위한 평가의 가장 잘 알려진 예다. 이러한 검사는 보증된(혹은 몇 가지 사례에서는 인가를 받은) 심리학자가 실시하고 해석해야 한다. 언어병리학자에게는 공존성과 실행기능장애의 증거가 전반적 지적 능력 판단보다는 장기적인 중재를 계획하는 데 엄청난 가치를 지닌다. 신경영상에서의 진보로, 두뇌 행동 관점을 가진 검사와 하위검사는 실행기능장애를 확인하기 위해 언어장애로 추정되는 개인을 평가하는 데 보다 자주 사용된다. 실행기능장애의 증거는 작업 시작, 목표 설정, 계획, 연속, 조직화, 우선순위 설정, 추진력, 반응 억제와 자기모니터링, 그리고 작업의 초점을 바꾸는 유연성에서 어려움을 겪는 것이다(예: Delis, Kaplan, & Kramer, 2001).

언어병리학자는 청각 처리, 주의집중, 기억, 혹은 다른 실행 기능 결함과 같은 것에 공존성의 증거가 있는지 의문을 던져야 하며, 학생의 개인 인지적 프로파일에서 인지적 강점과 약점을 확인해야 한다. 언어 습득에서 주요한 역할을 하는 인지의 한 측면은 앞서 언급한 바 있는 기억이다. 두 번째 측면은 주의집중, 인지적 전이 그리고 즉각 및 작동 기억과 같은 결정적인 실행의 습득에 관한 기능과 관련이 있다.

인지검사는 포괄적이고 초점 면에서 매우 구체적이며, 심리학자들은 전통적으로 이러한 검사를 실시해 왔다. 그러나 실행 기능 과제는 현재 광범위 기반의 언어검사(예: Semel et al., 2004)에 포함된다. 이들 과제는 처리 속도(예: 색깔-모양 조합에 대한 명명), 단어 조합(예: 동물 이름), 자릿수를 짧은 시간 동안 앞으로 뒤로 회상하는 것 그리고 친숙한 순서 회상하기(예: 해의 달 명명하기)를 평가하는 빠른 명명을 포함한다. 그 결과, 언어병리학자들은 기저의 신경심리학적인 결함 중 몇 가지가 일반적으로 언어장애와 관련되어 있다는 것을 확인했다. 신경과학은 우리에게 두뇌 행동의 관계에 대한 많은 증거를 제공하기 때문에, 우리는 실행 기능 평가가 환경적으로 유발된 언어장애를 신경학적 기반의 언어장애와 구별하는 데 점점 중요한 역할을 하길 기대한다.

교육적 관점

이 관점은 학업적 성취를 위한 기본을 습득하는 것을 평가하는 데 초점을 맞추고 있다. 학업성취검사는 종종 범위가 넓고 듣기, 읽기, 쓰기, 문어, 수학 기술, 개념적 지식, 추론을 평가한다(예: Woodcock, McGrew, & Mather, 2001). 학교심리학자와 특수교육자들은 학습에 어려움이 있는 학생들의 학업 기술과 전략 수준을 평가하기 위해 이러한 검사를 사용한다. 교육적인 관점에서 언어병리학자들은 그 장면에서 언어와 학업 성취의 어떤 측면이 언어장애 그리고/혹은 공존성에 의해 구성되었는지 확인할 필요가 있다. 구체적으로 언어병리학자들은 절충된 교육과정 목표와 그렇지 않은 목표를 확인해야 한다. 언어와 의사소통(예: 듣기, 말하기, 읽기, 쓰기)에 초점을 맞추는 행동 관찰과 평정 척도는 학년 수준 교육과정 목적에 반응하는 학생의 능력을 평가하는 데 사용될 수 있다. 이 지식은 기대되는 학습 결과와 통합되어야 한다. 이는 언어 개입이 보상을 위해 절충되지 않고 현존하는 부분을 강화시키면서 약점을 개선하기 위함이다.

사회적 관점

사회적 관점에서 언어병리학자들은 사회적 의사소통과 또래 관계 구성의 어떤 측면이 타협되는지, 언어적 실리주의(verbal pragmatics), 비언어적 의사소통, 관점 수용, 우정, 혹은 상호적인 공유와 대화, 토론 혹은 게임에의 참여인지 아닌지 분간해야 한다. 학교와 가정에서 학생과 어른의 관계 측면도 검토되어야 한다. 이 중에서 상호 신뢰를 발달시키고 표현하는 것이 있는데, 지시와 교수를 따르고, 자신과 타인의 행동을 관리하고, 신뢰 관계를 형성하는 것이다. 실용적 능력에 대한 행동 관찰과 평정 척도는 특정학습장애 아동의 언어 개입과 상담 그리고/혹은 심리학적 서비스를 위한 목적의 판별에 도움을 준다.

🔑 치료 프로토콜의 예

여기 제시된 사례 연구는 미취학 아동과 어린 취학 아동에 대한 치료 프로토콜의 대표적인 사례를 제공한다. 프로토콜에서 아동을 위해 사용된 개입 방법과 접근은 증거기반 실제(evidence-based practice)를 반영한다(American Speech-Language-Hearing Association, 2005; Johnson, 2006).

첫 번째 치료 프로토콜은 언어병리 진단을 받은 3세 7개월 된 남자아이를 위한 것이다. 그 남자아이는 연령에 적합한 두 가지 규준참조 언어검사를 받았다. 첫 번째로, 미취학 언어척도 4판(Preschool Language Scale, Fourth Edition; Zimmerman, Steiner, & Pond, 2002)에서 전체 언어 규준 점수는 64점이었고, 수용적 및 표현적 언어 규준 점수는 73점이었고, 언어 내용 규준 점수는 79점이었으며, 언어 구조 규준 점수는 67점이었다. 하위검사를 고려하여, 형태론과 통사론을 위한 척도 점수(각각 3과 4)는 심각한 어려움을 암시한다(즉, 규준은 평균보다 2 표준편차 이하다).

규준 참조적인 화용론 체크리스트를 가지고 한 행동 평정에서는 1~5 백분위의 수행을 보인다. 결합된 검사 규준에 근거하여, 아동의 언어 손상은 수용적-표현적 유형(receptive-expressive type)으로 생각되며, 언어적 내용 습득은 상대적인 강점으로 생각된다. 또한 다른 검사 결과에 근거하여 아동은 언어 개입과 신체 및 작업 치료를 필요로 했다.

언어 개입의 주요한 목적은 이해를 높이고 언어의 구조적 규칙(형태론과 통사론)의 사용을 증가시키는 것이었다. 두 번째 목적은 상대적인 강점 영역을 유지시키기 위하여 어휘의 습득을 강화하는 것이었다. 이야기 기반 접근이 언어 개입을 위해 선택되었다(〈표 5-10〉 참조). '골디록스'(영국의 옛날 이야기 'The Three Bears'에 나오는 곰굴에 들어간 여자아이-역자 주)와 같은 연령에 적합한 이야기는 내용, 상황, 형태론, 통사론, 화용론, 담화 구조 모델을 제시한다. 이야기를 되풀이하거나 관련 있고 친근한 내용과 주제로 이야기를 만들어 내는 것은 표현적인 언어를 명확히 하기 위해 사용되었다. 문장 모방을 위한 모델을 제공하는 것, 의도된 언어적 목적(예: 동사 형태와 문장 구조)을 포함시키기 위해 아동의 발화를 수정하거나 확장시킴으로써 고쳐 쓰기를 하는 것

■ 〈표 5-10〉 **언어 중재의 이야기 기반 접근**

어린 아동을 대상으로 하는 이야기 기반 언어 중재에서 교사는 삽화가 있는 연령에 적합한 이야기를 선택한다. 아동이 상황과 이해를 위해 그림을 보면서 이야기를 듣게 한다. 이후 아동은 개방형 질문으로 상호작용하고, 주인공의 대화를 모방하거나 이야기의 일부분을 다시 말하는 데 참여한다.

과 같은 절차는 상호작용적인 이야기에서 사용되었다. 의미 있는 단위의 수로 측정된 아동의 문장 길이는 증가했다. 친숙하고 친숙하지 않은 단어 사이의 의미와 관계의 특징에 초점을 맞추는 것[예: 아기곰(baby bear), 작은 곰(little bear), 작은(little), 더 큰 (bigger), 가장 큰(biggest)]은 또한 아동의 어휘 사용을 확장시켰다. 종합하면, 이런 점 때문에 부모, 형제자매, 다른 아동과의 상호작용에서 개인적 요구(예: 도움을 요청하는 것)를 표현하는 것처럼 의도를 표현하기 위한 언어(화용론)의 사용이 향상되고 증가 했다.

두 번째 치료 프로토콜은 1학년에 들어가는 6세 1개월 된 여자아이를 위한 것이다. 그녀는 연령에 적절한 두 가지 규준참조 언어검사를 받았다. 첫째로, 초기 언어발달 검사(Test of Early Language Development-3: TELD-3; Hresko, Reid, & Hammill, 1999) 에서 그녀는 듣기(Listening)에서 74점, 구어(Spoken Language)에서는 66점을 받았다. 두 번째로 언어 근본 임상측정(Clinical Evaluation of Language Fundamentals-4: CELF-4; Semel et al., 2004)에서는 핵심언어(Core Language) 규준 점수는 63점이었고, 수용 언어(Receptive Language) 규준 점수는 83점, 그리고 표현언어(Expressive Language) 규준 점수는 65점이었다. 수용언어와 표현언어 규준 점수 사이의 불일치(즉, 18점)는 통계적으로 유의미했다. 언어 내용(Language Content) 규준 점수는 79점이었고 언어 구조(Language Structure) 규준 점수는 69점이었다. 하위검사 수행과 관련해서, 단어 관 계가 평균 이상 수준(SS = 11)에서 이해되는 동안 단어와 문장 구조와 표현적 어휘는 낮은 척도 점수(각각 3점과 4점)를 받았다.

프로파일에서는 아동의 표현적 어휘 수준이 낮은 수준에 있고 표현적 내용 점수는 전형적인 범위였다는 것을 주목할 필요가 있다. 이 불일치는 단어를 찾는 어려움을 암시할 것인데, 듣기와 말하기 표현에서 어려움을 가진 장애와 언어를 기반으로 하는 학습장애 간의 혼재된 언어장애에서 발견된다. 음운론적 인지 평정 척도의 수행은 낮은 발달적 범위에 있는데(6~9%), 이는 읽기를 위한 초기 문해 기술과 해독 습득을 강화하기 위해 음운론적 인지 훈련이 필요함을 암시한다. 이것과 다른 검사 결과에 근거하여, 그녀는 언어 개입과 운동 기술 발달을 위한 작업적 치료와 1학년의 문해력 발달을 위한 학습장애 서비스를 받았다.

  언어 개입은 구조화된 치료와 학업적 교과서 기반의 수용-표현 활동에서의 형태론적 및 통사론적 언어 기술을 발달시키는 데 초점을 두고 있다. 하위 문장의 구조적 규칙을 발달시키고 공간적, 일시적, 다른 결합의 관계의 의미를 세우는 것은 개입의 주요한 목표다. 다른 절차 중에 모델링, 고치기, 평행적 산출은 음운론적이며 통사론적인 규칙 체계를 강화시킨다. 질문에 대한 진술을 변형시키고 복잡한 문장에서 절의 순서를 바꿈으로써, 다른 것들 중 문장을 고쳐 말하고 재구조화하는 것은 통사론적이고 화용론적인 유연성을 증가시킨다. 집중적인 어휘 교수를 포함하는 어휘 교수(Beck, Perfetti, & McKeown, 1982)는 의미 있는 특징과 단어 관계를 발달시키기 위해 사용되었고, 의미론적 범주 내의 단어 관계를 이해하는 것은 어휘 발달과 단어 찾기 능력을 개발한다.

📚 관련자료

American Speech-Language-Hearing Association (2004). *Evidence based practice in communication disorders: An introduction.* [Technical report]. Available from www.asha.org/members/deskref-journals/deskref/default.

American Speech-Language-Hearing Association (2006). *New roles in response to intervention: Creating success for schools and children.* [Position paper]. Available from www.asha.org/nr/rdonlyres/52cd996a-16a9-4dbe-a2a3-eb5fa0be32eb/0/rtiroledefinitions.pdf#se.

Johnson, C. J. (2006). Getting started in evidence-based paractice for childhood speech-language disorders. *American Journal of Speech-Language Pathology, 15,* 20-35.

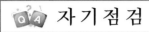 **자 기 점 검**

1. 수용 혹은 표현 언어장애는 표준화 언어검사로 쉽게 판별된다. 참인가 거짓인가?

2. 언어장애군을 위한 연구에서 연구자는 무엇을 발견했는가?

   (a) 전반적인 언어에서 발생하는 장애다.

   (b) 오직 어휘 결핍 아동에게만 나타난다.

   (c) 뚜렷한 수용−표현 간의 차이가 나타난다.

   (d) 해당 사항 없다.

3. 신경해부학적 기반 위험 지표는 무엇을 의미하는가?

   (a) 언어장애와 난독증 사이에 아무런 공통점이 없다.

   (b) 언어장애와 정신분열증 사이에 공통점이 있다.

   (c) 언어장애, 난독증, 정신분열증은 분리되고 뚜렷한 위험 패턴이 있다.

   (d) 듣고 이해하기, 구어 표현, 읽기장애는 공통점이 있다.

4. 발달 속도와 수초화(myelination) 정도의 차이는?

   (a) 언어장애를 위한 신경해부학적 기반 위험 지표와 관련이 있다.

   (b) 처리 속도와 명명화 속도의 차이를 설명할 수 있다.

   (c) 지능에 약간의 영향력이 있다.

   (d) 나이가 들어 감에 따라 사라진다.

5. 언어장애의 출현율은 남녀 아동의 2% 이상으로 추정된다. 참인가 거짓인가?

6. 언어장애를 평가하기 위한 언어 영역 참조 체계 사용의 이점은 무엇인가?

(a) 교육적 결과는 영어와 국어 수업을 위해 학년수준 교육과정 목표에 연결될 수 있다.

(b) 특정 언어적 기술 분야에서 증거기반 중재와 관련된다.

(c) 약한 영역은 위험군에 있는 교육과정 목표로 직접 연결할 수 있다.

(d) 위의 모든 것을 포함한다.

7. 초기 음운론적 기술 습득과 의미론 습득을 위하여 필요한 것은?

(a) 주로 계산 전략

(b) 주로 범주 지각

(c) 범주 지각과 계산 전략의 통합

(d) 광범위한 규칙 학습

8. 다음 두 가지 중 연관된 연구 결과가 있는 영역은?

(a) 청각 처리 속도 결함과 언어장애

(b) 작업기억 결함과 언어장애

(c) 시각 처리 속도 결함과 언어장애

(d) a 와 b

(e) 답 없음.

9. 기억언어상실증은 어떤 학습장애의 일반적인 특징을 가지고 있는가?

(a) 듣고 이해하기

(b) 구어 표현

(c) 단어 발달의 지연

(d) 시각적 투입에의 반응

10. 언어장애에 영향을 주는 개인 내 변인의 특징은?

(a) 문화적 기준에 영향을 받는다.

(b) 신경심리학적 및 정서적 요소를 포함한다.

(c) 언어에 대한 수업적 요구에 따라 결정된다.

(d) 답 없음.

11. 표준화 언어검사는 일반적으로 DSM-IV-TR과 ICD-10에서 수용-표현 이분법적 형태를 반영한다. 참인가 거짓인가?

정답: 1. 거짓, 2. (a), 3. (d), 4. (a), 5. 거짓, 6. (d), 7. (c), 8. (a), 9. (b), 10. (b), 11. 참

Chapter 6

특정학습장애 판별을 위한 중재반응(RTI) 접근

Jack M. Fletcher
Amy E. Barth
Karla K. Stuebing

 ## 분류 및 판별

특정학습장애(SLD)의 역사에서 이 장애를 가진 아동 및 성인에 대한 정의 및 판별은 끊임없는 논쟁으로 자리 잡아 왔다(Doris, 1993). 이러한 쟁점들은 기질적 충동증후군(organic driveness syndrome), 난독증(dyslexia), 난산증(dyscalculia), 미세뇌기능장애(minimum brain dysfunction) 등과 같은 용어들과 함께 시작하여 현재 특정학습장애에 이르기까지 명칭(label)과는 상관없이 계속해서 출현하였다. 부여된 명칭과 관계없이, 가장 근본적인 문제는 특정학습장애 개념의 대표 증상들인 학습, 성취, 행동의 어려움을 가진 대집단을 하위 집단으로 어떻게 판별할 것인가 하는 것이다(Fletcher, Lyon, Fuchs, & Barnes, 2007). 이 장에서는 중재반응 모형(response to intervention: RTI)이 적용된 특정학습장애 판별에 중점을 두고자 한다.

분 류

특정학습장애의 판별을 위한 접근을 이해하기 위해서는 지난 수세기 동안 과학의 많은 분야에 걸쳐 수행된 분류를 가장 먼저 이해하여야만 한다. 분류(classification)는 관찰 방식들이 어떤 유사점과 차이점을 가지는지를 결정하는 일련의 속성을 바탕으로, 비교적 광범위한 관찰 유형들을 보다 세밀한 하위 집단으로 나누는 일을 가능하게 해 준다. 보다 세밀한 하위 집단들을 나누기 위해 필요한 과제가 바로 판별(identification)인데, 이는 분류 과정을 통해 얻어진 정의들의 조작화를 나타낸다. 분류와 판별은 생물학의 식물들과 그 종자들 간의 관계만큼이나 분명한 관계를 가진다. 미국정신의학회(American Psychiatric Association, 1994)의 『정신장애의 진단 및 통계편람(DSM-IV-TR)』은 정신 및 행동 장애들이 다른 의학 분야에서와 마찬가지로 상당히 범주적이며 그 판별(진단)을 위해 증상과 징후에 대한 가설적 분류를 보여 주는 한 예다. 특정학습장애의 경우, 아이들이 학교에서 가지는 어려움으로 인하여 특정학습장애로 판별되긴 하지만 지적장애나 언어적 문제는 제외되는 것으로 판단하여 분류된다. 이 책에서 소개하는 여러 가지 판별 모형에서 판별 기준이 조작화되는 방식은 서로 다르게 나타나지만, 특정학습장애는 다른 학업적 문제들과는 차별화되는 '기대보다 낮은 성취(unexpected underachievement)'가 학습장애의 기초가 된다고 보는 기본적인 분류는 다르지 않다. 차이점은 분류가 아동을 하위 집단으로 판별하는 일련의 준거로써 조직화되는 방식에 있다.

따라서 판별을 위한 접근은 판별될 하위 집단의 구체적인 속성을 규정하는 분류 체계에 근거하고 있다. 이러한 속성들은 학습, 학업 성취, 행동에 어려움을 보이는 학생들을 특정한 하위 집단으로 분류하는 데 적용된다(Morris & Fetcher, 1988). 특정학습장애나 지적장애, 주의력결핍 과잉행동장애(ADHD), 혹은 학습, 성적 및 행동적 어려움(예: 우울증이나 동기적 어려움)을 경험하는 서로 다른 하위 집단의 특성을 대표하는 구인 혹은 가설적 구성요인이 분류의 중심에 있다. 서로 다른 장애들의 분류는 하위 집단을 결정하는 데 기여하는 측정 시스템(정의)으로 조작화할 수 있는 판별(또는 진단) 기준을 이끌어 낼 수 있다. 분류와 결과에 따른 조작적 정의들과 기준들 또한 지속적인 평가를 필요로 하는 가정들이다. 측정 모형은 관찰 가능하며, 내재적으로 관찰이 불가능한 하위 집단을 조직화한다. 따라서 특정학습장애는 직접적으로 관찰 가능한 것은 아니지만, 분류를 분명히 하고 측정 모형을 사용함으로써 조작화할 수 있는 것이다. 〈표 6-1〉에는 이 장에서 사용된 중요한 용어들과 정의들이 제시되어 있다.

　분류는 하위 집단들, 때로는 이상적인 유형 및 전형(prototype)을 대표하는 개인들을 설명하는 경향이 있다. 분류는 보통 위계적이며, 최소한 하나 이상의 공통되는 특질을 가지지만 동시에 서로 다른 특질도 가지고 있는 용어들을 큰 계층에서 작은 계층 순으로 정리한다. 그러나 특히 주요 특질이 차원적인(즉, 자연적인 경계를 가지지 않는 연속체에 존재하는; Fletcher et al., 2007) 특정학습장애와 같은 하위 집단들의 경우, 상관관계를 가지는 다양한 차원에 따라 개인들을 배치함으로써 하위 집단들을 결정한다. 자연적인 경계를 가지지 않는 만큼, 측정 모형을 바탕으로 이루어진 결정들은 전제적인 성질을 가지며 분류의 조직화에 사용된 절차들에서 일어나는 측정 오차에 따라 상당한 영향을 받을 수 있다. 여러 차원의 상호관계를 무시하고 고정된 절단점(cut-point)만을 적용하는 경우, 측정 오차는 특히 더 중요한 문제가 될 수 있다(Francis et al., 2005).

　좋은 분류는 신뢰할 수 있으며, 특정한 측정 모형에 의존하지 않기에 측정 모형에서의 편차에도 불구하고 결과가 똑같이 나올 수 있다. 좋은 분류는 또한 관심의 대상이 되는 주요 사람들의 대부분을 판별할 수 있다(즉, 충분한 범위를 포괄할 수 있다).

> **잊지 마세요!**
>
> 특정학습장애는 근본적으로 차원적(dimensional) 체계로 볼 수 있다. 이는 특정한 범주를 나눌 수 있는 확실한 구분이 존재하지 않는 연속적인 특성이 있다. 이러한 차원적 장애군은 ADHD, (의학적 수준에서) 비만, 고혈압을 들 수 있다. 여기서 범주는 인위적으로 나누게 되며 집단 구분을 할 때 측정 오차가 나타나게 된다.

■ 〈표 6-1〉 **분류의 용어**

- 분류학(traxonomy): 분류를 연구하는 과학의 한 갈래
- 분류(classification): 대상을 집단으로 조직화함. 보통 위계적이며, 공통적 혹은 이질적 속성을 바탕으로 큰 집단에서 작은 하위 집단으로 조직한다. 각 집단들은 관찰 가능하지 않을 수도 있지만, 각각의 가설적 전형(prototype)을 나타낸다.
- 판별[identification, 혹은 진단(diagnosis)] : 대상을 분류 체계에 넣는 것
- 정의(definition): 판별을 분류로 조작화하는 방법/방식

가장 중요한 것은, 좋은 분류란 단순히 하위 집단이 판별될 수 있다는 이유만으로 유효한 것이 아니며, 유효한 구분을 가능하게 하는 하위 집단들이 그들을 확립하기 위해 사용되지 않은 변수들에 있어서도 차별화될 수 있을 때 유효하다는 것이다(Skinner, 1981). 예를 들어, 특정학습장애가 IQ와 성적 간의 불일치를 통해 확인된다면, 성취도가 낮은 사람들 중 IQ 불일치 기준에 일치하는 경우 하위 집단을 정의하는데 사용되지 않은 인지적, 행동적 및 다른 변수들(예: 중재 반응)에 따른 지적장애에 대한 기준에 부합하지 않는 경우 간에 체계적인 차이점이 존재하여야 할 것이다. 이 기준에 부합되는 좋은 분류는 소통과 예측 및 다른 활동들을 용이하게 한다(〈표 6-2〉 참조).

이 장에서는 중재반응 모형 맥락에서의 특정학습장애 판별이 분류와 측정 모델들과 함께 제시될 것이며, 그들의 신뢰도와 타당도는 지침 원리로서 이용될 것이다. 첫째, 특정학습장애의 개념은 분류 가정으로서 논의될 것이며, 둘째, 판별은 중재반응 모형 체제가 이 개념과 어떻게 어우러질 것인지를 중심으로 논의될 것이다. IDEA를 바탕으로 하는 판별 접근 방식을 제시할 것인데, 이는 IDEA가 최상의 표준이기 때문이라기보다는 IDEA에 포함된 개념들이 특정학습장애 개념의 기본 요소들을 포함하는 분류와 어우러질 수 있기 때문이다. 또한 IDEA 2004는 다양한 자료에 대한 고려와 모든 판별 접근의 기본적인 부분을 명시적으로 포함하고 있다. 다음에서는 중재반응 모형 체제 속 특정학습장애 판별을 포함하는 신뢰도과 타당도의 증거들을 검토할 것이다.

■ 〈표 6-2〉 좋은 분류의 특성

- 신뢰성(reliable): 다양한 조직화 접근 방식에서 반복된다(내적 신뢰도).
- 타당성(valid): 계층들은 정의 과정에 사용되지 않은 변수들에 따라서도 구분될 수 있다(외적 타당도).
- 포괄 범위(coverage): 대상의 대부분을 판별한다.
- 효율성(effective): 소통과 예측을 용이하게 한다.

특정학습장애란 무엇인가

역사적으로 특정학습장애 구인은 '기대보다 낮은 성취'와 관련하여 작용되어 왔다. 비록 이 구인을 바탕으로 특정학습장애를 구분 짓고자 했던 기존의 노력들이 지나치게 광범위한데다 주요 행동 문제들을 가진 아동들을 포함하고 있었지만(Doris, 1993), 이 구인은 동기나 노력이 이루어지는 것을 방해하는 감각장애, 지적장애, 정서적/행동적 어려움, 그리고 경제적 불리, 소수 언어, 부족한 교수 등의 요인들과 같이 학문적 성과에 방해가 되는 것으로 알려진 조건들 속에서도 항상 읽기와 쓰기, 수학을 통달하는 데 어려움을 겪는 사람들을 나타내고자 시도하였다. 다음 절들에서는 보다 포함적인 판별 기준들과 배제 기준들에 의한 진단을 바탕으로 하는 특정학습장애 개념들의 진화에 대해 논해 볼 것이다.

> **잊지 마세요!**
>
> 배제 기준들은 범주에 포함되지 않는 특성(지적장애는 학습장애에 포함되지 않음)이다. 포함 기준들은 범주에 속하기 위해 꼭 필요하지만 그것만으로 판별을 결정할 만큼 충분하지는 않은 특질들(예: 특정학습장애의 판별에서 저성취는 필요조건이긴 하지만 충분조건은 아니다)로 구성된다.

배제적 정의

특정학습장애를 판별하고자 한 기존의 시도들은 저성취에 대해 이미 '알려진' 원인들을 배제하는 데 중점을 두고 있었다. 연방법으로 정한 특정학습장애의 정의에 나타난 배제 조항들(감각 및 운동 장애, 지적장애, 환경적 원인을 가지는 행동적 장애의 부재를 포함)은 뇌기능장애로 인하여 행동장애로 보이는 아동들을 판별하고자 했던 기존의 시도들에 그 근원을 두고 있다(Still, 1902). 이와 비슷하게, 우수한 학교에 다니는 똑똑한 학생의 난독증(dyslexia)을 '단어맹(word blindness)'이라고 했던 초기 설명 또한 충분한 지적 기능과 교육적 기회들을 읽기장애의 특정 형태를 배제하기 위한 증거로 사용했던 것이다(Morgan, 1896). 미세뇌기능장애(Clements, 1966)에 대한 첫 번째 공식적 정의는 미국 연방법의 특정학습장애 정의에서 제시된 배제 기준을 포함하고 있다. "시각적, 청각적, 운동적 장애 및 정신지체, 정서적 문제 및 환경/문화/경제적 불리로 인한 결과로서 학습장애를 가지는 학생은 포함되지 않는다."(U.S. Office of Education, 1968, p. 34)

특정학습장애를 정의하고 조직화하고자 했던 기존의 시도들에 담겨 있는 메시지는 '기대보다 낮은 성취'는 단순히 저성취가 특정학습장애의 요인으로서 배제되어야 할 것으로 알려진 원인들에 따른 것인지 아닌지를 구체화함으로써 판별될 수 있다는 점이다. 판별을 위한 이 접근 방식의 바탕을 이루는 분류는 저성취와 연관되는 다른 장애들, 지적장애, 행동 문제들, 환경적 요인들로부터 특정학습장애를 구분해 낸다. 그러나 원래 저성취와 연관되는 환경적 요인(예: 환경적 불리)에 대한 조항은 특수교육과 권리를 위해 제공되는 재정적 지원의 악용을 막기 위해 확립된 것이었다(즉, 조항 I; Doris, 1993). 따라서 특정학습장애의 분류를 조직화하기 위한 이 접근 방식이 성공적이지 못하였던 것은 놀랄 일이 아니다. 왜냐하면 결과로 얻어진 하위 집단이 여러 종류를 담고 있지 않았으며(Rutter, 1978), '문화적 불리' 등과 같은 환경적 요인들에 관한 추측은 조작화하기 힘들기 때문이었다(Kavale & Forness, 1985). Ross(1976)은 다음과 같이 언급하였다.

학습장애에 대한 배제 조항을 떼어 놓고 나면, 이 정의는 순환적이라고 할 수 있다. 본질적으로 학습장애는 학습을 할 수 없는 것을 말하기 때문이다. 이것은 현재 사용되는 모든 정의의 초점이 학습장애의 배제 조항에만 맞추어져 있으며, 명시되지 않은 것은 내버려 두어 모호하게 만듦으로써 이 분야에서 지식이 기초적인 상태라는 것을 반영하는 것이다(p. 11).

특정학습장애의 판별을 위한 일반적인 모형의 예는 〈표 6-3〉에 제시되어 있다.

■ **〈표 6-3〉 특정학습장애 판별을 위한 모델**

- 능력-성취 불일치: 특정학습장애는 능력(상이한 IQ 점수, 청취 이해력)과 성취 사이의 '유의미한' 차이가 존재한다. 주로 배제 기준으로 정의되고, 완전한 저성취와 구별되는 기준은 없다.
- 저성취: 완전한 저성취는 실제 연령의 기대 수준과 관련되며 주로 배제 기준으로 나타난다.
- 인지적 차이: 학습장애는 인지 처리 측정에서 개인 내 강점과 약점 패턴에 의해서 나타난다. 보통은 성취와, 인지 기능(약점)과 다른 인지 처리에서 강점의 증거 간 기대되는 관련성과 연관을 갖는다.
- 혼합 모형: 특정학습장애는 다른 장애들로부터 구분되는 배제 기준과 두 개의 포함 기준(중재에 대한 부적절한 반응, 저성취)에 의해 정의된다.

포함 기준 기반 정의

배제 기준을 기반으로 특정학습장애를 정의하려는 것에서 벗어나는 것은 포함 기준으로의 전환이라고 볼 수 있다. 특정학습장애를 '기대보다 낮은 성취'로 보는 근본적인 개념과 정신지체 및 행동장애를 배제하는 분류 기준의 중요성은 바뀌지 않았다. 이러한 전환은 여러 가지 학습 문제와는 구별되는 특정 학습장애를 신뢰성 있고 타당하게 판별하는 포함(진단) 기준을 개발하는 것이다.

> ✏️ **잊지 마세요!**
>
> 배제 기준에서 포함 기준으로의 변화가 특정학습장애의 중심 개념은 '기대보다 낮은 성취'나 다른 장애는 배제하는 분류 기준을 포기하는 것은 아니다.

능력-성취 불일치 모형

높은 능력과 낮은 성취의 불일치를 사용하는 초기의 기준은 오랜 기간 사용되었다. 비록 가장 잘 알려진 모형에서는 능력을 조작화하기 위해 IQ 점수를 사용하지만, IQ 소검사들(예: 언어적 IQ, 비언어적 또는 동작성 IQ, 소검사 또는 전체 척도 IQ)과 듣기 이해와 같은 다양한 것이 제안되고 평가되어 왔다(Fletcher et al., 2007). 포함(진단) 기준으로서의 능력-성취 불일치 모형은 문제점을 안고 있었다. 측정을 위한 이 접근 방식은 저성취아동과는 다른 이유로 성취가 낮은 아동들은 판별할 수 없었기 때문이다. 읽기 영역에서 성취 불일치 모형의 예를 살펴보면, Hoskyn과 Swanson(2000)은 19개의 연구에서 IQ와 성취의 불일치 기준에 부합하거나 부합하지 않는 부진한 학습자들의 인지적 기술을 비교했다. 그들은 단어 식별 능력(-.02), 자동성(.05), 기억력(.12), 음운론적 과정의 작은 영향(.27) 등에서 무시해도 될 정도의 작은 차이를 보고했다. 그리고 어휘력(0.55)와 구문력(0.87) 등에서 더 큰 차이를 보였다. 비록 Swanson (2008)이 보여 준 큰 효과 크기의 차이가 나기는 했지만, 기본적으로 읽기에 관련된 인지 능력상에서 두 집단(읽기 저성취, 능력-성취 불일치의 부진 집단)은 거의 차이가 없다고 볼 수 있다. 그리고 실제로 효과 크기의 차이는 과장되었는데, Hoskyn과 Swanson 이 효과 크기를 결정하기 위해 변인들을 통합했기 때문이다. 즉, 두 집단 간의 비단어 인식과 어휘력의 차이는 과장되었다.

46개 연구에 대한 두 번째 메타분석에서는 Hoskyn과 Swanson(2000)의 연구에서 확인된 19개의 연구 대부분을 포함하였지만 효과 크기 추정에서 명확한 변인 요소는 포함시키지 않았다. Stuebing 등(2002)은 행동적(-0.05) 및 성취(-0.12) 변인에서 무시할 만큼 작은 효과 크기의 차이를 보고했다. 인지적 변인(0.30)에서 작은 효과 크기의 차이가 있었는데, 이는 하위 집단을 정의 내리는 데 사용된 것이 아니고 음운적 지각, 빠른 이름 대기, 언어적 기억, 어휘력 등의 측정에서의 무시할 만한 차이를 설명하는 것이었다. 그들은 또한 효과 크기의 측정에서의 이질성을 보고하였다. 이는 어떻게 IQ 불일치와 저성취가 정의되는지에 대한 차이를 설명해 줄 수 있다.

다른 영역에서는 읽기장애의 예후가 IQ 불일치에 따라 변하지 않는다. Fuchs와 Young(2006)은 13개의 연구 검토를 통해 IQ가 중재 반응을 잘 예언한다고 결론지었다. 그러나 13개 연구의 메타분석과 뒤따른 추가적인 9개의 연구 등에서 IQ 측정이 읽기 중재에 대한 반응에서 설명 변량이 매우 작다는 것(<1%)이 밝혀졌다. 그러므로 IQ 불일치 기준에 근거한 특정학습장애 분류에 대한 증거는 취약하다.

📝 **잊지 마세요!**

IQ-성취 불일치와 읽기 저성취 아동들은 행동, 성취, 인지적 처치, 예후, 중재 반응에서 뚜렷한 차이를 보여 주지 못했다. 능력-성취 불일치 모형은 청해(듣기 이해) 능력을 포함하여 다양한 능력 지표를 가지고 수학 및 다른 교과 영역이나 언어장애 등과 같은 다양한 학생을 대상으로 연구되었으나 여전히 타당성이 높지 않다 (Fletcher et al., 2007).

저성취 모형

IQ-성취 불일치 모형을 기반으로 한 분류의 타당도에 대해 고찰하면서 특정학습장애가 절대적으로 낮은 성취를 기반으로 판별되며, 그래서 누구든 25% 이하의 점수를 획득하면 특정학습장애 하위 집단에 포함시켜야 할 것이라고 제안했다(Siegel, 1992). 이 논쟁의 문제점은 특정학습장애의 근본적인 개념은 '기대보다 낮은 성취'로부터 시작되었는데, 특정학습장애 집단이 낮은 성취의 다양한 형태를 가진 아동들을 포함하기 때문이다. 그러나 학생들의 성취의 강점과 약점에 따른 분류(예: 읽기장애 대 수학장애)는 신뢰할 수 있고 타당하게 구분 지을 수 있는 하위 집단으로 이어진다. 실제로 특정학습장애의 타당성에 대한 가장 강력한 증거는 인지, 유전, 뇌 기능에 대한 조사 연구에 따른 것이다. 이는 읽기와 수학에 어려움을 느끼는 아동 중 인지적 장애, ADHD가 있는 아동과 성취 문제가 없고 전형적으로 발달하는 아동의 차이를 보고 결정한다(Fletcher et al., 2007). 저성취는 특정학습장애의 판별을 위한 필요조건이지 충분조건은 아니다. 저성취는 명백한 포함(진단) 준거다.

만약 특정학습장애 분류가 다양하다면 특정학습장애의 진단을 위해 다차원의 측정이 필요할 것이다. 이 맥락에서 저성취는 다른 장애의 유무를 판별하고 저성취와 관련된 환경적인 요인들을 제외할 수 있는 배제 기준과 포함(진단) 기준으로 이루어졌다. 그 결과, 특정학습장애를 가지고 있는 다양한 하위 집단이 생겨났다(기초 독해, 읽기 능력, 유창성, 독해 능력, 수학적 계산 능력, 문제 해결력, 작문 능력 등). 그러므로 수행은 다른 장애들과 저성취의 '원인'으로서의 환경적 요인들을 배제하기 위한 것이어야 하며 저성취가 발생하는 영역을 명시하도록 한다. 사실, 신뢰성 있고 타당한 특정학습장애의 분류에 대한 문헌 검토에서는 이 저성취 접근이 그 어떤 모형보다도 강한 증거를 가지고 있다고 주장한다(Fletcher et al., 2007).

주 의!

단순한 저성취가 특정학습장애를 의미하는 것은 아니다.

잊지 마세요!

저성취는 특정학습장애를 판별하는 데 있어서 필요조건이지만 충분조건은 아니며 여러 가지 포함(진단) 기준을 고려해야 한다.

주 의!

환경적 결손 아동은 특정학습장애를 나타낼지도 모른다. 즉, 환경적 불리가 영향을 미치거나 학습장애의 원인이 될지도 모른다는 점을 조심스럽게 평가해야 한다.

특정학습장애의 저성취 모형의 단점은 저성취의 원인에 따라 사람들을 분류할 수 없다는 것이다. 예를 들어, 인지적이고 신경학적인 관련성과 빈곤의 영향에 의한 저성취 차이를 결정하는 것이 어렵다. 게다가 환경적 결손이 특정학습장애의 원인이 아니라고 미리 규정하는 것은 합리적이지 않다. 여전히 추가적 포함(진단) 기준의 여부와 특정학습장애로 사람들을 진단하고 중재를 계획하며 반응하는 데 저성취 기준의 필요성을 확인해 보아야 한다(Kavale & Forness, 1985).

인지적 불일치 모형

인지적 불일치 판별 모형은 인지적 강점과 취약성을 평가하여 판별 준거로만 적용하는 것이다. 이 모형은 새로운 측정 모형을 제안하는 것은 아니다. 만일 인지적 불일치 모형으로 새로운 판별 모형을 제안했다면 원래 불일치 모델에서처럼 저성취 아동과의 비교 연구가 넘쳐났을 것이다. 이 모형에서는 인지적 강점과 취약점의 불일치가 특정학습장애의 특징이며 이 불일치는 특정학습장애 포함(진단) 기준이라는 것이다. 이 주장은 특정 인지적 어려움이 특정 학습의 어려움으로 이어진다는 내용의 연구에 근거하고 있다(Fletcher et al., 2007). 연방정부의 법에 명시된 특정학습장애의 정의는 다음과 같다.

'특정학습장애'는 말하기, 듣기, 읽기, 쓰기, 철자 혹은 산수에서 지체를 보이는 것을 포함하여 언어의 이해와 사용에 관련된 한 가지 혹은 그 이상의 기본적인 심리 과정에서의 장애를 말한다(USOE, 1968, p. G1042).

> ✏️ **주 의!**
>
> 인지적 불일치 모형은 중재에 차별적으로 반응하는 하위 집단을 구분하는 데 분명한 진단적 증거를 제시하고 있지 않다.

문제의 한 부분은 인지적 과정들이 성취와 상관이 있다는 것인데, 이는 '발현'(성취)이 측정 모형의 한 부분일 때 왜 심리적 과정과의 상관관계를 측정해야 하는지에 대한 질문을 낳는다. 심리학적인 과정으로 성취를 명확하게 예견하기에는 무리가 있다. 최근의 주장들과는 반대로(Reynolds & Shaywitz, 2009), 인지적 강점과 약점을 기반으로 한 분류가 특정학습장애를 대표하는 특정 하위 집단을 만들 수 있거나 그러한 평가가 중재 반응과 강력하게 연관되어 있다는 강한 증거가 없다(Gresham, 2009; Pashler, McDaniel, Rohrer, & Bjork, 2009). 이 수십 년 된 논쟁에 대하여 Pashler와 동료들은 학습 스타일, 능력과 중재 상호작용, 개인 특성과 중재 간 상호작용을 포함하여 개인의 특성과 중재를 연결하는 다른 접근들에 대한 문헌을 검토하였다. 그들은 가설들이 예측하는 중재에 대한 반응과 개인적 특성 간의 상호작용을 찾지 못했다. 그러나 그들은 방법론적으로 적합한 연구들이 거의 없다는 것에 주목하였다.

인지적 불일치 모형은 사실상 성취 영역에서 강점과 약점을 살펴보는 연구들로부터 나왔다. 이 체계는 실행 가능하고 인지적 불일치 모형을 지지하는 주장에 의해 받아들여진 능력-처치 중재의 가장 강력한 증거다. 예를 들어, Connor, Morrison, Fishman, Schatschneider와 Underwood(2007)는 교사가 해석하고 이해하는 데 있어서 강점과 약점을 기반으로 읽기 중재를

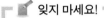
잊지 마세요!

학업 성취의 각 영역에서의 강점과 약점을 고려하여 중재 계획을 세우는 것은 효과적이다 (강력한 증거 기반이 존재한다.)

이끌어 갈 경우 다른 결과가 나타났음을 보여 주었다. 더 일반적으로, 읽기학습장애 아동들이 수학 교수가 아닌 읽기 교수를 제공받았을 때 읽기 수행에서 향상을 보였다는 사실(Morris et al., 출판 중)은 사소해 보일 수도 있으나, 사실 이것은 학생이 보이는 문제의 특성과 처치의 관계성을 지지하며, 특정학습장애의 개념을 강력히 뒷받침하고 있다. 이러한 발견들이 인지적 불일치로까지 확장되는지 여부는 아직 불명확하다. 이러한 가설들은 다중 특성들을 포함하는 측정의 맥락에서의 계속적인 탐구를 정당화하는 것이다.

적절한 교수의 제공

저성취와 더불어, 특정학습장애 분류 접근에 있어서 다른 잠재적인 특성은 교수에 대한 반응의 평가다. 특정학습장애에 대한 대부분의 정의에서는 부적절한 교수를 배제 요인으로 간주해야 하는 환경적인 요인의 하나로 본다(Fletcher et al., 2007). 예를 들어, IDEA 2004에서는 읽기나 수학에서 적합한 교수의 증거가 없을 시 아동들을 특정학습장애로 판별하지 않아도 됨을 명시하고 있다. 교수 적합성 요소에 대한 관심들

이 지난 10년간 새로운 관심사로 떠올랐는데, 그것은 부적절한 핵심 교수 프로그램을 제공받았음에도 불구하고 특정학습장애로 판별되어 특수교육에 배치되는 많은 아동이 있음을 보여 주는 보고서 때문이다(Donovan & Cross, 2002). 아마도 IDEA 2004에서 가장 중요한 변화는 판별 모형에 상관없이 다음을 명시하고 있는 조항이다.

> 특정학습장애를 가진 것으로 추정되는 아동의 저성취가 읽기나 수학에 있어서 적합한 교수를 받지 못해서가 아님을 확인하기 위하여, 평가위원회는 평가의 한 부분으로서 다음을 고려해야 한다. ······ ① 의뢰 과정이 이뤄지기 이전 혹은 그 과정의 한 부분으로서, 일반적인 교육 상황에서 아동이 교사에 의해 적합한 교수를 제공받았음을 증명하는 자료, ② 교수 과정에서의 학생 진전도의 공식적인 평가를 반영하고 아동의 부모에게 제공되는 것으로, 적합한 측정 간격에 따른 아동 성취의 반복적인 측정을 보여 주는 자료 기반 문서

📋 잊지 마세요!

중재반응 모형으로 진단하게 되면, 교수에 대한 부적절한(낮은) 반응은 포함(진단) 기준이 된다.

이 조항에 따르면, 교수에 대한 반응은 단순히 제외적인 것은 아니다. 교수의 질과 아동의 진전도를 측정하기 위해 자료가 모아져야 하기 때문에, 교수에 대한 반응은 기대보다 낮은 성취의 증거를 보여 주는 중재 반응과 함께 포함(진단) 기준이 된다.

특정학습장애 판별을 위한 융합 모형

이러한 다중기준 판별 모형들의 역사, 분류 그리고 발전에 대한 논의들은 특정학습장애의 판별 모형에 대한 모든 논의의 전제가 된다. 그 이슈는 어떤 모형이 가장 최선인지 또는 어떤 특성들이 측정되어야 하는지에 관한 것이 아니라 오히려 특정학습장애 구성을 위한 협력에 관한 것이다. Fletcher 등(2007)은 증거들이 미국 교육부의 특수교육 프로그램(U.S. Department of Education Office of Special Education Programs; Bradly, Danielson, & Hallahan, 2002)으로 소집된 연구자들의 합의 집단과 일치하는 분류의 융합형 모델을 지지한다고 논의하였다. 이 모임은 세 가지 주요한 준거를 제

안했는데, 그중 처음 두 가지는 명백한 포함 준거다(Bradley et al., p. 798).

① 학생은 저성취를 보인다.
② 효과적인 연구기반 중재에 부적절하게 낮은 반응을 보인다. 수행에 있어 변화를 측정하기 위한 체계적인 계획이 중재에 우선하여 세워져야 한다.
③ 지적장애, 감각 결손, 심각한 정서장애, 언어적 소수집단(영어 유창성이 부족), 그리고 학습 기회의 부족과 같은 배제 기준

〈표 6-4〉는 Bradley 등(2002)의 이러한 개요와 일치하는 특정학습장애 판별을 위한 준거들을 열거하였다.

특정학습장애 판별은 IDEA 2004에 명기된 과정의 부분으로서나, 학교 밖의 치료실 그리고 연구소에서 다중준거를 필요로 한다. 연구자와 현장 전문가들은 아마 어떻게 이러한 특성들이 운용 가능한지 그리고 그 외의 다른 특성들이 필요한지에 대해 논의할 것이나, 이러한 세 가지 기준의 집합들은 기대보다 낮은 성취의 개념과 부합하는 것처럼 보인다. 다른 인지적 불일치와 저성취 모델과 비교하여 융합 모형의 차이는 '기대보다 낮은'에 대한 주요한 준거가 교수적 반응에 근거한다는 것이다. 양질의 교수에 반응하지 못하는 사람이라는 증거보다 기대보다 낮은 성취를 설명하는 더 나은 증거가 있는가?

이 융합 모형과 중재반응 모형의 맥락에서 드러나는 모형들에서, 양질의 교수에 반응하지 못하는 특성은 기대보다 낮은 성취의 중요한 지표이자 판별의 고유한 구성요소이며, 이 장에서 논의되고 있는 모든 분류 모형에 따르면 특정학습장애에 대한 본질적인 개념이다. 이처럼 무반응성은 **포함** 기준으로서 성립된다. 더욱이 이 구성요소는 판별 모형이 중재반응 모형 과정에서 기인한 것이든 혹은 인지적 불일치의 형태를 포함하는 과정

> ✏️ **주 의!**
>
> 판별을 위해 어떤 모형이 사용되든 간에, 단 하나의 준거를 사용하는 것은 특정학습장애를 판별하는 데 부적절하다.

> 📝 **잊지 마세요!**
>
> 적절한 교수에 대해 반응하지 못하는 난치성에 관한 증거가 없이는 그 어떤 아동도 특정학습장애로 판별되어서는 안 된다.

■ **〈표 6-4〉 저성취 모델과 중재반응 모형의 구성요소를 포함하는 융합 모형에서 특정학습 장애를 판별하기 위한 준거**

- 교수의 과정과 질/충실성의 측정을 기반으로 하여, 효과적인 연구기반 중재에 대한 불충분한 반응
- 단어 읽기, 읽기 유창성, 읽기 이해, 수학 계산, 수학 문제 해결력 그리고/또는 쓰기 표현에 있어서 확실한 저성취의 증명
- 지적장애, 감각 결손, 심각한 정서장애, 다문화 학습자, 그리고 학습 기회의 부족과 같은 배제 기준이 부적절한(낮은) 반응의 원인이 아님.

에서 기인한 것이든 간에 필수적인 요인이다. 오직 아동의 성취 부족이 나타나고, 충분한 교수에 반응하지 못하는 특성이 있음을 증명할 때에만 저성취가 기대보다 못한 것이라는 증거가 된다.

중재반응 모형과 특정학습장애 판별

중재반응 모형 서비스 체계로 특정학습장애를 판별하는 것의 장점은 중재에 대한 반응 요소가 판별 과정에 포함되며, 효과적으로 적격성을 결정하며 특수교육 서비스를 일반교육에서 제공되는 것과 직접적으로 연계한다는 데 있다. 중재반응 모형 서비스 체계의 틀은 또한 부적절한 중재 반응을 기본으로 하는 가설에 따라, 도구들이 선택되는 평가에 있어 더욱 유연한 접근을 가능하게 한다. 개별화교수계획은 직접적으로 종합적인 평가 체계로부터 기인한다. IDEA 2004와 일치하여, 판별은 다양한 출처로부터의 자료들을 통합한다.

주의!

중재반응 모형은 서비스 전달 체계다. 판별은 2차적인 목적이며, 선별에서 진전도 점검뿐만 아니라 추가적 기준도 요한다.

중재반응 모형 체계란 무엇인가

중재반응 모형들을 이해하는 데 있어 가장 중요한 고려 사항은 중재반응 모형들은 특정학습장애를 판별하는 것이 근본적인 목표가 아니라는 것이다(〈표 6-5〉 참조). 오히려 주요한 목표는

모든 특별지원 프로그램에서 제공되는 것을 포함하는 효과적인 교실과 추가적인 교수를 통해 학업적이고 행동적인 문제들을 예방하고 치료하는 데 있다. 중재반응 모형은 학교에서 효과적으로 서비스를 전달하고 조정하는 하나의 체계다. 중재반응 모형 체계는 특정학습장애 판별과 관련된 그리고 특정학습장애를 의뢰하고 배치하는 의사결정을 위한 다양한 접근과 관계된 자료들을 제공한다(Fletcher & Vaughn, 2009a).

중재반응 모형 체계에서 학업 및 행동 문제를 가진 학생에 대한 일반적인 선별은 연 2회 내지 3회 실시된다. 위험군 아동들은 일반학급 교수에서 시작하여 학생의 교수적 반응에 따라 교수적 강도를 증가시키는 다단계 혹은 다층 중재에 들어간다. 강도는 시간의 증가, 소그룹 교수, 그리고 학생 개개인의 요구에 부합하는 교육과정과 중재의 다양화를 통해 증가된다. 〈표 6-6〉은 대부분의 중재반응 모형 체계의 공통적인 특징들을 포함한다.

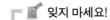

잊지 마세요!

중재반응 모형 체계의 주요한 목표는 특별지원 프로그램에서 제공되는 것과 같은 효과적인 교육을 통해 학업적이고 행동적인 문제들을 예방하고 치료하는 데 있다.

■ **〈표 6-5〉 중재반응 모형이란 무엇인가**

중재반응 모형의 주요한 목표는 실제 수행과 기대되는 수행의 불일치를 없앰으로써 모든 학생의 학업적이고 행동적인 결과를 향상하는 것이다. 중재반응 모형은 또한 다음과 같은 특징이 있다.

• 학교에서 양질의 서비스 체계를 전달하는 일련의 과정을 제공한다.
• 문제를 우선적으로 예방하고 반응하지 않는 학생에게 보다 집중적인 중재를 제공하는 다단계 혹은 다층적인 교수적 접근을 취한다.
• 자료에 근거한 교수적 의사결정을 촉진한다.
• 특별지원 프로그램(entitlement program)을 일반교육에 통합한다.

■ **〈표 6-6〉 중재반응 모형 체계의 특징**

• 일반학급의 모든 학생을 대상으로 한 선별과 진전도 모니터링; 교수 수정을 위한 자료 기반의 의사결정
• 일반교육 상황에서 보충적이고 심화적인 중재를 통한 증거기반 중재의 실행
• 예방과 중재를 연결하는 통합되고 빈틈없는 서비스 전달 체계
• 특수교육 적격성과 관련한 정보를 제공하는 자료
• 부모의 참여와 팀기반 의사결정

더 강도 높은 중재에 대한 요구는 간단한 평가 과정에 의해 측정되며, 대체로 교육과정중심 측정(CBM)에 기반을 둔다(Fuchs & Fuchs, 1998; VanDerHeyden & Burns, 2010). 만약 다단계의 중재를 통한 아동의 진전도에서 학교, 교육청 혹은 주의 기준에 비교하여 적절한 수준의 교수적 반응이 보이지 않는다면 아동은 특수교육 대상자로 간주될 수 있는데, 이는 일반교육과정에서의 교수가 해당 학생의 교수적 요구에 적합하게 부합되지 않는다는 증거이기 때문이다. 이 시점에서 종합적인 평가가 요구된다. 적절한 수준의 기준점에 대한 논쟁거리가 야기된다. 그러나 이러한 기준점은 일련의 국가 수준의 기준, 주 수준의 연간 진전도 수준을 고려하여 해석이 가능한데, 이는 교육과정중심 측정(CBM) 체계를 통하여 구현이 가능하다(Fuchs & Fuchs, 2004). 교수적 의사결정을 위하여, 교육과정에서 지역 수준의 기준점으로 정해진 진전도와 평가 도구를 연결시키는 것은 합당하다. 그럼에도 국가 수준의 규준과 신뢰도와 타당도의 증거 간의 명백한 연관이 없다면, 법적인 적격성 필요조건을 위하여 지역 규준을 사용하는 것에는 주의를 기울여야 한다.

> **✔️📝 잊지 마세요!**
>
> 기준점은 일반적으로 국가 수준의 기준 및 주 수준의 연간 진전도 수준을 고려하여 해석이 가능하다.

중재반응 모형에 대한 하나의 오해는 특수교육이 고려되기 전에 그것이 한 아동에게 모든 단계의 중재를 받을 것을 요구한다는 것이다. 사실 그 아동은 중재반응 모형의 어떠한 단계에서도 특수교육 평가에 의뢰될 수 있다(VanDerHeyden & Burns, 2010). 그러나 의뢰는 특수교육이 무엇을 제공할 수 있는가에 대한 의문을 제기한다. 어떤 경우에는 아동이 IDEA 2004에서 마련된 시민 평등권 보호를 필요로 하거나, 중재반응 모형 체계에서 다루어지지 않은 문제들(예: 말과 언어 장애 혹은 전반적 발달장애)을 가지고 있을 수도 있다. IDEA 2004가 시행되기 전의 특정학습장애 판별 방법에서도, 아동이 특수교육에 의뢰되었을 때 서비스와 보호의 방법에 따라 어떤 특수교육 판별이 제공되어야 할지에 대한 의문이 제기되었다. 차이점은 중재반응 모형에서는 주요 목적이 치료 요구들을 발견하는 것이고, 자격 여부 결정이 중재에 대한 노력으로부터 동떨어져 있지 않다는 것이다.

> **✔️📝 잊지 마세요!**
>
> 중재반응 모형 과정 중 어느 시점에서라도 아동이 특수교육을 받도록 의뢰할 수 있다.

시행 체제

중재반응 모형의 시행 체제에는 많은 접근 방식이 있다. 과정이 시행되는 방법에는 차이가 있지만, 중재반응 모형은 단 하나의 모형이 아닌 과정들의 집합으로 보는 것이 가장 적합하다(Fletcher & Vaughn, 2009a). 이런 방법들은 적어도 두 가지의 역사적 근원이 있는데, 둘 다 학교에서 예방 프로그램을 시행하려는 노력에 해당된다. 첫 번째 근원은 학교 전체에 시행되는 예방 접근법을 이용하여 행동 문제들을 예방하려는 노력이다(Donovan & Cross, 2002; Walker, Stiller, Serverson, Feil, & Golly, 1998). 이런 모형들은 주로 문제해결 과정을 사용하는데, 그에 따라 한 팀이 행동적 또는 학업적 문제를 발견하고, 그 문제를 다룰 수 있는 중재 방법을 선택하고, 개입의 성과에 대해 평가하며, 만약 문제가 해결되지 않았을 경우 다른 새로운 개입 방안을 제안한다(Reschly & Tilly, 1999).

두 번째 근원은 아동의 읽기 문제를 예방하는 연구로부터 나왔다. 이런 방법들은 표준화된 프로토콜을 사용하여 교수에 대한 아동의 반응에 따라 강도나 차별이 높아지는 중재를 한다. 이런 접근의 한 예는 읽기에서의 교육적 전달 체계 3단계 모형이다. 이것은 전반적인 교육으로 시작하고(1단계), 향상된 전반적인 교수에 반응을 하지 않는 20%의 학생에게는 매일 20~40분의 추가적인 소그룹 지도로 진행되는 보충 교육을 더하고(2단계), 전반적인 교육과 보충 중재에도 반응을 보이지 않는 약 5%의 학생에게는 보통 더 작은 그룹 안에서 더 집중적인 지도를 더 긴 시간 동안 제공한다(3단계). 문제해결과 표준화된 처치 프로토콜 모형들은 중재의 첫 번째, 두 번째, 세 번째 단계를 구별하여 각 개인의 치료에 대한 반응에 따라 강도와 차별(그리고 비용)이 높아지는 의료 서비스 전달 체계의 공중 보건 모형들의 영향을 반영한다(Vaughn, Wanzek, Woodruff, & Linan-Thompson, 2006). 〈표 6-7〉은 중재반응 모형 시행을 위한 방법들을 요약하고, 〈표 6-8〉은 학교에서 중재반응 모형를 시행할 때 고려해야 할 구체적인 문제들을 나열한다.

이런 모형들은 공통적인 특징을 공유하는데, ① 학업적 및 행동적 어려움의 위험을 갖고 있는 학생들을 발견하기 위한 전반적인 선별, ② 중재에 대한 반응을 평가하기 위한 진전 상태 모니터링, ③ 높은 질의 차별화된 전반적인 교수로 시작하여 교수의

주 의!

중재반응 모형 시행을 위하여 지역 교육청별로 상당한 토론과 협의들이 필요할 것이고, 효과적으로 사용되는 데 수년이 걸릴 것이다. 교육감/책임자에서부터 교사에 이르는 모든 교육자가 참여해야 한다.

시간과 차별화 정도를 늘리는 보충 프로그램으로 넘어가는 점차 강화되는 중재를 포함한다(VanDerHeyden & Burns, 2010). 이 세 가지 요소는 특수교육 의뢰와 특정학습장애나 다른 특수교육 혹은 다른 특별지원 프로그램(entitlement programs)의 자격 여부를 결정하는 종합적인 평가로 이어지는 자료를 제공한다. 중재반응 모형의 목표는 모든 판별 모형이 그렇듯이 전적으로 우수하고 증거에 기초한 교수를 제공하는 데 달려 있다.

중재반응 모형은 특수교육에 관한 고려 때문만이 아니라 모

■ 〈표 6-7〉 중재반응 모형 시행을 위한 중요한 접근 방식

- 문제해결 모형: 학교에서 관리자들과 교사, 그리고 순회하는 전문가들로 구성된 의사결정 팀을 만든다. 선별과 진전 상태를 모니터하는 자료에 근거하여 팀은 행동적인 혹은 학업적인 문제와 이를 다룰 수 있는 중재를 발견하고, 중재의 성과를 평가하고, 문제가 해결되지 않았다면 새로운 중재를 제안한다. 이 모형은 행동적 어려움을 다루는 중재반응 모형 시행에 기초하고 있지만 학업적 문제에도 사용되고 있다.
- 표준 프로토콜: 일반적인 선별과 진전도 점검 자료에 근거하여 위험 아동들을 발견한다. 중재들은 일반적으로 각 단계에서 표준화되어 있고 아동의 교수에 대한 반응에 따라 강도와 차별의 정도가 높아진다. 이런 모형은 읽기 교수의 성과를 향상하려는 노력에 기초하고 있다.

■ 〈표 6-8〉 중재반응 모형을 시행할 때 교육청에서 고려해야 할 문제

- 관리자로부터 교사와 지역사회까지 지도력이 받아들여졌는지
- 부모의 역할
- 진행 상태를 어떻게 심사하고 모니터할 것인지
- 부적절한 반응의 기준
- 단계의 수
- 교육과정의 구성과 단계의 관계
- 전문적인 발달을 어떻게 겨냥할 것인가
- 표준 프로토콜 대 문제해결 모형
- 특수교육과 평가 전문가의 역할
- 종합적인 평가란 무엇으로 구성되어 있나

든 학생을 위한 개선된 성과에 초점을 두고 있는 여러 이유 때문에 교육청에서 채택되고 있다(Spectrum K12, 2008). 교육청에서 중재반응 모형을 채택할 때 향상된 성취와 행동적 성과, 그리고 특수교육 의뢰의 감소로 이어진다는 증거가 있다(Jimerson, Burns, & VanDerHeyden, 2007; VanDerHeyden, Witt, & Gilertson, 출판 중). 유감스럽게도 대부분의 논란은 판별에 관한 것이고, 비평가들은 중재반응 모형 체계에서 비롯된 방법에 대한 우려가 다른 더욱 전통적인 판별 모형에도 적용된다는 사실을 전반적으로 간과하고 있다(Fletcher & Vaughn, 2009b).

특정학습장애 판별의 적용

[그림 6-1]은 중재반응 모형과 전통적인 접근 방법에서 의뢰와 적격성 과정이 어떻게 다른지를 보여 주고 있다(Fletcher et al., 2007). 첫 번째 차이는 전반적인 선별과 지속적인 진행 상태 모니터링에 부여된 중요성이다. 왼쪽에 보이는 전통적 접근 방법은 전반적인 선별이나 진행 상태 모니터링을 포함하고 있지 않지만 오른쪽에 보이는 중재반응 모형 방식의 모형은 이것을 명백하게 포함하고 있다. 두 번째 차이는 학생들이 어떻게 특수교육에 의뢰되는지다. 전통적 모형에서는 교육자나 부모가 의뢰 과정을 시작하는데 이런 방식은 성별과 소수자 불균형과 관계가 있다고 알려져 있다(Donovon & Cross, 2002). 중재반응 모형에서는 부적절한 교수 반응에 따라 의뢰 과정이 시작되고, 학생의 특정학습장애 판별 여부와는 상관없이 진행 상태 모니터링이 계속된다. 세 번째 차이는 진행 상태에 따른 복합적인 처치와 교수의 수정이다. 전통적 모형에서는 이런 복합적 처치나 진행 상태에 따른 교수의 수정이 암시되어 있지만, 중재반응 모형에서는 명백하게 보이고 있다. 네 번째 차이는 특수교육과 관련이 있다. 전통적 모형은 특수교육을 분리된 서비스로 나누어 놓고 있지만, 중재반응 모형에서는 일반교육과 특수교육을 연결하고 있고, 진행 상태를 계속 모니터링한다.

종합적 평가에서 또 다른 차이점들이 발생한다. 중재반응 모형에 기초한 모형에서

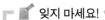

잊지 마세요!

특정학습장애 판별을 위한 어떤 모형이든 부적절한 교수적 반응에 대한 증거뿐만 아니라 중재반응 모형 맥락에서 제공되는 평가를 포함한 종합적인 평가를 요구한다.

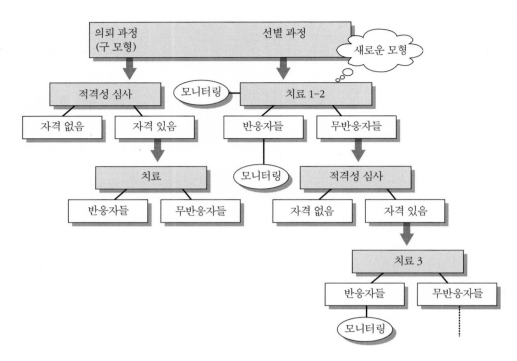

[그림 6-1] 특정학습장애 판별을 위한 전통적 모형과 중재반응 모형에 기초한 모형의 비교

는 선별과 진행 상태 모니터링, 그리고 효과적이지 않았던 중재의 유형을 통해 이미 학생에 대해 많이 알고 있다. 그렇기 때문에 학생은 기초 자료와 구체적인 질문을 가지고 적격성 심사 과정에 들어가게 되는데, 이것은 효과적인 교수 반응에 대한 가설을 세울 수 있게 해 주고, 이는 곧 종합적 평가를 위한 근거를 형성한다. 평가는 아동의 교수적인 필요에 관한 구체적인 질문들과 부적절한 반응에 대한 근거에 맞추어져 있다. 교수에 대한 아동의 부적절한 반응을 이해하고 특수교육 서비스가 적절한 중재가 될 수 있을지를 판단하기 위해 아동은 평가의 한 부분으로 IQ검사, 인지과정 검사, 행동검사나 다른 절차를 밟을 수도 있다(Fletcher et al., 2007; VanDerHeyden & Burns, 2010). 모든 아동이 똑같은 평가를 받아야 한다는 조건이나 기대는 없다.

종합적 평가

어떤 판별 모형을 사용하든지 꼭 필요한 평가를 둘러싼 융통성은 판별이 학생을 선별하고 진행 상태를 모니터링하는 데에 사용되는 자료에만 근거하여 이루어지고 있다는 것에 대한 염려를 초래한다(Reynolds & Shaywitz, 2009). 이것은 IDEA 2004의 규정 측면에서 불법적일 뿐만 아니라, 특정학습장애 분류와도 일치하지 않을 뿐더러 다양한 기준이 필요하다는 부분에서도 맞지 않는다. 하지만 어떤 경우에는 유일한 형식적 자료가 교수에 대한 반응에 기초한 자료일 수 있다(VanDerHeyden & Burns, 2010). IDEA 2004에서는 판별의 모든 요소가 형식적으로 평가(시각, 청각, 제한된 영어 능력, 지적장애, 행동 문제 등)되어야 한다는 규정이 없지만, 그래도 이런 요소들은 평가에서 고려되어야 하고 다양한 정보 출처에 근거하여 적격성 여부를 결정해야 한다.

적격성 결정은 교수적 반응을 공식적 검사로 평가하여 내리지만, 특정학습장애 평가를 위해 추가적인 공식적 평가를 포함시키는 것이 권장되고 있다. 종합적 평가는 특정학습장애-저성취와 교수적 반응을 판별하기 위해 필요한 두 가지 특성을 정식으로 다루어야 한다. 추가적으로, 종합적 평가는 성취에 영향을 줄 수 있는 다른 장애나 환경적 요인들이 있는지를 다루어야 한다. 이러한 이유로 특정학습장애를 위한 종합적 검사에는 규준참조 성취검사를 이용한 간략한 평가, 교수적 반응 자료, 적어도 발달적인 정보나 병력 그리고 교사/부모 척도를 통해 저성취에 기여하는 행동적 요인을 평가하는 것을 포함할 것을 권장한다.

> ✏️ **주 의!**
>
> 부적절한 교수에 대한 학생 반응이 IDEA 2004 법적 요건을 완전히 충족하는 경우가 없으며, 특정학습장애의 진단을 할 때도 역시 그러하다. 그러나 가능한 요인이나 관심 대상을 모두 공식적으로 평가해야 하는 것은 아니다.

저성취 준거의 설정

명확하게 저성취 준거를 설정하는 것은 특정학습장애의 가장 중요한 평가 중 하나임이 분명하다. Fletcher와 동료들(2007)이 제시한 것처럼, 성취의 규준 지향적 진단은 특정한 아동의 학업적 손상의 본질에 관한 가설에 기초한다. 성취의 규준 지향적 진단은 매우 중요한데, 부적절한 반응자의 판별을 위한 유일한 준거로서 부적절한 반응 자료를 사용하는 것은 낮은 신뢰성을 가지고 있고, 진전도 점검에 기초한 구체적인 측정이 아이들을 부적절한 반응자로 과잉 판별할 수도 있기 때문이다(즉, 거짓된 긍정 오류; Barth et al., 2008; Fuchs & Deshler, 2007). 더구나 부절적한 반응자의 진단은 진정한 부적절한 반응자가 적절한 반응자로 판별되는 오류(즉, 거짓된 부정 오류)를 최소화하는 절단점(cut-off)을 가지고 있어야 한다. 맥락상 규준지향 성취검사는 교수적 중재에 대한 자료를 정확히 보완하고 아동의 특정학습장애 판별을 지지하는 추가적인 정보를 제공한다. 교수적 반응을 진단하는 진전도 점검 자료는 아마도 IDEA에서의 8개 영역(예: 읽기 이해력)에 대해 강력하지는 않을 것이다. 또한 진단 문제의 본질이 쉽게 성립된다면 IDEA의 모든 8개 영역을 진단할 필요는 없다. 단어 인지와 철자에 문제를 가진 학생들을 위한 읽기 이해력과 쓰기 표현력의 전반적인 진단을 수행하는 이유는 무엇일까? 종합적으로, 혼합 모델에서 학업적 성취의 규준 지향적 진단은 간략하고 학업적 손상의 속성에 관한 가설에 기초하여야만 한다(Fletcher et al., 2007).

성취의 규준참조 평가를 포함하는 또 다른 이유는 어려움의 잇따른 유형들이 특정학습장애의 다른 유형을 기반으로 한 연구들에 결부될 수 있기 때문이다(Fletcher et al., 2007). 읽기, 수학과 쓰기 표현력에 대한 어려움의 인지적 · 신경학적 연관성에 관해 알려진 것이 매우 많다. 학생들이 취약점을 가지고 있는 성취 영역을 판별함으로써, 교수에 관한 결정은 증거 기반과 관련될 수 있다. 어떤 학생들은 다양한 영역에서 문제점을 가지고 있고 좀 더 포괄적인 중재 계획이 필요하다.

> **📌 잊지 마세요!**
>
> 특정학습장애와 인지적 과정에서 신경학적 관련성과 유전까지의 각기 다른 학업적 기술에 관한 전반적인 연구와 정서적 · 행동적 관련성과 환경적 요소에 대한 연구가 있다. 이러한 연구는 과거 수년간에 걸쳐 시행되었다(Fletcher et al., 2007).

중재 반응의 평가

Fuchs와 Deshler(2007)는 교수적 반응에 기초한 특정학습장애의 기준을 만족하는 학생을 판별하는 데 있어 세 가지 주요 접근을 제시했다. 그것은 ① 최종 상태(접수), ② 기울기 불일치, ③ 이중 불일치다(〈표 6-9〉와 〈표 6-10〉 참조). 최종 상태는 기준점

■ 〈표 6-9〉 교수적 반응 평가 방법

- 최종 상태: 기준점에 대한 규준참조/준거참조의 중재 후 성취 점수를 기준점과 비교
- 기울기 불일치: 진전도 점검 평가와 함께 규준 집단의 평균 비율에 대한 성장 비율 비교
- 이중 불일치: 부적절한 반응을 판별하기 위해 진전도 점검 평가에서의 수행 수준과 성장 비율 비교

출처: Fuchs & Deshler (2007).

■ 〈표 6-10〉 읽기 교수에 대한 적절한 반응자와 부적절한 반응자를 구별하는 특징

- 부적절한 반응자는 좀 더 나이가 많고, 좀 더 경제적으로 열악하며, 남자아이들에게서 좀 더 많이 보이고, 유급한 학생일 경우가 많다.
- 부적절한 반응자는 행동적인 어려움이 좀 더 일반적인데 특히 주의력이 부족하다.
- 음운론적 인지와 빨리 이름 대기, 다른 구어적 기술의 평가는 적절하고 부적절한 반응자를 좀 더 신뢰성 있게 구별할 것이다.
- 지능지수는 인지적 과정의 좀 더 구체적인 평가와 관련하여 반응자 상태의 좀 더 취약한 차별 요인이다.

에서 규준참조 또는 준거참조의 중재 후 성취 점수를 비교하는 방법이다. 기울기 불일치가 진전도 점검 평가와 함께 준거 집단의 평균 비율에 대한 성장 비율을 비교하는 방법인 반면, 이중 불일치는 부적절한 반응을 판별하기 위해 진전도 점검 평가에서의 수행 수준과 성장의 비율을 비교하는 방법이다(이 접근법들에 대한 좀 더 자세한 사항은 VanDerHeyden과 & Burns, 2010 참조).

특정학습장애의 요소를 판별하는 데 사용되는 어떠한 절단점 기반의 기준과 같이, 이러한 방법들과 관련된 절단점은 임의적이다. 많은 논쟁이 기준점이 국가적 표준의 유형에 기초하거나 지역적일 수 있는가에 관한 것이다. 진전도를 점검하고 교수를 조정하기 위한 중재 반응 데이터의 사용은 매우 합당하며 연구(Stecher, Fuchs, & Fuchs, 2007)에 의해 강하게 지지된다. 판별 목적을 위한 중재 반응 기준은 가능한 한 국가적 표준화의 형식을 가져야만 한다. 세 가지 접근법 모두 불일치 모델의 예시이지만 이후의 두 가지는 변화(Fuchs & Fuchs, 1998)와 진전도 점검 평가를 포함한다.

맥락적 요소의 평가

만약 의뢰가 될 때 다른 장애를 포함한다면, 평가는 좀 더 포괄적이고 다른 장애의 존재와 처치 계획에 영향을 주는 맥락적 요소를 좀 더 고려해 볼 수 있는 배제 기준을 기술할 필요가 있을 것이다. 좀 더 종합적인 평가는 지적장애를 판별하기 위해 지능과 적응 행동의 평가를 포함할 수 있을 것이며, 전반적인 발달장애를 판별하기 위한 과정을 결정할 수 있을 것이며, 제한된 영어 유창성이나 말·언어 평가를 할 수 있을 것이다. 부모나 교사들에 의한 행동 평정 척도는 공존 장애(예: 주의력결핍 과잉행동장애)의 선별검사로 사용될 수 있을 것이며 저성취를 설명할 수 있는 맥락적 요소들을 살펴볼 수 있을 것이다. 그들은 분명 처치 계획을 세우는 데 이를 고려할 것이다. 모든 아이가 모든 잠재적인 문제에 대해 진단될 필요는 없다. 중재반응 모형 체계에서 아동에게 맞는 구체화된 평가와 개별화된 중재 계획으로 이루어지는 중재에 왜 학생이 반응하지 않는지에 대한 가설이 있을 것이다.

잊지 마세요!

장애 결정은 두 가지 요소로 이루어진다. 먼저 문제가 있다는 근거가 있고, 다음으로 그 문제로 인하여 적응상의 곤란(즉, 교육적 요구)이 있다는 근거가 있어야 한다. 중재반응 모형에서는 먼저 부적응(부적절한 반응)을 확인하고 그에 대한 문제를 구체화한다.

좀 더 일반적으로, 장애 결정은 두 갈래로 나뉜다. 만약 학생이 중재반응 모형 체계 외부에 있다고 평가되면, 적응상의 곤란(즉, 교육적 요구, 두 번째 갈래)을 이끄는 장애(첫 번째 갈래)를 판별하는 근거의 추가적 고려가 반드시 이루어져야 한다. 왜냐하면 장애는 항상 이들 두 가지 갈래를 가지기 때문이다. 중재반응 모형 체계에서, 적응상의 곤란은 첫 번째로 결정되고(즉, 아동은 질적인 교수에도 불구하고 학년 수준에서 성취하지 못했다는 증거), 적격성의 설정은 이 처치 곤란에 대한 근거를 결정하는 것을 포함한다. 다른 판별 모형에서, 적응상의 곤란 평가는 아마도 간학문적 팀이 항상은 아니어도 때때로 학교 수행을 방해하는 장애라고 진단됨에도 불구하고 적격성을 거부할지도 모른다. 장애를 가지고 있다는 것만으로는 장애를 불능(disability)으로 판별하기에 충분치 않은 것이다.

신뢰도 문제

중재반응 모형에 근거한 판별 범위는 부적절한 반응(또는 특정학습장애 아동)을 결정하는 데 확실한 기준이 없기 때문에 제시하기가 어렵다. 이러한 우려할 만한 점들은 판별이 항상 어떻게 모델을 조작화하는가에 달려 있을 것이기 때문에 특정학습장애에 대한 어떤 판별 접근에도 적용된다. 일반적으로 부적절한 교수적 반응을 판별하는 데 사용된 다양한 방법이 부적절하다기보다는 적절하게 반응하는 학생들을 판별하는 데 더 일치함을 보였다(Barth et al., 2008). 어떤 관점에서는 추가적인 중재

주 의!

특정학습장애는 차원적 특성이 있기 때문에 어떤 정의에서도 확실한 기준(golden standard)을 제시할 수 없다. 조작적 정의에 따라서 판별이 달라지게 된다.

가 필요한 학생들을 놓치는 것을 막는 것이 목적이기 때문에 비록 거짓 긍정 비율(적절한 반응자를 부적절하다 판별하는 것)이 늘어난다 할지라도 우리는 거짓 부정적 오류(부적절한 반응자를 잃어버리는 것)가 최소화되어야 함을 제안할 것이다. 판별이 교수적 반응, 저성취, 어떠한 인지적 불일치 유형의 진단에 기초한다 할지라도 절단점 기반의 심리 측정 관점은 불일치 모델이며 학생들을 부적절한 반응자로서 판별하지 못할 것이다(Francis et al., 2005). 이것은 중재 반응의 진단에 있어 분명한 사실이다(Barth et al., 2008; Burns & Senesac, 2005; Speece, Case, & Molloy, 2003). 접근 간의 다양성은 불규칙적인 절단점과 방법 간의 각기 다른 진단 사용을 반영한다. 여러 요인이 통제된다 하더라도, 공통성이 적은 문제는 판별이 다면적이며, 확고한 절단점 위와 아래를 타당하게 판별하는 데 어려움이 있는 진단의 측정학적 오류를 반영하기 때문에 결코 놀라운 것이 아니다(Cohen, 1983). 사실 절단점 바로 밑에 몰려 있는 아동들은 일반 아동과 유사하다.

이를 설명하기 위해 Barth 등(2008)은 절단점, 측정과 관련하여 399명의 1학년 학생에게 교수적 반응을 평가하였고, 종종 2단계 중재에서 1학년으로부터 중재에 대한 부적절한 반응을 판별하기 위해 접근을 사용하였다(Marthes et al., 2005). 연관 측정(808명)은 교수적 반응의 각기 다른 조작화에 합의점을 기

주 의!

많은 연구가 다중기준의 필요성을 제안하는 부적절한 반응자를 판별하는 데 사용된 방법들 간의 공통성(overlap)을 발견한다.

술하기 위해 계산되었다. 방법들 간의 일치는 적절한 반응자를 판별하는 데 일치성이 더 강한 데 반해, 특히 부적절한 반응을 판별하는 데 있어 일반적으로 미약하였다. Speece 등(2003)은 이중 불일치 모델이 아이들을 단순한 저성취 또는 성취 측정 수준으로 판별되지 않는 부적절한 반응자로 판별하는 것을 발견하였다. Speece 등(2003)이 성장에 초점을 두기 때문에 이중 불일치 모델을 호의적으로 주장한다 할지라도, 최근의 연구는 똑같은 진단 모니터링 검사에 대해 학년 말 수행 수준에 따라 제공된 정보에 성장 진단을 추가할지에 대해서는 확신할 수 없다(Schatschneider, Wagner, & Crawford, 2008). 더불어 학습장애 판별에서 발생하는 중복 문제는 다중기준이 사용되어야 함을 제시하는데, 이것이 혼합 모델에서 준거참조 평가의 사용이 권장되는 이유다.

타당도 문제

가설적 분류는 진단을 위해 사용되지 않는 변인들에 대해 정의된 하위 집단 비교에 의해 평가된다. 따라서 중재반응 모형 판별은 배타적(독특한) 하위 집단을 산출해야 한다. Al Otaiba와 Fuchs(2002)는 읽기 중재를 받은 초등학교 아동(학령전기부터 3학년까지)에 대한 23개의 연구를 종합했다. 그들은 대부분의 연구가 부적절한 반응자의 가장 큰 특징으로 음운론적 인식에서의 어려움을 판별한다고 보고했다. 그러나 빨리 이름 대기, 음운론적 작업기억, 언어 능력, 집중력과 행동 문제, 글씨 쓰기, 인구통계학적 변인들도 부적절한 반응과 관련이 있다.

30개 연구에 대한 추후 메타분석에서, Nelson, Benner와 Gonzalez(2003)는 적절한 반응자들과 부적절한 반응자들이 다른 몇몇 차원을 발견했는데, 다음 순서에 따라 (큰 것에서 작은 것으로) 효과 크기 차이가 다양하게 나타났다. 빨리 이름 대기, 문제 행동, 음운론적 인식, 글자 인지, 기억 그리고 지능 순이다.

✏️ **잊지 마세요!**

타당도 연구는 인지와 개인 특성에서 적절한 반응자와 부적절한 반응자 간의 일정한 차이를 보여 준다.

Stage, Abbott, Jenkins와 Berninger(2003)는 1학년 중재에서 '빠른(faster)' 혹은 '느린(slower, 여기서는 저성취)' 반응을

보이는 학생들의 인지적 기능을 비교하였다. 빠른 반응자는 구어 지능(verbal IQ), 음운 인식 그리고 철자 인식에서 점수가 보다 높게 나왔다. 느린 반응자는 보다 부주의한 것으로 나왔다. 언어지능 및 언어지능과 읽기 성취의 불일치는 유의하게 집단 구분을 하지 못하였다.

Al Otaiba와 Fuchs(2006)는 유치원과 초등 1학년 사이에 적절한 반응 준거를 충족하는 학생들 집단을 비교하였다. 부적절한 반응을 보이는 학생은 단어 형태, 어휘, 빨리 이름 대기, 문장 반복 그리고 단어 식별에서 낮은 점수를 보였다. 음소 변별은 두 집단 간에 차이가 없었다.

Vellutino, Scanlon, Zhang과 Schatshneider(2008)가 보고한 결과를 보면, 유치원에서 초등 3학년에 걸쳐 실시된 중재 반응자의 상태에 대한 IQ와 비언어적 처리 관계는 음운 인식과 구두언어 평가와는 대조적으로 약하게 나타났다. 이들 학생은 질적으로 차이가 없으며, 중재 전후의 읽기 기술에서 어려움을 연속적으로 보였다. 적절한 반응자와 그렇지 않은 학생 간에 인지와 교수에서 질적으로 혹은 양적으로 차이가 있는지에 관한 보다 추가적인 연구가 분명히 요구된다.

> ✏️ **주 의!**
>
> 적절한 반응자와 부적절한 반응자의 인지적 차이는 정도의 차이로 볼 수 있다. 질적으로 다른 두 집단으로 보기는 어렵다.

🔑 결 론

타당도에 관한 한 반복 추수 연구의 필요성이 분명하며, 만약 다른 인지검사로 다르게 측정하거나 인지 기술의 다른 모델을 사용할 수 있다면 이 타당도를 수용할 수 없을 것이다. 프로파일의 모형에서 거의 효과가 없는 변량 방법일지라도 부적절한 반응의 조작화가 사용된다면 여기서의 결과는 다를 것이다. 이는 판별 모형과 관련이 없는 것이 사실이다. 하지만 저성취나 IQ 혹은 인지 불일치를 기반으로 하는 다른 판별 모형과 중재반응 모형을 기반으로 하는 판별 모형을 비교하면, 차이는 측정 수준에 있지 특정학습장애 구인의 개념화에 있지 않다는 것을 인식하는 것이 중요하다.

중재반응 모형 체계에서 학생들을 특정학습장애로 판별하는 것에 대한 문제점은 확인되었으며(Fuchs & Deshler, 2007; Fiorello, Hale, & Snyder, 2006; Kavale & Flanagan, 2007; Reynolds & Shaywitz, 2009) 다양하게 언급되었다(예: Fletcher, Coulter, Reschly, & Vaughn, 2004; Fletcher & Vaughn, 2009b; Gresham, 2009; VanDerHeyeen & Burns, 2010). 연방 법에서 특정학습장애의 정의는 '인지적 처리장애'로 규정되었기 때문에 인지처리 검사의 필요성이 요구되어야 한다고 논쟁하는 것은 흔한 일이다. 게다가 판별의 인지적 불일치 모델에 관한 이 장의 논의에서, 인지적, 신경영상적 그리고 유전적 체제에서 특별히 연구되어 온 단어 읽기, 수학 계산 그리고 인지 처리 과정을 인식하는 것은 중요하다. 중재 계획에 기여하는 이러한 검사들은 미약한 증거로 인해서 중재반응 모형 체계의 판별에서는 IQ 혹은 인지처리 검사를 일반적으로 포함하지 않는다.

> **주 의!**
>
> 영재와 특정학습장애의 공존이 예상되는 학생일지라도, 연구에서는 이러한 학생을 판별할 효과적인 접근을 아직 발견하지 않았다. 많은 학생에서 높은 IQ와 관련 성취의 불일치는 평균에서 회귀식을 설명하는 데 실패하는 것을 반영한다.

중재반응 모형 체계에서의 판별이 특정학습장애를 지닌 '영재(gifted)' 학생을 판별하지 않을 것이라는 문제(Reynolds & Shaywitz, 2009)는 영재성이라는 구인이 신뢰롭게 측정될 수 있는지와 한 개인이 재능이 있고 동시에 특정학습장애의 특성을 지닐 수 있다는 개념이 유효한지에 달려 있다. 어떤 모형에서든 판별된 학생이 절대적인 저성취의 특성을 반드시 보여야 하는지가 구체적인 문제가 된다. 만약 판별 모형에서 일반적 구인이 학습을 나타내는 특성이며 처리 반응을 예언하지만 증거로 지지되지 않는다면 문제로 부각된다(Fletcher et al., 2007; Fletcher & Vaughn, 2009a, 2009b; Stuebing et al., 2009). Fletcher와 Vaughn(2009b)이 논의한 바와 같이, 만약 조합된(composite) IQ 점수의 일정 유형이 적성을 측정하는 것이라면 조정된 회귀 편차는 높은 IQ 점수대의 학생에게는 유의미할 것이다. 하지만 높은 IQ와 낮은 성취를 포함하는 절대적인 저성취를 보여 주지 않는 편차(예: <25백분위)는 종종 회귀 처리(artifact)된다(Reynolds, 1984). IQ와 성취 간에 .60의 상관을 보인다고 하면, 이는 1.5 표준오차 불일치로 IQ 130에 비해 32점이 더 낮은 성취 점수가 요구된다(Fletcher et al., 1994). IQ-성취 불일치에 의존하는 것을

반대함과 동시에 규준참조 평가를 실시하여 성취 영역에서 넓게 측정하는 것은 더욱 타당한 것이다. 특히 자동화에 문제를 가진 많은 학생은 유창성 검사를 통해 판별될 수 있다. 요약하면, 영재 학생 판별은 IQ에 의존하여 유도할 수 있으며 IQ와 성취의 상관에 대한 조정의 실패는 혼합 모형으로 권하는 성취 영역에서 광범위하게 평가할 수 있다. 특정학습장애를 지닌 영재

> **✎ 주 의!**
>
> 느린 학습자는 IQ상 70~80 범위 기준으로 판별된다는 생각에 관해서는 연구상의 지지가 많지 않다.

학생이 존재할 것이다. 하지만 IQ 불일치 자체로는 특정학습장애를 나타내지 않으며 (Kavale & Flanagan, 2007), 단지 열악한 교수적 반응 자체로 특정학습장애를 판별하기에는 적절하지 않다. 경계선급이며 낮은 평균 점수대(70~80)를 가진 학생(소위 느린 학습자)은 배치 오류에 관해 유사한 관련 문제가 존재한다. 앞서 요약한 바와 같이, IQ는 처치 반응과 예후, 혹은 일반적인(routine) 측정에 요구되는 중요한 요인이 되는 다른 요인들과는 강력하게 연계되지 않는다. 학습에 관한 적성을 평가하는 데 가장 좋은 방식은 학생을 중재에 놓고 그의 성장을 측정하는 것이다. 느린 학습자가 보다 더디게 학습한다.

일반적으로 중재반응 모형 서비스 체계 내에서 특정학습장애의 판별은 판별의 심리측정 모형에 혼란을 주었던 불일치 측정과 결정에 대한 문제에 만병 통치약이 될 수는 없다. 교수적 반응의 평가를 포함하는 접근은 나이와 처지 반응상의 불일치에 근거한다. 하지만 이는 두 개 이상의 심리측정학적 검사 간의 점수 차이를 사용하는 것이 요구되지 않기 때문에 보다 단순하다. 이러한 방법은 제공되는 교수적 서비스의 질보다 더 낫지 않지만 특정학습장애 판별을 위한 많은 모형에서 적용되는 것이 사실이다. 판별 모형에 관련 없이, 특정학습장애 구인은 판별을 위한 복합적인 준거를 요구한다. 이러한 준거는 포괄적 준거로서 교수적 반응을 반드시 포함해야 한다. 특정학습장애에 범주적 차별성을 두고자 했던 시도에서 엄격한 절단점을 사용하는 것은 교육 실무자, 정책 입안자 그리고 부모에게 큰 염려가 될 수 있는 판별 관련 문제를 계속 낳게 될 것이다. 매우 짧은 측정에서의 신뢰 간격은 검사의 측정 오류에 기인하여 사용되어야 한다. 많은 주(州)에서 경직된 절단점을 구체화한 중재반응 모형에 기인한 준거를 채택하는데, 이는 안타까운 일이다. 어떤 서비스를 제공하였고 그에 대해 학생

이 얼마나 진전도를 보였는지 혼란스럽게 되면, 누가 특정학습장애로 적절한지에 대하여 학교와 부모 간에 대치되는 관계를 계속 가질 것이다. 특정학습장애는 판별된 신뢰도와 타당도를 가지는 지원적이며 방어적인 구인이다. 하지만 분류 체계 내에서 판별에 대한 연구를 정착시키고 판별의 신뢰도와 타당도를 계속해서 평가해야 할 필요가 있다.

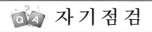 **자 기 점 검**

1. 특정학습장애에서 분류는 학습장애로 무엇이 일어나며 언제 진단되는지에 관한 것이다. 참인가 거짓인가?

2. 능력-성취 불일치에 대해 옳은 것은 무엇인가?
   (a) IQ 불일치와 불일치를 안 보이는 읽기 부진 학생들 간의 인지 기능의 차이는 집단을 정의하는 데 사용되지 않는 인지적 변인들에서는 차이가 작다.
   (b) IQ-성취 불일치를 가진 학생은 중재 반응을 더 잘한다.
   (c) 읽기에서 장기적 성장은 불일치를 안 보이는 읽기 부진 학생보다 IQ 불일치를 보이는 학생들에게서 더 낮다.
   (d) 다양한 측정은 능력-성취 불일치 모델에서 적성을 조작화하는 데 사용되어 왔다.

3. 판별에서 저성취 모델에 대해 옳은 것은 무엇인가?
   (a) 저성취 자체가 특정학습장애의 신뢰성 있는 지표다.
   (b) 저성취는 특정학습장애를 판별하는 데 필요조건이지 충분조건이 아니다.
   (c) 저성취 모델에 근거하여 특정학습장애의 다양한 분류를 지지하는 강력한 증거적 기반이 있다.
   (d) 절대적 저성취는 특정학습장애 판별의 어느 모델에도 필수적인 것이다.

4. 중재반응 모형의 주요한 목표는 특정학습장애로 적격한 학생을 판별하는 것이다. 참인가 거짓인가?

5. 중재반응 모형에서 특수교육을 위한 의뢰의 가장 적합한 특성은?

   (a) 학생은 결코 의뢰되지 않는다. 그들은 선별되고 중재반응 모형 과정의 끝에 판별된다.

   (b) 특수교육은 서비스 연속체의 한 부분이며 의뢰는 보편적 선별, 진전도 모니터링 그리고 중재 반응의 맥락에서 이루어진다.

   (c) 의뢰는 중재반응 모형상 종합적인 평가를 요구하지 않기 때문에 필요하지 않다.

   (d) 중재반응 모형은 특수교육상 성별과 소수 불균형인 주(州)에서 종종 요구된다.

6. 중재반응 모형과 전통적 모형에서의 종합적 평가는 특정 학생에게 다를 수 있다. 참인가 거짓인가?

7. 중재반응 모형에서 판별은 불일치 점수가 포함되지 않기 때문에 전통적 모델보다 직접적이다. 참인가 거짓인가?

8. 중재반응 모형의 구성요소가 <u>아닌</u> 것은?

   (a) 보편적 선별

   (b) 진전도 모니터링

   (c) 증가되는 집중적 중재

   (d) 인지적 강점과 약점 평가

9. 인지적 강점과 약점에 근거하여 특정학습장애의 분류를 지지하는 강력한 증거 기반이 있다. 참인가 거짓인가?

10. 판별을 위한 중재반응 모형의 쟁점은 _____을/를 포함하고 있다. 옳은 것을 모두 고르시오.

(a) 부적절한 반응자를 판별하기 위한 상이한 방법의 취약한 공용성

(b) 특정 학업 영역에서 증거기반 중재의 불충분한 발달

(c) 중재반응 모형에서 평정은 행정가, 교사, 학교 관계자 그리고 부모 간에 긴밀한 협력을 요구하는 집중적인 과정이라는 것

(d) 진전도 모니터링을 위한 신뢰도 있는 선별 도구 및 측정의 부재

정답: 1. 거짓, 2. (a), (d), 3. (b), (c), 4. 거짓, 5. (b), (d), 6. 참, 7. 거짓, 8. (d), 9. 거짓, 10. (a), (b), (c)

Chapter 7

학습장애 판별에서 PASS 이론에 의한 불일치 접근

Jack A. Naglieri

아동들이 학업적 어려움을 경험하는 데에는 많은 이유가 있다(예: 부적절한 교수, 동기의 결여, 시각 또는 청각의 문제들, 책과 독서에 대한 경험의 부족, 학습에 있어서 아동의 독특한 특성에 맞지 않은 교수, 전반적으로 낮은 지적 능력, 특정 지적 능력의 결손 등). 이 장은 학업적 성공과 실패의 기초가 되는 기본적 심리 과정의 하나 혹은 그 이상에서 장애를 가진 아동들에게 초점을 두고 있다. 즉, 이들은 다양한 인지 과정을 측정하는 데 인증된, 신뢰할 수 있는 다차원적 검사에서 표준화 점수의 평균 또는 평균 이하 점수를 획득한 아동들이다. 이러한 아동들은 적절한 교수와 다른 배제 요인들을 고려하더라도 심리 처리 과정의 문제 및 연관된 학습적 실패를 나타내는 국가 수준의 평가를 활용한 포괄적 평가를 통해서만 파악할 수 있다. 이러한 유형의 아동들은 2004년 개정된 「장애인교육법(IDEA)」에 의해 정의된 특정학습장애(SLD) 규준에 적합할 것이다 (Hale, Kaufman, Naglieri, & Kavale, 2006 참조).

이 장은 기본적 심리 과정 중 하나 혹은 그 이상에서 장애를 가진 아동들에 관한 것이다. 이러한 아동들의 학업적 어려움은 부적절한 교수 때문에 악화되었을 수도 있으나, 부적절한 교수가 문제의 원인은 아니다. 이 아동들은 빈번한 진전도 측정을 통해 이득을 얻을 수도 있지만, 그렇다고 진행 중인 진전도 측정이 학업적 성공을 보장하지는 않는다. 학업적 실패의 원인을 이해하기 위해서는 하나 또는 그 이상의 기본적 심리 과정상의 장애를 기반으로 특정학습장애를 진단할 수 있는 훌륭한 전문가로부터 신중히 평가를 받을 필요가 있다. 인지적·학습적 처리에 어려움을 가진 아동들 또한 그들의 독특한 학업적 요구에 맞는 교수가 필요하다.

이 장에서는 특정학습장애를 가진 아동들을 위해서 인지 과정의 평가, 진단 그리고 중재와 관련된 쟁점들을 알아본다. 중재반응 모형(RTI)처럼 하나의 도구를 다른 가능한 선택과 비교하기보다는, IDEA 2004와 연방 법규(Federal Regulations)에 명시된 요건들에 대한 인식을 수반할 수 있는 특정학습장애 아동 판별법을 정확하게 명료화하는 것에 목표를 두고 있다(추가 자료는 Hale et al., 2006; Kavale, Kaufman, Naglieri, & Hale, 2005 참조). 이 장의 나머지 부분에서는 기본적 심리 과정 측정 방법들의 문제점을 논의하고, 기본적 심리 과정 측정 방법의 세부 사항들이 연방법에 근거하여 적절한지를 제시한다. 다음으로 불일치/일치 모델이 사례 연구와 함께 소개되고, 이어 이 접근의 타당성이 논의된다.

> **잊지 마세요!**
>
> 특정학습장애는 IDEA에서 "기본적 심리 과정 중 하나 이상의 장애"로 정의되었고, 따라서 진단을 위해서 이들은 측정되어야 한다.

🔑 기본 심리 과정

Kaufman 아동용 지능검사(Kaufman Assessment Battery for Children: K-ABC; Kaufman & Kaufman, 1983)는 인지 처리 관점을 통해 개념화되고 발달된 최초의 능력 측정 도구다. 능력의 신경심리학적 관점을 이용하여 구체적으로 개발된 두 번째 검사는 인지평가체계(Cognitive Assessment System: CAS; Naglieri & Das, 1997a)다. 이러한 검사들은 특정학습장애에 핵심적인 기본 심리 과정을 문서화하는 데 필요한 도구들을 제공했다. 미국 교육부가 명시한 것처럼(American Institutes for Research, 2002), "핵심적인 인지의 결핍에 대한 확인 또는 하나 혹은 그 이상의 심리학적인 과정에서의 장애는 학습에서의 불완전한 능력을 나타내는 예측력이 있으며, 특정학습장애를 나타내는 표식이다"(p. 5). 인지 처리 접근을 사용하여 특정학습장애를 정의하기 위해

■ 〈표 7-1〉 특정학습장애 결정을 위한 불일치/일치 모델 준거

다음 준거를 충족할 때 특정학습장애로 제안된다.

1. 심리적 처리 과정 점수에 있어서 불일치가 존재하는 경우
2. 성취 점수에 불일치가 존재하는 경우
3. 낮은 점수와 낮은 성취 점수 간에 일관성이 있는 경우
4. 평균 이하의 현저히 낮은 점수를 보이는 경우

서는 세 가지 요소가 충족되어야 한다. 첫째, 아동은 최소 과정 점수가 현저히 평균 이하로 기본적 심리 과정에서 뚜렷한 개인 내 차를 가지고 있어야 한다. 둘째, 평균 처리 과정 점수와 성취도 간의 뚜렷한 차이가 있어야 한다. 셋째, 낮은 처리 점수와 학습적 결핍 사이에 일관성이 있어야 한다(Hale & Fiorello, 2004; Naglieri, 1999, 2005). 이것이 바로 Naglieri(1999)의 불일치/일치 모델이다.

불일치/일치 모델은 많은 능력을 측정하는 데 적용될 수 있다(〈표 7-1〉참조). 그러나 이 장에서는 CAS로 측정되는 계획하기, 주의집중, 동시 처리 그리고 순차 처리(Planing, Attention, Simultaneous, Successive: PASS)라고 불리는 기본 심리 과정 이론에 초점을 두고 있다(Naglieri & Das, 1997a). 이는 특정학습장애가 어떻게 조작되는지 그리고 그 결과가 진단 및 교수적 의사결정에 어떻게 사용되는지에 대한 예시를 제공하고자 함이다. PASS가 주요 인지 처리 과정을 정의하는 유일한 방법은 아니지만, 이는 여러 측면에서 신중하게 입증된 이론이다. 이 이론은 문제해결 맥락에서 얻은 대규모의 자료 중에서 특정학습장애 판별에 필요한 정보를 평가하는 방법을 제시하였다. 이 절에서는 인지 처리 과정에 대한 설명을 시작으로 평가, PASS 처리 능력, 이론의 타당성이 논의될 것이다.

인지 처리 과정이란

PASS라고 불리는 기본적 심리 과정을 논의하기 전에 '인지 처리 과정'의 개념을 검토할 필요가 있다. 인지 처리 과정이란 용어는 독립된 개별 기능에 의해 설명되는 신

잊지 마세요!

과제의 인지 요구는 필요한 처리 형태를 결정한다.

경심리학적인 능력을 토대로 한다. 특정 인지 처리 과정은 기능하는 데 필요한 독특한 능력을 제공한다. 예를 들어, 순차 처리는 특정 서열로 정리된 정보를 다루는 데 사용된다. 우리가 속한 복잡한 환경의 다면적 요구를 만족시키기 위해서는 다양한 인지 처리 과정이 요구된다. 즉, 다양한 과정(예: 순차 처리와 주의)은, 예를 들어 weird와 wired와 같은 두 개의 유사한 단어를 만드는 글자의 순서에서 미세한 차이를 알아차릴 능력을 제공한다.

많은 인지 처리 과정 능력을 가지는 것은 다른 형태들 또는 과정들의 다양한 조화를 이용하여 같은 업무를 처리하는 능력을 제공한다(이것은 중재를 계획하는 데 중요하다). 예를 들어, 단어를 만드는 분리된 음소들의 혼합을 요구하는 단어 읽기는 순차 처리와 연관이 있는 반면, 단어 전체를 보는 것은 동시 처리와 연관이 있다.

인지 처리 과정은 모든 정신적 · 육체적 활동에 기반을 두고 있다. 인지 처리 과정의 적용을 통해 인간은 모든 형식의 지식과 기술을 습득한다. 그러나 인지 처리 과정의 예가 아닌 읽기, 해독 또는 수학 추리와 같은 기술들을 인식하는 것은 매우 중요하다. 이들은 인지 처리 과정의 적용으로 습득된 일련의 지식과 기술들이다. 더불어, 단어를 만들기 위한 혼합된 음소들의 결합과 같은 특정 기술들은 인지 처리 과정의 특별한 형태는 아니지만, 대신에 이를 실행하기 위한 순차적인 정보와 함께 특별히 쓰이는 기본적 심리 과정이다(예: 순차 처리). 학업적 · 사회적 능력은 기초 인지 처리 과정과 교수(그리고 동기, 정서 상태, 교수의 질과 같은 관련 요소들)의 상호작용으로 결정된다고 할 수 있다.

지식과 기술로부터 인지 처리 과정을 분리하는 것은 기본적 심리 과정의 효과적인 사정을 위해 매우 중요하다. 성취도를 측정하고자 하는 영역(예: 읽기, 수학 등)을 적절히 평가하는 검사들로 평가되어야 한다. 인지 처리 과정 평가는 가능한 한 학문적 맥락이 아닌 검사들을 사용하여 이루어져야 한다. 처리 과정과 학습적 기술을 동시에 측정하는 검사보다 성취도와 인지 처리 과정을 분리하여 측정하는 검사가 처리 과정의 구조를 효과적으로 반영할 수 있는 점수를 제공한다. 더욱이 성취 영역이 검사 내용에 의해 효율적으로 설명될 때, 처리 과정 검사들이 평가 문제 또는 과제가 요구하는 인지 처리 과정에 의해 정의됨을 인지하는 것은 매우 중요하다. 이러한 근거로, 인지 처리 과정은 과제의 내용 또는 양식에 의해 정의되지 않아야 한다. 예를 들어, 주로 '청각 처리 과정 검사'로 묘사되는 한 검사에서는 검사자가 구어로 제시한 일련의 숫자들을 반복하는 과제를 수행해야 한다. 이 과제의 필수 조건은 아동이 검사자가 말한 일련의 숫자들을 다시 반복할 수 있을 만큼 오래 기억할 수 있는 능력이다. 이것은 그 과제가 동시(CAS로부터) 또는 순차(K-ABC로부터) 처리를 요한다는 것을 의미한다. 그러나 동일한 과제는 시각적으로 제공될 수 있고(예: K-ABC 손동작 하위검사), 그것은 여전히 순차 처리를 측정할 수 있다. 서로 다른 양식(청각적인 것과 시각적인 것)의 두 과제를 어떻게 동일한 처리 과정으로 측정할 수 있는가? 이에 대한 답은 요구되는 기저의 인지 처리 과정이같다는 것이다. 다시 말해서, 양식에 상관없이 두 과제는 순서가 있는 정보를 다룰 수 있는 아동의 능력을 요구한다.

　마지막으로, 과정 자체가 어떻게 확인되느냐에 대한 질문이 고려되어야 한다. 연구자들은 중요한 인지 처리 과정이 무엇일까를 결정하기 위해 다양한 방법을 사용해 왔다. 어떤 이들은 관심 있는 구인을 정의하기 위해 실험 연구를 참고하였고, 어떤 이들은 기저의 근원적인 차원을 발견하기 위해 요인분석과 같은 통계적 방법을 사용해 왔다. 또 다른 이들은 인지적 혹은 신경심리학적 문헌에 정의된 능력(예: 작업기억, 합리성 등)에 의존했다. Naglieri와 Das(1997a, 2005)는 뇌가 어떻게 기능하느냐에 대한 이해의 바탕으로 핵심 심리학적 처리 과정을 정의했다. 이것은 그들이 전통적인 IQ검사로 방해받지 않게 해 주었고 Luria(1966, 1973, 1980)로부터 근거한 이론을 명확하게 세우도록 했다. 다음으로 중요한 과제는 체계적으로 이러한 구인의 타당성을 조사하는 것인데, 이것은 몇 가지 자료에서 정리해 온 것들로 이 장에서 간단히 다룰 것이다(Naglieri, 2005; Naglieri & Conway, 2009; Naglieri & Das, 2005). 그러나 이에 앞서 PASS 이론을 살펴보고자 한다.

잊지 마세요!

'기본 심리 과정'의 측정에서는 특정한 목적을 위해 타당하고 신뢰할 수 있는 검사 도구를 사용해야 한다.

PASS 이론

인간의 뇌가 어떻게 기능하느냐에 대한 Luria의 이론적 설명은 가장 완성도가 높은 것 중 하나로 여겨진다(Lewandowski & Scott, 2008). 영향력이 큰 그의 저서인 『인간 뇌와 심리학적 과정(Human Brain and Psychological Processes)』(1966), 『인간의 고등 대뇌피질의 기능(Higher Cortical Functions of Man)』(1980), 『작동하는 두뇌(The Working Brain)』(1973)에서, 그는 두뇌를 더 큰 상호작용 네트워크에 구체적으로 공헌하는 부분과 함께 기능적인 모자이크로 묘사했다. Luria는 인지와 행동이 다양한 영역을 가로지르는 복잡한 두뇌 활동의 상호작용에서 나오기 때문에, 두뇌의 어떤 부분도 다른 영역의 투입 없이 기능하지 않는다고 강조했다. 두뇌의 기능적 측면에 대한 Luria의 연구는 PASS라고 불리는 지능의 신경심리학적 처리과정 이론의 기반을 제공해 주었다. PASS는 초기에는 Das, Naglieri와 Kirby(1994)에 의해 기술되었고 CAS(Naglieri & Das, 1997a)에 의해 조작화되었다. 네 가지 PASS 처리 과정은 인지적이고 신경심리학적인 구인의 융합을 나타내는데, 이는 실행적인 기능(계획하기와 주의집중), 선택적이고 지속적이며 집중화된 활동(주의집중), 정보를 통일된 전체로 처리하는 것(동시 처리)과 정보의 순차적 처리(순차 처리)다(Naglieri & Das, 2005). 신경심리학적으로 정의된 이 네 가지 지적인 과정은 다음에서 보다 풍부하게 기술될 것이다.

계획하기

계획하기(planning)는 특히 전두엽의 대뇌피질 기능의 중요한 부분이며, 다른 영장류와 인간을 나누는 탁월한 능력이다. Goldberg(2002)는 계획하기에 대하여 다음과 같이 적었다.

계획하기는 목표와 목적 설정에 중요한 역할을 하며, 이러한 목표를 달성하는 데 필요한 활동을 계획하도록 고안할 때 핵심적이다. 계획을 실행하고, 활동을 조정하고, 정확한 순서로 적용하는 데 필요한 인지적 과정은 전두엽 대뇌피질에 의해 촉진된다. 마지막으로, 전두엽 대뇌피질은 우리의 의도가 성공인지 실패인지로 우리의 활동을 평가하는 역할을 한다(p. 23).

계획하기는 우리가 발달을 통한 목표를 성취하고 해결책이 요구되는 작업을 완수하기 위한 전략을 사용하도록 돕는다. 계획은 문제의 해결책을 찾는 이에게 필요한 모든 활동을 위한 필수적인 능력이다. 문제해결 작업은 목표를 완수하기 위해 전략을 세우고 평가하고 실시하는 것뿐만 아니라 스스로를 점검하고 충동을 조절하는 것을 포함한다. 그러므로 계획하기는 주의집중, 동시 처리, 순차 처리의 통제뿐만 아니라 해결책의 생성, 지식과 기술 사용의 분별을 위해 사용된다(Das, Kar, & Parrila, 1996).

주의집중

주의집중(attention)은 Luria 연구의 첫 번째 기능적 단위(복잡한 형성)와 관련이 있는 인지적 처리 능력인데, 이는 개인이 다른 경쟁적인 자극으로 방해받지 않고 일정 기간 동안 자극에 대한 인지적 활동에 선택적으로 집중하도록 하는 것이다. 더 오랜 기간 주의집중을 해야 할수록 집중을 지속하는 것은 어렵다. 주의집중을 통제하기 위해서는 의도와 목표(예: 계획 처리)가 필요하며, 이 두 처리의 측정은 서로 강하게 연관되어 있다. Schneider, Dumais와 Shiffrin(1984)의 주의집중 작업(attention work)과 Posner와 Boies(1971)의 주의집중 선택 작업(attention selectivity work)은 자극의 변별을 심사숙고하는 것과 관련이 있는데, 이는 주의집중 처리의 방법과 유사한 것으로 PASS 이론에 포함되었고 CAS에 의해 작동되는 것으로 개념화되었다.

동시 처리

동시 처리(simultaneous processing)는 집단이나 통일된 전체로 정보를 조직화할 때 요구된다. 상호 연관된 요소와 같은 패턴을 인식하는 능력은 일시적으로 두정엽과 후두엽이라는 두뇌 영역에 의해 가능하다. 대부분의 동시 처리는 상당한 공간을 필요로 하기 때문에, 이러한 종류의 과정을 처리하기 위해 활동의 시각적-공간적 차원이 존재한다. 개념적으로, 동시 처리의 측정은 Penrose와 Raven(1936)이 초기에 개발한 발달 매트릭스 검사(progressive matrices tests)에 포함된 시각-공간적 추론을 포함하는 검사를 사용하여 이루어진다.

그러나 동시 처리는 비언어적 내용에만 국한되지는 않는다. 이는 언어의 문법적 요소와 단어 관계의 이해, 전치사, 억양(Naglieri, 1999)에서 중요한 역할을 한다는 것이 증명되었으며, CAS(Naglieri & Das, 1997a)에 포함된 시각-공간적 관계의 하위검사에서도 설명된다는 점을 통해서 알 수 있다. 매트릭스 검사는 비언어적 검사[Naglieri 비언어적 능력검사 2판(NNAT-II; Naglieri, 2008a)], 지능검사의 비언어적인 부분[Wechsler 아동용 지능검사 4판(WISC-IV; Wechsler, 2003), Stanford-Binet 지능검사 5판(SB5; Roid, 2003)], 또는 동시 처리 척도[Kaufman 평가 배터리 아동용 2판(KABC-II; Kaufman & Kaufman, 2004), CAS]를 포함한다.

순차 처리

순차 처리(successive processing)는 정의된 일련의 순서로 배열된 자극과 관련된 작업을 수행할 때 요구된다. 순차 처리는 음운론적 기술처럼 순서대로 소리를 학습하는 것과 같이 소리의 순차적 조직과 관련된 통합적 능력이다. 사실상 순차 처리는 개념적으로 그리고 경험적으로 음운론적 암호화의 개념과 연관되어 있다(Das, Mishra & Kirby, 1994). 그러나 일련의 정보가 어떤 패턴으로 묶이게 되면(숫자 553669가 55-3-66-9로 조직화되는 것과 같이), 이러한 순차적인 반복은 계획하기(청킹 전략을 사용하는 것에 대한 결정)와 동시 처리(숫자를 관련된 그룹으로 조직화하는 것) 그리고 순차 처리(숫자의 순서를 유지하는 것)와 관련이 있다. 청킹(chunking)은 연령대가 높은 아동들이 종종 활용하며, 순차 처리에 약점이 있는 아동들을 위한 효과적인 방법으로 활용될 수 있다. 순차 처리에 어려움을 겪는 어린 아동들은 긴 문장을 들을 때 종종 지시 사항을 이행하거나 이해하는 데 어려움을 겪는다(Naglieri, 2005). 교사와 학부모는 가끔 이러한 단점을 주의집중 문제로 오해하곤 한다. 순차 처리의 개념은 KABC-II(Kaufman & Kaufman, 2004)에 포함된 순차 처리, WISC-IV의 거꾸로 세기(digit span forward)와 같은 순차적인 정보를 회상하도록 요구하는 검사와도 유사하다.

PASS 이론이란

PASS(Planing, Attention, Simultaneous, Successive) 이론은 CAS 검사로 구현되었는데 (Naglieri & Das, 1997a), 이 도구는 『CAS 매뉴얼』(Naglieri & Das, 1997b)과 다른 저서 (Naglieri, 1999; Naglieri & Conway, 2009)에 설명되어 있다. CAS는 인지 처리 과정의 효율적인 측정을 위해 Naglieri와 Das(1997a, 1997b)가 고안한 체계적인 검사로, 검사 개발 프로그램을 따르는 PASS 이론을 측정하기 위해 개발되었다. PASS 이론은 CAS 의 기본 바탕으로 활용되었으며, CAS의 내용은 능력에 대한 과거의 관점이 아닌 이 이론에 의해 결정되었다. CAS는 많은 중요한 인구학적 변수 중 미국을 대표하는 5~17세 아동 2,200명의 표본으로부터 표준화되었다. 표본은 성, 인종, 민족, 종교, 지역 사회 환경, 학급 배치, 부모의 교육 수준(보다 구체적인 정보는 Naglieri & Das, 1997a 참조)을 기준으로 국가적 대표성이 있는 계층화된 표본이다. CAS는 계획하기, 주의집중, 동시 처리 그리고 순차 처리의 네 개의 표준 점수 및 전체 척도의 표준 점수를 산출하며, 이 점수들은 표준평균 100, 표준편차 15를 기준으로 한다.

특정학습장애 판별을 위한 PASS 이론의 활용

IDEA 2004에서는 특정학습장애의 적격성 결정을 위한 총체적인 평가와 관련된 몇 가지 주요 기준을 설명한다. 첫째, 아동과 관련한 정보를 모으기 위해 다양한 평가 도구와 전략이 사용되어야 한다. 둘째, 아동이 특정학습장애인지 아닌지를 결정하는 유일한 준거로 단일한 측정 방법이나 평가 도구를 사용해서는 안 된다. 셋째, 평가자(실행가)들은 인지 및 행동적 요소의 상대적인 기여도를 측정하기 위해 기술적으로 확실한 도구를 사용해야 한다. 넷째, 평가는 인종이나 문화의 편견 없이 선택되고 사용되어야 하며, 정확하게 판별할 수 있도록 실시되어야 한다. 다섯째, 사용되는 측정 도구는 의도한 목적에 부합할 수 있도록 신뢰성 있고 타당해야 한다.

연방 법령(The Federal Regulations, 2006)은 특정학습장애 판별을 위해서 능력과 잊지 마세요!

IDEA는 총체적인 평가의 특성에 대해 분명한 입장을 취한다. 다양한 평가 도구와 전략이 사용되어야 한다.

성취의 현저한 불일치 사용에 대해 제재하지는 않으나 전통적인 능력-성취 불일치 모델의 사용을 반대하지 않는다고 명시한다. 명시된 내용은 다음과 같다. 교육과정 실행을 위해 적절한 교수법을 결정하기 위한 선별(screening)은 특수교육 적격성을 위한 평가로서 간주되지 않을 것이다. 중재반응 모형(RTI)은 특정학습장애 적격성 절차의 일부분으로 사용될 수 있지만, "아동이 연구 기반의 중재에 반응하지 않는 이유를 결정하기 위해서는 총체적인 평가가 요구된다"(p. 46647). 또한 "중재반응 모형은 총체적 평가의 필요성을 전적으로 대체하지는 않는다"(p. 46648). 중재반응 모형은 보다 큰 확신을 제공하는데, 그것은 ① 총체적 평가를 시작하기 전에 이미 적절한 학습 경험이 제공되어 왔다는 것, ② 아동의 반응 실패는 부적절한 지도의 결과가 아니라는 것이다. 이러한 규제들은 총체적 평가에서 사용되는 평가는 "교육적 필요를 가진 구체적 영역을 측정하는 것을 포함하며, 단지 단일한 일반지능 값(quotient)을 제공하기 위해 고안된 것이 아니라는 것"을 보다 분명하게 한다(p. 43785). 특정학습장애 판별 방법이 변화되어 왔음에도 불구하고, 특정학습장애는 여전히 "하나 혹은 그 이상의 기본 심리 과정에서의 장애"라고 정의된다(〈표 7-2〉 참조).

특정학습장애의 정의와 이 장애를 가진 아동들을 판별하는 방법에는 일관성이 있어야 한다(Hale et al., 2006; Kavale et al., 2005). IDEA 2004가 학습장애 아동들이 특정학습장애의 원인을 강조하는 사항으로 볼 수 있는 "하나 혹은 그 이상의 기본 심리 과정에서의 장애"를 가져야 한다는 것을 확실하게 명시했기 때문에 인지 처리 과정은 측정되어야만 한다. 기본 심리 과정에 대한 총체적 평가는 IDEA 2004의 법령적·규제적 요소를 통합하였으며, 판별을 위한 방법이 정의를 더욱 밀접하게 반영하고 있음을 확실히 한다. 적격성 시스템의 정당화를 위해서는 법령적·규제적 정의 사이에서의 일관성이 요구된다. 이러한 이유로 특정학습장애를 판별하기 위해서는 IDEA 2004에 포함된 기본 심리 과정 관련 조항에 대한 문서가 필요하다. 또한 측정 도구들은 IDEA 2004가 명시하고 있는 기술적인 준거를 만족시켜야 한다. 그런데 이 이론이 기반으로 하는 CAS가 핵심적인 증거가 되며, CAS는 이상에서 제시된 여러 요구를 충

■ 〈표 7-2〉 **특정학습장애의 정의**

IDEA의 602조항은 특정학습장애를 다음과 같이 정의한다.

(A) 일반적: 특수학습장애라는 용어는 언어, 말하기, 쓰기 사용 또는 이해 등에 관련된 기본 심리 과정
에서의 하나 혹은 그 이상의 장애로, 듣기, 생각하기, 말하기, 읽기, 쓰기, 철자, 또는 수학적 계산
등에서의 불완전한 능력을 의미한다.
(B) 해당되는 장애: 이 용어는 지각장애, 뇌손상, 미세뇌기능장애, 난독증 그리고 발달적 실어증의 상
태를 포함한다.
(C) 해당되지 않는 장애: 이 용어는 주로 시각적, 청각적, 운동기능적 장애, 또 정신지체, 감정 혼란 또
는 환경적 · 문화적 · 경제적 불리의 주된 결과로 인한 학습장애 등은 포함하지 않는다.

족한다(Naglieri & Conway, 2009).

   CAS가 조작화한 PASS 이론은 특정학습장애의 정의 안에 기본 심리 과정 관련 절차
를 포함하도록 하기 위한 수단을 제공한다. 이러한 접근을 적용하기 위해서는 개별
아동의 PASS 프로파일을 평가하여 상대적 또는 인지적 결손이 존재하는지를 확인해
야 한다. 상대적 결손은 최소한 하나의 PASS 척도 표준 점수가 해당 아동 개인의 평균
PASS 점수보다 심각하게 낮을 때 발견된다. PASS 점수는 아동 개인의 평균(표준평균
100이 아닌)과 비교되기 때문에, '상대적인' 강점 혹은 약점(결손)은 인지적 프로파일
에서의 변화 가능성이 존재한다는 것을 나타낸다. 예를 들면, 114(계획하기), 116(동시
처리), 94(주의집중), 109(순차 처리)의 표준점수를 가진 아동은 주의집중 점수가 아동
의 평균인 108.25보다 14.24만큼 낮기 때문에 주의집중에서 상
대적 결손을 가지고 있다고 할 수 있다. 하지만 상대적 결손만
으로는 학습장애를 판별하는 데 충분하지 않다. 반대로 두 개의
준거는 인지적 결손이 발견되는가를 결정하는 데에 사용된다.
즉, 점수가 아동 개인의 평균보다 현저하게 낮음과 동시에 그
점수가 (표준평균 100이 기준인) 평균보다도 훨씬 낮을 때를 말한
다. 예를 들면, 한 아동이 102(계획하기), 104(동시 처리), 82(주
의집중), 97(순차 처리)의 표준 점수를 가지고 있을 때, 상대적으

📝 **잊지 마세요!**

'인지적 결손'은 '하나 혹은 그
이상의 기본 심리 과정에서의
장애'의 가장 강력한 증거를 제
공하는데, 이는 아동 개인의 평
균보다 상대적으로 낮음과 동
시에 국가적 기준에 비해서도
낮기 때문이다.

로 주의집중에서 인지적 결손이 나타난다고 할 수 있다. 즉, 주의집중 점수가 아동 개인의 평균인 96.25보다 14.25점 낮음과 동시에, 82라는 점수는 국가적 기준과 비교했을 때 평균에서 현저히 낮기 때문에 인지적 결손이 나타난다고 이야기할 수 있다(12백분위에 해당).

불일치/일치 모델

Naglieri(1999)는 장애의 증거로 네 개의 PASS 기본 심리 과정상의 절차 중 하나는 인지적 결손을 기반으로 해야 한다고 주장하였다. 이는 ① 아동의 내준적(ipsative) 결손이 심리 과정에서의 특정 장애의 증거라고 할 수 있기 때문이며, ② 점수가 국가적 기준에 비교하여 낮은 것은 비정상의 증거이기 때문임에 근거한다. 또한 특정학습장애 프로그램을 제공받기 위해서는 특정 학습 영역에서의 결함을 가지고 있어야 한다. 변인들 간의 관계는 [그림 7-1]에 제시되어 있다. 이 그림은 아동의 높은 인지 처리 과정상의 점수와 몇몇의 특정 학업 성취 점수 사이의 심각한 불일치, 그리고 아동의 저조한 처리 과정과 낮은 성취 점수들 간의 일관성을 설명한다.

특정학습장애의 판별을 위한 불일치/일치 모델은 Naglieri(1999)가 처음으로 제시하였다. 이 모델의 목표는 인지적 그리고 학업적 성취검사 점수의 변화 가능성에 대한 체계적인 검사를 하는 것이다. 인지 처리 과정 점수가 현저하게 차이가 있는지에 대한 결정은 Davis(1959)가 처음 제안하고, Kaufman(1979)이 대중화하였으며, Silverstein(1993)이 수정한 방법에 의해 이루어졌다. 이것은 특정 아동의 점수가 아동의 평균 점수와 현저하게 다를 때 소위 내준적 방법으로 결정된다. 이 방법은 예를 들면, WISC-IV(Naglieri & Paolitto, 2005), CAS(Naglieri & Das, 1997a), SB5(Roid, 2003) 등의 수많은 검사에 적용되어 왔다. Naglieri(1999)가 제안한 불일치/일치 모델은 내준적 접근이 PASS 척도에 적용된 것으로, Wechsler 검사의 그것과 같은 일반적으로 행해지는 하위검사가 아닌 신경심리학적으로 정의된 네 가지의 구조를 반영한다는 점에서 주목할 필요가 있다. 이것은 변화 가능성에 대해 중요한 임상적 해석을 요구

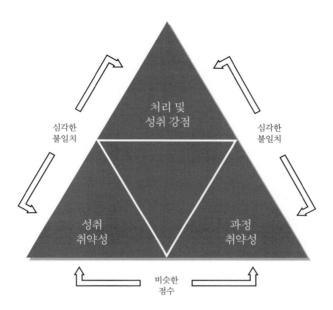

[그림 7-1] 특정학습장애 진단을 위한 불일치/일치 모델

하던 방법에서 높은 타당도와 신뢰도를 가지고 이론적으로 정의된 척도를 분석하는 것으로 그방법을 변화시켰다. 이러한 특징은 내준적 방법(McDermott, Fantuzzo, & Glutting, 1990)에 대한 비판이 하위검사를 중심으로 이루어졌고, 척도 수준이 아닌 분석에 집중한다는 점에서 중요하다.

　Naglieri(1999), Flanagan과 Kaufman(2004)은 인지의 중요성을 강조했는데 이는 아동의 점수가 평균보다 낮더라도 평균 범위 내에 있을 수 있고, 절차검사 점수에서 결손의 요구 조건을 추가하는 것은 평균에 미치지 못하더라도 인정될 수 있기 때문이다. CAS 표준화와 타당도 샘플을 위한 PASS 프로파일 연구에서, Naglieri(2009)는 인지적 결손을 가지고 있는 학생들은 심각하게 낮은 성취 점수를 가지고 특수교육 대상자로 판별될 가능성이 높다고 보고했다. 이 연구에 대해 Caroll(2000)은 더욱 성공적인 프로파일의 한 가지 방법이 될 수 있을 것이라고 설명했다. Davison과 Kuang(2000)은 "가장 낮은 점수의 절대적 단계에 대한 정보를 추가하는 것은 내준적 프로파일 패턴 정보를 사용함으로써 무엇이 성취될 수 있는지 잘 확인할 수 있게 한다."(p. 462)라고 주장했다.

　PASS 프로파일의 사용은 Huang, Bardos와 D'Amato(2010)의 최근 연구에서 검사되었다. 그들은 일반교육에서의 학생들(N＝1,692) 및 학습장애를 가지고 있는 학생들(N＝367), 즉 대규모 샘플 CAS에서 PASS 프로파일을 연구하였다. 그들은 10개의 핵심 일반교육 PASS 프로파일과 특정학습장애를 가지고 있는 독특한 8개의 프로파일을 찾아냈다. Huang 등(2010)은 "실제 학습장애를 가지고 있는 한 학생은 복합적 PASS 점수의 프로파일 분석을 사용할 때 상대적으로 정확하게 판별될 수 있는 가능성이 높고, PASS를 분석하는 것은 학습장애로 의심되는 학생을 진단하는 데 충분히 활용될 수 있다."(p. 28)라고 설명했다.

> 📋 **잊지 마세요!**
>
> 불일치/일치 모델은 학생이 특정학습장애와 동일한 인지적 결손과 학업 실패를 보유하는지 여부를 결정하는 데 사용된다.

　요약하면, 아동의 전반적인 수준(내준적 방법)과 관련된 PASS 척도의 불일치를 제시하고, 일반적인 수준보다 상당히 아래에 있다는 것은 학습장애 판별에 있어 아동이 필수적인 '기본 심리 과정상의 장애'를 겪고 있다는 증거를 제공하는 중요한 자료가 된다. 다른 포함/배제 조건들이 만족되었을 때, 특정 인지 처리 과정 결함과 학업 실패의 증거를 발견하는 것은 특정학습장애 진단에 기여하는 정보를 제공할 수 있다. 이 방법을 적용하는 단계는 [그림 7-2]에 제시되어 있고 다음의 사례를 통해 설명될 수 있다.

사례 설명

　이 사례는 불일치/일치 모델이 어떻게 전반적인 평가 과정의 부분으로 적용되는지를 설명하기 위해 메릴랜드 찰스카운티의 학교심리학자인 Linda Marcoux가 제공한 사례다. 보통 이러한 평가에 포함되는 세밀한 부분과 함께 전반적인 사례를 담기보다는 PASS 이론이 아동의 과거 및 현재 행동을 이해하기 위해 사용되는 방법과 검사 점수가 제시되는 방법에 대하여 설명하기 위해 핵심 요소만 제시하고자 한다.

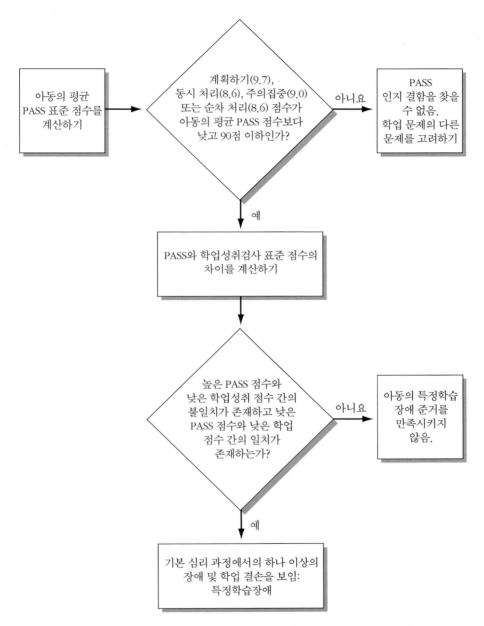

[그림 7-2] 계획하기, 주의집중, 동시 처리, 순차 처리(PASS) 및 성취 비교의 흐름도

출처: PASS 환산점수와 비교하여 유의성을 보여 주는 수치는 Naglieri(1999)에서 따옴. Copyright ⓒ Jack A. Naglieri, 2010.
    All right reserved.

배경 정보

다니엘은 학교에서 제공하는 중재에 참여한 후에도 지속되는 읽기와 쓰기 문제로 검사에 의뢰된 5학년 학생이다. 다니엘의 어려움은 대부분 철자 및 쓰기와 관련되어 있고, 그는 익숙하지 않은 단어를 해독하는 데에도 약간의 어려움을 보였다. 다니엘은 문장 내에서 친숙하지 않은 단어를 읽지 못할 때 종종 맥락에 맞는 추측을 하기 위해 문맥 단서를 사용할 수 있음에도 불구하고, 그간 배워 온 부호화 전략을 사용하려 하지 않았다. 부모와 교사는 다니엘이 철자 시험을 볼 때 단어 내 문자를 도치하거나 글자 또는 숫자를 거꾸로 쓴다고 보고하였다. 교실에서는 음절 합치기를 통해 단어를 소리 내거나, 그동안 배운 다른 부호화 전략을 수행하기를 거부하였다. 다니엘에게 해독은 매우 큰 집중을 요구하는 일이며, 문장 내에서 여러 단어를 해독해야 할 때에도 읽은 문장을 이해하지 못했다. 다니엘은 전반적 이해에 문제가 있는 것은 아니나 낮은 해독 능력으로 인해 글을 이해하는 데 어려움을 경험하기도 한다. 익숙하지 않은 단어를 해독하는 데 어려움을 보이고, 부호화 전략을 사용하지 않으려고 하는 것은 순차 처리상의 약점을 의미한다. 또한 문맥 단서를 사용하여 글의 의미를 파악하려는 경향성을 통해 동시 처리상의 강점을 추측할 수 있다.

다니엘의 부모와 교사는 다니엘이 구어 정보를 이해하고, 의미 추론을 쉽게 할 수 있고, 수학은 잘한다고 보고한다. 그는 교실 담화에 열성적으로 참여하고 종종 의미 있는 직관을 제시한다. 정보의 조각을 전체로 연결하는 능력(동시 처리)은 다니엘의 직관적 추론 능력의 근거가 된다. 그러나 쓰기 숙제를 제공받은 다니엘은 극도로 파괴적인 특성을 보였다. 과거 다니엘의 문제 행동은 주요 걱정거리였지만, 집중적인 학업과 행동 중재가 이러한 돌발 행동을 줄이도록 도와주었다. 그럼에도 불구하고 그의 해독 및 쓰기 문제는 지속되었다.

다양한 검사가 진행되는 동안, 다니엘은 쓰거나 혹은 특정한 순서로 된 정보를 사용하도록 요구될 때 특히 흥분했다. 그는 과제를 완성하기 위해 단어 순서를 들어야 할 때도 머리를 흔들고 자주 눈을 문지르거나 감는 행동을 보였으며, 때로 응답하기를 거부하였다. 심지어 그는 반응조차 하지 않았다.

선택된 평가 결과

다니엘의 CAS 점수는 PASS 척도 점수 간의 유의미한 다양성을 나타낸다(〈표 7-3〉 참조). 동시 처리 영역의 표준 점수(114)는 그의 평균 수행보다 유의미하게 높으며, 순차 처리 영역의 표준 점수(73)는 그의 평균 수행보다 유의미하게 낮고 평균 수준보다도 현저히 낮았다. 순차 처리에서 나타나는 다니엘의 인지적 약점은 그의 학업 과제 수행과 연관되어 있다. 예를 들면, 그는 철자와 특정한 순차적 정보와 관련된 기억 과제에서 낮은 점수를 받았다. 철자 하위검사에서 다니엘은 빈번하게 단어 내의 문자 순서를 도치했다. 또한 그는 "TV가 켜 있으면 의자를 짚으세요. 그리고 TV가 꺼져 있으면 고양이를 짚은 다음에 탁자를 짚으세요." 와 같은 지시 이해(Understanding Directions) 하위검사에서 상당한 어려움을 보였다. 이러한 교수는 다니엘에게 문장의 바른 순서를 생각하도록 하기 위해 제시된 정보의 순서에 따라 의미를 얻을 것(상당한 순차 처리를 요구하는)을 요구한다. 다니엘은 응답을 거부하기도 하고, 올바른 물건을 가리켰다고 하더라도 그 순서를 맞히지는 못했다. 또한 그에게 특정한 순서로 제시된 단어와 숫자를 기억하도록 요구하는 음운 처리 과정의 기억 지표에서 낮은 수준의 수행을 보였다. 뿐만 아니라 할당된 소리나 음절이 없는 단어를 반복하도록 요구받았을 때 낮은 수행 수준을 보였다. 이러한 과제들은 순차 처리 능력이 필요한 것이었기 때문에 다니엘은 과제를 정확하게 완성하는 데 상당한 어려움을 겪었다.

다니엘은 동시 처리(특정 학업 과정에서 올바른 수행을 보이는)에서 강점을 나타낸다. 예를 들면, 다니엘은 이야기를 듣고 회상하도록 짜인 검사뿐만 아니라 순차 처리와 연관되지 않은 다른 여러 과제는 잘 수행하였다. 동시 처리상의 인지적 강점은

■ 〈표 7-3〉 다니엘의 점수

	표준 점수	아동 평균과의 차이
계획하기	106	9.25
동시 처리	114	17.25
주의집중	94	-2.75
순차 처리	73	-23.75
아동 평균	96.75	

행동적 문제와 순차 처리상의 어려움을 보완할 수 있다.

다니엘의 CAS 표준 점수와 성취도 검사는 불일치/일치 모델과 맞아떨어진다. 그는 순차 처리에서의 인지적 어려움을 보이는데, 이는 그의 PASS 평균보다 낮은 점수이며 그 연령의 아동 평균보다 유의미하게 낮았다. 또한 다니엘은 철자, 순서적으로 지

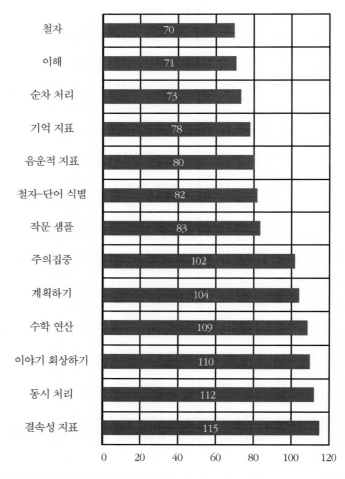

[그림 7-3] 다니엘의 계획하기, 주의집중, 동시 처리, 순차 처리(PASS) 그리고 학업성취 표준 점수

출처: CAS의 계획하기, 주의집중, 동시 및 순차처리 점수; Woodcock-Johnson III 성취도 검사(WJ III ACH; Woodcock, McGrew, & Mather, 2001)의 철자, 지시 이해, 철자-단어 식별, 작문 샘플, 수학 연산; 청각 처리기술 검사 3판(TAPS-3; 2005)의 음운적 지표, 기억 지표, 결속성 지표. 표준 점수는 평균 100과 표준편차 15를 기반으로 한다.

시 따르기, 특정 순서로 나열된 음운적 정보 기억하기와 같은 순차 처리 능력을 요구하는 다양한 학업 과제에서는 70~80점대의 점수를 얻었다. 순차 처리 척도를 보면 다니엘의 점수는 특정 학업 과제에서 낮은 점수를 받은 것과 일치한다. 또한 다니엘의 낮은 학업 성취와 PASS 척도의 높은 점수 사이에 불일치가 발견된다.

CAS에서의 다니엘의 전반적인 전체 척도 표준 점수가 평균 범위에 있을지라도, 그의 순차 처리 척도 점수는 그의 기본 심리 과정상의 결함을 보여 준다. 이러한 과정 결함은, 일반 학급에서의 보편적이거나 부가적인 학업 중재를 통해 극복되지 못한 학업 실패를 보여 줄 뿐만 아니라 다니엘이 충분한 학업적 도움을 받기 위해서는 보다 특별한 교수가 필요함을 보여 준다([그림 7-4] 참조). 다니엘의 순차 처리상의 결함은 학교 생활에서 좌절을 야기할 수 있으며, 따라서 이러한 결함을 고려한 중재가 요구된다(Naglieri & Pickering, 2010 참조).

IDEA와 불일치/일치 모델의 대응

Kavale 등(2005)에 따르면 특정학습장애 판별 과정에서는 특정학습장애를 보다 정확하게 판별하기 위하여 체계적인 방식으로 개념적인 정의의 요소들을 설명해야 한다. 다시 말해, 특정학습장애 아동을 정확하게 판별하기 위해서는 총체적인 평가 과정을 포함해야 한다. 불일치/일치 모델에서는 특정학습장애 판별 과정의 중요한 요소들을 제공하고 있다. 특정학습장애 아동의 정의와 판별에서 가장 주요하게 사용되는 방법은 Kavale 등(2005)과 Hale 등(2006)이 제안한 방법을 통합하는

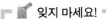 **잊지 마세요!**

불일치/일치 모델은 특정학습장애 아동을 판별하기 위한 더 총체적이고 종합적인 측정 과정 중의 하나다. 어떤 방법이든지 상관없이 단 하나의 방법만을 적용하는 것은 특정학습장애 아동의 판별에 있어 충분하지 않다.

것이다. 이 저자들은 IDEA 2004에서 특정학습장애 아동들에 대하여 '하나 혹은 그 이상의 기본 심리 과정'에서의 장애를 가지고 있는 아동이라고 분명히 기술하고 있기 때문에, 기본 심리 과정의 종합적인 평가는 명시적이며 규제력이 있는 법적인 요소들을 통합하고 있다고 주장하였다.

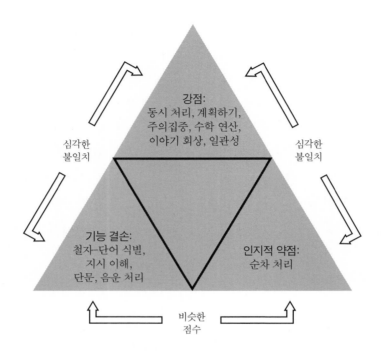

[그림 7-4] 다니엘의 불일치/일치 접근 결과들

불일치/일치 모델은 IDEA 조건에 부합하는가

최근 IDEA에 나타난 몇 가지 조건에 대한 증거로서 경험적으로 지지된 방법들이 강조되어 왔다. 중요한 정보를 수집하기 위해 사용된 검사뿐만 아니라 특정학습장애의 진단 방법으로 제안된 모든 방법은 그 바탕에 깔린 과학을 이해하기 위해 IDEA에서 명시하고 있는 요구 조건들을 신중하게 고려해야만 한다. 특정학습장애 진단과 중재에 관한 PASS 이론의 타당성은 여러 자료에서 제시되어 왔다(Naglieri, 1999, 2005, 2008b; Naglieri & Das, 1997a, 2005; Naglieri & Conway, 2009; Naglieri & Otero, 출판 중). 그러나 여기에서는 불일치/일치 모델과 연관 있는 비차별적 평가와 의도된 목적의 타당도 측정법을 다룰 것이다.

비차별적 인지 과정 측정이란

미국의 인종들이 더욱더 다양해지면서 이들에 대한 공평한 측정의 필요성이 중요하게 거론되고 있다. 이런 변화를 인지한 IDEA는 평가(중재반응 모형 같은 방법뿐 아니라 기본적 심리 과정 척도를 포함하는)에 있어 절대로 인종, 문화 혹은 언어적 배경에 따라 차별이 있어서는 안 된다고 강조했다. 모든 인종과 민족 집단에서 특정학습장애를 가졌을지 모르는 아동을 위한 평가는 비차별적인 도구를 사용하여 이뤄져야만 한다. 이러한 논쟁의 중심 화두는 다양성의 맥락에서 가장 효과적으로 사용될 수 있는 도구의 선택이다. Fagan(2000), Suzuki와 Valencia(1997)는 처리과정 검사의 문항들이 언어나 양적 내용에 의존하지 않기 때문에 문화적·언어적 다양성을 가진 집단에게 더 적절하다고 주장하였다. Ceci(2000)는 과정적 접근이 ① 학업적 실패가 경험되기 전에 장애를 조기 판별할 수 있도록 하고, ② 진단에 있어 더 나은 유용성을 가지고 있으며, ③ 아동의 장애에 대해 더 잘 이해할 수 있는 방법을 제공한다고 주장했다. 이 저자들 모두 민족 집단 간에 큰 평균 점수 차를 보인 전통적인 지능검사는 피해야 하며, 대신에 인지 처리 과정 척도를 사용하여야 한다고 제안한다.

> **주 의!**
> '기본적 심리 과정을 측정하는 특정 접근을 지지하는 어떤 경험적 증거가 존재하는가?'를 항상 질문하라.

PASS 인지 처리 과정 점수는 인종과 민족 집단 간에, 그리고 다른 언어로 검사가 제시되었을 때에도 그 차이가 최소한으로 발생한다는 증거가 있다. 예를 들어, Naglieri, Rojahn, Matto와 Aquilino(2005)는 298명의 아프리카계 미국인 아동과 1,691명의 백인 아동 간의 PASS 인지 처리 과정 점수를 비교하였다. 중요 인종적 변인들을 통제했을 때, 그들은 회기 분석이 CAS 전체 척도 평균 기준 점수가 백인 아동들에게 유리한 방향으로 4.8점의 차이가 발생하는 것을 발견했다. 또한 Naglieri 등은 CAS 점수와 우드콕–존슨 심리교육검사 개정판(WJ-R; Woodcock & Johnson, 1989, 1990) 성취도 검사 간의 상관성을 보았을 때 아프리카계 미국인(.70)과 백인(.64)이 매우 유사하다는 것을 발견했으며, 이는 PASS 척도가 예측 편향을 거의 보이지 않음을 시사한다. 유사하게도, Naglieri, Rojahn과 Matto(2007)는 라틴아메리카계 아동과 표준화된 표본의 백인 아동의 CAS 수행을 비교함으로써 라틴아메리카계 아동에 대한 PASS 이론의 유용성을 연구했다. 이 연구는 인종적 차이가 통제되었을 때 두 집단 간에 4.8점의 표준 점수 차이가 난다는 것을 보였다. 그들은 또한 라틴아메리카계와 백인 표본에서 성취와 CAS점수 간의 상관이 유의미하게 다르지 않음을 발견했다(Naglieri et al., 2007). 이러한 연구 결과는 Fagan(2000), Suzuki와 Valencia(1997)의 주장과 일치하는데, 과정 검사가 언어와 양적 내용이 포함되어 있지 않기 때문에 문화적·언어적 다양성을 가진 인구에 더 적합한 평가라는 것이다.

또한 다른 언어 버전의 CAS로 얻어진 PASS 점수에 대한 비교 역시 수행되었다. Naglieri 등(2007)은 읽기 문제를 가진 이중언어 사용 아동을 대상으로 영어와 스페인어 버전 CAS의 PASS 표준 점수를 비교했다. 아동들은 영어와 스페인어 버전의 CAS(원 버전 표준화 표본에 근거한 규준을 사용함)에서 높은 상관을 보이는(r = .96) 유사한 전체 척도 점수를 얻었다. 중요한 점은 순차 처리의 결핍이 두 버전의 검사 모두에서 발견되었다는 것이다(읽기장애를 가진 아동들이 이 과정에서 어려움을 보인다는 의견을 지지한다). 그리고 CAS 영어 버전에서 인지적 결함을 가진 아동의 90%는 CAS 스페인어 버전에서도 같은 인지적 결함을 보였다. Natur(2009)는 아랍어를 사용하는 팔레스타인 학생들에게 아랍어 버전의 CAS를 사용하여 미국 아동 표본과 비교하였다. 그는 미국 표준을 사용하여 아랍(전체 척도 표준 점수 평균 101.0)과 미국(전체 척도 표준 점수 102.7) 점수 간에 극히 적은 차이가 남을 발견하였다. 유사하게, Taddei와 Naglieri(2006)는 이탈리아어 버전의 CAS(Naglieri & Das, 2006)로 이탈리아 아동들(N=809)의 전체 척도 표준 점수 평균 100.9가 원 버전 표준화 표본에서 얻어진 미국 아동들(N=1174)의 매칭된 표본의 전체 척도 점수 100.5와 매우 유사함을 발견했다. 영어와 스페인어 버전의 CAS가 동일한 아동들에게 수행되었을 때 발견되었던 유사성뿐만 아니라 미국 대 아랍 아동들 그리고 미국 대 이탈리아 아동들 간의 비교 수행에 대한 작은 평균 차이는 CAS를 사용하여 측정된 신경심리학적 기반을 가진 PASS 이론이 문화와 언어를 뛰어넘어서 유효하다는 것을 보여 준다.

잊지 마세요!

CAS를 사용하여 측정한 PASS 이론은 문화적·언어적으로 다양한 인구에 적절하게 사용될 수 있다는 상당한 증거가 존재한다.

특수아동은 구체적인 PASS 프로파일이 있는가

특정학습장애 진단을 위한 불일치/일치 모델은 아동이 구체적인 PASS 인지적 결함과 학업상의 실패를 보이길 기대한다. 이런 이유로, 특정 장애와 관련한 PASS 점수의 개인 내 차에 대한 연구는 중요하다. 다른 종류의 장애를 가진 아동들에게서 발견되는 프로파일 연구는 불일치 접근 절차의 타당성을 밝히는 데 중요한 자원이다. Naglieri(2005)는 읽기장애와 주의력결핍 과잉행동장애(ADHD) 아동에게서 얻은 PASS 처리 과정의 표준 점수 프로파일을 요약하였다. 특정 읽기 부호화 문제를 가진 아동은 순차 처리에서 낮은 표준 점수를 얻었다(Naglieri, 1999; Naglieri et al., 2007). 반면에, ADHD 과잉행동/충동성(ADHD-H) 유형으로 진단된 아동들은 계획하기에서 낮은 표준 점수를 얻었다(Dehn, 2000; Naglieri, Salter, & Edwards, 2004). 자폐범주성 장애 아동들은 주의집중 척도에서 낮은 점수를 보였다(Goldstein & Naglieri, 2009). 이 집단들은 [그림 7-5]에 그래프로 설명되어 있다.

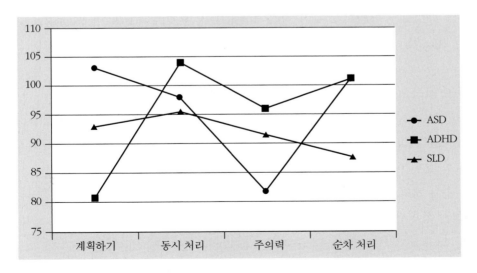

[그림 7-5] 특정학습장애(SLD), 주의력결핍 과잉행동장애(ADHD),
자폐범주성장애(ASD)의 CAS 검사의 PASS 프로파일

주: 표준 점수는 평균 100과 표준편차 15를 기반으로 한다.

읽기 부호화는 많은 아동에게서 흔한 문제다. 그리고 이 장애는 순차 처리의 인지
적 결함과 관련이 있다. Das 등(1994)은 순차 처리 결함은 음운적 기술 결함 그리고
연관된 읽기 부호화 실패의 기저를 이룬다고 제안했다. 순차 처리의 개입은 단어가
쉽게 인식되지 않을 경우 증가한다. 그리고 이 처리 과정은 단어를 소리 내어 읽을 때
훨씬 더 중요한데, 그 이유는 발화 또한 상당한 수준의 순차 처리를 요하기 때문이다.
이런 이유로, 음소 분리 같은 음소기술 검사는 읽기 실패를 예민하게 판별한다(Das,
Parrila, & Papadopoulos, 2000). PASS와 읽기장애 간의 관계에 대한 몇몇 연구는 순차
처리가 특히 음운적 기술의 기저를 이루는 중요한 능력임을 보여 주었다(Das et al.,
2000).

PASS는 읽기 교수에 적합한가

심리 과정 평가와 중재 간의 연결은 중요하며, 특히 특정학습장애 아동에게는 더
그렇다. PASS 이론이 교수 환경에서 그리고 학업 개선을 위해서 어떻게 사용될 수 있
는지를 설명하는 일련의 연구가 있다. PASS 교정 프로그램(PASS Remedial Program:
PREP; Das, 1999)과 계획 촉진(Planning Facilitation)으로도 알려져 있는 계획 전략 교수
(Planning Strategy Instruction)는 Naglieri와 Pickering(2010)에 의해 연구되어 온 두 가
지 주요 접근으로 설명되었다.

PREP는 PASS 이론에 근거한 교정 프로그램이다. 이것은 Krywaniuk와 Das(1976),
Kaufman과 Kaufman(1979), Brailsford, Snart와 Das(1984)의 몇몇 초기 연구들의 지
지를 받았다. 이들은 일반 교사가 소리와 철자의 순서에 주의를 기울이게 하는 것과
같은 순차 처리 방식을 읽기에 적용하는 것이 더 효과적인 학습을 가능하게 함을 증명
하였다. 이후에도 PREP를 지지하는 중요한 연구들이 발표되었다(Boden & Kirby,
1995; Carlson & Das, 1997; Das, Mishra, & Pool, 1995; Das et al., 2000; Parrila, Das,
Kendrick, Papadopoulos, & Kirby, 1999). PREP는 읽기의 기저를 이루는 동시 처리와
순차 처리의 사용을 향상하도록, 그리고 음소 분할과 음성 조합(sound blending) 같
은 단어 읽기 기술에 이 처리들을 통합하도록 고안된 과제들의 구조화된 프로그램이

다. 각 PREP 과제는 시연, 행동 모니터링, 기대치 수정(revision of expectations) 그리고 음성 조합과 같은 전략들의 발달과 사용을 촉진하도록 고안되었다. 과제 수행 경험을 통해 학생들은 이 같은 전략을 사용하는 능력을 증진시킨다. 교사가 이러한 전략을 말로 설명하는 것보다 학생들 스스로가 전략을 사용하도록 격려하는 것이 중요하다.

다음 두 편의 연구에서 PREP의 가치가 구체적으로 설명되었다. 첫 번째는 Parrila 등(1999)이 1학년 학생들을 대상으로 PREP와 총체적 언어 읽기 프로그램을 비교한 연구다. 연구 결과, PREP 집단이 읽기에서 상당한 향상을 보였고, 총체적 언어 통제군보다 읽기에서의 성취가 높았다. 이 연구에서 프로그램 초기에 CAS로 측정한 순차처리 능력의 수준이 높은 학생이 PREP 교수에서 가장 높은 효과를 보인 것으로 드러났다. 반면에, 계획하기 능력의 수준이 높은 학생들은 총체적 언어 프로그램에서 가장 높은 향상을 보였다. 두 번째 연구인 Das 등(2000)의 연구에서는 PREP로 가르친 23명의 학생이 통제군의 17명의 학생보다 우드콕 읽기숙달검사 개정판(WRMT-R; Woodcock, 1987)의 비단어 읽기(Word Attack)와 단어 인식(Word Identification)에서 현저한 향상을 보였다. 종합하면, 이 연구들은 초등학교 과정에서 읽기 기술이 부족한 학생들을 교정할 때에 PREP 프로그램을 통해 PASS 과정을 보다 잘 활용하도록 가르치는 것이 효과적일 수 있음을 보여 준다.

PASS는 수학 교수에 적합한가

여러 중재 연구에서는 PASS 이론의 계획하기 영역이 교실에서의 수학 과목 수행에 있어 중요한 것으로 드러났다. 이 연구들은 학생들이 수학 과제를 해결할 때에 계획하기 능력을 보다 전략적으로 잘 활용하는 법을 배울 수 있고, 계획하기가 학업적 성취를 향상할 수 있음을 보여 주었다. 계획수립 전략 교수(Planning Strategy Instruction)의 초기 개념은 Cormier, Carlson과 Das(1990), Kar, Dash, Das와 Carlson(1992)의 연구를 기반으로 하였다. 이는 학생들이 무엇을 해야 하는지에 대한 구체적인 지시 없이 학생들 스스로가 전략의 가치를 발견하도록 격려하는 환경이 조성되었다는 뜻이다. 그러한 환경은 학생들에게 어떻게 과제를 풀었는지, 질문에 관해 알아낸 것은 무엇인지, 어떤 방법이 효과적이었는지, 다음에 과제를 더 잘 풀려면 어떤 것을 할지에 관해 물어봄으로써 조성할 수 있었다. 이 연구자들은 CAS의 계획하기 영역에서 점수가 낮았던 학생들이 계획하기 점수가 높았던 학생들에 비해 점수 향상이 높았음을 밝혔다. 일련의 후속 연구는 계획수립 전략 교수라는 방법이 학생들의 수학 계산 수행을 향상했음을 보여 주었다(Naglieri & Gottling, 1995, 1997). 이 연구에 참여했던 학습장애 학생들은 계산 문제를 완수할 때에 계획수립 전략 및 사용의 필요성을 깨닫게 되었다(이 방법에 관한 세부 사항은 Naglieri & Gottling, 1995, 1997; Naglieri & Pickering, 2010 참조).

Naglieri와 Johnson(2000)은 후에 이 계획수립 전략 교수 연구의 대상을 학습장애 학생과 경도 지적장애 학생으로 확장했다. 이 연구를 통해 계획하기에서 인지적 약점을 보이는 학생이 기초선율 이상으로 상당히 향상된 반면, 인지적 약점이 없는 학생들은 아주 미미한 향상만 보였음을 밝혔다. 동시 처리, 순차 처리, 주의집중에서 인지적 약점을 보이는 학생들은 상당히 낮은 비율의 향상을 보였다. 이 연구는 다섯 개 집단의 학생들이 같은 중재에 상당히 다르게 반응했다는 점에서 중요하다. 즉, PASS 과정의 표준 점수가 이 수학 중재에 대한 학생들의 반응을 예언할 수 있다는 것이다. 요약하면, PASS에 관한 이러한 연구들은 CAS의 계획하기 표준 점수와 교수 간의 연관성을 증명한다.

ADHD 학생

Iseman과 Naglieri(출판 중)는 ADHD 학생들을 무선 표집하여 계획수립 전략 교수를 받은 실험집단과 추가 수학 교수를 받은 통제집단에게 실시한 교수 전략의 효과성을 조사하였다. 연구자들은 실험집단 학생들에게서 큰 사전-사후 효과 크기(.85)를 확인했다. 그러나 교실 수학 연습 문제에서 통제집단은 효과 크기가 크지 않았고(.26), Woodcock-Johnson 성취도 검사 III(WJ III ACH; Woodcock, McGrew, & Mather, 2001)에서 수학 숙련도(fluency) 표준화 검사 점수 차이(각각 1.17과 .09)와 Wechsler 개인 성취도 검사(WIAT-II; Wechsler, 2001)에서 수 조작(Numerical Operations)에서의 점수 차이(각각 .40과 -.14)도 높지 않았다. 이러한 결과는 1년 후에도 유지되었다. 이 연구 결과는 ① 수학 계산 연습 문제, ② 학습 후에 실시한 수학 표준화 검사, ③ 1년 후에 실시한 수학 표준화 검사 모두에서 실험집단이 통제집단보다 수행 수준이 높았음을 보여 준다. 이 연구는 후에 PASS 과정이 학업 기술의 습득에 있어 중요하다는 것을 증명하였다.

또한 계획수립 전략 교수 방법은 Haddad 등(2003)의 읽기 이해 연구에도 적용되었다. 이 연구에서는 45명의 학생이 정규 교육 프로그램에서 읽기 이해 과제를 해결할 때보다 전략적으로 과제를 수행하도록 격려하였다. 이 연구에서는 계획 수립 능력이 낮은 학생들이 계획과 전략의 사용을 격려하도록 고안된 교수로부터 상당히 큰 효과를 얻었음을 밝혔다(1.4의 효과 크기). 이와는 대조적으로, PASS 능력이나 순차 처리 능력에 결함이 없는 학생들은 이보다 작은 효과 크기(각각 .52와 .06)를 보였다. 이 연구 결과는 PASS 프로파일이 교수와 관련이 있으며, 특히 학생들에게 보다 더 전략적으로 과제를 해결하도록 가르치는 것이 낮은 계획 수립 능력을 가진 학생들의 읽기 이해를 향상시켰음을 보여 주었다.

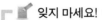

잊지 마세요!

ADHD는 전두엽과 관련 있는 자기조절의 결손으로 설명되는데, 이는 ADHD 아동들이 CAS의 계획하기 척도에서 낮은 수행을 보이는 이유가 된다.

PASS 이론과 게임 기반 학습

컴퓨터 게임은 보통 오락의 형태로 여겨지지만 컴퓨터 게임이 효과적인 학습 도구가 될 수 있음을 주장하는 연구들이 증가하는 추세다(예: Flowers, 2007; Pivec, 2007). 디지털 게임 기반 학습(Digital Game Based Learning: DGBL)의 기본 전제는 인간은 관찰, 모방, 놀이를 통해 학습한다는 것이다. DGBL이 효과적인 학습 도구일 수 있는 보다 더 중요한 이유는 아마도 전통적인 교실에서의 학습이 청중 역할에만 제한되어 있는 강의와 책에 국한된 반면 DGBL은 학습 과정에서 학습자들을 끌어들이고 과제에 몰두하도록 하기 때문일 것이다(Foreman, 2004). 실제로 연구자들은 DGBL이 문해력 발달에 도움이 될 수 있다는 것을 밝힌 바 있다(Flowers; Segers & Verhoven, 2005). 그

📣 **잊지 마세요!**

어떤 이들은 아동이 비디오 게임으로부터 학업적 기술을 습득할 수 없을 것이라고 생각한다. 하지만 읽기 교수를 위해 고안된 몇몇 '기능성 게임(serious games)'이 개발되었으며, 효과가 있는 것으로 나타났다.

러한 프로그램 중 하나인 Skatekids(SKO; www.skatekids.com)는 PASS와 연관이 있다.

SKO의 개발자들은 읽기에 있어서 인지 처리 과정의 요구를 인식하고서 이 게임을 제작했다. 이러한 소위 기능성 게임(serious game)은 학생들에게 읽기 기술을 학습할 때에 ① 전략을 사용하는 것, ② 세부 사항에 주의를 기울이는 것, ③ 글자와 소리의 배열에 집중하는 것, ④ 정보들 간의 관계에 집중하는 것을 가르친다. 이 기술 훈련과 과정기반 교수(instruction)의 결합은 일련의 연구에서 검증되었다. Naglieri, Conway와 Rowe(2010)는 3학년 학생들을 대상으로 한 연구에서 SKO의 이용도가 높은 학생들이 이용도가 낮은 학생 집단에 비해 초기 기본 문해 기술의 역동적 지표(Dynamic Indicators of Basic Early Literacy Skills: DIBELS; Good & Kaminski, 2002)의 음독(소리 내어 읽기) 유창성(Oral Reading Fluency: ORF) 점수에서의 향상이 더 높았음을 밝혔다. 두 번째 연구에서 Naglieri, Rowe와 Conway(2010)는 SKO의 이용도가 높은 2학년 학생들의 DIBEL의 음독 유창성(ORF) 점수가 중간이나 낮은 수준으로 SKO를 이용한 학생 집단보다 훨씬 두드러지게 향상되었음을 밝혔다. 세 번째 연구(Rowe, Naglieri, & Conway, 2010)는 학생들이 SKO에 쓰는 시간이 사전검사 읽기 점수뿐만 아니라 사후검사 읽기 점수와도 연관이 있음을 밝혔다. Naglieri 등(2010)은 (학년 초에 실시한 DIBELS 음독 유창성 점수에 기초하여) 위험 상태인 학생들을 SKO에 노출시킨 후 학년 중간에 검사를 실시했을 때, 그들이 SKO를 쓰지 않은 통제집단보다 훨씬 더 높은 향상을 보였음을 밝혔다. 종합하면, 읽기 문제를 보이는 학생들의 읽기 기술 향상을 돕는 혁신적인 방법으로 게임 기반 방법을 강조한다. 특정학습장애가 있는 학생들은 종종 불안을 보이며 전형적으로 읽기를 거부한다는 사실 때문에 동기부여가 높으면서 읽기 기술도 향상되는 게임에 참여하게 하는 것이 상당한 효과가 있을 것이라 예상된다.

결 론

이 장은 능력-성취 불일치 모델이나 중재반응 모형(RTI)이 아니면서 IDEA의 특정 학습장애 정의와 일관되는 방식으로 특정학습장애가 있는 학생을 판별하는 데에 사용될 수 있는 절차를 제시하려는 목적으로 서술되었다. 이 장에서 서술한 불일치/일치 모델이 CAS와 함께 활용될 때에 차별적 요소가 없고 의도한 목적에 상당히 타당하다는 연구 결과가 있다. 인지 처리 능력의 CAS 척도가 성취와 높은 상관이 있다는 것, 즉 CAS에서 얻은 PASS 점수가 학업에서의 성공과 실패를 설명하는 데에 도움이 된다는 것을 보여 주는 강력한 증거가 있다. 히스패닉계 이중언어 구사자와 여러 문화가 섞인 사람들 사이에서뿐만 아니라 아프리카계 미국인과 백인 사이, 히스패닉과 백인 사이에서도 작은 차이를 보여 주는 연구가 있다. 이 연구 결과는 PASS 인지 처리 과정의 CAS 척도가 다양한 집단을 편향되지 않게 평가하는 데에 적절함을 주장한다. PASS 인지 처리 능력은 장애의 종류에 따라 다양한 것으로 보인다. 예를 들어, 읽기 해독 문제는 순차 처리 능력 점수와 관련이 있고, ADHD 학생은 계획하기에서 낮은 능력을 보일 것으로 예측할 수 있다. 연구 결과는 각기 다른 장애를 가진 학생들의 구체적인 PASS 프로파일은 교수 계획 수립뿐만 아니라 자격 결정에도 중요하다는 것을 보여 준다. 또한 다양한 맥락에 대한 종합적 평가가 이루어질 때, 학생들의 기본 심리학적 발달 과정이 특정학습장애가 있는지와 학업 성취가 어느 정도 가능할지에 대한 중요한 정보원을 제공할 수 있음을 시사한다.

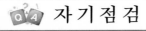 **자 기 점 검**

1. 처리 과정 관점(processing perspective)에서 능력을 측정하기 위해 개발된 최초의 두 지 능검사는 무엇인가?

   (a) WISC–Ⅲ와 WJ–R

   (b) WISC–Ⅳ와 K–ABC

   (c) K–ABC와 CAS

   (d) K–ABC와 WISC-Ⅲ

   (e) SB–Ⅴ와 CAS

2. IDEA의 특정학습장애 정의는 무엇에 기초하고 있는가?

   (a) 특정 학업적 결함

   (b) 기본 심리 과정에서의 하나 또는 그 이상의 장애

   (c) 중재에 대한 반응의 실패

   (d) a와 b

   (e) a와 c

3. 이 책에서 논의된 인지 처리 과정의 정의는 다음에 기초하고 있다.

   (a) 과업의 인지적 요구

   (b) 과업의 내용

   (c) 과업의 양상

   (d) 교육과정 중심 측정

   (e) 과업의 절차적 요구

4. IDEA에 포함된 총체적 평가의 준거는 다음 중 무엇인가?

(a) 다양한 측정 도구가 사용되어야 한다.

(b) 특정학습장애를 결정함에 있어 단일한 측정 혹은 평가가 사용되어서는 안 된다.

(c) 기술적으로 타당한 인지적 및 행동적 요소를 평가하는 검사가 사용되어야 한다.

(d) 평가는 비차별적이어야 한다.

(e) 위의 모든 사항이 해당된다.

5. Kavale, Kaufman, Naglieri와 Hale(2005)이 제안한 내용은 무엇인가?

(a) 중재반응 모형은 특정학습장애 결정의 적절한 첫 단계다.

(b) 능력-성취 불일치 접근은 특정학습장애를 결정하는 데 최선의 방법이다.

(c) 기본 심리 과정의 장애 여부를 판별하는 것은 특정학습장애 결정에서 필수적이다.

(d) a와 c

(e) a와 b

6. 상대적 결손과 인지적 결손에 관한 설명으로 옳은 것은 무엇인가?

(a) 상대적 결손은 특정학습장애 진단에 있어 충분하지 않다.

(b) 인지적 결손은 평균을 훨씬 밑도는 과정적 점수의 상대적 결손이다.

(c) 인지적 결손은 내준적 분석과 임상적 판단의 하위검사 수준에 근거한다.

(d) a와 c

(e) a와 b

7. 연방법(IDEA 2004)과 연방 법령(2006)은 아동의 특정학습장애 여부를 결정하기 위해 능력-성취 불일치를 활용하는 장기적 관점의 접근을 취하는 것은 용인되지 않는다고 진술하고 있다. 참인가 거짓인가?

8. 특정학습장애 아동, ADHD 아동, 그리고 자폐범주성장애의 아동은 CAS에서 각각 다른 PASS 프로파일을 나타낸다. 참인가 거짓인가?

9. 연구들에서 특정읽기장애에 기저한 음운적 기술의 결손과 연관이 있다고 밝혀진 처리 과정은 무엇인가?
   (a) 계획하기
   (b) 주의집중
   (c) 동시 처리
   (d) 순차 처리

10. CAS 검사로 측정된 PASS 이론은 중재와 교수에 도움이 된다는 기존 연구 근거가 있다. 참인가 거짓인가?

정답: 1. (c), 2. (d), 3. (a), 4. (e), 5. (d), 6. (e), 7. 거짓, 8. 참, 9. (d), 10. 참

Chapter 8

특정학습장애의 진단과 치료를 위한
중재반응 모형(RTI)과 인지가설검증(CHT)

James B. Hale
Kirby L. Wycoff
Catherine A. Fiorello

 ## 특정학습장애의 수수께끼: 개괄적 분석

　특정한 인지적 처리 과정에 결함이 생겨서 학업 성취도가 떨어지는 아동들은 어쩌면 특정학습장애(SLD)를 가지고 있는 것일 수도 있다(Hale, Kaufman, Naglieri, & Kavale, 2006). 미국 교육부는 특정학습장애를 정의 내리고 이해 당사자들 간의 합의를 도출할 목적으로 1975년 제정된 공법 94-142에서 능력-성취 불일치를 공식화하였다(예: Mercer, Jordan, Allsopp, & Mercer, 1996). 연구자들과 실천가들은 모두 불일치(discrepancy)에 초점을 두었을 뿐, "특정학습장애를 가진 아동들은 기본 심리 과정에 있어서 학업 성취도에 부정적인 영향을 미치는 결함을 지니고 있다."라고 법적으로 명시되어 있는 정의에는 거의 관심을 두지 않았다.

　특정학습장애의 정의와 불일치 접근에 초점을 두는 방식에 대해 의문을 제기하는 사람들이 늘어나자, 극단적인 두 분파 간에 뜨거운 논쟁이 일기 시작했다. 그들은 총괄평가 혹은 형성평가를 지지하였으며(Batsche, Kavale, & Kovaleski, 2006 참조), 실제에 있어서 패러다임의 변화가 필요하다고 주장하였다(예: Reschly & Ysseldyke, 2002). 물론 이론적, 정치적 그리고 실질적 고려들도 분명 중요하지만, 아동들의 필요에 부응하는 것이 가장 중요한 우선순위라고 할 수 있다. 그리고 이를 위해서는 학교에서 나타나는 임상적인 실제들을 통합해야만 한다.

특정학습장애의 진단과 서비스 전달이 가지는 문제점은 명확하다. 즉, 특정학습장애가 전혀 '특정' 하지 않게 된 것이다. 장애 진단을 위해 전혀 다른 방법이 사용되자 특정학습장애 판정이 급격하게 늘어나(Reschly & Hosp, 2002) 1997년부터 특정학습장애 진단이 무려 150%에서 200% 정도로 증가했다(예: Macmillan, Gresham, Lopez, & Bocian, 1996; Macmillan & Speece, 1999). 또한 이 수치는 특수교육을 받는 학생들의 50%에 해당하는 것이기도 하다(Kavale, Holdnack, & Mostert, 2005). 특정학습장애의 진단을 위해 기존부터 사용되어 온 능력-성취 불일치 접근은 민감성과 특수성(〈표 8-1〉 참조)이 떨어진다는 이유로 사람들의 많은 우려를 낳게 되었다. 낮은 검사 민감도와 특이성으로 인하여 오진이 빈번해지고(예: Macmilan, Siperstein, & Gresham, 1996) 학교에서 어려움을 겪는 아동들에게 적절한 교육과 치료를 제공하기가 어려워졌다(예: Hale, Fiorello et al., 2008).

종래의 능력-성취 불일치 접근이 가지는 문제점들로 인하여 학습장애 아동들을 진단하고 치료하기 위한 새로운 방법이 필요하게 되었으며(Reschly & Hosp, 2004; VanDerHeyden, Witt, & Gilbertson, 2007), 기존의 방법을 대체하기 위한 유력한 후보

■ 〈표 8-1〉 민감성과 특이성의 정의

만일 장애가 정확하게 정의된다면, 그 장애가 무엇인지 그리고 장애를 가진 사람이 누구인지 판단할 수 있다. 장애를 가진 개인은 참 긍정(true positive)으로 알려지는데, 참 긍정이 나타나면 우리는 환자의 상태를 진단하는 데에 있어서 검사가 얼마나 민감(sensitive)하고 특이(specific)한지를 확인할 수 있다.

민감성(sensitivity): 검사가 민감할 경우, 아동의 장애 유무 여부를 결정하는 데 도움이 될 것이다. 낮은 검사 점수는 아동이 장애를 가졌음을 나타내며, 좋은 검사 점수는 장애 판정을 하기가 어려워진다.

특이성(specificity): 만일 검사가 특이성을 띤다고 한다면 아동이 가진 장애를 여타의 장애와 구분할 수 있다. 따라서 검사 점수가 낮다면 아동은 여타의 장애가 아닌 그 특정한 장애를 가졌을 확률이 높은 것이고, 검사 점수가 높다면 장애 판정을 하기가 어려워진다.

로 중재반응 모형(RTI)이 대두되었다. 최근 중재반응 모형에서 확인할 수 있듯이 학업 성취 평가에 대한 총괄적인 표준화된 평가는 지속적인 형성평가로 변화되기 시작했다. 지속적인 형성평가는 특정학습장애를 진단하는 방법으로서 미국 「장애인교육법(IDEA)」(2004) 내에 성문화되기도 하였다.

　이 장에서는 아동들의 필요에 부응하기 위한 중재반응 모형의 이점들을 살펴본다(Hale, 2006). 몇몇 옹호자는 중재반응 모형이 반드시 시행되어야 한다고 주장하기도 한다. 학생들의 성취도를 지속적으로 관찰하는 것은 임상적으로 보았을 때 매우 매력적으로 다가오며, 더불어 학습 문제를 예방하기 위해 모든 아동을 교육하는 것이 인도적으로도 바람직하게 느껴진다. 그러나 이런 이점에도 불구하고 중재반응 모형은 '해결될 수 없는' 방법론적인 문제점들을 가지고 있다. 중재반응 모형에는 '참 긍정(true positive)'이 존재하지 않기 때문이다. 다시 말하자면, 아동이 중재에 반응을 보이지 않을 때 실천가들은 오직 한 가지에 관해서만 확신을 가질 수 있는데, 그것은 바로 팀이 선정한 특수한 기준에 의하면 아동은 반응을 보이지 않았다는 것이다(예: Reynolds & Shaywitz, 2009). 여기서 사용되는 기준들은 특수하다고 볼 수 있는데, 반응과 연관된 중재반응 모형의 교육과정, 조사법, 측정법, 결정 규칙에 대해서 상호 간에 합의된 바가 전혀 없기 때문이다(Hale, Flanagan, & Naglieri, 2008).

　아동이 적극적인 중재에도 반응을 하지 않는 이유는 매우 다양하며(Hale et al., 2006), 특정학습장애는 그 가운데 하나일 뿐이다. 아동이 중재에 반응하지 않는다는 이유만으로 특정학습장애를 확진하는 것은 잘못된 것이다. 대다수의 연구자와 실천가가 동의할 수 있는 것이라고 해도 그것이 반드시 과학적으로나 임상적으로나 올바른 치료가 될 수 있는 것은 아니기 때문이다. 중재반응 모형이 서비스 전달에 있어서 적합하고 필요한 모형이기는 하나, 이 접근법에 있어서는 평가 방법이 3단계(Tier 3)로 좀 더 포괄적이고 개별화될 필요가 있다. 이러한 평가들은 인지적, 신경심리학적인 측정과 특정학습장애를 다른 장애로부터 구별하는 여타의 자료들도 반드시 포함해야 한다. 이는 단순히 진단만을 위한 것이 아니라 좀 더 나은 중재를 개발하기 위함이기도 하다.

　특정학습장애 진단을 위한 중재반응 접근의 한계점들은 2004년에 처음 제기되기 시작하여(Hale, Naglieri, Kaufman, & Kavale) 특수교육 및 재활 서비스 당국(Office of Special Education and Rehabilitative Services: OSERS)이 2006년에 출판한 IDEA의 최종 법령에는 특정학습장애 진단을 위한 '세 번째 방법'이라 불리는 내용들이 종합적으로 포함되었다. 비록 이 '세 번째 방법'이란 용어가 모호하긴 하나, 많은 주(州)(Zirkel & Thomas, 2009)와 최근의 성취검사(예: WIAT-III; Wechsler, 2009)가 심리학적이고 신경심리학적인 처리 과정에서의 결함을 고려하는 규제적 요구 사항들을 특정학습장애 진단에 있어서 더 효과적인 방식으로 소개하였다(Hale, Fiorello et al., 2008).

잊지 마세요!

성취도가 낮은 아동(즉, 학습 지진)과 특정학습장애를 가진 아동(즉, 학습 결손)의 차이점은 특정학습장애의 분류와 서비스 전달에 있어서 특히 중요하다. 만일 아동이 학습 지진을 보인다면 이 아동은 다른 학생들과 마찬가지로 학습을 할 수 있는 것이기 때문에 좀 더 집중적인 지도법을 사용하면 된다. 다만 동일한 학습 목표를 성취시키기 위해서는 좀 더 많은 지도가 필요할 뿐이다. 만일 아동이 학습 결손을 가지고 있다면 좀 더 개별화된 지도법을 사용해야 한다. 이 아동은 다른 학생들과 다른 방식으로 학습을 하기 때문이다. 학습 결손을 가진 아동에게는 개별화된 특별한 필요에 맞추기 위한 지도가 필요하다.

Flanagan, Ortiz, Alfonso와 Mascolo(2002, 2006)의 '특정학습장애의 조작적 정의'와 Naglieri(1999)의 '불일치/일치 모델'과 같이 '세 번째 방법'을 사용하여 특정학습장애를 진단하는 임상학적 대안 방법이 가능하긴 하지만, 여기서 우리는 일치-불일치 모델(Concordance-Discordance Model: C-DM; Hale, Fiorello, Bertin, & Sherman, 2003; Hale & Fiorello, 2004)에 초점을 두도록 한다. 임상을 기초로 하는 세 번째 방법들 간의 유사점과 차이점들을 더 깊게 알고 싶은 독자들에게는 Hale, Flanagan 등의 2008년도 논문을 추천한다. 지금까지 언급된 세 가지의 접근법은 인지적 강점, 인지적 결함 그리고 인지적 결함과 연관된 성취 문제들을 진단한다(Hale, Flanagan et al.).

이 장에서는 일치/불일치 모델이 인지가설검증(Cognitive Hypothesis Testing: CHT)에 있어서 어떻게 적합한지를 개략적으로 살펴보고자 한다(Hale & Fiorello, 2004). 후에 좀 더 자세히 논의되겠지만, 인지가설검증이란 아동들이 겪는 문제들에 대하여 가설을 세우고 이를 검사하기 위한 논리적 단계라고 소개할 수 있겠다(Hale & Fiorello, 2004). 인지가설검증 접근법은 학습 문제를 예방하고 대부분의 아동을 위한 교육적 필요를 다루는 데에 있어서 중재반응 모형 접근법이 유용함을 인정한다. 그러나 반응을 하지 않는 아동들에 대해서는 왜 제대로 학습하지 못하는지 그리고 어떻게 그러한 아동들을 도와줄 수 있는지를 확인하기 위하여 포괄적인 평가를 내리는 것이 중요하다. 이는 특정학습장애를 지닌 아동들뿐만이 아니라 '모든' 아동이 가지게 되는 교육적 필요다(Fiorello, Hale, Snyder, Forrest, & Teodori, 2008; Fiorllo, Hale, Decker, & Coleman, 2009; Fuchs & Deshler, 2007; Hain, Hale, & Glass-Kendorski, 2009; Hale, Fiorello, Miller et al., 2008; Miller & Hale, 2008).

후에 다시 다루겠지만, 균형 잡힌 실제 모형(Balanced Practice Model; Hale, 2006)은 아동들의 학습 요구뿐만 아니라 포괄적 평가와 특수교육 서비스를 필요로 하는 사례를 줄이기 위해 중재반응 모형를 좀 더 폭넓게 적용하도록 권장한다. 그러나 균형 잡힌 실제 모형은 또한 특정학습장애 아동들이 두뇌의 처리 과정에 결함이 있고 그로 인하여 학습장애가 발생하기 때문에 그들만의 특별한 필요를 충족시키기 위한 개별화 교수가 요구됨을 인식했다(Hale, Fiorello, Miller et al., 2008). 이러한 균형 잡힌 실제 모형은 특정학습장애에 있어서 뇌 결함을 단순히 내적인 요인으로만 치부하지도 않고, 장애가 항상 독립적이고 환경적인 방해 요소에 의한 것만은 아니라고 설명한다. 이 모형은 개인과 환경적 영향 간의 상호작용에 따라 특정학습장애가 발생한다고 주장한다.

만일 특정학습장애를 진단하는 데에 있어서 중재반응 접근만을 사용한다면 진정으로 개별화된 중재가 일어날 수 없게 된다. 왜냐하면 단순한 학습 지연을 겪는 아동이나, 진짜 학습장애를 가진 모든 아동이 구별되지 않고 단일한 특정학습장애 범주 모형(SLD categorical model)으로 함께 분류되기 때문이다(Fiorello et al., 2009). 중재반응 모형에 반응을 하지 않는 아동의 경우에는 인지가설검증과 일치-불일치 모델(C-DM)을 함께 사용하여 뇌-행동 관계성을 포괄적으로 평가해야 한다. 그렇게 하면 특정학습장애의 진단이 더 용이할 뿐만 아니라 더 나아가 아동의 개별적 요구에 따라 좀 더 효과적인 중재가 가능하기 때문이다.

특정학습장애의 정의와 진단을 위한 초기의 시도

1975년 공법 94-142에 따라 공립학교들은 특정학습장애 아동을 포함한 모든 학생에게 무상의 적절한 공교육(free and apprepriate public education: FAPE)을 제공하기 시작했다. 이러한 법률이 1977년부터 완전한 시행에 들어가자, 미국 교육부는 전국장애아자문위원회[National Advisory Committee on Handicapped Children(NACHC), 1968]로 하여금 다음과 같이 정의를 내리게 했다.

> '특정학습장애' 라는 용어는 심리적 처리 과정에서 나타나는 하나 혹은 그 이상의 언어학습장애를 의미한다. 이러한 장애는 듣기, 말하기, 읽기, 쓰기, 철자 쓰기 등의 능력이 떨어지거나 수학적 계산을 제대로 하지 못하는 문제로 나타난다. 이 용어는 시각, 청각 혹은 지체 장애를 가진 학생들과 정신지체, 정서 불안, 혹은 환경·문화·경제적 약자들은 제외한다(U.S. Office of Education, 1977).

잊지 마세요!

'능력과 성취 간의 기대보다 낮은 성취 혹은 불일치' 라는 개념은 Barbara Bateman이 아동의 학습장애를 "학습 과정의 기본적인 장애에 관련한 아동의 추정되는 잠재력과 실제 수행 수준 간의 교육적으로 유의미한 불일치" 라고 특정지으면서 알려지기 시작했다.

특정학습장애를 정의하려는 운동의 일부로서, Samuel Kirk의 제자인 Barbara Bateman은 특정학습장애 아동들이 지체된 학습자가 아니라, 아마도 정보 처리의 결함 때문에 불완전한 학습 능력을 보인 것 같았다는 점에 주목하였다. Bateman(1964)의 정의는 이러한 개념을 조작할 수 있게 하였다.

> 학습장애 아동들은 학습 과정에서 기본적인 장애들과 관련하여 그들의 측정된 가능성과 수행의 실제 수준 사이에 교육적으로 현저한 불일치를 보여 주는 아이들이며, 그것은 입증 가능한 중추신경계 기능장애에 의하여 일어나거나 그렇지 않을 수도 있으며, 일반적인 정신지체나 교육적 또는 문화적 결핍, 심각한 정서장애나 감각적 결함에 의하여 부수적으로 일어나는 것은 아니다.

특정학습장애 정의에서의 능력-성취 불일치 모델은 그것의 시작 이래로 유용한 또는 타당한 특정학습장애 정의 방법으로서 많은 비판을 받게 되었다(예: Fletcher et al., 1998; Hale & Fiorello, 2004; Kavale et al., 2005; Vellutino, Scanlon, & Lyon, 2000). 그럼에도 불구하고 특정학습장애 정의에서의 불일치에 대응하여 미국 교육부는 기대된 성취와 실제 성취 간의 불일치를 특정학습장애의 존재 유무를 결정하는 주요 준거로서 공식화하였다(예: Mercer et al., 1996).

능력과 성취 간의 불일치, 또는 기대보다 낮은 성취는 대부분의 특정학습장애 정의에서 핵심이 된다(예: Kavale & Forness, 1995; Lyon et al., 2001; Wielderholt, 1974). 비록 이러한 접근은 정의에 있어서 경험적으로 기반을 둔 접근으로 칭찬할 만한 시도였지만, 이 모형 자체는 아래 제시된 것처럼 많은 문제를 가지고 있었다(예: Aaron, 1997; Ceci, 1990, 1996; Siegel, 1989; Stanovich, 1988a; Sternberg & Grigorenko, 2002; Stuebing, Fletcher, & LeDoux, 2002).

• 문제 1: 능력-성취 불일치는 저성취 아동과 특정학습장애 아동을 잘 구분해 내지 못한다.
능력-성취 불일치는 특정학습장애 아동과 저성취 아동을 구분하는 데 불충분하다(예: Epps, Ysseldyke, & McGue, 1984; Francis, Shaywitz, Stuebing, Shaywitz, & Fletcher, 1996; Fuchs, Mathes, Fuchs, & Lipsey, 2001; Kavale, Fuchs, & Struggs, 1994; Stanovich & Siegel, 1994; Ysseldyke, Algozzine, Shinn, & McGue, 1982). 많은 저성취 아동이 특정학습장애로 부적절하게 분류되는 것을 암시하며, IQ 불일치 아동 집단들과 IQ 일치 아동 집단들은 종종 상당한 중첩을 보여 준다(예: Fucks, Mocks, Morgan, & Young, 2003). 대신에 실제 현실에서 낮은 IQ가 정보 처리 강점과 약점의 평균 수준을 반영할 때, 어떠한 정보 처리의 결함은 일관된 낮은 학업 수행이라는 생각으로 특정학습장애 아동의 IQ와 성취도 점수를 낮출 수 있다(즉, Mark Penalty; Willis & Dumont, 1998).

전통적인 능력-성취 불일치는 낮은 IQ를 가진 낮은 수준의 읽기 학습자 집단과 높은 IQ를 가진 낮은 수준의 읽기 학습자 집단 모두 단어 재인 수준에서 유사한 잠재된 문제들을 보여 주기에 이들을 구분하는 데 어려움이 있다. 따라서 높은 IQ를 가진 낮은 수준의 읽기 학습자는 특정학습장애를 가진 것으로 판별되는 경향이 있다(예: Aaron, 1997; Fletcher et al., 1994; Flowers, Meyer, Lovato, Wood, & Felton, 2001; O'Malley, Francis, Foorman, Fletcher, & Swank, 2002; Stanovich & Siegel, 1994; Stuebing et al., 2002; Stanovich, 2000, 2005).

• 문제 2: 능력–성취 불일치는 특정학습장애 구조를 침해하는 변동성 있는 판별과 데이터로 이어지면서, 지역과 주 교육기관 전반에 걸쳐 비일관적으로 적용된다. 불일치 방법이 30년 가까이 법적으로 학생들을 특정학습장애로 분류하는 주요한 방법이 되어 왔다는 사실에도 불구하고, 불일치 모델의 실행을 위한 규정들, 정책들 그리고 과정들은 주와 지역구(district)의 교육기관들 전체에 걸쳐 서로 달리 변하여 왔다(예: Rechly & Hosp, 2004; Mastropieri & Scruggs, 2005). 지역구들은 학년 수준 편차와 회귀분석 그리고/또는 표준 점수 차이에 기초한 기대값 알고리즘과 표준 점수 차이를 포함하여 다양한 불일치 절차를 사용하였다(예: Berninger & Abbot, 1994; Reynolds, 1984; Reschly & Hosp, 2004). 더 나아가 학교에서 일하는 실행가들에게는 그들이 지역의 특정학습장애 판별 정책을 준수하는 정도를 고려하여 많은 전문적인 면허가 주어졌으며, 이는 심지어 한 지역 내에서도 넓은 가변성이 나타나게 하였다(예: Vaughn, Linan-Thompson, & Hickman, 2003). 그리고 저성취자들은 심지어 그들이 불일치를 보이지 않았을 때에도 종종 서비스를 필요로 하는 것처럼 판별되었다(예: Gottlieb, Alter, Gottlieb, & Wishner, 1994; MacMillan et al., 1998). 주와 지역구 전반에서의 실행상의 차이들은 특히 그것이 분류 정확도, 서비스에의 접근, 연구 결과의 일반화 가능성과 관계를 맺으면서 특정학습장애의 구조를 침해하였다.

• 문제3: 지능검사와 능력–성취 불일치는 특수교육과 특정학습장애 범주 내에서 민족적, 문화적, 언어적 그리고 인종적 소수자들에 대한 과잉 추정(overrepresentation)을 야기하였다. 특수교육에서 다양한 민족적, 문화적 그리고 언어적 배경을 가진 많은 학생은 과잉 추정된다(예: Deno, 1970; Dunn, 1968; MacMillan & Hendrick, 1993). 브라운 대 교육위원회(Board of Education)[1]의 날 이래로 소수자 집단들은 학업적으로 충분치 못한 서비스를 받아 왔으며, 그 이후에는 특수교육에 많이 참여하였다. Dunn은 특수교육

내에서, 소수자 또는 '낮은 경제적 지위' 가정에 놀랄 만큼 높은 수의 특수아동(60~80%)이 있음을 보고하였다(Artiles & Trent, 1994; Hosp & Reschly, 2004). 특수교육 학급들에서의 소수자 아이들의 불균형적인 등장은 소수자들의 사회적 지위와도 상당한 관련이 있을 뿐 아니라, 인구통계학적이고 사회경제적인 변인들과도 관련이 있다(예: Finn, 1982; Hosp & Reschly, 2004; Oswald, Coutinho, Best, & Singh, 1999). 지능검사에서의 반복되는 주제는 이러한 검사들이 문화적, 민족적, 인종적 그리고 언어적 차이를 가진 아동들에게 불공평하다는 것이다(Hale & Fiorello, 2004). 평가에서의 검사 편향성과 문화적 맥락(loading)에 대한 탐구는 이 장의 범위를 넘어서긴 하지만, 특수교육에서의 소수자들의 과잉 추정은 중요한 현상으로 남아 있다.

• 문제 4: 능력-성취 불일치를 규명하는 데 있어서의 엄격한 절단점의 사용은 프로파일 변산도(profile variability),[2] 능력과 성취 척도 사이의 관련성, 측정의 표준오차, 그리고 변동성 있는 수행에 대한 근거들을 고려하지 않는다.   불일치 방법은 예상되거나 예측된 아동의 '능력'(예: IQ)과 저성취(예: 낮은 성적, 표준화된 성취도 검사 점수) 차이에 의존한다(Reynolds, 1984). 특정학습장애의 정의를 고려하여 이러한 인지적인 강점과 약점들 그리고 성취 결함의 양식이 기대되면서(Hale, Flanagan et al., 2008; Stuebing et al., 2002) 이 모형은 프로파일 변산도 때문에 낮은 IQ를 가지고 있으며 또한 낮은 성취도 점수를 가진 아동들을 판별하는 데 실패한다(Willis & Dunmont, 1998). 여전히 전반적

■·□·■·◆·■·◆·■·□·■

1) 역자 주: Brown vs. Board of Education of Topeka. 1951년 피부색이 다르다는 이유로 미국 캔자스 주 토피카에 살고 있던 여덟 살인 초등학교 3학년 흑인 소녀 린다 브라운은 자신의 집에서 가까운 학교를 놔두고 1마일이나 떨어진 흑인들만 다니는 학교를 매일 걸어서 가야 했다. 이에 린다의 아버지 올리브 브라운은 집에서 가까운 백인들만이 다니는 섬너 초등학교로 전학을 신청했으나 피부색이 다르다는 이유로 교장이 이를 거절하게 된다. 이에 분노한 올리브 브라운은 소송을 걸게 된다. 이 유명한 '브라운 대 토피카 교육위원회' 사건소송은 결국 연방대법원까지 올라가게 되고, 1954년 5월 17일 대법원이 '공립학교의 인종차별은 위헌' 이라는 결정을 내려 토피카 교육위원회를 누르고 브라운의 손을 들어주어 3년만의 긴 소송의 과정은 끝을 맺게 된다. 아무리 평등한 시설과 교육을 제공한다고 해도 인종을 분리시켜서 운영한다는 것 자체가 인종을 차별한다는 것에서였다. 사실상 이 판결은 1896년 인종은 분리하되 평등한 교육을 가르친다는 '플레시 대 퍼거슨 사건' 의 대법원 판결을 뒤집은 사건이었다(출처: wikipedia).
2) 역자 주: 한 검사가 지닌 하위검사들 간의 변산도

인 IQ 해석에서의 충직한 지지자들이 조금 있지만(예: Watkins, Glutting, & Lei, 2007), 프로파일 분석(profile analysis)[3]이 특정학습장애와 다른 장애를 가진 아동들을 위하여 필요하다는 것을 암시하는 결과에 대한 반대 입장의 연구도 있었다(Hale, Fiorello, Kavanagh, Holdnack, & Aloe, 2007).

Hale과 동료들(예: Elliott, Hale, Fiorello, Moldovan, & Dorvil, 출판 중; Fiorello, Hale, McGrath, Ryan, & Quinn, 2001; Fiorello, Hale, & Snyder, 2006; Fiorello et al., 2007; Hale, Fiorello, Kavanagh, Hoeppner, & Gaither, 2001; Hale at al., 2007; Hale, Fiorello et al., 2008)은 주의력결핍 과잉행동장애, 특정학습장애 그리고 외상성 뇌손상을 입은 아동들에게 상당한 프로파일 변산도가 있다는 것과, 대부분의 성취도 변량은 측정 지수들(factors)이 아니라, 가령 전반적인 IQ와 같은 전체적인 요소에 의하여 설명되는 가장 적은 양의 변량으로서 하위검사에 의해 설명된다는 것을 입증해 냈다. 그들은 이러한 프로파일 변산도가 제한된 성취도 예측 타당성이 장애를 가진 대부분의 학생에 대한 전반적인 IQ 해석을 불가능하게 한다고 주장한다. 대신 하위검사 요소 맥락에 기초하고 있으며 교차검사 패키지(cross-battery) 해석 접근들을 통하여 입증된(Fiorello et al., 2009), 경험적으로 기반이 된 주의 깊은 프로파일 분석은 측정과 중재의 목적을 위하여 이루어진 것임에 틀림없다.

아동이 한 가지 척도에서 불일치를 보여 주는 동안, 척도의 서로 다른 기술적인 특성들, 척도의 서로 다른 구성 범위, 또는 집행과 점수 기록에서의 차이 때문에, 아동은 다른 척도에서 불일치를 보여 주지 않을 수도 있다(Hale & Fiorello, 2004). 이에 더하여 두 아동이 유사한 프로파일과 어려움을 가질 수 있다. 그러나 그들 사이에서의 오직

잊지 마세요!

프로파일 변산도는 특정학습장애 아동의 전반적 IQ 해석은 배제하고 인지/지능 검사의 예측 가능한 타당도로 제한한다. 특정학습장애를 결정하기 위한 경험적 프로파일 분석기반 '심리학적 과정'의 주의 깊은 검사가 최선의 방법으로 요구된다. 판별과 중재를 위해 과정은 학업 성취를 고려해야 한다.

---

3) 역자 주: 한 검사가 두 개 이상의 하위검사로 구성되어 있고, 하위검사의 점수가 동일한 성질의 표준 점수나 백분위 점수로 환산할 수 있도록 되어 있을 때, 피검사자가 그 검사에서 받은 하위검사의 점수를 그래프 모양의 차트에 도시(圖示)해서, 하위검사 득점 간의 차이와 총점과 하위검사 득점 간의 차이를 통하여 개인 내 차의 구조적 특징을 파악하는 것

1점 또는 2점의 차이는 필요한 서비스를 받을 수 있는지를 결정할 수도 있다. 그러므로 특정학습장애 결정을 다소 변하기 쉬운 것으로 만들면서(예: Reynolds, 1984), 절단점은 반드시 임의적인 숫자들이 된다(예: Aaron, 1997; Gresham, 2001; Siegel, 1999; Sternberg & Grigorenko, 2002).

• 문제 5: 능력-성취 불일치는 어떤 아동이 조기 중재가 필요한지를 다루는 예방 모형이 아니다.   그러므로 그것은 '실패를 기다리는(wait-to-fail)' 패러다임으로 여겨져 왔다. 얼마나 학습 문제가 심각한지에 관계없이, 초급 학년에서의 넓은 범위의 예상치 때문에, 유치원 이전으로부터 3학년, 4학년을 거친 어린 아동들이 IQ와 성취도 검사에서 변동성을 보이는 것은 드문 일이 아니다. 이러한 발달적으로 적절한 변동성은 IQ와 성취 사이의 통계적 불일치가 입증되는 것을 허용하지 않는다(예: Dombrowski, Kamphaus, & Reynolds, 2004; Mather & Roberts, 1994). 상당한 학습상의 어려움을 겪는 아동들이 버둥대기 시작하는 것은 오로지 성취도 검사의 내용이 점진적으로 보다 정교해지고, 읽기를 통해 얻어지는 정보에 더욱 많이 의존하게 되고, 고차적 인지를 요구하는 때인 9세 이후에서다(예: Vaughn et al., 2003).

기본 학습 기능의 치료교육을 위하여 이러한 기간이 중요함에도 불구하고(예: Fletcher et al., 1998; Stage, Abbott, Jenkins, & Berninger, 2003; Vullutino, Scanlon, & Lyon, 2000), 교육자들은 종종 그들 자신이 특수교육을 통한 조기 중재와 치료교육을 제공할 수 없고, 그들의 손이 묶인 채로 이러한 '실패할 때까지 기다리는' 모형에 의하여 좌절당하고 있다는 것을 깨달아 왔다(예: Vaughn & Fuchs, 2003). 학업 성취 점수의 존재는 특정학습장애를 조기판별할 수 없도록 하여 '장애'를 암시할 수 있도록 커지기 위해서 심각하게 악화되어야만 한다(예: Mather & Roberts).

• 문제 6: 능력-성취 불일치는 귀중한 시간과 자원의 성취를 향상하기 위한 중재로부터 배제하는 '검사와 배치(test and place)' 체계가 된다.   의뢰 전 중재 대신에, 불일치 모델은 특정학습장애를 유발해 온 잠재되어 있는 특정한 심리적 처리 과정의 해석보다는 IQ와 성취도 검사의 집행과 이러한 종합검사로부터의 점수에 근거하여 적격성을 결정

하는 것에 많이 의존하고 있다. 결국 다학문적 팀 처리 과정(multidisciplinary team process) 교수와 치료교육보다는 적격성에 초점을 둔다(Lyon et al., 2001; Reschly & Hosp, 2004; VanDerHeyden et al., 2007). 다학문적인 팀이 아동이 특정학습장애 서비스를 받기에 적격임을 결정한 후, 아동은 아마도 개별화교육 프로그램을 제공하는 특수교육 체계에 배치될 것이다. 그러나 실제의 누적적인 검사 데이터와 현실에 존재하는 치료교육 전략의 관련성은 종종 분명히 연결되어 있지 않으며, 기껏 잘해야 포괄적인 수준으로 연결되어 있고, 성취도 결함이나 아동이 배울 것으로 예상되는 교육과정과는 관련되어 있지 않다(Reschly, 2005; Peterson & Shinn, 2002).

측정 및 적격성 절차와 후속적인 중재 간에는 직접적인 연결이 완전히 부재하며, 표준 성취도 척도는 일반적으로 교수에 있어서 낮은 수준의 실용성을 가지고 있다(Bocian, Beebe, MacMillan, & Gresham, 1999). 이는 1970대에 이루어진 연구에 기반을 둔 '적성-처치 상호작용(aptitude-treatment interaction)'[4]과 같은 것은 존재하지 않는다는 것을 암시하는 표준화된 측정에 대한 많은 반대자와 함께, 인지적 측정과 중재를 연결하는 극소수의 경험적 연구 결과만을 낳았다(예: Reschly & Ysseldyke, 2002). 이에 더하여 특수교육에 배치된 아동들은 오직 최소한의 기록만 가지고 있으며(Donovan & Cross, 2002; Lyon et al., 2001), 특수교육이 장애아동의 요구를 충족하는 데 있어 실제로는 효과적이지 않다는 것을 암시하여(예: Detterman & Thomson, 1997; Reynolds, 1988) 종종 '종신형(life sentences)'을 받는다. 〈표 8-2〉는 왜 전통적인 능력-성취 불일치 방법이 특정학습장애 판별에 있어서 타당하지 않은지를 요약하여 설명한다.

---

4) 역자 주: 학습자가 보여 주는 학습의 결과는 학습자의 적성 또는 특성과 교사가 행하는 처치 또는 수업 방법의 상호작용 결과라고 설명하는 입장

■ 〈표 8-2〉 **특정학습장애 판별에 부적합한 능력-성취 불일치**

능력-성취 불일치는 특정학습장애를 가지고 있는 아동을 판별하기에 적합한 접근 방식이 아니다.
그 이유는 다음과 같다.

• 능력-성취 불일치 모델은 특정학습장애를 가지고 있는 아동과 저성취를 보이는 아동을 구분하지 못
한다.
• 능력-성취 불일치 모델은 주, 지역구, 학교 전역에서 사용되면서 특정학습장애 판별을 임의적이고
자주 변하도록 만들었다.
• 능력-성취 불일치 모델은 몇몇 학생을 과도하게 판별하는 오류를 낳는다.
• 절단점을 엄격하게 적용하는 것은 무의미할 뿐 아니라 잠재적으로 차별적일 수 있다.
• 초기 개입이 중요하지만, 어린아이들은 때때로 모순적이기 때문에 그들이 추가적인 서비스를 필요
로 한다는 것을 확신하기 위해서는 그들이 '실패할 때까지' 기다려야 하는 단점이 있다.
• 지능검사 점수는 중재와 관련성이 매우 적다. 왜냐하면 초점이 '중재'가 아닌 '검사와 배치'를 선택
하기 위한 것에 맞춰져 있기 때문이다.

특정학습장애 아동을 위한 중재반응 모형: 완전한 해결책인가 아니면 단순한 예방책인가

특정학습장애를 진단하고 특정학습장애 아동이 필요한 교육적인 처치를 제공하는
방식에서의 불일치를 고려할 때(Stanovich, 2005), 많은 사람은 요약적인 지능검사(예:
Siegel, 1989)를 쓰지 말 것을 주장한다. 그 대신 교육과정중심 측정(Hosp, Hosp, &
Howell, 2007)과 생태학적인 타당성과 학습 상황의 관련성이 높은 중재(Reschly &
Ysseldyke, 2002)를 선호한다.

행동심리학에 뿌리를 두고 있을 뿐 아니라(예: Gresham, 2004), 장애는 단순히 사회
적으로 생겨난 현상이라는 신념을 갖고 있기 때문에(예: Ysseldyke, 2002) 이 접근법은
학습 문제를 아동의 외적 환경에서의 문제로 보는 경향이 있다. 학습 문제가 환경적
으로 영향을 받았다는 전제에 기반을 두고 있기 때문에, 이 접근은 특정학습장애가
심지어 존재하지 않을 수 있다는 결론까지도 제시한다(예: Ysseldyke & Marston,
2000). 게다가 이 접근법을 주장하는 사람들은 특정학습장애가 포괄적인 '학습 곤란'

범주로 변형되야 한다고 믿는다(Fletcher, Coulter, Reschly, & Vaughn, 2004; Stanovich, 1997). 그 범주에서는 학습이나 행동에 있어서의 개별적인 인지적·신경심리학적 차이는 중요하지 않고, 심지어 비과학적이기까지 한 것으로 여겨진다(예: Fletcher, Francis, Morris, & Lyon, 2005; Reschly, 2005; Stanovich, 2005).

표준 프로토콜 중재반응 모형 접근법(예: O'Connor, 2000; Vaughn et al., 2003; Vellutino et al., 1996)과 문제해결 중재반응 접근법(예: Ikeda & Gustafson, 2002; Tilly, 2008)은 전자에서는 외적 타당도의 문제, 후자에서는 내적 타당도의 문제의 여지가 있다(Fiorello et al., 2009; Hale, Fiorello et al., 2004). 대부분의 주창자는 반응을 이끌어 내기 위한 더 집중적인 중재를 사용하는 다층적인(multitier) 접근법을 주장한다(Barnett, Daly, Jones, & Lentz, 2004). 중재반응 모형을 주장하는 사람들의 초점은 온전히 중재에 있고, 또 그 중재를 통해서 아동의 학습장애를 예방하는 것에 있다(예: Shapiro, 2006). 어떤 방식을 사용하는지와는 별개로, 중재반응 모형은 능력-성취 불일치를 전형적으로 보여 주는 '실패할 때까지 기다리는' 방법과는 다른 몇 가지 장점을 가지고 있다(Brown-Chidsey & Steege, 2005; 〈표 8-3〉 참조).

확실히, 만약 전문가들이 시험을 실시하는 것과 지속적인 모니터와 중재를 제공할지 여부를 두고 결정해야 한다면 중재반응 모형이 훨씬 더 나은 선택인 것처럼 보인다. 사실 중재반응 모형 방식을 학습과 행동적 치료가 필요한 아동들에게 적용하는 데는 전혀 문제가 없지만 몇몇 사람은 그 문제에 대해서 논의가 필요하다는 의견을 제기하기도 한다(Hale, 2006). 불일치와 관련된 문제들을 고려해 볼 때, 특정학습장애 판별을 위해 중재반응 모형을 쓰지 않는 이유는 무엇일까? 많은 아동에게 필요한 치료적 중재를 제공할 수 있다는 가능성에도 불구하고, 우리는 중재반응 모형이 특정학습장애 진단을 위한 유효하고 유일한 방식이 절대로 될 수 없다는 결론을 내려야 한다. 왜냐하면 중재반응 모형은 장애를 판별하는 방식으로는 과학적인 결함이 너무 많기 때문이다(Fiorello et al., 2009; Hale, Flanagan et al., 2008; Hale et al., 2010; 〈표 8-4〉 참조).

비록 우리는 특정학습장애 판별을 할 때 중재반응 모형의 타당성에 대해 의문을 제기한 첫 번째 연구자이지만(Hale et al., 2004), 우리의 주장과 일치하는 연구를 진행시킨 수많은 연구자가 있다. 그리고 우리는 중재반응 모형이 가장 최고의 실천 모형으

■ 〈표 8-3〉 중재반응 모형 접근법 사용의 장점

아동의 요구	불일치 모델 단점	중재반응 모형 장점
개입 효과성에 중요한 학습 문제의 초기 판별	불일치와 특정학습장애 판별은 어린 아이에게서 나타나지 않는다.	문제를 초기에 인지할 수 있는 지속적이고 규칙적인 모니터링 과정
학습 지연과 학습 결손 판별	판별을 위한 엄격한 절단점 기준 정립, 잘 기능하는 아이들이 오히려 특정학습장애로 진단될 가능성이 있다.	'지연'과 '부족' 간의 차이를 인식할 필요가 없다. 모두 '포괄적 학습 문제'를 지니고 있는 것으로 대우를 받는다.
교육과정과 연계된 특별한 학습 목표	심리학자들은 평가 자료와 중재와의 연결성을 찾지 못한다.	학교에서의 능력 수행을 기반으로 하는 교육과정에 기반을 두고 있음
낙인 없는 권리	특정학습장애로 판별을 받은 아동들에게만 서비스를 제공한다.	서비스를 제공할 때 판별은 필수적이지 않다.
최소제한환경(LRE)에서 비차별적 평가와 서비스 제공	소수자 집단에서 판별받을 가능성이 더 크다; 특수교육이 '종신형'이 되어 다시 정규 교육과정으로 진입할 수 있는 아동이 거의 없다.	아동은 '지능' 때문에 구분되지 않고, 모든 학습자에게 수용적인 다양한 교육 환경을 제공받는다.
학습 특징과 요구를 결정	팀 자원이 검사와 판별에 쓰인다.	팀 자원이 초기 중재와 판별에 쓰인다.
특정학습장애 아동은 개별화된 교수과정을 요구한다.	특수교육이 저성취로 판별된 아이들에게 행해졌지만, 일반적으로 효과가 없었다.	차별화와 집중적인 교수가 가능하다.

■ 〈표 8-4〉 중재반응 모형만으로는 특정학습장애를 진단할 수 없는 이유

중재반응 모형은 단독으로는 특정학습장애를 진단할 수 없다. 그 이유는 다음과 같다.

• 중재반응 모형 주창자들은 표준 프로토콜과 문제해결 중재반응 접근법 중 어떤 걸 사용해야 하는지에 대한 판단을 하지 못한다.
• 중재반응 모형을 사용할 때 어떤 교육과정, 수업 방식, 측정 도구를 사용하는지에 대한 합의가 부족하다.
• 중재반응 모형 연구는 기본적으로 단어 읽기에 초점을 두고 있지만, 학년과 내용별로 어떻게 다른 방식을 적용해야 하는지에 대한 검토가 충분히 이루어지지 않았다.
• 무엇이 경험에 기초한 접근인지에 대한 혼란과 단일사례 연구설계를 사용하는 것이 '경험적인' 방식에 충분한지 여부에 대한 합의가 부재하다.

- 각각 다른 방식을 사용하여 반응과 비반응을 결정하는 방식에 대한 합의가 없어 반응자와 비반응자로 분류된 아이들이 달라진다.
- 목표 수준을 결정하기 위한 중재나 적절한 성취 수준을 어떻게 결정해야 하는지에 대한 합의가 없다.
- 중재의 적절성을 확신할 수 있는 슈퍼비전 방식이나 교사 훈련 방식에 대한 합의가 없다.
- 중재에 반응하지 않는 아동이 법에 명시한 특정학습장애 요구 조건을 충족하는지를 결정할 방법이 없다.
- 중재에 반응하지 않는 것이 다양한 이유로 일어날 수 있고, 그 이유 중 하나가 특정학습장애일 뿐이다.

로 맨 처음 활용된다고 할지라도 특정학습장애의 인지적이고 신경심리학적인 과정에 대한 평가를 포함해야만 한다고 결론을 내렸다(예: Berninger & Holdnack, 2008; Fioerllo et al., 2009; Flanagan, Ortiz, Alfonso & Dynda, 2006; Fletcher-Janzen & Reynolds, 2008; Kaufman, 2008; Kavale et al., 2005; Kavale, Kauffman, Bachmeier, & LeFever, 2008; Machek & Nelson, 2007; Mather & Gregg, 2006; Mastropieri & Scruggs, 2005; Miller & Hale, 2008; Ofiesh, 2006; Schrank, Miller, Caterino, & Desrochers, 2006; Reynolds & Shaywitz, 2009; Semrud-Clikeman, 2005; Willis & Dumont, 2006; Wodrich, Spencer, & Daley, 2006).

비록 중재반응 모형을 실제로 구현할 때 생기는 문제점들이 측정학적인 관점에서는 중요하지만(Fuchs & Deshler, 2007; Gerber, 2005; Kavale et al., 2008; McKenzie, 2009), 가장 크고 중대한 문제는 〈표 8-4〉에 언급된 마지막 두 개다. 즉, 우리는 반응하지 않는 아동이 우리가 최선을 다한 중재의 시도에 반응을 하지 않았다는 사실만 확신할 수 있다. 우리는 왜 그 아동이 반응을 하지 않았는지는 알 수 없다(Fiorello et al., 2009; Hale et al., 2006; Hale, Fiorello et al., 2008).

중재반응 모형 프로토콜에서는 다른 모든 것은 똑같은 상태에서 모든 아동에게 경험적으로 검증된 교수를 제공한다. 우리는 반응과 무반응을 구분 짓는 결정이 외적 타당도를 지니고 있

> **✏ 주 의!**
>
> 많은 아이에게 필요한 서비스를 제공해 줄 수 있다는 가능성에도 불구하고 중재반응 모형이 특정학습장애 진단에 적합한 방식이 될 수 없다고 사료된다. 왜냐하면 중재반응 모형은 장애 진단을 하기에는 과학적으로 문제가 많기 때문이다.

다는 것을 안다. 반응하지 않는 아이는 반응을 하는 대부분의 아이와는 다르다 (Fiorello et al., 2009; Hale, Fiorello, & Thompson, 출판 중; Hale & Morley, 2009). 이 사실은 많은 연구자 사이에서 중재반응 모형을 선호하게 만들었다(Fuchs & Fuchs, 2006). 대조적으로 문제해결 접근 방식에서는 교육과정, 교수 방식, 측정 방식, 만일의 사태는 통제될 수 있기 때문에 아동의 반응을 얻기 위해서 이런 변수들이 각각 그리고 조합되었을 때 가지는 내적 타당도에 초점을 두어야 한다(Fiorello et al., 2009; Hale et al., 2010; Hale & Morley, 2009).

비록 문제해결 방식의 내적 타당도는 반응을 얻기 위한 여러 번의 시도에 따라 다양한 변수가 통제되면서 높아졌지만, 이런 통제 방식은 특정학습장애를 결정하는 문제해결 중재반응 접근의 효과성까지도 없애는 단점이 있다. 왜냐하면 무반응의 이유가 다양한 변수의 통제로 인한 변화 때문인지 혹은 아동 자체의 문제 때문인지를 구분해 낼 수 있는 방법이 없기 때문이다. 단일사례 연구설계에서는 오직 하나의 독립변수만이 통제되고 다른 변수들은 똑같아야 한다(Fiorello et al., 2009; Hale, Fiorello et al., 2008; Hale & Morley, 2009). 하나의 변수만 통제된다 하더라도, 여전히 반응과 무반응을 결정하는 방식이 외적 타당도를 지니고 있다고 확신할 수 있는 방법은 없다. 왜냐하면 그 방식 자체가 각각의 학생들에 맞춰 개별화되어 있고(예: Fuchs & Fuchs, 2006), 그렇기에 특정학습장애와 다른 장애 진단에서의 활용이 불가능하기 때문이다.

문제해결 방식의 외적 타당도의 부재는 특정학습장애 진단에 왜 그렇게 중요한 문제가 되는 것일까? 장애를 진단하는 과학과 관련된 하나의 진실은 우리는 '어떤 장애가 아닌지'에 관심이 있는 것이 아니고 '어떤 장애인지'를 알고 싶어 한다는 것이다. 장애 진단과 관련된 과학에서 우리는 이것을 '참 긍정'이라고 부른다. 한번 참 긍정이 확인되면, 우리는 정확하게 진단받은 아동과 그렇지 않은 아동의 수를 확인할 수 있고, 이는 진단 모

> **주의!**
> 우리의 최선의 중재에 반응하지 않는 학생이 특정학습장애라고 얘기하는 건 바람직하지 않다. 특히 단일사례설계에서 인과성을 보장하는 기본적인 전제를 어기는(중다독립변인을 조작하게 되는) 문제해결 접근이 적용된 경우에는 더욱 그러하다.

> **주의!**
> 중재반응 모형은 특정학습장애를 진단하기에는 단점이 많다. 우리는 아동이 반응하지 않는다는 것만 알고 그 아동이 왜 반응하지 않는지는 모르기 때문이다.

형에서 사용될 조치의 세심함과 특이성를 결정할 수 있도록 도와준다(Reynolds, 1997).

장애에 대한 참 긍정의 정의 없이는 측정 도구의 민감성이나 특수성을 정할 방도가 없다. 그래서 장애를 단정 짓기 위한 어떤 방법도 문제가 있다(Reynolds, 1997; Spitzer & Wakefield, 1999 참조). 이러한 문제를 인정한 Gerber(2005)는 중재반응 모형 접근이 차이를 선호하는 사람들이 구인에 대한 측정을 구인 자체와 헷갈릴 때 가지는 순환적 문제들을 가지고 있다고 지적했다.

> **잊지 마세요!**
>
> 중재반응 모형은 많은 아이의 학습 요구를 충족해 주는 데에 있어서 과거 실습에 비해 가능할 만한 이점을 제공한다. 그러나 이는 증가하는 고도의 중재에 만성적으로 무반응을 보이는 아이들에게는 무언가 다른 것이 필요하다는 것을 분명히 시사한다(Fuchs & Deshler, 2007). 그러므로 종합적 평가는 개인적 요구를 기반으로 한 목적 지향적인 중재로 해야 한다.

이러한 정의와 측정 문제들은 부분적으로 특정학습장애(응답자/무응답자 상황)로 결정 내리는 데 중재반응 모형 접근을 사용하려고 하는 연구들이 왜 성공하지 못했는지를 설명한다. 여기서 중재반응 모형 접근이란 응답자들 또는 무응답자들로 분류될 서로 다른 집단의 아이들에 대한 응답 결과를 정하는 다른 방법들을 말한다(Barth et al., 2008; Fuchs, Fuchs, & Compton, 2004; Speece, 2005). Fuchs와 Fuchs(2006)에 따르면, "이것(중재반응 모형 진단에 대해 신뢰하지 못함)은 중요하다. 왜냐하면 특정학습장애의 판별에 대해 방법인 IQ-능력 불일치에 대한 주요 비판이 진단에 대해 신뢰할 수 없기 때문이다"(p. 99). 다른 말로, 특정학습장애 분류를 위해 중재반응 모형을 사용하는 것은 신뢰할 수 없기에 타당하지 못하다. 왜냐하면 중재반응 모형에서는 참 긍정이 없기 때문이다(Hale, Fiorello et al., 2008).

물론 중재에 대한 무반응과 관련된 그럴듯한 많은 설명이 있다. 그중 하나가 특정학습장애일지도 모른다(Fuchs & Deshler, 2007; Hale et al., 2006; Mather & Gregg, 2006; Schrank et al., 2006). 그 결과, 최종 법규(34 C.F.R. Parts 300과 301; 2006)는 다음과 같이 명확히 한다. "중재반응 모형은 특수교육과 관련 서비스를 필요로 하는 아이들을 판별해 내기 위한 과정의 일부분일 뿐이다. 한 아이가 왜 연구기반 중재에 응답하지 않았는지에 대한 결정은 종합적 평가를 요구한다. 한 중재반응 모형이 종합적 평가에 대한 요구를 대체하지는 않는다." 우리는 인지적 그리고 신경심리학적 평가가 특정학습장애를 더 정확하게 판별해 내기 위해서, 그리고 중재반응 모형에 응답하지

않은 아이들의 반응성을 최종적으로 알기 위해서 부차적 정보들을 줄 수 있다고 주장
한다.

 ## 제3의 접근을 이용한 IDEA 특정학습장애의
법적 · 조절적 필요 요건에 대한 언급

불일치(능력-성취)와 중재반응 모형(RTI)은 특정학습장애를 판별하는 데 유일한 접
근법들은 아니다. OSERS(34 C.F.R. Parts 300과 301; Federal Register, 2006) 최종 IDEA
법규에 따르면 특정학습장애로 결정하는 데는 세 가지 방법이 있다. 우리는 유일하게
가능한 접근이 제3의 방법(종종 강점과 약점의 패턴으로 일컬어진다)이라고 주장할 것이
다. 이 방법이야말로 유일하게 법령에 의한 특정학습장애(정의) 그리고 조절적 IDEA
필요 요건들에 대해 설명하고 있기 때문이다(Hale et al., 2006).

IDEA(2004)가 통과되었을 때, 능력-성취 불일치 접근은 더 이상 요구되지 않았고,
중재반응 모형 접근은 특정학습장애를 판별하는 데 사용될 수는 있었지만, 특정학습
장애 판별에 대한 제3의 방법이 최종 연방 법규에 제시되었다(34 C.F.R. Parts 300과
301; Federal Register, 2006). 이는 학교에 대해 다음과 같이 언급하였다. "(3) 접근은 한
아이가 § 300.8(c)(10)에 정의된 것처럼 특정학습장애를 가지고 있는지 결정하기 위한
대안적 연구기반 절차들의 사용을 허용하였다." (p. 46786)

이 제3의 접근 방법은 실행에 있어 자율성을 허락하기 위해 불가피하게도 모호하고
자세하진 않았지만, 불일치 접근과 중재반응 모형 접근의 대안으로 많은 주의 교육위
원회로부터 매력을 얻은 특정학습장애 판별의 강점과 약점 패턴 모델과 공통적으로
연관되어 있다(Zirkel & Thomas, 2009 참조).

강점과 약점의 패턴 접근을 이끄는 선두 주자들 중 Hale, Flanagan 등(2008)은 다
른 장애들과 특정학습장애를 판별하기 위한 제3의 접근 방법 사이에 유사점이 있다고
강조하였다. 이 경험적 방법들은 차이와 중재반응 모형 접근과는 다르게 인지적 또는
신경심리학적 과정 패턴과 이러한 패턴과 연관된 학업적 성취 문제들에 대한 신중한

미국 교육부의 학습장애 토론회에 따르면, "학습하는 데 완벽하지 못한 능력을 예측하는 데에 있어 핵심적인 인지적 결함 또는 하나 이상의 심리학적 과정에서의 장애는 특정학습장애를 알려 주는 표시다." 특정학습장애 아동들은 다른 아동들과는 다르게 정보를 처리하는 것을 학교 실무자로서 평가와 중재 목적을 위해 의미 있는 방식으로 분명히 표현하는 것은 우리의 의무다.

평가를 통하여 IDEA 특정학습장애 판별 필요조건들을 설명한다. (Fiorello, Hale et al., 2008; Hale, Flanagan et al., 2008; Kavale et al., 2005). 그 결과, 그것들은 특정학습장애를 판별하기 위한 IDEA 필요조건들과 전체적으로 일관된다(34 C.F.R. Parts 300과 301; Federal Register, 2006). 그러나 그들은 또한 아이가 학업 성취에 방해되는 다른 장애를 가지고 있는 건 아닌지 결정할 수 있도록 돕는다. 이것은 불일치 또는 중재반응 모형 방법을 사용해서는 이룰 수 없는 것들이었다.

인지적 그리고 신경심리학적 평가를 포함하는 제3의 방법 패턴 접근은 학습장애 토론회(Learning Disabilities Roundtable: LDR)를 구성하고 있는 14개의 전문적 단체들이 내린 결론을 토대로 볼 때 타당하다(LDR, 2002, 2004). 그들은 "하나 또는 그 이상의 기본적 심리 과정에서 나타나는 핵심적인 인지적 결함이나 장애에 대한 판별은 낮은 학습 능력을 예측하며 이는 특정학습장애의 표시다." (p. 5; LDR, 2002) 그리고 "또한 특정학습장애의 기본적 개념으로서 개인 간의 차이들을 인정한다."(p. 13; LDR, 2004)라고 결론지었다.

제3의 접근 방법은 또한 특정학습장애나 주의력결핍 과잉행동 장애와 같은 뇌 기반의 장애를 가진 경험적 감각을 지닌 아이들이 단순히 중재반응 모형 옹호자들이 주장하는 것과 같은 학습 지체보다(예: Barnett et al., 2004) 발달적 결함을 경험하도록 한다(Berninger & Richards, 2002; Castellanos et al., 2002; Collins & Rourke, 2003; Fiez & Petersen, 1998; Filipek, 1999; Fine, Semrud-Clikeman, Keith, Stapleton, & Hynd, 2007; Francis et al., 1996; Geary, Hoard, & Hamsom, 1999; Hale & Fiorello, 2004; Naglieri & Bornstein, 2003; Nicholson & Fawcett, 2001; Pugh et al., 2000; Shaywitz, Lyon, & Shaywitz, 2006; Simos et al., 2005; Stein & Chowdbury, 2006; Tallal, 2006). 강점과 약점 패턴 접근은 많은 특정학습장애 연구자들과 주주들에게 추천되고 있을

신경심리학적 연구는 특정학습장애와 다른 높은 빈도의 장애를 가진 아동들이 학습 지체가 아닌 학습장애를 가진다는 것을 명백히 보여 준다. 따라서 중재들은 단순히 집약적이 될 수 없고 개별화되어야 한다.

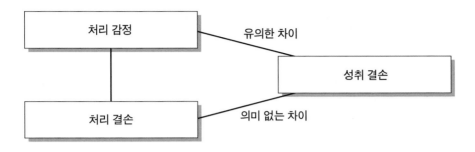

[그림 8-1] 특정학습장애 판별의 일치-불일치 모델(C-DM)

출처: Hale & Fiorello (2004).

뿐만 아니라 학교에 기반을 둔 실무자의 대표적 표본의 견해(Caterino et al., 2008; Machek & Nelson, 2010) 그리고 학교심리전문가협회[National Association of School Psychologists(NASP), 2007]와 미국학교심리학협회(American Academy of School Psychology)와 같은 전문 기관의 견해와 일치한다(Schrank et al., 2006; Hale et al., 2010).

제3의 접근 방법 중에 중재 그리고 다른 데이터 자원에 대한 무응답을 포함한 종합적 평가의 한 부분으로서 일치-불일치 모델(C-DM; [그림 8-1]; Hale & Fiorello, 2004 참조)은 아동이 특정학습장애와 다른 장애 또는 아동의 학습과 행동적 어려움에 대한 몇몇 다른 원인들을 가지고 있는지 결정하는 데 사용될 수 있다. 표준화된 인지적 그리고 성취 측정 도구에 대한 개인적 평가를 하면서 실무자들은 C-DM 접근의 다른 데이터 자원과 함께 인지적 강점과 인지적 결함 그리고 성취 결함을 판별해 낸다(Hale & Fiorello). 인지적 강점과 인지적 결함 또는 인지적 강점과 성취 결함 사이에 차이가 없다는 영가설은 상대적으로 간단한 차이 공식의 표준오차(SED)를 사용한다(Anastasi & Urbina, 1997).

C-DM 접근은 학교심리학과 신경심리학 연구와 현장에서 사용되도록 옹호되어 왔으며(Elliott et al., 출판 중; Hain et al., 2009; Fiorello et al., 2009; Hale & Fiorello, 2004; Hale et al., 2006; Miller, Getz, & Leffard, 2006), 현대 성취 측정 도구(예: WIAT-III; Wechsler, 2009)의 원리에 채택되어 왔다. Hale, Fiorello 등(2008)은 전통적인 불일치

> ### 주의!
>
> 특정학습장애 판별을 위한 C-DM 접근은 생태학적 타당도를 확보하기 위해 인지적 강점, 약점, 관련된 성취 결함의 주의 깊은 평가를 요구한다. 가장 높은 인지 점수, 가장 낮은 인지 점수, 가장 낮은 성취를 선택하는 것은 부적절하며, 만약 그들이 (눈에 띄게) 확실히 다르다면, 엄격한 다양한 접근은 신뢰도 낮은 진단과 중재 결정을 이끌어 낼 것이다.

접근보다 C-DM 접근을 사용할 때 더 적은 수의 아이가 특정학습장애로 판별된다는 것을 알아냈다(불일치 준거에 해당되던 25%의 아이들이 C-DM에서는 중요한 결과를 보이지 않았다). 그러므로 C-DM 접근은 현장에서 많은 사람의 관심거리였던 특정학습장애의 과잉 판별을 줄일 수 있는 가능성을 선보였다(예: Kavale et al., 2005).

현장에서의 C-DM 접근의 장래성에도 불구하고, Hale과 Fiorello(2004)는 평가자들이 가장 높은 인지적 점수, 가장 낮은 인지적 점수, 그리고 가장 낮은 성취 점수를 단순히 사용하여 이들이 유의미하게 다른지를 결정하는 것을 피하도록 지적하였다. 그들은 연구 결과에 대한 임상적 중요성과 생태학적 타당성이 특정학습장애 판별에 있어 통계학적 중요성을 동반해야 한다고 주장한다. 인지적 강점이 종종 문제에서의 학업적 결손과 관련이 없다는 것을 보장하기 위해 문헌 자료를 살펴보는 것은 중요하다(예: 유동적 추론과 단어 읽기). 그리고 인지적 결함은 경험적으로 학업적 결손과 연관돼야만 한다(예: 작업기억과 읽기 이해).

〈표 8-5〉에 제시된 8단계의 C-DM 과정은 특정학습장애로 판별된 어떤 아이들도 IDEA 법적 그리고 조작적인 특정학습장애 필요조건을 충족한다는 것을 보장하기 위해 고안되었다(Hale, 2006). 불일치 공식의 표준오차를 사용한 C-DM 계산은 상대적으로 간단하다. 왜냐하면 나이 수준에 대한 표준 점수(SS)와 신뢰도 계수(종종 '내적 일치도' 또는 'α계수'로 일컬어지는)가 상대적인 인지적 그리고 성취 매뉴얼에 제시되어 있기 때문이다. 그리고 WIAT-III에서 일치하지 않은 계산은 소프트웨어에 의해 계산된다.

많은 사례에서, 매뉴얼에 제시되어 있는 요인들은 아동의 인지적 강점과 약점들을 적절하게 반영하지 못하고 있다. 그래서 같은 내용을 측정하는 최소 2개 이상의 하위 검사를 사용하여 새로운 요인을 만들어야 한다. 예를 들어, 읽기장애가 있는 아동은 산수(Arithmatic), 부호화(Coding), 정보(Information), 숫자 폭(Digt Span)(ACID)과 같은 읽기장애 특수형에서 공통적으로 나타나는 프로파일을 보일 수 있다(Fiorello et al.,

■ 〈표 8-5〉 특정학습장애 판별을 위한 일치-불일치 모델의 단계

단계	임상 목적	임상 질문/결론의 기준
1	표준화된 인지검사를 채점한 후, 종합 점수(예: IQ), 요인 점수나 하위검사 점수들을 해석할 것인지 결정한다.	1(a). 모든 하위검사 점수가 종합 점수(예: IQ)를 해석하기에 충분할 만큼의 일관성을 보이는가? → 예. C-DM은 아닐 것이고, 아마도 특정학습장애도 아닐 것이다. 그만두거나, 정보 처리 과정에서의 결함을 측정할 수 있는 다른 방법들을 고려해 본다. → 아니요. C-DM일 가능성이 있다. 1(b)로 간다. 1(b). 만약 하위검사 점수가 전체 검사와 일관되지 않는다면, 요인 점수를 해석할 만큼 요인들과의 일관성은 보이는가? → 예. C-DM일 가능성이 있다. 2단계로 간다. → 아니요. 인지 척도를 참고하여, 하위검사를 조합하여 새로운 요인 점수를 만드는 것을 고려한다. 1(c)로 간다. 1(c). 만약 하위검사의 조합이 새로운 요인을 대표하는 것처럼 보이지 않는다면, 새로운 요인 점수를 만들기 위해 인지 척도에 다른 표준화된 척도들을 덧붙일 수 있는가? → 예. 새로운 하위검사 조합을 C-DM 모델에서 사용한다. 2단계로 간다. → 아니요. 최소 2개 이상 하위검사에 추가적인 척도를 조합하여 C-DM 분석에 사용하기 위한 새로운 요인 점수를 만든다.
2	표준화된 성취검사를 채점한 후, 종합검사나 하위검사에서 성취의 결함을 나타내는 지표가 있는지 살핀다.	2(a). 표준화된 성취검사 점수가 다음과 같은 학문적 결함이 있음을 시사하는가? - 이전의 평가(예: 중재에 아무런 반응을 보이지 않는 것) - 교실에서의 변하지 않는 성과 - 교사가 보고한 성취의 결함 → 예. C-DM일 가능성. 3단계로 간다. → 아니요. 낮은 검사 수행에 대한 다른 이유를 찾거나, 교실에서의 낮은 수행에 대한 이유를 찾는다. 그리고 성취검사를 다시 한 번 실시하여 학문적 결함의 여부를 확인한다. 2단계를 반복하거나 그만둔다.

3	인지(예: 인지가설검증)와 신경심리학 문헌을 검토하여, 검사를 통해 얻은 인지적 결함이 성취 결함과 연관이 있는지를 본다.	3(a). 검사를 통해 얻은 인지적 결함이 학문 성취 영역에 부정적인 영향을 미치는가? → 예. 인지나 신경심리학적 결함은 성취 영역에서의 결함과 연관이 있다고 밝혀졌다. 4단계로 간다. → 아니요. 연구가 수행되지 않는 한 C-DM이라고 확신할 수 없다. 인지와 성취 결함의 환경적 타당성을 검토한다. 2단계로 돌아가거나 그만둔다.
4	인지적 강점, 인지적 결함 그리고 성취 결함의 신뢰도 계수를 구한다.	4(a). 얻어진 요인/하위검사 신뢰도 계수(예: α계수)가 인지와 성취 기술 매뉴얼에 나와 있는 것인가? → 예. 요인 강점과 결함, 그리고 성취 점수 신뢰도들이 매뉴얼에 나와 있다. 5단계로 간다. → 아니요. 새 요인 점수와 신뢰도 계수들을 다시 계산하라. 새 요인의 요인 점수와 신뢰도 계수의 평균을 내라(신뢰도를 구하기 위해 Fisher의 z-변환을 이용하라; Hale, Fiorello et al., 2008 참조). 5단계로 간다.
5	인지 강점과 결함 사이의 불일치를 알기 위해 차의 표준오차 공식(SED)을 대입하여 계산한다.	5(a). SED 공식에 인지 강점과 결함의 신뢰도 계수를 대입한다. 그리고 SED를 계산한다. $SED = SD2\sqrt{2-rxx-ryy}$ 5(b). 얻어진 SED 값에 $p<.05$인 경우에는 1.96을 곱하고, $p<.01$인 경우에는 2.58을 곱한다. 5(c). 얻어진 인지 강점과 결함의 차가 SED 임계값보다 큰가? → 예. 인지 강점과 결함 사이에 의미 있는 차이가 있는 것이므로, 아동은 학문 성취에 방해가 되는 정보 처리 과정에 결함을 가지고 있을 수 있다. 6단계로 간다. → 아니요. 성취 결함의 원인이 될 수 있는 다른 인지 결함을 고려해 보라. 1단계로 간다. 혹은 아동이 성취를 방해하는 다른 장애를 가지고 있을 수도 있다. 다른 평가들을 고려해 보라. 혹은 아동은 특정학습장애를 가지고 있지 않을 수도 있다. 집중적인 중재반응 모형을 제공하도록 한다.
6	인지 강점과 성취 결함 사이의 불일치를 알기 위해 SED 공식을 계산한다.	6(a). 인지 강점과 성취 결함의 신뢰도 계수를 SED 공식에 대입한 후 계산한다. $SED = SD\sqrt{2-rxx-ryy}$ 6(b). 얻어진 SED 값에 $p<.05$인 경우에는 1.96을 곱하고, $p<.01$인 경우에는 2.58을 곱한다. 6(c). 얻어진 인지 강점과 학문적 성취 결함 사이의 차가 임계값보다 큰가?

		→ 예. 인지 강점과 성취 결함 사이에 의미 있는 차이가 있는 것이므로, 아동은 특정학습장애와 연관된 저성취 현상을 보인다. 7단계로 간다. → 아니요. 다른 가능한 인지 결함이나 성취 결함을 고려해 본다. 1단계로 간다. 혹은 아동이 성취를 방해하는 다른 장애를 가지고 있을 수도 있다. 다른 평가를 고려하거나 그만둔다. 아동이 특정학습장애를 가지고 있는 것이 아니므로, 집중적인 중재반응 모형을 제공한다.
7	인지 결함과 성취 결함 사이의 일치를 알기 위해 SED 공식을 계산한다.	7(a). 인지 결함과 성취 결함의 신뢰도 계수를 SED 공식에 대입한 후 계산한다. $$SED = SD\sqrt{2-r_{xx}-r_{yy}}$$ 7(b). 얻어진 SED 값에 p<.05인 경우에는 1.96을 곱하고, p<.01인 경우에는 2.58을 곱한다. 7(c). 얻어진 인지 결함과 학문적 성취 결함 사이의 차가 임계값보다 큰가? → 예. 인지 결함과 성취 결함 사이에 의미 있는 차이가 없으므로, 이는 인지 결함이 성취 결함의 타당한 근거가 된다는 것을 의미한다. 특정학습장애로 분류하기 위해 팀을 만들어 결정을 내리는 것을 고려한다. 통합교육 현장에서 개별화하여 가르치는 것을 시작하거나 필요하다면 제한적인 환경을 제공한다. 8단계로 간다. → 아니요. 그렇다면 성취 결함이 인지 결함보다 의미 있게 낮은가? 그렇다면 이는 다른 요인들이 부가적인 장애를 야기하고 있음을 의미한다. 특정학습장애로 분류하는 것과 개별화된 서비스를 제공하는 것을 고려한다. 그리고 왜 성취 결함이 상당하게 나타나는지 알기 위해 추가적인 평가를 실시한다. 8단계로 간다. → 아니요. 그렇다면 성취 결함이 인지 결함보다 의미 있게 높은가? 그렇다면 이는 아동이 학업에서 더 높은 점수를 받기 위해 보상적인 전략을 사용하고 있음을 의미한다. 이 결과가 특정학습장애로 분류하는 것을 보증하는지 결정하도록 하며, 개별화된 서비스를 제공한다. 8단계로 간다.
8	C-DM 발견이 환경적 타당성을 가지고 있다고 생각하고 특정학습장애로 합의를 내리거나 아니면 다른 장애가 있다고 결론을 내린다.	경험적 문헌, 중재반응 모형 자료, 교사의 보고, 교실에서의 성과, 교실에서의 관찰 그리고 다른 평가 자료들(C-DM 자료도 포함하여)을 재검사한다. 그리고 아동이 특정학습장애에 관해 법에 명시되어 있는 요구 사항들을 만족시키는지, 아니면 특수한 교육 서비스가 필요한 다른 장애인지 결론을 내린다. 다른 팀의 평가 자료의 전체적인 맥락도 고려한다. 최소제한환경 안에서 특정학습장애로 분류하고 서비스를 제공하도록 한다.

2006). 이 사례에서는 C-DM에서 이용하기 위해 ACID 요인 점수와 신뢰도 계수가 계산되어야 한다. 또 다른 사례는 낮은 유동적 추론(Gf)을 보이는 아동인데, WISC-IV의 행렬 추리(Matrix Reasoning)와 그림개념(Picture Concepts) 하위검사(Fanagan & Kaufman, 2009; Keith, Fine, Taub, Reynolds, & Kranzler, 2006)를 통해 수학 단어 문제/추론 성취에서의 약점을 발견하였다. 이 사례에서는 새로운 Gf 요인 점수와 신뢰도 계수가 C-DM에서 이용되기 위해 필요하다.

C-DM에 제시되어 있는 요인 점수들만 이용해 나타나는 문제점을 보여 주는 사례가 Hale 등(2006)의 연구에서 보고되었다. 그들은 WISC-IV의 모든 항목에서 평균적인 수행으로 나타났지만 수학과 쓰기에서 의미 있는 특정학습장애를 보였던 아동의 평가 결과와 중재에 대해 보고했다. 인지와 신경심리학적 검사가 아동의 우반구에 '비언어적' 학습장애가 있음을 나타냈지만, 요인 점수는 비슷했다. 그 이유는 아동이 이해(comprehension) 하위검사에서 낮은 점수를 받아 언어 이해 항목의 점수가 낮아졌고, 그림개념에서는 높은 점수를 받아 인지 추론의 점수가 높아져 결국 두 종합적인 점수는 평균 범위에 속했기 때문이었다. 만약 보고된 요인 점수만 C-DM에서 분석되었다면 이 아동의 특정학습장애는 감지되지 못했을 것이다. C-DM에서 사용하기 위한 새로운 요인 점수들과 신뢰도 계수를 계산하고 싶다면 Hale, Fiorello 등(2008)의 연구를 참고하길 바란다.

 ## 진단, 환경 그리고 치료의 타당성 확인: 인지가설검증 접근

인지와 신경심리학적 과정에 대한 종합적인 평가는 아동이 특정학습장애를 가지고 있는지, 아니면 교실에서의 학업과 행동에 영향을 주는 다른 장애를 가지고 있는지 결정하는 데 중요하다(Fiorello et al., 2009; Hale, Fiorello et al., 2008). 이 종합적인 평가 방식은 이 분야의 많은 뛰어난 학자에게 옹호되고 있다(Berninger & Holdnack, 2008; Fiorello et al., 2009; Flanagan et al., 2006; Fletcher-Janzen & Reynolds, 2008; Kaufman,

2008; Kavale et al., 2008; Machek & Nelson, 2007; Mastropieri & Scrugg, 2005; Mather & Gregg, 2006; Miller & Hale, 2008; Ofiesh, 2006; Reynolds & Shaywitz, 2009; Schrank et al., 2006; Semrud-Clikeman, 2005; Willis & Dumont, 2006; Wodrich et al., 2006). 비록 종합적인 평가가 중요하기는 하지만, 우리는 이러한 평가 방식이 시간과 돈이 많이 든다는 것을 알아야 한다. 그렇기 때문에 평가를 적게 하더라도 빈틈없이 해야 한다. 이를 위해 Hale과 Fiorello(2004)는 학교에서는 평가를 위한 중재를 해야 한다고 강조했다. 만일 중재반응 모형이 제대로 수행되면(즉, 중재가 성공하면), 중재반응 모형에 반응하지 않은 아동들만이 특정학습장애와 다른 장애의 진단을 위한 종합적인 평가를 필요로 할 것이다(Fiorello et al., 2009).

> 🖊 **주 의!**
> ┈┈┈┈┈┈
> 어떤 장애를 평가할 때, 확실한 참 긍정 반응을 찾는 것이 의미 있는 중재를 보장하는 유일한 방법이다. 종합적인 평가를 통해서만 특정학습장애로 분류된 아동이 법적인 요구 사항을 만족시킬 수 있는 것은 아니며, 확실한 참 긍정 반응이 확인되면 이를 통해 경험에 근거를 둔 결정들이 내려질 수 있다.

1단계(Tier 1)와 2단계(Tier 2)에서 반응하지 않은 학생만이 특정학습장애와 다른 고려할 장애 요소에 대한 종합적인 평가를 받기 위해 의뢰되고, 그들은 외적·내적으로 3단계(Tier 3)의 특수교육 서비스를 받게 된다. 그들은 의사결정 모형에서 내적·외적 타당성 모두 각각 고려하기 때문에 표준 프로토콜과 문제해결 프로토콜 접근이 필요하다(Hale, 2006). 어떤 중재반응 모형 옹호자들은 이 모형에서 미약한 성취와 무반응이 특정학습장애 판별에 충분하다고 제안한다(예: Fletcher et al., 2005: Reschly, 2005). 하지만 3단계에서는 판별과 중재를 위해 인지적·신경심리학적 과정의 종합적인 평가가 필요하다(예: Berninger & Holdnack, 2008; Fiorello et al., 2009; Flanagan et al., 2006; Fletcher-Janzen & Reynolds, 2008; Hale, Fiorello et al., 2008; Kaufman, 2008; Kavale et al., 2008; Mater & Gregg, 2006; Miller & Hale, 2008; Reynolds & Shaywitz, 2009; Schrank et al., 2006; Semrud-Clikeman, 2005; Willis & Dumont, 2006; Wodrich et al., 2006).

인지가설검증 모델(Hale & Fiorello, 2004; [그림 8-2] 참조)은 표준화된 중재에 반응하지 않는 학생을 위한 인지적·신경심리학적 접근과 중재를 통합하기 위해 과학자-실천가 접근 방법을 사용한다. 인지가설검증 접근과 중재반응 모형은 전통적으로 한

잊지 마세요!

Hale(2006)의 3단계 균형교육 모형은 1단계(Tier1)의 표준화 프로토콜 중재반응 모형 접근(약 85%의 아이들이 제공을 받음)을 포함하고 있으며, 2단계(Tier 2)는 개별적인 문제해결에 어려움이 있는 아이들에게 중재반응 모형(약 10%의 아이들이 제공을 받음)을 포함하고 있고, 이는 일반교육에서 진행된다(Fiorello et al., 2009; Hale, 2006). 3단계(Tier 3)는 특수교육을 통해서 문제해결과 단일사례 중재가 포함될 수 있으며, 정확한 특정학습장애 진단과 중재를 확실히 하기 위하여 전반적인 평가를 해야 한다.

번의 평가에 따른 판별이 가진 문제점을 피하기 위해 계속되는 증거를 기반으로 한 의사결정이라는 점에서 공통적 특징을 가진다(Fletcher et al., 2005) 인지가설검증은 결과의 공존적·생태학적 타당성을 확립하기 위한 것일 뿐 아니라, 이 정보를 효과적인 중재와 연결하기 위해 과학적 방법(가설, 가설 검증, 자료 수집, 자료 해석)을 사용한다. C-DM의 경우에는 하위 요소 점수가 각 요소들 안에서 유의미하게 달라지면 프로파일 분석이 장려되지만, 인지가설검증 모델은 지적/인지적 검증을 오직 선별 도구로만 사용함으로써 전통적인 프로파일 분석을 극복한다. 이런 선별 도구들과 다른 자료(예: 중재반응 모형, 배경, 점수)에 따른 어떤 가정이라도 전문적으로 다른 인지적·신경심리학적 도구를 사용해 검증받아야 한다. 그리고 이러한 도구들이 처치의 공존적, 생태학적, 궁극적으로는 처치 타당성을 가지고 있다는 것을 학인하기 위해 평가해야 한다(Hale & Fiorello, 2004).

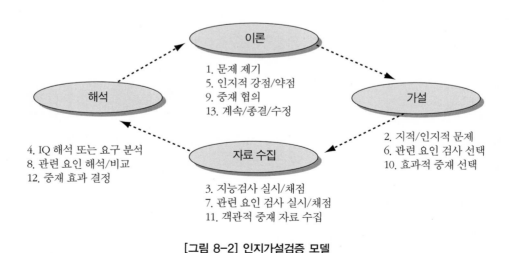

[그림 8-2] 인지가설검증 모델

출처: Hale & Fiorello (2004).

몇몇 옹호자가 여전히 전반적 요소/IQ 해석을 지지하고 있지만(예: Watkins et al., 2007), 인지적·신경심리학적 하위 요소의 사례 분석이 더 정확한 진단과 처치를 이끌어 낸다는 증거가 명백하다(예: Hale et al., 2007; Hale, Fiorello et al. 2008). 오늘날 사용할 수 있는 많은 도구는 지능이나 다른 한 가지 요인만이 아닌 다양한 요소를 측정하도록 설계되어 있다(Elliott et al., 출판 중; Fiorello et al., 2001, 2007; Flanagan, Ortiz, & Alfonso, 2007; Hale et al., 2006, 2007; Hale, Fiorello et al., 2008; Hale, Flanagan et al., 2008; McGrew & Wendling, 2010). 대규모 요인분석 연구들은 우리에게 Cattell-Horn-Carroll(CHC) 이론과 함께, 이러한 요인들이 교육의 결과와 특별히 연결되어 있다는 것을 보여 주었다(Flanagan et al.; McGrew & Wendling).

CHC 경험적 발견과 일치하는 비준은 읽기, 수학, 쓰기 장애와 다른 출현율 높은 장애(주의력결핍 과잉행동장애와 우울증)에서의 신경심리학적 연구가 급증한 것에 부합한다(D'Amato, Fletcher-Janzen & Reynolds, 2005; Denckla, 2007; Feifer & Rattan, 2009; Hale & Fiorello, 2004; Miller, 2009 참조). 이 신경심리학적 연구들은 신경심리학적 그리고 인지심리학적 이론 접근의 통합에 대한 타당한 증거를 제공함으로써 이 두 가지 이론이 수렴된다는 것을 증명했다(Fiorello, Hale et al., 2008, Fiorello et al., 2009). 연구자들이 인지적 기능과 신경생물학적 관련성을 주장하면서(예: Alarcon, Pennington, Filipek, & Defries, 2000), 우리는 인지가설검증 방법을 학생의 강점과 약점을 잘 파악하는 데뿐만 아니라, 생태학적 그리고 처치 타당성 증거의 중요한 근거로 사용할 수 있게 되었다(Hale, Fiorello et al., 2008), 국제적 IQ 해석과 더 집중적인 중재에 대한 무반응은 어떤 것도 확인할 수 없다(Fiorello et al., 2009, Hale, Fiorello et al.).

오랫동안 임상가들이 보인 오류들 중 한 가지는 인지적·신경심리학적 자료 해석이 사실은 그 순간의 상태를 측정하는 것인데도 변치 않는 내재된 특성(예: 지능)을 측정한다고 가정한 것이다. 다요인적인 지적/인지적 하위검사의 실행은 대집단 내 학습에서 쉽게 구별되지 않는 다양한 이유에 따라 달라질 수 있다(Baron, 2005). 그러나 개인적인 관리와 신중한 임상적 해석은 평가 당시의 학생의 인지적·신경심리학적·학습적·행동적 상태를 판단할 수 있게 해 준다.

따라서 학생의 요구에 민감하고 개별화된 중재를 제공하기 위한 효과적 진단 방법을 확인하기 위해 인지가설검증은 이러한 결과로부터 나온 가설이 다양한 자료를 통해 확인 혹은 반박될 것을 요구한다(Hale & Fiorello, 2004). 그리고 이런 중재들은 처치의 효과성이 확인될 때까지 개발되고 감시되고 평가되고 환원된다(Hale & Fiorello). 단일 대상 사례 연구 자료가 이런 접근들의 실용성을 지지한다(예: Fiorello et al., 2006; Hale et al., 2006; Reddy & Hale, 2007).

🔑 중재에 평가 연결하기: 인지가설검증 중재와 관련된 인지가설검증 평가 결과 만들기

초창기에 신경심리학적 연구는 장애를 판별하는 데 집중했고, 이것은 특히 중재에 반응하지 않는 특정학습장애와 다른 출현율 높은 장애의 연구에서 계속해서 중요하게 다루어질 것이다(Berninger, 2006; Hale et al., 2006; Hale, Flanagan et al., 2008; Kavale et al., 2005; Semurud-Clikeman, 2005; Willis & Dumont, 2006). 그러나 신경심리학적 연구는 생태학적 및 처치 타당성을 주장하는 효과적인 중재 개발에 집중해야 한다. 또한 이는 평가와 중재를 위한 인지가설검증 평가를 위해 중요하게 다루어져야 한다(Hale & Fiorello, 2004).

인지가설검증은 처치 효과가 있을 때까지 중재를 개발, 실행, 평가, 환원하기 위해 실천가들이 NASP가 옹호하는 문제해결 접근법(Thomas & Grimes, 2008)을 사용하도록 도움으로써 그들이 인지적·신경심리학적 평가가 중재와 관련이 없다는 비판에 대처하기 위해 계획되었다(예: Reschly, 2005). 인지가설검증 접근은 학생들의 읽기(Fiorello et al., 2006), 수학(Hale et al., 2006), 주의집중(Reddy & Hale, 2007) 장애에서 뇌-행동-중재 관계를 증명하는 데 사용되어 왔고, 교육적·신경심리학적 장면에서 모두 사용되어 왔다(Fletcher-Janzen, 2005; Miller et al., 2006).

인지가설검증 중재 방법은 최근의 신경촬영법과 신경심리학적 증거들에 의해 제안되었는데, 그 증거들은 특정학습장애, 주의집중장애, 다른 정신병을 가진 학생들의 중재에 대한 반응과 관련 있는 뇌에 결함이 있다고 주장한다(예: Berninger et al., 2000;

Chenault, Thomson, Abbott, & Berninger, 2006; Fiorello et al., 2006; Gustafson, Ferreira, & Ronnberg, 2007; Hale, Fiorello, & Brown, 2005; Hale et al., 2006; Helland, 2007; Lovett, Steinbach, & Frijters, 2000; Naglieri & Johnson, 2000; Shaywitz et al., 2003; Simos et al., 2005; Smit-Glaude, Van Strien, Licht, & Bakker, 2005). 이러한 신경촬영법과 신경심리학적 발견들은 학생들이 인지적 · 학업적 과제를 완성하기 위해 뇌의 다양한 부분을 동시에 사용한다는 것을 보여 준다(Fiorello et al., 2009 참조).

(지연이 아닌) 결함 모델은 문제를 해결할 때 일반 학생과 특정학습장애 및 다른 장애 학생들(Hale, Fiorello et al., 2008 참조)과 중재에 반응하는 장애학생들이 사용하는 뇌의 부분들이 다르다고 주장하는 연구 결과에 의해 지지된다. 중재에 반응하는 장애 학생들의 뇌의 기능은 신경심리학적으로 그리고 신경촬영법에서 정상적이다(Coch, Dawson, & Fischer, 2007; Hale et al., 2005; Richards et al., 2006; Simos et al., 2005). 읽기, 수학, 쓰기와 관련된 인지적 · 신경심리학적 과정과 중재의 적절성의 관계에 대한 종합적인 개관은 Hale, Fiorello 등(2008), McGrew와 Wendling(2010)을 참고하라.

🔑 결 론

증거는 푸딩 속에 있다(The proof is in the pudding).[5] 이 장은 특정학습장애 진단에 대한 인지적 · 신경심리학적 평가와 중재의 적절성을 다루고 있다. 그러나 이런 종류의 자료들이 학생들의 삶을 의미 있게 향상하는 데 사용되려면 더 많은 연구가 필요하다. 교사와 현장 전문가들에게 인지적 · 신경심리학적 평가의 가치를 가르치는 것이 첫 번째 중요 단계이고, 이러한 자료들이 특정학습장애와 다른 장애를 가진 학생들에 대한 중재와 결과에 긍정적 영향을 미치도록 하는 것도 중요하다.

인지적 · 신경심리학적 발견들이 처치 효과를 증명하는 그룹과 단일 대상 연구의

---

5) 역자 주: 'The way to judge something is by its results'와 같은 뜻을 가진 속담으로 직접 겪어 보지 않고는 모른다는 뜻(출처: http://idioms.thefreedictionary.com/proof)

균형이 절실히 필요하고, 그것은 대상 학생의 평가 결과의 공존적, 생태학적, 처치 타당성을 증명하는 각 실천가들에게 달려 있다. 이런 점에서 특정학습장애로 진단된 학생들은 개별화된 서비스와 그들의 필요에 맞게 설계된 적절한 공교육을 꼭 받아야 한다.

자기점검

1. 특정학습장애는 학습적 결함이 아닌 학습 지연을 가지고 있다. 참인가 거짓인가?

2. 지능검사는 그 순간의 상태가 아닌 변치 않는 내재된 능력을 측정한다. 참인가 거짓인가?

3. 능력-성취 불일치뿐만 아니라 중재반응 모형도 학생이 특정학습장애를 가지고 있다는 것을 결정하기에 충분하지 않다. 참인가 거짓인가?

4. 중재반응 모형에서 참 긍정이었다면, 우리는 이 모형에서 반응하지 않은 학생이 특정학습장애라고 확신할 수 있다. 참인가 거짓인가?

5. 저자들에 따르면 다음 패러다임 전환은 학교에서의 신경심리학적 원리의 적용과 실천(종종 학교 신경심리학라고 함)이 될 것이다. 참인가 거짓인가?

6. 인지 가설검증은 오직 특정학습장애와 다른 장애의 차별적 진단에만 쓸모 있고 중재와는 관련이 없다. 참인가 거짓인가?

7. 추가적인 도구를 통해 증명되거나 반박되는 하위검사 프로파일로부터 도출된 가설에 의한 인지가설검증에서, 지능검사는 인지 처리 과정의 거름 장치로 사용된다. 참인가 거짓인가?

8. 일치-불일치 모델은 표준화된 차이 공식의 표준오차를 사용하여 인지적 강점과 약점과 관련된 성취 결함을 입증했다. 참인가 거짓인가?

9. 인지적 · 신경심리학적 과정이 중재와 관련되어 있다는 증거는 없다. 참인가 거짓인가?

10. 뇌의 활동의 변화가 중재반응 모형과 관련 있다는 연구들이 있다. 참인가 거짓인가?

정답: 1. 거짓, 2. 거짓, 3. 참, 4. 거짓, 5. 참, 6. 거짓, 7. 참, 8. 참, 9. 거짓, 10. 참

Chapter 9

증거기반 감별 진단 및 구어, 쓰기, 수학장애와 공존하는 읽기장애에 대한 개입: 예방, 문제해결 컨설팅, 특수교육

Virginia W. Berninger

이 장에서는 '두 종류의 읽기장애'를 위한 증거기반 감별 진단(differential diagnosis)의 중요성을 강조하기 위하여 실제 사례가 제시된다. 한 종류는 난독증(dyslexia)으로, 단어 수준의 읽기와 철자법에 영향을 준다. 다른 한 종류는 특정언어장애(specific language impairment: SLI)나 언어학습장애(language learning disability: LLD)라고도 불리는 구어/쓰기 학습장애(oral and written language learning disability: OWL LD)로, 단어 수준의 읽기와 쓰기뿐만 아니라 구문과 글 수준의 읽기 및 쓰기에도 어려움을 보인다. 어떤 목표 읽기 기술들이 그리고 잠재된 유전자형과 신경 특징들이 행동으로 표현된 것들 중 어떤 것이 평가되어야 하는지를 설명하는 연구 결과들도 논의되고 있다. 또한 왜 이런 특징적 표현형(hallmark phenotypes)이 읽기장애 아동에게서 관찰되는 정확성과 유창성 문제를 설명해 주는 작업기억 양식 안에서 가장 잘 평가될 수 있는지에 대한 연구 결과들 역시 논의되고 있다. 추가적으로 같은 주제들이 난서증과 난산증을 포함하는데 몇몇 사람은 난독증 또는 구어/쓰기 학습장애로 확인되는 경우도 있다.

교육적 계획에서 고려해야 할 다른 요소들(이중언어/방언, 가족과 가정, 사회경제적 배경, 의료, 건강상 이슈 등)에 대한 논의와 함께, 읽기, 수학에 영향을 미치는 특정학습 장애를 동반하거나 동반하지 않는 특정읽기장애를 진단하기 위해 실제적인 정보들이 제공된다. 예를 들면, 모든 읽기 문제가 학습장애로 인한 것은 아니다. 일부는 다른 요인들이나 발달장애와 관련되어 있기도 한데, 이런 경우에는 하나 혹은 5개 모든 발달 영역에서 정상 범위를 벗어나는 것에 근거하여 읽기 문제를 진단해야 한다.

 ## 특정읽기장애 정의의 쟁점

증거기반 진단과 적격성 결정

연방정부가 규정하고 주정부가 시행한 특수교육 적격성에 대한 준거들은 증거기반 감별 진단과 다른데, 이는 부모들(Berninger, 2008d)과 전문가들(Berninger & Holdnack, 2008)을 오해하게 하고 좌절시킨다. 진단은 특정학습장애의 속성을 판별하며, 장애의 있음직한 원인, 교육적 요구 사항 그리고 예후에 영향을 미칠 것이다. 아이러니하게도, 교육 실무자들은 증거 기반적 교육을 실시하도록 장려받았던 시기에, 특정학습장애의 증거를 기반으로 한 감별 진단을 사용하도록 장려받지는 못했다.

적격성 준거가 미국의 주마다 각기 굉장히 다르기 때문에, 특정학습장애가 무엇인지에 대해 상당한 혼란이 일어났다. 이런 혼란은 재승인된 IDEA 2004에 의해 약화되기보다는 더욱 고조되었을 것이다. 예를 들어, 지능-성취 불일치 모델과 중재반응 모형을 포함하는 포괄적인 평가는 무엇이 특정학습장애(SLD)인지 정의하는 중심 이슈를 다루고자 한다. 아이러니하게도 초·중등학교 동안 교육적 장애를 겪는 사람들 중 시민평등권을 가지고 있는 사람들에게만 특수교육 서비스가 보장되어 있다. 그리고 이는 주마다 그리고 주 내에서도 각기 다른 적격성 준거에 근거를 두고 있다. 시민평등권은 모든 주와 학교를 통틀어 일관되게 정의된 특정학습장애 진단을 위한 연구 지원 준거에 기초하여 보장되지 않는다.

모든 주와 학교에서의 증거 기반의, 중재와 관계된 진단은 발달장애와 학습장애를 위한 여러 학문 분야에 걸친 진단 매뉴얼을 필요로 할 것이다. 이 매뉴얼은 발달장애와 학습장애 분야에서 관련된 연구들과 임상 훈련을 거친 검증된 전문가들이 쓴다.

일반교육과 특수교육에서 서로 차별화된 교수를 통해 교수적 필요를 다룰지에 대한 판단은 각 지역 학교들과 부모들의 권한으로 남겨질 수 있다. 증거기반 진단이 '증거기반 중재 계획'을 세우기 위해 사용되는 한에서 말이다. 이 계획은 또한 교수에 대한 학생의 반응에 기초하여 효과성이 평가되고 정교하게 시행된 것이어야 한다.

다섯 가지 발달 영역

정의에 대한 혼란에 영향을 끼치는 주요한 요인은 '전체 지능지수(Full Scale IQ)'에서의 불일치에 근거하여 특정학습장애를 정의하려는 초기의 임의적인 접근이 여러 가지 이유에서 결함이 있었기 때문이다(Berninger, 2007c, 2008b, 2008d). 먼저, 불일치의 정도(size)만이 특정학습장애를 규정한다는 증거는 없다. 불일치의 양은 개별 학생이 받은 '적절한' 교수의 양에 따라 달라질 것이다. 비록 IQ가 모든 종류의 인간 지능에 대한 종합적인 평가는 아니지만, 학업 적성의 한 척도로서 구인타당도를 갖는다. 학업 성취에서 모든 것은 아니지만 상당한 부분을 IQ가 설명해 주기 때문이다. 그러나 가장 눈에 띄는 결점은 전체 지능지수가 다섯 가지 영역에 대한 세심하고 주의 깊은 평가가 아니라는 것이다. 다섯 가지 영역은 인지/기억, 언어 수용과 언어 표현, 대근육 운동과 소근육 운동, 주의집중과 실행 기능, 그리고 사회적 정서다. 아이가 발달장애나 특정학습장애를 나타내는 믿을 만한 프로파일을 보여 주고 있는지를 결정하는 데 이 다섯 가지 발달 영역에 대한 세심한 평가가 꼭 필요하다. 발달장애에서는 모든 영역이나 특정한 한 영역이 그 나이대의 평균으로부터 2 표준편차 아래로 정상 범위를 벗어난다. 또한 특정학습장애에서는 모든 발달 영역이 대개는 정상 범주에 들어가는데, 오직 읽기, 쓰기나 수학 학습에 관련된 몇 가지 기술에서만 그렇지 않다(Berninger, 2007c).

더욱이 가장 널리 사용되는 IQ검사의 출판사조차도 전체 지능지수를 적격성 판단에 사용하는 것을 옹호하지 않는다. 그들은 ① 구어 이해, 지각적 구성(비언어적 추론), 작업기억, 그리고 정보처리 속도 지표가 각기 다른 요인에 근거한다는 것과 ② 작업기억과 정보처리 속도 지표는 학습장애를 지닌 개인들의 약점인 반면에 학습장애 아동 또한 구어 이해, 지각적 구성에서는 강점을 보일 수 있음을 시사하는 연구들을 이 유로 든다(Prifitera, Saklofske, & Weiss, 2005). 즉, 요소들을 각각 추론하는 척도들은 개인이 자신의 학습장애를 극복할 수 있다면 어떤 것이 성취될 수 있을지에 대한 예후 를 더 잘 추정할 수 있게 한다. 그러나 그렇다고 해서 꼭 인지능력 평가가 특정학습장 애의 진단에 적절하지 않다고 말할 수는 없다. 그것은 한 개인이 발달의 모든 영역 혹 은 특정 영역에서 정상 범위를 벗어나는 발달장애를 가지고 있는지, 아니면 다섯 가 지 모든 발달 영역이 정상 범주에 속하면서 특정학습장애를 가지고 있는지를 결정하 는 데 적절하다. 종종 너무 간과되지만, 이러한 구분은 여러 가지 이유에서 중요하다. 이런 이유들 중에 네 가지는 발달장애에 관련되어 있고 세 가지는 특정학습장애에 관 련되어 있다.

발달장애

첫 번째, 많은 발달장애 아동의 부모는 발달장애가 없는 아동들을 대상으로 진행한 '읽기에 관한 증거 기반적 연구'가 그들의 아이들에게도 일반화된다고 생각하기 때 문에 혼란을 느낀다. 전문가로서의 정직함 때문에 실무자들은 발달장애를 가진 아동 의 부모들에게 현실적으로 이 아이들이 학년에 맞는 수준의 학습을 성취하거나 고부 담(high-stakes) 시험의 기준을 통과할 것이라고 주장할 수 없다.

두 번째, 유전적 신경장애(neurogenetic disorder), 태아알코올증후군(fetal alcohol syndrome), 그리고 물리적 폭력이나 사고로 인한 머리나 척수 손상과 같은 특정한 발 달장애를 가진 학생들을 대상으로 한 효과적인 읽기, 쓰기 그리고 수학 교육에 대해 더 많은 연구가 필요하다. 연구 결과는 오직 같은 조건에 있는 학생들에게만 일반화 되어야 할 것이다.

세 번째, 몇몇 아동은 각각의 다섯 가지 발달 영역에 대한 형식적 평가가 수행되지 않았기 때문에 진단이 미확정된 발달장애를 가지고 있을지도 모른다. 이전에는 학년 수준의 교수에 반응하지 않았던 몇몇 아동이 적절한 발달장애 평가와 진단 이후의 교 수가 그들의 정신연령 수준에 맞게 제공되었을 때 반응하기도 한다는 것이 임상 경험 에서 밝혀졌다.

네 번째, 발달장애가 있는 개인을 대상으로 각각의 다섯 가지 발달 영역을 철저하게 평가하는 것은 학교교육으로부터 독립적 삶으로 전환(transition)하는 데 결정을 내리고 부모들이 성년기를 계획하도록 하는 데 적절하다.

특정학습장애

다섯 번째, 특정학습장애는 학습장애 중에서 특별히 양면특수성을 가진 경우에는 핵심적인 인지적 평가 없이는 판별되지 않는 인지적 강점을 감추기도 하고, 영재성과 장애를 동시에 가지기도 한다(Gilger, 2008; Yates, Berninger, & Abbott, 1994).

여섯 번째, 읽기와 쓰기 성취가 불일치할 수 있는 인지 능력의 속성이 감별 진단에 영향을 줄 수 있다. 예를 들어, 난독증의 경우, 개인들은 언어적 IQ와 불일치하는 경향을 나타낼 수 있다. 그러나 취학 전에 언어를 학습하고 학령기에 학습을 위해 언어를 사용하는 데 영향을 미치는 구어/쓰기 학습장애가 있다면 언어적 추론보다는 비언어적 추론에서 불일치하기 쉽다. 즉, 정상 범위에서 비언어적 추론을 하는 것으로 보일 것이다(Berninger, 2007c, 2008b; Berninger, O'Donnell, & Holdnack, 2008).

일곱 번째, 특정학습장애로 고군분투하는 많은 학생은 자신들이 똑똑하지 않다는 것에 계속적인 의심을 품는다. 연령 기준에서 적절한 인지적 평가에 기초한 피드백을 제공하는 것은 특정학습장애를 가진 학생들과 그 부모들에게 이 학생들의 사고 능력이 정상 범위에 들어가며, 몇몇 개인의 경우에는 평균 이상의, 우수한, 혹은 매우 우수한 범위에 들 수도 있다는 신뢰성 있는 피드백을 제공하는 데 사용될 수 있다.

읽기, 쓰기, 수학 영역의 핵심 학습 기능

1980년에서 2009년까지 Eunice Kennedy Shriver 국립 아동보건 및 인간발달 연구소(National Institute of Child Health and Human Development)의 지원을 받은 읽기 및 쓰기 연구 그리고 미국 교육부의 재정 지원에 의한 수학 연구에서, 특정학습장애의 평가는 표적 학습 기능 및 관련된 표현형(행동)에 초점을 맞추어야 한다는 합의를 하게 되었다. 경도 장애의 경우, 하나 혹은 몇 가지 학업 기능과 표현형 행동(수행)에 결함을 보이는 경향이 있으며, 반면에 심각한 장애인 경우에는 대부분의 학업 기능과 표현형(행동/수행)에 결함을 보인다(Berninger, Abbott, Thomson, & Raskind, 2001). 이러한 표적 학업 기능과 표현형(행동/수행)을 요약하면 다음과 같다. 평가 초점은 특정읽기장애를 진단할 때 표적 읽기 기능과 연관된 표현형(행동/수행)에 있지만, 읽기에서 특정학습장애를 가진 몇몇 아동은 쓰기 및 수학에서 공존 장애도 가지고 있기 때문에 표적 쓰기 및 수학 기능과 표현형(행동/수행)도 제시된다.

기존 연구 결과에 따르면, 개인 내 차이 프로파일 내에서 판별할 수 있으며 교수 가능한 표적 학업 기능은 다음과 같이 제시할 수 있다(Berninger, 2007a, 2007b, 2007c; Berninger, & Richards, 2002; Berninger, Raskind, Richards, Abbott, & Stock, 2008).

- 읽기: 구어 읽기-비단어(음운적 해독), 실제 단어 그리고 문장을 읽는 정확성과 속도, 묵독 이해의 정확성과 속도
- 쓰기: 자동화된 정자 글자 쓰기, 음운, 철자법, 형태 맞춤법, 서사문과 설명문 쓰기의 유창성과 문장의 질
- 수학: 수 세기, 수 개념 및 쉬운 셈, 자릿값, 부분-전체 관계, 정수, 분수 및 혼합 연산, 문제해결(기초 연산 활동과 관련된 한 단계와 다단계 문장제 문제뿐만 아니라 측정, 기하학, 대수, 수학의 다른 하위 영역에서의 문제해결)

특징적 표현형

미국 국립보건원(National Institute of Health)에서 지원하는 다학문적 학습센터를 통하여 우리는 읽기 혹은 쓰기가 아닌 읽기나 쓰기와 관련된 기술에 대해 평가하기를 원하는 유전학자들과 협력할 기회를 얻었다. 그 당시 활용 가능한 연구논문에 기초하여 우리는 읽기 혹은 쓰기 관련 기술에 관한 검사 도구를 개발하였다. 이후의 유전적 분석을 통해 그중 몇몇은 '표현형', 즉 유전자 발현의 행동적 표시라는 사실이 밝혀졌다. 이 센터를 통해서 우리는 또한 두뇌 영상 연구에 참여했다. 그리고 목표 읽기 기술

과 목표 쓰기 기술의 내적 표현형(행동적 표현형과 연관된 뇌의 신경 특징)을 발견했다. 이 다학문적 연구에 근거하여(예: Altemeier, Abbott, & Berninger, 2008; Amtmann, Abbott, & Berninger, 2007; Berninger et al., 2006; Berninger, Abbott, Nagy, & Carlisle, 2009; Berninger et al., 2010; Berninger et al., 2008; Garcia, Abbott, & Berninger, 2010; Richards, Aylward, Raskind et al., 2006), 우리는 특정학습장애를 진단하는 데 타당하거나, 타 학문의 유의미한 결과들을 복제한 '특징적 표현형(hallmark phenotypes)'을 발견했다. 이런 다학문적 연구는 뇌의 구조적·기능적 영상, 표현형의 평가, 세포 집합체(유전율), 분리(유전적 전달 메커니즘), 염색체 연결 장치, 그리고 몇 세대에 걸쳐 특정학습장애를 가진 역사가 있는 가족에 대한 유전 연구와, 뇌 치료의 효과성과 분석의 행동적 수준을 평가한 연구에서의 유전자 후보(대립 형질 또는 유전자 서열 변화)를 포함한다.

게다가 우리는 이러한 특징적 표현형이 작업기억 구조 안에서 가장 잘 이해될 수 있다는 사실에 대한 증거를 모았다(Berninger, Abbott et al., 2009; Berninger et al., 2008). 이 작업기억 구조는 구어와 문어 습득을 지원하면서 언어 학습의 메커니즘으로서 기능한다(Berninger et al., 출판 중). 신경 상관자(neural correlates)는 읽기·쓰기·수학 학습에서의 정확성과 유창성 문제를 설명하는 작업기억 구성요소들의 많은 표현형을 위해 발견되어 왔다(Richards, Aylward, Berninger et al., 2006; Richards, Alyward, Raskind et al., 2006; Richards, Berninger, Winn et al., 2007; Richards, Berninger, Stock et al., 2009; Richards, Berninger, & Fayol, 2009; Richards, Berninger, Winn et al., 2009). 정확성 문제는 특정한 구성요소에서의 손상에 따른 것이고 유창성 문제는 구성요소들의 일시적인 조직화에서의 손상에 기인한다.

[그림 9-1]은 정상적인 읽기와 쓰기 습득을 지원하는 작업기억 구조의 구성요소들을 보여 준다. 만약 이 구성요소들이 정상적으로 발달하지 못하면 특정학습장애로 이어질 수 있다. 이런 구성요소들은 ① 구어와 그 소리 단위(음운적), 문자 언어와 그 글자 단위(철자적) 그리고 의미나 문법을 표시하는 단어나 접사 같은 어휘 부분(형태적)의 저장과 처리를 위한 세 가지 어형(word forms), 늘어나는 단어들을 기억하고 처리하는 구문 단위, ② 이 세 가지 어형과 구문을 바깥 세계와 직접적으로 접촉하는 말단

기관과 연결시키는 두 개의 고리(loops), ③ 자기조절을 위한 실행 기능 판(panel), 즉 정신적 자기통치(mental self-government)를 포함한다. 세 어형이 포개진다는 것은 읽기와 철자 쓰기를 배우는 것이 어형들 사이의 관계를 조직하는 것을 필요로 한다는 것을 나타낸다. 때로는 두 개[음운적-철자적(P-O), 철자적-형태적(O-M), 음운적-형태적(P-M)] 때로는 세 개[음운적-철자적-형태적(P-O-M)]를 동시에 조직해야 한다.

어떤 구성요소가 손상되었는지에 따라 개인은 난서증을 보일 수도, 난독증을 보일 수도 있으며 구어/쓰기 학습장애(OWL LD)를 나타낼 수도 있다. 난서증은 철자적 어

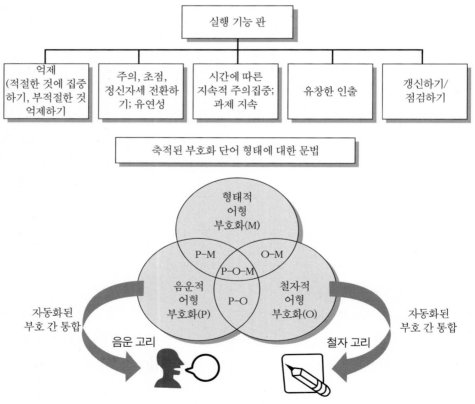

[그림 9-1] 난독증과 구어/쓰기 학습장애(OWL LD)를
설명할 수 있는 언어 학습의 작업기억 모델

출처: Berninger (2007C); Berninger et al (출판 중).

형의 기억과 저장이나 철자적 고리, 덧붙여서 어떤 실행 기능의 손상과 관련된 필체의 손상을 의미한다(Berninger, 2008a). 난독증은 단어 수준의 해독, 단어 읽기, 그리고 철자 말하기에서의 장애이며, 음운적·철자적 어형의 기억과 처리 과정, 음운 고리, 어떤 실행 기능의 손상과 관련되어 있다(Berninger et al., 2001, 2006). 구어/쓰기 학습장애는 형태적 어형과 통사적인 기억과 처리 과정, 그리고 어떤 고리나 어떤 실행 기능의 손상을 보인다(Berninger, 2007a, 2007b, 2007c, 2008b).

[그림 9-2]는 산술 계산을 담당하는 작업기억의 구조를 보여 주는데, 이 구조는 문자언어 학습을 담당하는 작업기억 구조와 몇 가지 구성요소를 공유한다. 예를 들면, 음운적 어형과 음운 고리는 말로 숫자 세기, 말이나 글자로 표현된 숫자들을 명명하기 등과 관련되어 있다. 그리고 철자적 어형과 철자 고리는 자릿값 개념을 사용하여 정수나 소수로, 또는 분수로 표현된 숫자 개념에 대한 '시각적 상징'들을 쓰는(writing) 것과 관련되어 있다. 이처럼 읽기와 쓰기에 사용되는 실행 기능 판이 작업기억 부호화, 명명, 인식 또는 수많은 개념의 상징들을 적어 내는 것과 관련된 처리 과정들로 자기조절에 기여할 수도 있다. 만약 어떤 작업기억 요소라도 손상된다면, 아동은 ① 구어 셈하기(입을 통해 음운적 어형 이름과 음운 고리를 사용하여), ② 쓰인 셈하기(손을 통해, 숫자의 철자적 부호화와 철자적 고리를 사용하여), ③ 수학적 사실 기억 I(사칙연산 중 하나를 위해, 수직선상의 세 값 사이의 관계에 대해 저장되어 있는 정보에 접근하기 위해 음운적 혹은 철자적 부호를 사용하여), 그리고 ④ 사칙연산(더하기, 빼기, 곱하기 나누기 알고리즘)에 순서적인 단계를 적용하는 것에 기초한 계산에서의 어려움을 겪을 수 있다.

공존 질환

작업기억 구조 모형은 특정 학습 기술과 관련된 표현형(기저의 처리 과정에 행동적으로 드러난 표시)들의 짜임 관계를 구성하도록 개념적인 틀을 제공한다. 따라서 이 모형은 감별 진단(특정학습장애들이 어떻게 같고 어떻게 다른지)과 공존 질환(comorbities, 일부 개인에게서 한 가지 이상의 특정학습장애가 동시에 발생하는 것)의 판별에 사용될 수 있

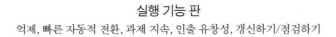

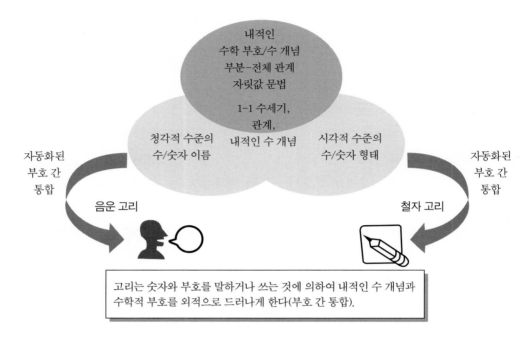

[그림 9-2] 작업기억 모델에서 난산증의 특징적 표현형(결손)
출처: Berninger (2007b, 2007c); Berninger & Richards (2002).

다. 즉, 많은 사람이 오직 한 가지 특정학습장애의 특징적 표현형만을 보일지라도, 일부 개인은, 예를 들어 난독증과 난서증 혹은 구어/쓰기 학습장애와 난서증을 동시에 가지는 등 한 가지 이상의 특정학습장애 증상들을 보일 수 있다(〈표 9-1〉에서 〈표 9-4〉까지 참조). 이 장에서는 읽기에 영향을 미치는 두 가지 가장 흔한 특정학습장애인 난서증과 구어/쓰기 학습장애에 초점을 맞추려고 한다(〈표 9-1〉 〈표 9-2〉). 이러한 특정 읽기장애들은 단독으로 발생할 수도 있고, 어떤 개인에서는 난서증이나 난산증(dyscalculia)과 함께 나타날 수도 있다(〈표 9-3〉 〈표 9-4〉 〈표 9-5〉).

■ 〈표 9-1〉 난독증에서의 특징적 표현형 손상

난독증의 대표적인(특질) 손상된 표현형은 '비단어 읽기와 철자 쓰기(Pseudoword Reading and Spelling)'에 더해 다음 중 하나 또는 [그림 9-1]을 포함한다.

작업기억 구성요소
• 실행 기능
  – 억제[Delis-Kaplan 실행기능 체제(D-KEFS; Delis, Kaplan, & Kramer, 2001) Stroop 색깔 단어 유형]
  – 빠른 자동적 전환(RAS; Wolf & Denckla, 2005; 종합 시간 점수에 근거한 RAS); 학습자의 처리 과정 평가-제2판(PAL-II; Berninger, 2007a; 종합 시간 점수에 근거한 RAS)
  – 일관된 RAS(비율 변화에 근거한 PAL-II RAS)
  – 언어적 유창성(D-KEFS 언어 유창성)
  – 작업기억의 갱신과 모니터링(D-KEFS 언어 유창성에 대한 반복 점수)
• 음운적 어형 부호화[학년에 적절한 음운 부호화 과제: 압운, 음절, 음운, 각운; 음운적 처리 과정에 대해 연령에 적합한 종합적 평가(CTOPP; Wagner, Torgesen, & Rashotte, 1999) 비어 반복]
• 철자적 어형 부호화(학년에 적절한 수용적 철자 부호화 과제)
• 음운 고리의 빠르고 자동화된 명명(RAN; Wolf & Denckla, 2005; 종합 시간 점수에 근거한 RAN); 종합 시간 점수에 근거한 PAL-II RAN
• 철자 고리[15초의 PAL-II 알파벳 과제에서 또렷하고 자동화된 글자 쓰기; 학년에 적절한 PAL-II 표현적인 철자적 부호화 과제; Wechsler 아동용 지능검사 제4판(WISC-IV; Wechsler, 2003) 부호화]

단어 수준의 문어 구성요소
• 음운 해독(비단어 음독)
  – 정확성[Woodcock-Johnson III 성취도 검사(WJ III ACH; Woodcock, McGrew, & Mather, 2001) 단어 읽기; Wechsler 개인용 성취도 검사 제3판(WIAT-III; Pearson, 2009) 비단어 해독; PAL-II 비단어 읽기의 정확성; Kaufman 교육적 성취도 검사 제2판(KTEA-II; Kaufman, & Kaufman, 2004) 비단어 해독]
  – 자동성[단어 읽기 효율성 검사(TOWRE; Torgesen et al., 1999) 음소 읽기의 효율성, 비단어 비율; PAL-II 비단어 읽기 유창성, KTEA-II 해독 유창성]
• 적힌 철자
  – (WJ III ACH 소리의 철자; WIAT-III 철자; PAL-II 단어 선택의 정확성과 유창성)

■ 〈표 9-2〉 **구어/쓰기 학습장애에서의 특징적 표현형 손상**

구어/쓰기 학습장애의 대표적인 손상된 표현형은 '형태적 어형 부호화와 구문 부호화, 실제 단어와 글을 소리 내어 읽기 그리고 읽기 이해'에 더해 〈표 9-1〉에서 난독증의 특징적 표현형 손상에 해당하는 다음 중 하나 또는 [그림 9-1]을 포함한다.

작업기억 구성요소
• 실행 기능
 - 억제(D-KEFS의 Stroop 색깔 단어 유형)
 - RAS(Wolf & Denckla, 2005; 종합 시간 점수에 근거한 RAS; 종합 시간 점수에 근거한 PAL-II RAS)
 - 일관된 RAS(비율 변화에 근거한 PAL-II RAS)
 - 언어적 유창성(D-KEFS 언어 유창성)
 - 작업기억의 갱신과 모니터링(D-KEFS 언어 유창성에 대한 반복 점수)
• 구문 부호화[언어 기초의 임상적 평가 제4판(CELF-IV; Semel, Wiig, & Secord, 2003) 문장 형성; PAL-II: 그것은 잘 들어맞는가? 문장 구조 부호화]
• 형태론적 어형 부호화(PAL-II: 그것들이 연관되어 있는가?)
• 음운적 어형 부호화(학년에 적절한 음운적 부호화 과제: 음절, 음운, 각운; 음운적 처리 과정에 대해 연령에 적합한 종합적 평가; 나이에 적절한 CTOPP 비어 반복)
• 철자적 어형 부호화(학년에 적절한 PAL-II 수용적 철자 부호화 과제)
• 음운 고리 RAN(Wolf & Denckla, 2005; 종합 시간 점수에 근거한 RAN; 종합 시간 점수에 근거 PAL-II RAN)
• 철자 고리(15초의 PAL-II 알파벳 과제에서 또렷하고 자동화된 글자 쓰기; 학년에 적절한 표현적인 철자적 부호화 과제; WISC-IV 부호화)

단어 수준의 문어
• 소리 내어 실제 단어 읽기(구어와 문어 유창성에서, 의미적 기억에서의 단어에 접근하는 것, 즉, 단어 회상; TOWRE 단어 효율성)
 - 정확성(WJ III ACH 글자-단어 식별; WIAT-III 단어 읽기; PAL-II 형태적 해독 정확성; KTEA-II 글자와 단어 인식)
 - 자동성(TOWRE 단어 읽기 효율성; PAL-II 형태적 해독 유창성; KTEA-II 단어 인식 유창성) 소리 내어 문단 읽기-Gray 구어 읽기 검사-제4판(GORT-4; Wiederholt & Bryant, 2001) 정확성과 유창성(시간)

글 수준의 문어
• 독해
 - 빈칸 메우기 독해력 테스트(WJ III ACH 문단 이해)
 - 글에 대해 사실 확인이나 추론 문제에 응답하는 것(WIAT-III 독해)
 - PAL-II 문장 감각(단어 식별과 문장의 의미를 통합함-정확성과 유창성)

▨ **〈표 9-3〉 대표적인(특질) 표현형 손상**

- 난독증과 난서증: 난서증에 대한 다음 사항과 난독증에 대한 〈표 9-1〉의 사항 중 하나를 포함한다.
- 구어/쓰기 학습장애와 난서증: 난서증에 대한 다음 사항뿐만 아니라 구어/쓰기 학습장애에 대한 〈표 9-2〉의 사항 중 하나를 포함한다([그림 9-1]도 참조).

글자와 단어 형태 쓰기
철자 쓰기(Richards, Berninger, & Fayol, 2009)(학년에 적절한 PAL-II 수용적인 철자적 부호화)

운동 기능(글자를 쓰는)
펜 잡는 손가락 순서(Richards, Berninger, Stock et al, 2009)[PAL-II, 손가락 잡는 순서(Finger Succession)]

손을 이용하여 생각한 것을 쓸 수 있는 쓰기의 순환 과정(Loop)
철자 고리(Berninger, Nielsen, Abbott, Wijsman, & Raskind, 2008a)(15초의 PAL-II 알파벳 과제에서 자동화된 정자 글자 쓰기; 학년에 적절한 PAL-II 철자 부호화 과제; WISC-IV 부호화)

글씨 쓰기
- 글씨 쓰기 자동성(읽을 수 있게, 순서대로, 빠르게)
  - (15초) PAL-II 알파벳 쓰기 과제에서 자동화된 정자 글자 쓰기
  - PAL-II 기억해서 알파벳 쓰기와 문장 베껴 쓰기 과제에서 자동화된 글자의 가독성 요소에 대한 점수
- 글씨 가독성
  - PAL-II 알파벳 과제에서 글자 쓰기
  - PAL-II 기억해서 알파벳 쓰기 및 문장 베껴 쓰기 과제에서 자동화된 글자의 가독성 요소에 대한 점수
- 글씨 쓰기 속도
  - PAL-II 알파벳 쓰기 총 시간
  - PAL-II 기억해서 알파벳 쓰기와 베껴 쓰기의 전체 소요 시간 점수
- 시간의 흐름에 따른 지속적인 필기
  - 문단 베껴 쓰기 과제에서 30초에서부터 60초, 90초까지 전체 또렷한 글자 쓰기의 감소

작문하기
- 작문의 유창성: PAL-II 서사적 작문의 유창성 총 단어의 수
- 문장 중의 글자 가독성
  - PAL-II 설명적 필기 글자 가독성
  - PAL-II 설명적 보고서 쓰기 글자 가독성
  - 글씨 쓰기 평가 척도와 쓰기 오류 관찰

■ **〈표 9-4〉 특징적 표현형 손상([그림 9-1]과 [그림 9-2] 참조)**

- 난독증과 난산증: 〈표 9-1〉의 난독증의 손상된 표현형 중 어떤 것이라도, 그리고 아래의 난산증의 특징적 표현형 손상 중 어떤 것이라도 포함한다.
- 구어/쓰기 학습장애와 난산증: 〈표 9-2〉에서 구어/쓰기 학습장애의 특징적 표현형 손상 중 어떤 것이라도, 그리고 아래의 난산증의 특징적 표현형 손상 중 어떤 것이라도 포함한다.

작업기억 구조
- 실행 기능
  - 억제(D-KEFS Stroop 색깔 단어 유형)
  - 빠른 지능적 전환(RAS; Wolf & Denckla, 2005; 종합 시간 점수에 근거한 RAS 글자들과 숫자들; 종합 시간 점수에 근거한 PAL-II RAS 단어와 두자리의 수; PAL-II 수학적 사실 회상에서 더하기와 빼기의 혼합 연산과 곱하기와 나누기의 혼합 연산의 전환)
  - 지속되는 RAS(비율 변화에 근거한 PAL-II RAS)
  - 모니터링(PAL-II 오류 찾기)
- 구어와 문어 유형의 양적인 부호들의 저장과 처리 과정(PAL II 양적인 작업기억과 시공간적 작업기억)
- 음운 고리 RAN(Wolf & Denckla, 2005; 종합 시간 점수에 근거한 RAN 숫자들; 종합 시간 점수에 근거한 PAL-II RAN 한 자리 수와 두 자리 수)
- 철자 고리(PAL-II 15초에 자동적, 또렷한 숫자 쓰기; PAL-II 여러 자리 수의 부호화에 대해 써서 응답하기; WISC-IV 부호화 B; PAL-II 철자적 고리를 이용하여 사실적 기억을 보고 쓰기, 음운 고리를 사용하는 PAL-II 듣기와 사실 회상하여 말하기와 비교될 수 있다)

계산을 기반으로 하는 숫자 개념
수학적 유창성은 1 이상을 더하거나 뺄 때 PAL-II Counting과 Fact Retrieval를 사용하여 앞뒤로 수직선으로 외현화할 수 있다.
- 숫자 세기(구어로 숫자 세기를 통한 수직선의 외현화)
- 자릿값(10자리 수를 이용하여 무한한 수를 표상하는 것에 대한 구문론) PAL-II 자릿값(말하기 응답과 쓰기 응답 비교)
- 부분-전체 관계(높은 숫자 세기가 양적인 측면에서 항상 더 큰 것은 아니다. PAL-II부: 정수, 분수, 소수 등과 관련하여 높은 숫자가 항상 더 많은 정도를 나타내는 것은 아니다.)
- 시간 말하기(복합적인, 원형의, 내장된 내적 수직선)

수학적 사실 회상
- PAL-II 기본 사칙연산 각각에 대한 투입-산출 결합 양상(정확한 회상에 걸리는 시간, 즉 유창성)
  - 더하기
  - 빼기
  - 곱하기
  - 나누기

계산에 관한 활동들
- PAL-II 시공간적 정렬: 계산을 위해 수들을 수직적으로 혹은 수평적으로 나타내기
- PAL-II 구어: 계산 알고리즘의 단계들에 대한 설명(더하기, 빼기, 곱하기, 나누기)
- PAL-II 지필: 다단계 더하기, 빼기, 곱하기, 나누기 연산의 실행, 그에 관련된 수학적 사실의 회상 (정확성과 시간)

■ 〈표 9-5〉 표현형 손상([그림 9-1]과 [그림 9-2] 참조)

- 난서증과 난산증을 동반한 난독증: 〈표 9-1〉의 난독증과 〈표 9-4〉의 난산증의 특징적 표현형 손상 중 어느 것이라도 포함하고 있다.
- 난서증과 난산증을 동반한 구어/쓰기 학습장애: 〈표 9-2〉의 구어/쓰기 학습장애와 〈표 9-4〉의 난산 증의 특징적 표현형 손상 중 어느 것이라도 포함하고 있다.

다문화 학습자(영어가 모국어가 아닌 가정의 아동)

21세기의 첫 10년이 지나갈 즈음, 북아메리카와 유럽 등지의 대부분의 학교는 집과 학교에서 다른 언어를 쓰거나, 혹은 학교에서 쓰는 언어를 더 어렵게 느끼는 학생들을 교육하는 데 어려움을 겪고 있다. 미국에서는 이런 학생들이 대개 영어 학습자(English Language Learners: ELL)라고 불린다. 그러나 이중언어(bilingual) 혹은 다중언어(multilingual) 아동들이 필연적으로 불리한 입장에 있는지를 확인하기 위해 〈표 9-6〉에 제시된 다섯 가지 중요한 지침을 보라. 실제 연구는 이중언어를 쓰는 일부 학습자의 이점 또한 밝히고 있다(Petitto, 2009). 덧붙여서 학교에서 대부분 언어를 배우는 아동들의 경우 추상적 학습을 목적으로 한 그들의 학문적 언어 숙달과 그들의 대화 기술이 동등하게 발달하지 못할 것이다.

■ 〈표 9-6〉 다문화 학습자 교육의 주의 사항

1. 다문화 학습자가 필연적으로 불리하다거나, 언어학습장애를 가지고 있다고 가정하지 말라. 다학문
   적 연구는 이중언어가 언어 발달에서 유리할 수 있다는 점을 밝혀 왔다(Petitto, 2009). 언어적 다양
   성을 존중하라. 아이들에게 가정에서 쓰는 언어의 어휘들을 학급 친구들과 공유하도록 요구하라.
2. 아이가 교실에서 사용하는 언어만을 보고 그 아이의 가정에서 어떤 언어 혹은 언어들이 사용되는지
   를 가정하지 말라. 부모들에게 물어보라. 우리의 연구에서 우리는 학교와는 다른 언어들(때로는 하
   나 이상)이 가정에서 사용된다는 것 그리고 학교에서 그 아이가 하나 이상의 언어에 노출되어 있었
   다는 것이 언제나 알려져 왔던 것은 아니라는 것을 여러 차례 발견했다. 누가 아이에게 어떤 언어를,
   어떤 맥락에서, 어떤 목적을 가지고 말하고 있는지 알아내라.
3. 어떤 학생이 학교에서 쓰는 언어보다 가정에서 쓰는 언어에 더 유창할 것이라고 가정하지 말라. 이
   민 가정의 아이들은 두 언어가 혼재된 언어를 듣게 될 것이며, 둘 중 어느 한 언어는 완전한 언어가
   아닐 것이다. 왜냐하면 그 아이들의 부모와 형제자매들은 역시 새로운 언어를 배우고 있으며, 제1언
   어를 사용하는 학교에서의 몇 년이나 되는 정식 교육을 마치지 못했을 가능성이 높기 때문이다.
4. 부모의 교육적 배경이 가정에서 쓰는 언어만큼이나 이중언어 아동의 언어 학습에 영향을 끼칠 수
   있을 것이다. 몇몇 이민자 부모들은 출신 국가에서 정식 교육을 조금밖에 받지 못했을 반면, 어떤 부
   모들은 정식 교육을 상당히 받았을 수 있다.
5. 주류 언어 안에서의 방언의 다양성은 몇몇 학생에게는 제2언어를 배우는 것만큼이나 어려움을 줄
   수 있다(Washington & Thomas-Tate, 2009). 학교에서 사용되는 방언에 대해 전문가로부터 조언을
   구하라.

언어 학습에 대한 이슈는 주류 언어 안의 방언 문제(Washington & Thomas-Tate, 2009), 이민자 가정에서 비롯된 학교의 다양한 언어적 이슈를 포괄한다. 언어 학습에 대한 이슈는 또한 부모의 교육 수준, 사회경제적 배경, 부모의 실직, 부모나 가족의 건강 문제, 또는 아동의 학교 학습에 영향을 줄 수 있는 다른 가족 문제들에 대해 아동들이 직면할 수 있는 여러 가지 어려움과도 관련이 있다. 아동들이 특정학습장애나 발달장애를 가지고 있든 그렇지 않든 말이다.

그러므로 모든 읽기장애가 같은 원인이나 같은 발달 경로를 갖는 것은 아니다. 읽기 문제는 각각의 다섯 가지 발달 영역 혹은 특정 발달 영역의 발달장애에 기인할 수도 있다. 다섯 가지 발달 영역을 통틀어 정상 범주에 속하는 아동의 경우, 난독증이나 구어/쓰기 학습장애와 같은 특정학습장애가 원인일 수도 있다. 또 다양한 가정, 가족,

학교 요인과 관련된 제2언어 학습이 원인이 되거나, 이런 다양한 요인이 특정학습장애나 발달장애와 결합된 것이 원인이 되기도 한다. 비록 모든 교육 전문가가 모든 학생의 교육 기회와 성취를 최적화하는 데 전념해야 하지만[무상의 적절한 공교육(FAPE); Berninger, 1998; Berninger & O'Malley, 출판 중; Berninger & Wolf, 2009a], 읽기장애를 가진 모든 학생이 똑같은 교수적 필요를 가지지는 않는다. 그러나 이 학생들은 각기 고유한 교수적 필요를 가질 뿐만 아니라 공통적인 부분도 가질 것이다. 그래서 차별화된 교수를 통해 모든 학생의 교수적 필요를 수용하는 것이 가능한 경우가 많다(이 목표에 대한 실제적인 제안은 Berninger & Wolf, 2009a 참조).

> ✏️ **주 의!**
>
> 읽기 문제를 가진 모든 학생이 똑같은 교수적 필요를 가지는 것은 아니다.

우리가 계획에 따른 연구에서 발견해 왔듯이, 여러 국가, 인종, 문화 및 언어 집단의 아동들이 생물학적으로 기반의 특정학습장애를 가질 수 있다. 즉, 생물학적 기반의 특정학습장애가 부유한 가정의 백인 아동들에서만 나타나는 것은 아니라는 것이다. 부유한 백인 부모를 둔 아동들은 특정학습장애 아동들이 증거를 기반으로 하고 중재에 적절한 진단과, 교육 기회를 얻는 것과 관련한 충족되지 않은 요구들에 주의를 환기하는 데 정치적으로 적극적이고, 가시적이며, 표현하는 데 능숙하다. 단지 이러한 이유만으로 특정학습장애가 오직 백인 아동들 혹은 다른 특권층 아동들에게만 영향을 미친다고는 말할 수 없다. 이런 관점은 연구에 의해서도 뒷받침되지는 않는다.

교수상의 장점

개별 학생들이 읽기, 쓰기, 수학을 배우는 데 다양한 정도의 수월성을 보이듯이, 교사들 또한 읽기, 쓰기, 수학을 가르치는 데 있어 너무도 다양한 준비도와 교수 능력을 보인다는 것은 의심할 여지가 없다. 그러나 우리는 교사가 증거기반 교수법을 사용하고 다른 대부분의 학생은 읽기를 매우 잘하는 교실로부터 보내진 심각한 특정학습장애 학생들을 많이 연구해 왔다. 우리는 무결점의 정책을 표방하는 것이 최선이라는 것을 알았다. 우리는 더 가르치기 어려운 학생들을 가르치느라 애쓰는 교사들 또는 배우는 데 있어 학급 친구들보다 더욱 노력해야 하는 학생들을 비난하지 않는다. 게다가 특정학습장애를 가진 모든 학생에게 두루 적용되는 하나의 교육 프로그램에 대한 증거는 없다. 그런 프로그램은 존재하지 않는다. 왜냐하면 특정학습장애를 가진 학생들은 목표 학습 기술과 연관된 특징적 표현형을 기반으로 정의되는 '학습 프로파일' 뿐만 아니라 '발달 프로파일'(다섯 가지 모든 영역이 정상 범위에 있다고 해도 그들은 상대적 강점과 약점에서 다양성을 보인다), 학교와 가정 그리고 지역사회 안에서의 학습에 영향을 미치는 '시스템 변수' 에서도 다른 양상을 보이기 때문이다.

읽기를 시작하는 데 있어 음운 인식과 파닉스(phonics)[1] 교육의 가치를 보여 주는 연구에도 불구하고, 우리의 연구에서 난독증과 구어/쓰기 학습장애를 가진 많은 학생은 그 교육에 대해 적절하게 반응하지 못했다. 특히 교육 내용이 선언적 지식(declarative knowledge)의 형태로 전달될 때 그러했다. 선언적 지식은 학생들이 실제 단어나 글을 읽을 때 적용하기 어려워하는 규칙들을 그저 말로 표현하는 데 중점을 둔다. 다학문적 연구(가족유전학, 뇌영상법, 교육과 평가의 연계)는 근원적인 학습장애가 여러 가지 구성요소로 이루어진 작업기억 구조 안에서 선별적인 손상과 관련이 있다는 것을 이해하도록 돕는다. 이러한 손상은 단어 수준 혹은 구문 수준이나 글 수준의 언어 학습에서 정확성과 유창성(시간적 협응성, temporal coordination)을 방해한다.

난독증과 난서증을 가진 학생들은 특수화된 교수에 반응한다. 이 특수화된 교수는 작업기억 구조의 구성요소들의 결함이나 그 구성요소들을 동시에 조직하는 능력에서의 비효과성과 관련된 읽기에서의 특정학습장애를 극복하기 위해 고안된 것이다. 이런 교육은 내부와 외부의 연결과 음운적, 철자적 그리고 형태적 어형과 그 부분들의 협응을 위하여 절차적 학습(procedural learning, [그림 9-1]에서 음운 고리와 철자 고리를 이용함)을 강조했다([그림 9-1] 참조). 또한 각각의 강의는 언어 학습의 원리가 되는 작업기억 구조에서 시간 협응력의 효율성을 증진하기 위해 하위 단어 · 단어 · 글 등 모

---

1) 역자 주: 발음 중심 어학 교수법

든 수준의 언어를 동시에 가르치도록 구성되었다(Berninger, 2008b, 2008c; Berninger et al., 출판 중).

기존과 유사한 방법을 쓰며 '학습 집중도(intensity)'만 강조하는 다른 교육적 접근 방법과는 달리, 우리가 이 연구에서 학생들에게 효과적일 것이라고 발견한 접근법(워싱턴 대학에서 선구적인 신경외과 의사이자 뇌수술보다 언어 기능을 먼저 공부했던 George Ojemann이 권고한)은 '습관화(habituation)'[2]를 피하기 위해 고안되었다. 즉, 어떤 학습자가 동일한 과제를 계속해서 수행하도록 요구받는다면 그 학습자는 더 이상 반응하는 데 실패할 것이다. Ojemann 박사는 감사하게도 가치 있는 통찰을 하나 공유했는데, 바로 뇌는 언어에 대해서 빨리 습관화된다는 사실이다. 습관화를 피하기 위해 우리는 언어기반 교수 활동들의 속성과 그 기간을 자주 변화시켜 주었다. 예를 들어, 철자 단위와 소리 단위 사이의 자동화된 연상으로 시작하여 그 후에 이 절차적 지식을 실제 개별 단어나 비단어로 전이하는 연습을 하고, 다음으로는 유창성과 이해를 위해 글을 소리 내어 읽고 다시 읽는 과정이 이어진다. 목표 과제가 길게 지속되지 않을 때, 뇌는 '과제에' 계속하여 머무른다. 그러나 과제가 바뀌면 참신함을 추구하는 뇌는 새로운 일로 재빨리 주의를 전환한다. 따라서 학습자는 과제가 특정한 과제에 집중할 수 있는 학습자의 능력보다 길게 지속되지 않을 때 과제에 머무른다. 또한 과제는 모든 수준의 언어를 포함하기 때문에 학습자는 작업기억 안에서 여러 수준의 언어를 동시에 조합하는 연습을 한다. 그렇게 함으로써 모든 수준이 마치 연주회에서 모든 악기가 동시에 연주되는 관현악단처럼 기능할 수 있게 된다.

더 넓은 평가 맥락에서 감별 진단의 가치에 대한 이해

앞서 살펴본 것처럼, 목표 학습 기술과 특징적 표현형을 평가하는 것에 덧붙여, 읽기, 쓰기, 수학 교수에 대한 학생의 반응에 영향을 줄 수 있는 다른 다양한 변수를 고

---

2) 역자 주: 자극의 투입이나 과제를 계속해서 주면 그것을 무시하려는 성향(반응의 강도가 감소)

잊지 마세요!

계획, 평가 그리고 증거기반 평가와 교수를 포함하여, 연구기반 교육에서는(Rosenfield & Berninger, 2009) 개별 학생의 학습 프로파일뿐만 아니라 모든 체제 변수들을(예: 교실, 학교, 지역사회, 가족, 문화)을 고려하는 것이 매우 중요하다.

려하는 것이 중요하다. (가정-학교 관계를 용이하게 하기 위해 그리고 학생의 교육적 요구를 충족할 만한 교육적 프로그램을 계획하기 위해서 부모에게 접촉하여 적절한 발달 역사와 가족력을 비롯한 다른 정보들을 얻는 것에 대해 다시 참고하려면 뒤의 〈표 9-7〉을 보라. 또한 이 과정에서 도움을 준 설문지는 Berninger, 2007c를 참조하라.) 계획, 평가 그리고 증거기반 평가와 교수를 시행하는 것을 포함하여, 과학적 연구를 교육적 실제에 맞게 해석하는 과정에서 개별 학생의 학습 프로파일뿐만 아니라 교실, 학교, 지역사회, 가족, 문화적 요소 등 다양한 체제 변수들을 고려해야 한다. 예를 들면, 개별 연구에서 두 명의 미국인 학생들이 단 두 명만으로 이루어진 별도의 개별(pull-out) 집단에서 일반교육을 받는 교실의 더 큰 집단으로 이동하면서, (비공개 관찰 결과) 중재에 대해 반응하지 않다가 반응하는 변화를 나타냈다. 마지막으로, 교육적 계획에서 어떤 의학적 혹은 의료적 상태가 적절할지를 알아내는 것이 중요하다(Wodrich, 2008).

유전기반 특정학습장애의 실제적 중요성

어떤 이들은 특정 뇌 영역의 정상화(normalization), 혹은 특정읽기장애 학생들을 위한 특수화된 교수(specialized instruction)를 따르는 타이밍 패턴을 보여 주는 연구가 교수 자체만으로 생물학적 기반의 특정학습장애를 극복할 수 있다는 것을 의미한다고 믿는다. 이러한 결론은 단기적으로 뇌 기능을 정상화하는 단 한 번의 중재가 결국에는 모든 관련된 신경적 기질에 대해 학교교육 전반에 걸쳐 뇌 기능을 정상화한다는 사실이 입증될 때까지 시기상조라고 여겨질 것이다. 또한 우리가 뇌영상법과 결합된 교수법에 대한 연구를 위해 아이들을 모집했던 가족 유전에 대한 연구에서, 우리는 문어에 영향을 미치는 특정학습장애에 대해 여러 세대에 걸친 역사를 갖고 있는 가족만을 포함했다(Berninger et al., 2001, 2006). 따라서 연구 결과가 일반적 상황에서 읽기에 취약한 불특정 다수에 일반화되지 않을지도 모른다.

　우리는 가족유전 연구에서 성인을 대상으로 자신의 어려움을 보완하였는지(이전의 학습곤란을 학교에 재학하는 동안 극복했는지) 여부를 연구하였다. 일부는 그랬고 일부는 그렇지 않았다. 그리고 많은 이가 설령 읽기나 쓰기 기술이 정상 수준에 도달했다 하더라도 관련된 특징적 표현형에서 장애가 남아 있음을 보였다(Berninger et al., 2001; Berninger et al., 2006).

　중요하게도, 성별 규준에 비추어 보았을 때 손상이 어느 정도 보충된 것으로 보이는 많은 사람의 경우 정신력 검사는 그들이 읽기와 쓰기 과제를 완성하는 과정에서 정신적 노력을 유지하는 데에 상당한 어려움을 보고하였다. Amtmann, Abbott과 Berninger(2007)는 이 '자기보고상의 어려움'의 이유를 설명해 주는 증거를 발표했다. 난독증이 없는 사람은 시기에 적절한 교차 부호 통합을 이루고 점차 성장하면서 작업기억의 유동적인 실행 기능을 빠르게 시작하고 유지한다. 이와 비교해서 난독증이 있는 개인은 성장 혼합 모형(growth mixture modeling)에 기초하여 계속 더욱 느려지는 집단과 꾸준히 느린 집단의 두 집단 중 하나로 분류되었다. 시간이 흐르면서 정신적 노력을 유지하는 것에서의 이 보이지 않는 장애는 많은 특정학습장애에 공통적인 핵심 결함일 것이다. 이 보이지 않는 장애는 다른 사람들이 관찰하거나 경험할 수 없으며, 특히 다중 부호나 구성요소 처리 과정이 실시간으로 통합되어야 할 때 그렇다. n-back[3] 작업기억 양식을 사용하는 한 fMRI 연구에서는 난독증이 있는 아이들과 없는 아이들이 현재 자극을 처리하는 것(0 trials back)에 비교하여, 시간이 흐르면서 자극을 추적하는 것(2 trials back)에서 보이는 차이점 또한 보여 주었다(Richards, Berninger, Winn et al., 2009). 비록 언어 과제에 대한 뇌의 차이가 언어기반 중재에 대한 반응에서 정상화되었다 할지라도, 이 작업기억과 관련된 뇌의 차이는 그렇지가 않다. 난독증에서의 작업기억 손상들을 극복하는 데 언어 중재가 필수적이지만 언어 중재만으로 충분한 것은 아니라는 것이다. 이 손상들은 작업기억의 구성요소들의 일시적 협조(temporal coordination)를 정상화하는 모든 중재를 필요로 하기 때문이다.

■·•·■·•·■·•·■·•·•

3) 역자 주: Jaeggi, S. M., Buschkuehl, M., Jonicles, J., Perrig, W. J. (2008). Improving fluid intelligence with training on working memory. 논문에서 Dual n-back 훈련이 유동성 지능을 증가시킨다고 주장함.

더욱이 난독증(Berninger et al., 2008a, 2008b)과 구어/쓰기 학습장애(Silliman & Scott, 2009)는 단순한 읽기장애가 아니라 읽기와 쓰기 장애다. 초기 읽기 문제 중에서 철자 문제는 특히 남성의 경우 성인기까지 쭉 지속되는 경향이 있다(Berninger et al., 2008a, 2008b). 또한 명백한 부호 해독으로 읽기를 배운 많은 사람은 학년이 높아질수록 더 많고 복잡해지는 교육과정에서의 쓰기 과제를 해결하는 데 극심한 어려움을 계속해서 겪고 있다. 초기의 증거기반 교수에는 반응하지만 초등학교 고학년에서 중학교, 고등학교 그리고 고등교육으로 갈수록 학교의 교육과정과 요구들이 변화함에 따라 끊임없이 학습에서 도전에 직면하게 된다(예: Berninger et al., 2008a). 이런 현상들은 교육이 뇌의 후성유전을 대체할 수 있지만 수정되는 순간에 형성된 유전자 배열은 바꿀 수 없다는 것을 상기시켜 준다. 후성유전은 유전자의 행동적 표현을 대체한다. 그러나 그 기저에 존재하는 제약들은 바꿀 수 없다. 이런 제약들로 인해 학습자들은 일찍이 읽기 문제를(쓰기나 수학 문제까지도) 극복했다고 하더라도, 학습 과제들이 학교 교육과정과 발달에 따라 변화하면서 차후에 또다시 취약해질 수 있다.

잊지 마세요!

초기의 증거기반 교수에 반응하는 아동들은 이후의 교육과정이 변할 때 어려움에 직면할 수도 있다.

특정학습장애의 증거기반과 이론기반 감별 진단

인지적 평가의 역할

6세 이상의 개인이 발달장애를 가지고 있는지 여부를 판단하는 인지적 영역을 평가하기 위해 다섯 가지 발달 영역의 평가에서 전체 지능지수(Full Scale IQ)를 사용하는 것이 많은 연구를 통해 지지되고 있다. 연구는 또한 평균 혹은 그보다 조금 나은 언어적 지능 수준을 보아서는 전혀 예측하지 못한, 읽기와 철자법에서의 부분적 손상인 '난독증' 진단을 위해 언어추론 요소(Verbal Resoning Factor)/지수(Index)/종합적 측면(Composite)(예: Wechsler, 2003)을 사용하는 것을 지지한다(Berninger et al., 2001;

Berninger et al., 2006). 또한 구어/쓰기 학습장애의 진단을 위해 비언어적 추론 요소/지수/종합적 측면(예: Wechsler, 2003)을 사용하는 것도 연구로 뒷받침되고 있다. 왜냐하면 형태론, 구문론 그리고 텍스트에서 언어적 손상은 언어적 추론의 표현이나 발달을 방해할 수 있지만, 비언어적 추론은 적어도 정상 범주의 한계 안에 존재하기 때문이다(Berninger, O'Donnell, & Holdnack, 2008; Silliman & Scott, 2009).

언어 학습을 뒷받침하는 공통적 작업기억 구조

[그림 9-1]에 제시된 작업기억 구조는 수학 계산에서 언어와 관련된 처리 과정들뿐 아니라, 듣기 · 말하기 · 읽기 · 쓰기 등 다양한 언어 과제들을 수행하기 위해 조직될 수 있다([그림 9-2] 참조). 난독증과 구어/쓰기 학습장애는 음운 고리나 철자 고리, 그리고 어떤 실행 기능 등 작업기억 구조에서 공통되는 손상을 가진다([그림 9-1]과 [그림 9-2]; Berninger et al., 2006; Berninger et al., 2008 참조). 이 고리들은 구어 단어와 쓰기 단어에 대한 내부의 정신적 표상과, 마음 바깥의 외부 세계와의 의사소통 사이의 연결을 구축한다. 이러한 연결은 오직 입과 손 같은 일차적 운동계, 그리고 운동계에 피드백을 보내는 감각기관을 통해서만 가능하다. 이러한 피드백의 예로는 조음, 즉 소리를 내는 동안 입에서 느껴지거나, 쓰기를 하는 동안 순차적인 손가락의 움직임으로부터 오는 촉각, 입에서 발화되는 단어들에 대한 청각, 손으로 쓰인 단어들에 대한 시각 등이 있다. 이것이 바로 아이들이 정상 범위에서 기능하고 있는지를 확인하기 위해 아이들의 청각, 시각 그리고 체성감각(눈, 귀 이외의 감각) 체계를 평가하는 것이 중요한 이유다(〈표 9-7〉 참조).

실행 기능은 읽기, 쓰기 그리고 수학에 있어, 뇌가 교사가 지도하는 수업이나 학생의 자기주도 학습에서 반응하여 학습 과정에서의 자기조절을 하도록 돕는다. 학습에 있어 자기조절에서의 (주의 전환) 유연성은 교차 부호 통합 동안 고리들의 자동성만큼이나 중요하다(Altemeier et al., 2008; Berninger & Nagy, 2008).

> **잊지 마세요!**
>
> 아동은 소리를 내어 읽는 동안 음운 고리를 통한 구어의 음운적 부호화와 문자 언어의 철자적 부호화의 부호 간 통합으로 읽기를 익힌다. 그리고 글씨를 쓰고, 단어를 쓰고, 작문을 하는 동안 철자 고리를 통한 문자 언어의 철자적 부호화와 구어의 음운적 부호화의 부호 간 통합으로 쓰기를 배운다(그림 9-1) 참조).

■ 〈표 9-7〉 학생의 청각, 시각 그리고 체성감각 기능을 규정하는 지침

1. 학부모 설문지나 인터뷰를 통해서(Berninger, 2007c), (a) 부모가 자녀들의 유아기나 취학 전 기간 동안에 발달(인지적, 언어적, 운동적, 사회 정서적, 주의집중 그리고 행동의 자기조절)과 관련한 어떤 걱정을 가지고 있었는지, (b) 어떤 전문가라도 아이에 대해서 의학적, 발달적 혹은 다른 종류의 장애를 진단했던 적이 있는지, 그리고 (c) 가족 중에 누군가(같은 세대 혹은 윗세대)가 읽기, 쓰기 그리고/혹은 수학을 배우는 데 어려움을 겪었는지를 알아내라.

2. 가정에서 어떤 언어가 사용되고 있는지를 물어보라. 만약 하나 이상의 언어가 사용되고 있다면 학생에게 누가 어떤 언어로, 왜 그리고 어떤 목적으로 말하는지를 물으라. 만약 필요하다면 학교에서와 다른 언어가 가정에서 사용되고 있는지 탐색하라(Washington & Thomas-Tate, 2009).

3. 만약 학부모나 교사로부터 혹은 아이에 대한 관찰을 통해 제공받을 수 있는 정보들을 살펴보면서, 인지적, 언어적, 운동적, 사회정서적, 그리고 주의집중과 행동의 자기조절의 발달이 정상 범주에 안정적으로 들어가지 못한다는 의심이 든다면, 학생의 다섯 가지 발달 영역 프로파일 각각을 평가하기 위해 표준화된 검사를 시행하라. 학생이 다섯 가지 발달 영역 전반에 만연한 발달장애를 가지고 있는지, 아니면 특정 영역에 발달장애를 가지고 있는지(예를 들면, 언어 쪽이라든가 운동 쪽이라든가)를 판단하라. 그런 다음 교육적 계획에 포함할 다른 모든 요소를 적으라. (a) 집에서 사용하는 언어, (b) 이중언어 혹은 다중언어 학생들의 경우, 학교에서 쓰는 주류 언어에서의 대화 능력과 학습 능력 정도, (c) 교육적 기능과 계획에 관련 있는 과거와 현재의 가족 그리고 문화적 문제, 그리고 긍정적인 가정-학교 관계를 만들 수 있는 접근들 등

4. 만약 부모와 교사의 인터뷰, 수업 중 혹은 형식적 평가 중의 학급 관찰에서 다섯 가지 발달 영역의 하나 혹은 그 이상의 영역에서 발달장애를 뒷받침할 근거가 없다면, 그 학생이 난서증이나 난산증이 동반된 또는 동반되지 않은 난독증이나 구어/쓰기 학습장애를 가졌는지 여부를 판단하기 위해 다음과 같은 부분을 평가하라. (a) 각각의 영역에서의 목표 학습 기술들(읽기, 쓰기, 수학), (b) 관련된 표현형들([그림 9-1]과 [그림 9-2] 참조)

5. 만약 증거 기반의 감별 진단 기준이 난독증이나 구어/쓰기 학습장애와 일치한다면, 교수적 접근을 위한 자원들과 증거 기반적 교수법을 위한 자원들을 얻기 위해 자문을 구하라.

6. 부모 설문(질문), 학교 모니터링, 수업 시간 동안의 학급 관찰에 근거하여 다음과 같은 사항들을 추정할 만한 근거가 있는지 결정하고, 만약 있다면 관련된 조치를 취하라.

   a. 시각 문제가 있는가? 그렇다면 자질 있는 의사 혹은 검안사에게 근점 평가와 원점 평가를 의뢰하라.

   b. 청각 문제가 있는가? 그렇다면 청각학자에게 청각 검사를 의뢰하라.

   c. 체성감각 문제가 있는가? 그렇다면 촉각 평가(PAL-II Finger Localization), 운동감각(접촉을 통한 감각운동; PAL-II Finger Tip Writing), 그리고 감각-상징 통합(PAL-II Finger Recognition and Finger Tip Writing) 평가를 실시하라. 또한 신경학자에게 의뢰하여 전정신경감각, 뇌신경, 그리고 신경학적 기형을 나타내는 표시가 있는지 검사하라.

구어/쓰기 학습장애와 대조되는 난독증의 특징

난독증의 징후는 보통 부모들과 교사들이 어떤 아이가 글자를 명명하고, 소리와 글자를 연관 짓는 데에서 남들과 다른 어려움을 가지고 있음을 알게 되는 유치원 때까지는 관찰되지 않는다(Berninger, 2008a). 이와는 대조적으로, 구어/쓰기 학습장애 의 징후는 전형적으로 취학 전에 관찰된다. 손상이 있는 아이들은 언어 학습에 있어서 일반 아이들과는 다른 어려움을 겪는다(특히 단어 습득에 영향을 미치는 단어 회상과 형태론적 기술들, 청해에 영향을 미치는 구문과 텍스트 추론은 진술되지는 않았지만 숨어 있는 함의를 이해할 것을 요구한다). 그런 다음 구어/쓰기 학습장애를 가진 학령기 아동들은 문어를 배우고 이를 사용함에 있어 어려움을 느낀다. 예를 들어, 자기조절을 위해 교사의 교수적 언어를 이해하는 것, 그리고 교육과정의 다양한 과목(수학이나 과학)에서 배우게 되는 특정한 어휘들을 학습하기 위해 언어를 사용하는 것은 어려울 것이다. 단어 회상, 형태, 구문 혹은 텍스트 추론 등의 취학 전에 손상되었던 기술들은 여전히 손상되어 있고, 실제 단어 읽기, 독해, 철자법, 그리고 글쓰기에 영향을 미칠 것이다(Silliman & Scott, 2009 참조).

따라서 학령기 동안, 난독증과 구어/쓰기 학습장애를 가진 개인들은 그들이 읽기와 쓰기에서 오직 단어 수준에서만 손상되어 있는지(난독증) 혹은 구문 수준에서도 손상되어 있는지(구어/쓰기 학습장애)에 따라 차이가 있다. 그러나 난독증과 구어/쓰기 학습장애를 가진 아동들은 그들이 작업기억 구조의 모든 구성요소(모든 실행 기능, 두 고리 그리고 세 가지 어형)에서 손상되어 있는지, 아니면 오직 부분적으로만 손상이 있는지에 따라 개인적으로 차이를 보인다. 난독증을 가진 아동들은 형태적 어형이나 작업기억에서 단어를 축적하는 처리 과정과 저장을 위한 구문론에 대해서는 손상되지 않은 경향이 있다. 반면에, 구어/쓰기 학습장애를 가진 아동들은 형태론적 어형과 구문론에서 손상이 있는 경향이 있다(Berninger, 2008b; Berninger, Raskind et al., 2008).

난독증이 있는 개인은 구어/쓰기 학습장애가 있는 개인에 비해 다른 교수적 필요를 갖는다(Berninger & O'Malley, 출판 중). 예를 들면, 세 가지 어형과 구문을 모두 강조하지만 음운 지각에 특히 강조점을 두면서 교수가 이루어져야 할지(난독증), 아니면 음운적, 형태적 그리고 구문적 지각에 특별한 강조점을 두어야 할지(구어/쓰기 학습장애)가 다르다. 각각의 특정학습장애에는 철자 지각 교수가 큰 효과가 있다(Berninger, Winn et al., 2008; Richards, Alyward, Berninger et al., 2006; Berninger & O'Malley, 2009). 게다가 구어 읽기의 유창성과 독해의 양방향적인 관계(Berninger, Abbott, Trivedi et al., 2009)는 구어 읽기 유창성을 증진하는 교수를 계획하는 데 적절하다. 구어/쓰기 학습장애를 가진 개인들에게는 청해와 의미기억으로부터의 단어 회상을 용이하게 하는 교수가 효과적으로 작용할 것이다. 단어 회상 치료는 실제 단어를 자동적으로 읽는 것을 향상할 것이며, 결과적으로 그들의 구어 읽기 유창성을 향상할 것이다. 청해 치료는 그들의 독해를 향상함으로써 결과적으로 구어 읽기 유창성을 향상할 것이다.

공존 질환일 수 있는 난서증의 특징

만약 난독증이나 구어/쓰기 학습장애를 가진 개인이 특히 철자 부호화, 손가락 연쇄 동작, 또는 내적인 철자 부호를 외부의 글자나 단어 쓰기와 통합하는 철자 고리에 손상이 있다면, 그들은 '특정읽기장애'와 아마도 숫자나 수학적 사실, 계산을 적는 것에 대한 어려움에 기인한 '난산증' 뿐만 아니라 '난서증(dysgraphia)'을 가지고 있을 확률이 높다(Berninger, 2008a). [그림 9-1]과 [그림 9-2] 그리고 〈표 9-1〉을 보라. 초기 학교교육에서 난서증을 가진 아이는 또렷한 글자를 쓰는 법을 배우는 데서 어려움을 느낄 수 있다. 그러나 일단 아이가 상당히 또렷한 글자를 쓰게 되면, 그 글자들이 적절하게 기억에 접근하고 기억으로부터 인출될 수 있는지, 자동적으로, 즉 노력을 들이지 않고 빨리 작성될 수 있는지를 적합한 검사로 평가하는 것 또한 중요하다. 만약 그렇지 않는다면 쓰는 동안의 작업기억의 효율성이 타협될지 모른다. 또한 시간의 흐름에 따라 작업기억에서 글자 산출을 지속하기 위한 글자 쓰기 속도와 능력을 평가하는 것 역시 중요하다(Berninger, 2008a 참조).

공존 질환일 수 있는 난산증의 특징

난독증이나 구어/쓰기 학습장애를 가진 개인은 숫자 세기, 자릿값 또는 부분-전체 관계 등에서 손상된 수학적 개념과 관련된 '난산증(dyscalculia)'을 함께 가질 수 있다([그림 9-2] 참조). 이러한 경우, 개인은 난서증도 함께 가지거나 가지지 않을 수 있는데, 이는 수학적 사실 회상과 난산증에서 계산과 관련된 쓰기 과정에 영향을 미칠 수 있다(⟨표 9-4⟩와 ⟨표 9-5⟩ 참조).

 ## 예방에의 감별 진단 적용

중재반응 모형(RTI) 접근의 공헌 중 한 가지는 학교들이 이전보다 더 일찍 중재를 제공하고 있다는 점이다. 그러나 그것 하나만으로는 읽기 문제를 다루는 일반 학급에서 제공되는 교육보다 훨씬 더 전문화된 교육을 필요로 하는 읽기의 특정학습장애를 판별하는 데 충분하지 않다. 예를 들어, 만약 아이가 구어/쓰기 학습장애를 나타낸다면, 그 아이는 오직 음운 지각뿐 아니라 단어 회상, 형태론적·구문적 지각 그리고 추론적 사고를 용이하게 하는 명백한 교수법을 필요로 할 것이다.

또한 초기의 감별 평가가 없으면, 공존 질환으로서의 난서증이나 난산증은 아이가 쓰기 교육과 수학에서 읽기나 쓰기와 관련된 교육에 더 잘 반응할 수 있도록 초기 민감한 시기에 판별되고 치료되지 못할 수 있다. 대신에 읽기장애의 유형(난독증, 구어/쓰기 학습장애 그리고 쓰기와 수학에서의 가능한 부가적인 학습장애들)이 학교 교육 초기에 진단될 수 있고, 적절한 증거 기반의 초기 중재가 시행된다면 장기적으로 보았을 때 생물학적으로 난독증 또는 구어/쓰기 학습장애, 쓰기와 수학 학습장애를 가진 아이들은 최적의 학업 성취 결과를 얻을 수 있을 것이다.

특정학습장애가 유전적이거나 뇌에 기반을 두었기 때문이라는 것은 미리 예방될

 주 의!

조기 진단평가가 없다면, 공존하는 난서증이나 난산증을 가진 아동은 쓰기 교수와 수학의 읽기/쓰기 측면과 관련된 교육에 반응을 하게 될 때 오히려 초기에 판별되지 못하고 적절한 중재를 제공받지 못할 수도 있다.

수 없거나 그 심각성이 크게 감소된다는 것을 의미하지는 않는다. 예방에서의 한 가지 핵심은 학교 전역에서 예방 프로그램들이 준비되어야 한다는 것이다. ① 학년에 적합한 목표 기술들을 위한 보편적인 선별을 포함하고, ② 학령 전 발달과 가족력을 고려하며(〈표 9-7〉 참조), ③ 선별 결과 및 학령 전 내력을 증거기반 교수의 시행 및 모니터링 진행과 연결시킨다. 평가와 교수 연구를 기초로 해서, 증거 기반의 학년별 예방 프로그램들은 초기 문해 교수에 대한 반응에서의 실패를 예방할 수 있다(Berninger, 2007c; Pearson Education, Inc., 2009). (일선 학교에서 적용하는 어떤 교육과정에도 보충으로 사용될 수 있는 교수 자료들과 전략들을 살펴보라. Berninger, 1998, Phonological and Orthographic Lessons; Handwriting Lessons; and Talking Letters, Berninger & Abbott, 2003; five lessons in Tier 1 and Lessons 6, 7, 8 in Tier 2, Berninger, 2008c; and Berninger & Fayol, 2008.)

　예방에서의 또 하나의 핵심은 학교교육 전반을 통해 과정이 모니터링되어야 한다는 것이다. 이전에 설명했듯이 만약 학생이 생물학적 취약성 때문에 교육과정의 변화하는 요구들을 따라잡지 못한다면, 학교교육 동안 어느 때라도 적절하고 특성화된 교수가 시행될 수 있어야 한다. 특히 아동의 학교 기록에서 증거기반 감별 진단이 신중하게 검토된 경우라면 말이다.

문제해결 상담에의 감별 진단 적용

　학교 전역의 예방 프로그램들이 존재한다 하더라도, 교사로 하여금 읽기(혹은 공존하는 구어, 쓰기, 수학 문제)를 하기 위해 애쓰는 어떤 학생들이라도 보조할 수 있도록 도와주는 문제해결 상담의 필요성이 대두된다. 첫 번째로, 위에서 언급했듯이 생물학적으로 특정학습장애를 가지고 있는 아동들은 초기 중재(후생적인 수준에서의 변화, 유전자의 행동적 표현)에 반응할 가능성이 높다. 하지만 여전히 남아 있는 생물학적 취약성(이해와 관련된 유전적 배열) 때문에 아동들은 환경적으로, 양적으로 그리고 복잡하게 변화하는 교육과정의 요구들과 마주쳤을 때 새로운 도전에 직면하게 될 수 있다.

두 번째로, 이 장에서 논의되었듯이 읽기(혹은 공존하는 구어, 쓰기, 수학 문제)와 관련된 모든 노력이 생물학적 기반의 특정학습장애 때문인 것은 아니다. 교육 전문가들은 특정학습장애나 뇌손상 외에 신경발생학적 장애를 가진 학생들, 낮은 문해 수준 가정의 학생들, 학교에서 사용하는 것과는 다른 언어를 사용하는 가족들과 살아가는 학생들, 집이 없는 학생들, 가족이 경제적 혹은 건강상 위기를 겪고 있는 학생들의 학업 성취를 최적화하기 위해 노력해야 한다. 세 번째로, 전문가들은 학교 단위 예방 프로그램이 시행된 이후에 학교에 들어온 고군분투하는 학생들과 학교교육 동안 자주 이주를 한 학생들 역시 도와주어야 한다.

문제해결 상담의 안내를 위해서는 Berninger(2007c)를 참조하라. 이는 의뢰(읽기 또는 교육과정의 다른 영역에서) 이유에 적합한 교사 설문지와 인터뷰들; 읽기 교수(혹은 다른 어려운 영역에서의 교수) 중 교실 관찰; 발달 이력, 교육 이력, 그리고 가족력에 대한 부모 설문지, 문제 규명, 교수 수정, 교수에 대한 반응 관찰을 위한 증거기반 평가에 앞서는 모든 것을 연결시키는 망(matrix)이 포함되어 있다. 문제해결 상담의 과정에서, 몇몇 학생은 특정학습장애 공존성 여부와 관계없이 난독증이나 구어/쓰기 학습장애 징후를 나타낼 수 있으며, 그들의 특수한 특정학습장애에 대한 증거기반 중재를 요구할 수도 있다. 하지만 증거기반 중재로부터 혜택을 받지 못하는 많은 학생이 문제해결 상담 과정을 통해 혜택을 받을 수 있는데, 이는 도움이 필요한 학생들의 교육적 결과를 향상하기 위해 많은 전문가가 협력하여 학제 간의 전문 지식을 활용하는 것을 의미한다.

문제해결 상담은 특수교육의 지시적인 방식에 비해 더 유연하게 적용될 수 있지만, 그렇다고 해서 특수교육 법제의 조문(letter)이나 정신(spirit)을 위반하는 것은 아니다. 사실 문제해결 상담에 정기적으로 참여하는 많은 실천가가 할 수 있는 일은 오직 특수교육에 대한 적격성을 판단하는 일이기 때문에 교사가 학생의 학업적 어려움을 극복할 수 있도록 돕는 것에 자신들이 더 많이 도움을 줄 수 없다는 사실에 대해 종종 좌절감을 표현하기도 하지만, 높은 수준의 전문성 만족도를 가지고 있다는 사실을 공유했다. 각 분야의 전문가들의 경험과 헌신 그리고 특수교육부의 지원을 통해, 심리학자, 말 및 언어 전문가, 신체 및 직업 관련 치료 전문가들은 평가와 문제해결 상담을 종합하여 교사와의 협력적 관계와 더 많은 학생이 학습 결과를 향상할 수 있도록 돕는 능력을 강화시킬 수 있는 방법들을 찾으려고 노력해 왔다. 심리학자들과 교사들 간의 전 조직에 걸친 협력 관계에 대한 고무적인 이야기는 Dunn과 Miller(2009)에 나타나 있다.

전문적인 지도에의 감별 진단 적용: 실제적인 자원

그동안 우리의 많은 교육 연구에서는 다세대에 걸쳐 학습장애를 가지고 있는 가족을 둔 4~9학년 학생들을 모집하여 대안적 접근 방법을 통해 가르치는 것을 평가했다. 이러한 교육의 효과성은 종종 교육에 대한 행동적 및 뇌의 반응 모두를 기반으로 평가되었다. 이러한 수업은 Berninger와 Abbott(2003, Lesson Sets 8, 11, 12, 13, 14, 15), Berninger과 Wolf(2009b)에 나타나 있다. 일찍이 이 장에서는 구어와 문어 학습을 돕는 작업기억 구조상의 장애를 극복하기 위해 어떤 방식으로 교수가 설계될 수 있는지에 대해 설명하였다.

널리 알려지고 연구로 지지된 교수의 또 하나의 특성은 음성적 · 철자적 · 형태학적 단어 형태와 그것의 부분, 또 그 사이의 연관성에 대한 언어 인식을 발전시키기 위한 교육적 활동이라는 점이다(Berninger & Fayol, 2008; Berninger, Raskind et al., 2008). 이러한 언어 인식을 발달시키기 위한 교육적 자료는 Berninger와 Abbott(2003, Lesson Sets 11, 12, 15), Berninger와 Wolf(2009b)에 나타나 있다.

연구기반 교수는 고군분투하는 학습자들 역시 성공적인 학습자가 될 수 있으며 교사가 그렇게 되도록 도와줄 수 있다는 희망을 준다(Berninger & Hidi, 2006; Berninger & Wolf, 2009b 참조). 이와 같이 특정읽기장애를 극복하기 위한 효과적인 교수는 작업기억의 장애와 비능률성을 극복하기 위해 고안된 학습 환경 내에서 학업적 기술, 관련된 표현형(생물의 형질)에 장애를 가지는 대상을 다룬다. 하지만 이는 또한 학습자의 다섯 가지 발달 영역—사회적 · 정서적 · 동기적(Berninger & Hidi, 2006 참조), 주의집중과 자기조절(실행 기능), 언어(구어와 문어), 운동적(반응 양식) 그리고 인지적(높은 수준의 지적인 참여)—에서의 필요를 충족해야 한다.

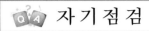 자 기 점 검

1a. 난독증에서 손상된 읽기와 쓰기 기능은 무엇인가?

정답) 목록에 있는 실제 단어와 비단어 또는 글의 음독 정확성과 속도, 철자 쓰기

1b. 난독증과 구어/쓰기 학습장애를 구별하는 읽기 관련 표현형은 무엇인가? 그리고 두 장애에 같이 나타나는 읽기 관련 표현형은 무엇인가?

정답) 구별되는 결손: 구어/쓰기 학습장애는 난독증보다 구문(문장 구성 방식), 형태론(단어의 굴절, 변형, 어미 변화—부사형, 과거형 등) 기능에서 더 손상되는 경향이 있다.

공유되는 결손: 난독증과 구어/쓰기 학습장애는 음운적, 철자적 부호화, 빠른 이름 대기(RAN), 빠른 자동적 전환(RAS), 빠른 글자 쓰기(또는 이들의 복합)에 어려움을 보인다.

1c. 난독증과 구어/쓰기 학습장애는 교수적 요구에 있어서 어떻게 다른가?

정답) 구어/쓰기 학습장애는 (a) 형태, 구문상의 지식에 대한 교육과 이러한 언어적 기능이 읽기 이해 및 쓰기 표현에 연결되는 교육, (b) 어휘 의미, 문장 해석 그리고 사실적 회상과 추론적 이해 등 읽기 이해에 관련된 변인들을 증진하도록 하기 위해 학생이 주어진 문장을 읽은 후에 명시적인 단서(cueing)를 제시하는 부가적인 교육이 필요하다.

1d. 난독증과 구어/쓰기 학습장애를 위한 공통적인 교육은 무엇인가?

정답) 난독증과 구어/쓰기 학습장애를 위한 공통적인 교육 지원으로는 (a) 하나 혹은 두 개의 단어(문자)와 그 문자의 소리 간의 자동적인 대응 관계 익히기(알파벳 음가와 발음 원리), (b) 문자(단어)에서 음운적 · 철자적 · 형태적 단위 사이의 상호

비교 및 관련성 익히기(예: 단어 분류하기), (c) 앞의 (a), (b)를 익혀서 점차 문맥 내에서 한 단어를 소리 내어 읽기, (d) 문맥 내에서 한 단어 혹은 여러 단어를 반복 읽기, (e) 명시적 독해력 교육 등이다.

2a. 난서증에서 손상된 쓰기 기능은 무엇인가?

정답) 글씨 쓰기: 글씨를 기억해 내거나 다른 글씨 베껴 쓰기 과제를 통하여 자동화된 정서 글씨 쓰기, 전반적인 글자 가독성, 작문 과제를 하면서 보이는 글씨 쓰기 속도 난필증에서 손상된 쓰기 관련 표현형은 무엇인가?

정답) 수용적, 표현적 철자법 쓰기(부호화), 필기를 위하여 계획하기와 순차적 손가락 움직임(연속적으로 손 글씨 쓰기) (철자–음운 순환 기능)

2b. 난독증-난서증 공존장애와 구어/쓰기 학습장애-난서증 공존장애를 위하여 어떠한 추가적 교육이 필요한가?

정답) 명시적 교수 전략으로서 다음을 포함한다. (a) 바른 철자법 쓰기를 익히기 위한 단어 게임(주어진 단어를 기억하면서 그 단어에 있는 음소를 분석하여 맞추거나 그 단어에 없는 다른 음소를 넣어서 단어 쓰기), (b) 글자 쓰기 차례 제시(선 긋기에 화살표 단서 제공), 글자를 보고 가린 후에 기억해서 글자 쓰기, 모델 글자와 학생이 쓴 글자를 상호 검토하고 필요하다면 선 긋기를 위한 화살표 단서를 제공하여 글자를 수정해 보는 명시적 교수. 각각의 교수 단계에서 글자의 이름을 말하도록 하여 소리와 글자의 대응 관계를 익히는 것에 글자의 이름이 인출 단서가 되도록 함.

3a. 난산증에서 손상된 수학 기능은 무엇인가?

정답) (a) 숫자 세기에서 일대일 대응, (b) 덧셈, 뺄셈, 곱셈, 나눗셈에 대한 기초적인 연산 개념의 결손과 연산 정확성 및 속도 문제, (c) 사칙연산(덧셈, 뺄셈, 곱셈, 나눗셈)에서 올바른 연산 순서를 따르지 않거나 두 자릿수 이상의 계산에서 답을 정확한 열과 행에 쓰지 못함.

난산증에서 손상된 수학 관련 표현형은 무엇인가?

정답) (a) 다양한 수 세기 작업(작업기억), (b) 자릿값을 이해하고 적용하기(두 자릿수 이상의 다양한 숫자 생성하기), (c) 분수, 소수, 시계 보기 과제에서 부분-전체 관계를 이해하고 적용하기, (d) 자동화된(능숙한) 숫자 정자로 쓰기, 가독성 있게 숫자 쓰기, 숫자 쓰기 속도, (e) 다양한 자릿수의 숫자를 듣고 쓰기(부호화), (f) 빠른 숫자 이름 대기, (g) 손가락으로 숫자 쓰기(운동감각적 정보의 통합)

3b. 난독증-난산증 공존장애와 구어/쓰기 학습장애-난산증 공존장애를 위하여 어떠한 추가적 교육이 필요한가?

정답) 자동화된(능숙한) 숫자 제대로 쓰기, 다양한 자릿수의 숫자를 듣고 쓰기(작업기억), 사칙연산 개념을 배우기 위하여 숫자 세기와 연속적인 수 개념을 가르치기(명시적 교수), 필산하기 위하여 연산 단계를 명확하게 하고 답 자릿수를 정확히 쓰기, 수학 문장제 문제 해결 전략, 연산 연습, 암산으로 계산하기, 계산 중 자기점검 전략 활용하기

4a. 일반교육에서 특정학습장애 진단을 위해 선제적으로 증거기반 진단, 증거기반 교수 등을 제한하는 미연방 특수교육법 조항이 있는가?

정답) 아니요. 특수교육법의 어느 조항에서도 진단과 중재에서의 최선의 실제를 규정하지 않는다.

4b. 미연방 특수교육법(또는 각 주의 특수교육 법령)의 목적은 학교에서의 구체적인 운영 절차를 규정하는 것인가, 아니면 특수교육 대상자의 권리를 보호하기 위한 것인가?

정답) 연방법은 특수교육 대상자의 기본 권리를 보호하는 지침이다. 그러나 읽기, 쓰기, 수학을 가르치는 것과 교수 수정, 교수에 대한 학생의 반응 평가 등의 구체적인 절차는 명시하지 않는다.

5. 다음 중 전문적으로 가장 바람직한 것은?

(a) 중재반응 모형 자료 또는 표준화 검사 배터리 결과와 같이 다른 정보 없이 아동 정보만을 유일하게 평가하여 2단계 집중 교수 혹은 3단계 개별화 특수교육의 배치를 결정함.

(b) (사후 처리보다 예방의 관점에서) 학년 수준보다 읽기, 쓰기, 수학 기술이 낮은 아동이 일반 교실에서의 교수 프로그램에 대한 반응을 좀 더 잘할 수 있도록 하기 위해 다른 교사들과 협력하여 단위 학교 전체가 참여하는 읽기, 수학, 쓰기 예방 프로그램을 실시함.

(c) 교사들이 읽기 부진(동시에 쓰기와 수학 부진이 있을 수 있거나 없는 경우를 모두 포함하여) 학생을 만날 때 문제해결 상담을 제공함. 상담을 통해 학습 문제(학습장애와 발달장애뿐만 아니라) 학습 곤란의 특징을 파악하고 학습을 향상시키기 위한 교수적 수정과 위한 진전도 평가를 제공하게 됨.

(d) b와 c

정답) (d)

Chapter 10

CHC 기반 특정학습장애 정의:
다양한 자료 수집과 통합적 활용

Dawn P. Flanagan
Vincent C. Alfonso
Jennifer T. Mascolo

특정학습장애의 구인(construct)을 가장 잘 반영할 수 있는 조작적 정의가 학습장애 분야에서
절실하게 필요하다.

– Kavale, Spaulding, & Beam (2009), p. 46.

특정학습장애(SLD)의 본질에 대한 수십여 년의 연구에도 불구하고, 특정학습장애
의 연방 정의(IDEA, 2004)는 30년 동안 동일하게 유지되고 있다. 따라서 특정학습장
애의 연방 정의는 특정학습장애의 구인에 대한 가장 적절한 생각을 반영하고 있지 못
하다고 할 수 있다(Kavale et al., 2009). 이러한 사실을 인정하여, 지난 몇 년 동안 정의
를 수정하고자 하는 수많은 제안이 제출되었다. 예를 들어, 학습장애에 대한 공통된
우려 사항을 공유하고 있는 단체인 학습장애 국가합동위원회(National Joint
Committee on Learning Disabilities: NJCLD)는 논의의 여러 요점을 연방법 정의에 연결
시켰고, 1981년에는 그들만의 고유한 특정학습장애 정의를 제안하였다(Kavale et al.,
2009).

그러나 학습장애 국가합동위원회의 정의가 잘 받아들여지고 Interagency
Committee on Learning Disabilities(ICLD)의 승인을 받았음에도 불구하고, 그것은 연
방 정의에 영향력을 거의 미치지 못했다. 만약 특정학습장애의 영역이 특수교육과 심

리학에서 하나의 신뢰할 수 있을 만한 독립체로서의 위치를 되찾는 것이라면, 연방법 정의를 개선하고 적용할 수 있도록 더 많은 관심이 제공되어야만 한다(Kavale & Forness, 2000). 이에 부응하여 Kavale과 동료들은 좀 더 '풍부한' 의미의 학습장애 정의를 제안하였는데, 이는 정의의 범위(boundaries)와 무엇이 어디에 속해야 하는지에 대한 위계를 나타내는 것이었다. 이와 더불어 그들의 정의는 무엇이 특정학습장애이고 또 무엇이 아닌지에 대해 상세하게 기술하였다. 비록 연방법 정의와 근본적으로 다른 것은 아니었지만, 그에 비해 그들의 정의는 특정학습장애의 본질에 대해 좀 더 종합적인 정의를 제공하였다. Kavale과 동료들의 정의는 다음과 같다.

특정학습장애는 학업 성취의 일반적인 발달을 심각하게 저해하는 이질적인 장애들의 클러스터와 관련이 있다. …… 학업 성취도에서 진전도 문제를 보이는데, 이는 질적으로 높은 수준의 교수가 제공되었음에도 불구하고 생활연령이나 정신연령에 비해 낮은 수준으로 남아 있는 것을 의미한다. 학습 실패를 명백하게 보여 주는 기본적인 지표는 기초 기능 영역(읽기, 수학, 쓰기)에서의 유의한 저성취다. 이는 불충분한 교육적, 문화/가족적, 사회언어적 경험과는 관련이 없다. 기본적으로 심한 능력-성취 불일치는 언어 능력에서의 결손(수용적 또는 표현적), 인지 기능(문제해결, 사고 능력, 성숙), 신경심리학적 과정(지각, 주의집중, 기억) 혹은 중추신경계상의 기능장애에 기인한 것으로 여겨지는 여러 관계 요인의 조합에 부합한다. 특정학습장애는 평균 이상의 인지 능력이지만 강점 및 약점 영역에 광범위하게 편차가 심한 펼쳐진 학습 기술 프로파일로 나타나므로 일반적인 학업 실패와는 다르다. 특정 학습장애는 학업에 있어서의 부가적인 어려움과 동반될 수 있는데, 이는 특정 학습 문제에 초점을 맞춘 더 집중적이고 개별화된 특수교육 교수를 계획할 때 따로 고려되어야 한다(p. 46).

더 나아가 Kavale 등(2009)은 특정학습장애에 대한 그들의 자세한 기술(description)이 "특정학습장애 진단의 타당성에 신뢰를 줄 수 있는 조작적인 정의로 전환될 수 있다."라고 말했다. 이 장의 목적은 이러한 조작적 정의에 대해 기술하는 것이다. 먼저,

이 장에서는 왜 조작적 정의가 특정학습장애 판별에 있어서 중요하고 필요한지에 대해 설명할 것이다. 두 번째로, Kavale 등의 정의와 연방 정의에 반영된, 특정학습장애의 본질을 포착할 수 있는 조작적 정의가 기술될 것이다. 세 번째로는, 특정학습장애의 조작적 정의가 교수와 중재에 대한 접근이나 방법에 대해 처방을 내리고 있지 않기때문에, 이 장에서는 평가 연구 결과들이 어떻게 교육적 권고로 연결될 수 있는지에 대해 보여 줄 것이다.

특정학습장애 조작적 정의의 필요성

특정학습장애의 연방 정의에 변화가 일어나지 않은 상태에서, 사람들의 관심은 특정학습장애 판별의 숙련도를 향상하고자 하는 의도하에 특정학습장애를 조작적으로 정의할 수 있는 방법을 분명하게 제시하는 방향으로 옮겨졌다(Flanagan, Ortiz, Alfonso, & Mascolo, 2002, 2006; Kavale & Flanagan, 2007; Kavale & Forness, 2000; Kavale et al., 2009). 30여 년 이상 동안, 특정학습장애의 주된 조작적 정의는 '불일치 규준'이었다. 불일치 개념은 Bateman(1965)의 학습장애 정의에서 처음으로 도입되었고, 나중에 다음과 같이 연방 규정에서 공식화되었다.

> ① 적절한 교육 경험이 제공되었지만 아동이 나이와 능력에 상응한 수준의 성취를 보이지 않는다. ② 아동이 의사소통 기술과 수학 능력과 연관된 영역들 중 하나 혹은 그 이상에서 성취와 지적 능력 간의 심각한 불일치를 보인다[U.S. Office of Education(USOE), 1977, p. 65083].

특정학습장애 판별을 위한 전통적인 능력–성취 불일치 접근에서의 여러 가지 문제점은 문헌에서 광범위하게 논의되었고 이 책의 다른 장들에서도 강조되었다(Hale, Wycoff, & Fiorello, 이 책, 〈표 8-2〉). 따라서 여기서 다시 다루지 않을 것이다. 2004년의

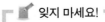

잊지 마세요!

조작적 정의는 공식적으로 제안된 개념을 확인하고 분류하는 과정을 제시한다.

주 의!

개념들을 조작적인 정의로 변환하는 고정된 규칙은 없다. 그러므로 "조작적 정의는 그 중요성(즉, 권위 있는 지표인가?)과 의의(즉, 합리적이고 논리적인 지표인가?)에 따라 판단된다"(Kavale et al., 2009, p. 41).

IDEA 재승인과 특정학습장애 판별을 위한 전통적인 능력-성취 불일치 접근에 대해 그 전만큼은 중점을 두지 않게 됨에 따라 연방 정의를 조작화하려는 수많은 시도가 있어 왔고, 그중 상당수는 이 책에 소개되었다(실례로는 〈표 10-1〉 참조).

아마 특정학습장애의 가장 포괄적인 조작적 정의는 Kavale과 Forness(2000)가 약 십 년 전에 기술한 정의일 것이다. 이 연구자들은 학습장애의 정의들과 그 조작화에 도움이 될 방법들을 비판적으로 검토하였고, 그것들이 크게 불충분하다는 것을 발견하였다. 따라서 그들은 학습장애의 본질에 대한 현재의 연구를 반영하는 적당한 척도를 지키고, 위계 조직이 있으며, 조작적 정의를 제안하였다. 이 조작적 정의는 [그림 10-1]에 도식화되어 있다.

그들의 정의에서 Kavale과 Forness(2000)는 복잡하고 다변량적인 학습장애의 본질을 통합하고자 시도하였다. [그림 10-1]은 학습장애가 여러 '수준'에서의 수행에 대한 평가로 결정되며, 각각의 수준들은 특정한 진단적 상태를 명시한다. 더 나아가 [그림 10-1]에 묘사된 평가 위계의 각 수준은 학습장애 판별에 있어서 필요하지만 충분하지는 않은 조건임을 나타낸다. Kavale과 Forness는 명시된 규준이 그들의 조작적 정의에 제시된 다섯 개의 모든 수준을 충족할 때 학습장애는 "분리되고 독립적인 상태"로 규명될 수 있다고 주장했다(p. 251). 그들의 조작적 정의를 통해, Kavale과 Forness는 학습장애 판별에 있어서 전에 제안되었던 것보다 훨씬 더 합리적이고 논리

■ 〈표 10-1〉 특정학습장애의 2004 연방 정의의 조작적 정의 예시

- 절대적인 저성취(논의는 Lichtenstein & Klotz, 2007 참조)
- 능력-성취 불일치(논의는 Zirkel & Thomas, 2010 참조)
- 이중 불일치(예: Fuchs & Fuchs, 1998)
- 과학적 원리 기반의 중재에 대한 반응 실패(예: Fletcher, Barth, & Steubing, 이 책; Fletcher, Lyon, Fuchs, & Barnes, 2007)
- 학업적 그리고 인지적 강점과 약점에 있어서의 패턴(대안적인 연구기반 접근 또는 제3의 접근이라고도 불림; Hale et al., 이 책; Hale, Flanagan, & Naglieri, 2008; Naglieri, 이 책)

수준

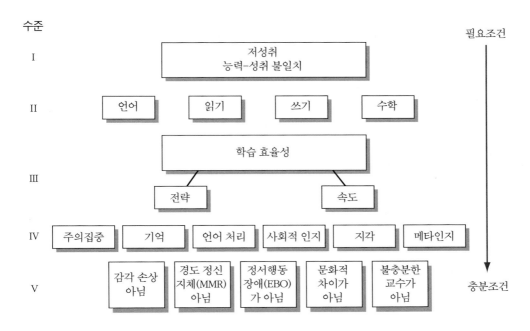

[그림 10-1] Kavale과 Forness(2000)의 특정학습장애의 조작적 정의

출처: Kavale & Forness (2000).

적으로 옹호할 수 있는 접근을 제공하였다. 요약하자면, 그들의 학습장애에 대한 조작화는 "학습장애의 본질을 설명할 수 있는 구성요소들을 선택하는 데 도움이 되는 기본 원리들"(p. 251)을 사용했다고 할 수 있으며, 이는 실천에 있어서 출발점이자 중요하고 새로운 방향이 된다.

　Flanagan 등(2002)은 Kavale과 Forness의 조작적 정의에서 수정할 필요성이 있는 몇몇 부분을 발견하였다. 예를 들어, Kavale과 Forness의 조작적 정의는 복잡한 다변인의 학습장애의 본질을 포착하기는 했으나, 어떤 특정 이론적 모델에도 근거를 두지 않았으며, 각 수준에서 규준을 만족시키기 위해서는 어떤 방법들이 사용되어야 하는지에 대해서 명시하지 않았다. 게다가 그 과정이 전형적으로 순환적이고 반복적임에도 불구하고, [그림 10-1]에 묘사된 위계적 구조는 학습장애 판별에 대한 일방향적인 접근을 의미한다. 결과적으로 Flanagan 등은 유사한 특정학습장애의 조작적 정의를 제안했지만 그들의 정의는 기본적으로 Cattell-Horn-Carroll(CHC) 이론과 그 연구 결과에 기반을 두었다. 게다가 이 연구자들은 특정학습장애를 판별하는 데 사용될 수 있는 방법과 규준들을 더 잘 명시하였다(Flanagan et al., 2002; Flanagan, Ortiz, Alfonso, & Dynda, 2006; Flanagan, Ortiz, & Alfonso, 2007).

조작적 정의는 개념에 대해 일시적인 가정만을 나타내기 때문에 변화의 대상이 된다(Kavale et al., 2009). Flanagan 등은 지난 10년 동안 그들의 조작적 정의를 수정해 왔다. 이는 그들의 정의가 ① 특정학습장애의 본질, ② 특정학습장애 정의에 있어서 다양한 구성요소와 내재된 개념들을 평가하는 방법, ③ 특정학습장애를 저성취와 구별할 수 있는 개별적인 조건 및 규준 등과 관련된 최신의 이론, 연구, 사고 등을 반영하고 있음을 나타낸다. Flanagan 등의 특정학습장애에 대한 조작적 정의의 최신판은 〈표 10-2〉에 제시되어 있다. 이 정의는 기본적으로 CHC 이론을 기반으로 하고 있기 때문에 이를 고려해서 '특정학습장애의 CHC 기반 조작적 정의'라고 언급되기도 한다.

〈표 10-2〉는 특정학습장애의 CHC 기반 조작적 정의가 Kavale과 Forness(2000)의 정의와 유사하게 수준에 따라 배열되어 있다는 것을 보여 준다. 각 수준에서 이 정의는 ① 특정학습장애의 본질에 관한 특정학습장애의 특성들을 정의하고(예: 아동은 학업 성취에 있어서 하나 혹은 그 이상의 영역에서 어려움을 겪는다), ② 각 특성을 평가하는 것에 초점을 맞추고(예: 학업 성취, 인지 처리 과정, 배제 요인), ③ 평가 방법의 예시 그리고 관련성 있는 자료 출처들을 제시하며(예: 표준화된 규준참조검사와 교육적 기록들 각각), ④ 한 개인이 특정학습장애의 특정한 특성을 가지고 있다고 할 때 만족시켜야 할 규준을 살펴보는 것(예: 기초 읽기 능력과 같은, 학업 영역에서의 평균 이하의 수행)을 포함한다. 〈표 10-2〉에 제시되어 있는, '특정학습장애의 본질' 열은 무엇이 특정학습장애이고 무엇이 아닌지에 대한 기술을 포함한다. 종합적으로, 수준들은 Kavale 등(Kavale & Forness, 2000; Kavale

잊지 마세요!

〈표 10-2〉에 제시된 특정학습장애의 조작적 정의는 기본적으로 CHC 이론을 기반으로 하고 있지만, 지속적인 자료 수집을 권고한다. 이는 교육과정중심 측정(CBM)에서 시작하여 발달 모니터링을 거쳐 중재에 불충분한 반응을 보이는 학생들에게 인지 능력과 신경심리학적 과정을 측정하는 규준참조검사를 제공하는 것으로 마무리된다.

잊지 마세요!

특정학습장애 진단의 타당성을 높이기 위해서는 조작적 정의가 필요하다.

et al., 2009)이 제안한 적응과 권고의 범위를 나타내며, 다양한 연구자의 개념들 또한 포함한다(Berninger, 이 책; Fletcher-Janzen & Reynolds, 2008; Geary, Hoard, & Bailey, 이 책; Hale & Fiorello, 2004; Hale et al., 출판 중; Naglieri, 이 책; Reynolds & Shaywitz, 2009a, 2009b; Siegel, 1999; Stanovich, 1999; Vellutino, Scanlon, & Lyon, 2000).

〈표 10-2〉에 제시된 특정학습장애의 CHC 기반 조작적 정의는 Kavale과 Forness (2000)가 제시한 것([그림 10-1])과는 네 가지 중요한 차원에서 차이가 있다. 먼저, 전자는 타당화가 잘된 현대 이론(능력의 구조와 관련된)에 근거하고 있다(즉, CHC 이론). 둘째로, 전통적인 능력-성취 불일치 방법 대신에, 인지적 · 학업적 능력과 신경심리학적 처리의 강점과 약점의 특정한 패턴이 특정학습장애의 특성과 지표를 정의하는 데 사용되었다. (이는 특정학습장애 판별에 사용된 어떤 패턴도 읽기, 수학, 쓰기 그리고 언어 영역 학습장애의 신경생물학적인 연관과 관련된 증거뿐만 아니라 CHC 능력, 과정 그리고 학업적 결과 사이의 관계에 대한 연구가 뒷받침되어야만 한다는 것을 이해하는 데 중요하다.) 셋째로, 현재의 조작적 정의 내에서는 배제 요인에 대한 평가가 특정학습장애 판별 과정에 있어서 더 일찍 일어나고, 이는 각 개인들이 불필요한 검사를 받아야만 하는 것을 방지할 수 있다. 넷째로, CHC 기반의 조작적 정의는 특정학습장애 평가가 반복적인(선형적이기보다는) 과정이라는 것과 한 수준에서 생성되고 평가된 정보가 다른 수준들에서 만들어진 결정들을 알려 줄 수도 있다는 점을 강조한다. 특정학습장애 판별 과정이 반복적이라는 것은 〈표 10-2〉에 제시된 화살표를 통해 알 수 있다. 특정학습장애의 CHC 기반 조작적 정의의 각 수준은 다음 절에서 더 자세히 기술된다.

🖉 주의!

대부분의 사람은 인지 능력과 처리 프로파일에서 통계적으로 유의한 강점과 약점을 갖고 있다. 인지 능력과 처리에서의 개인 내적 차이는 일반인에게도 흔하게 발생한다(McGrew & Knopik, 1996; Oakley, 2006). 그러므로 인지적 · 신경심리학적 기능에서의 통계적으로 유의미한 편차가 특정학습장애의 실질적인 증거로 사용되어서는 안 된다. 대신에 그 패턴은 특정학습장애의 알려진 특성을 반영해야 한다(〈표 10-2〉 참조).

■ 〈표 10-2〉 특정학습장애의 조작적 정의

수준	특정학습장애의 본질[1]	평가의 초점	평가 방법과 자료출처의 예시	특정학습장애 규준	특정학습장애 분류와 적격성
I	기초 읽기 기술, 독해력, 읽기 유창성, 말하기 표현, 듣기 능력, 쓰기 표현, 수학 연산, 수학 문제 해결을 포함한(그렇다고 이것에 제한되지는 않는)[2] 학업 성취 영역에서의 하나 혹은 그 이상의 어려움	학업 성취: 특정 학업 기술(예: Grw, Gg, Gc)에서의 수행은 음운과 철자 처리의 측정에 대한 수행을 포함할 수 있다.	질 높은 교수와 발달 모니터링을 통한 중재에 대한 반응, 규준 참조적이고 표준화된 성취도 검사에 대한 수행도, 작업 샘플에 대한 평가, 교사/부모/아동 면담, 학업 수행의 과거력, 전문 분야 협력 팀의 다른 멤버로부터의 자료(예: 언어치료사, 중재자, 읽기 전문가)	수렴하는 자료 출처들을 통해 하나 혹은 그 이상의 학업적 영역에서 수행이 부족하거나 결핍된다는[3] 사실을 알 수 있다(질 높은 교수를 제공하려는 시도에도 불구하고).	필요조건

수준	특정학습장애의 본질[1]	평가의 초점	평가 방법과 자료출처의 예시	특정학습장애 규준	특정학습장애 분류와 적격성
II	특정학습장애는 시각적, 청각적, 운동신경상의 장애나 지적장애, 사회적 · 정서적 장애 혹은 환경적, 교육적, 문화적, 경제적으로 불리한 조건 등으로 인한 학습 문제는 포함하지 않는다.	배제 요인: 지적장애, 문화적/언어적 차이, 감각 결손, 불충분한 교수 및 교육 기회, 신체적 건강 요인, 사회적/정서적/심리적 장애 등과 같이, 학업 기술의 약점 혹은 결손을 기본적 · 잠재적으로 야기할 수 있는 사항에 대한 판별	수준 I과 III에 제시된 방법들과 출처들로부터의 자료; 행동 측정 척도; 출결 기록, 사회적/발달 이력, 가족력; 시력/청력;[4] 병력; 이전의 평가; 현재 혹은 과거의 상담가, 정신과 의사와의 면담	하나 혹은 그 이상의 요인들이 학업적 어려움을 야기했다 하더라도, 수행은 기본적으로 이러한 배제 요인에 귀인해서는 안 된다.	↓(계속)

III	이해나 언어 사용을 포함하는 기본적인 심리적/신경심리학적 처리 과정에서의 하나 혹은 그 이상의 장애; 이러한 장애는 중추신경계의 기능 이상에서 기인하는 것으로 여겨진다.	인지 능력과 처리 과정: 인지 능력(예: Gc, Gf, Gv, Ga, Glr, Gsm, Gs), 신경심리학적 처리 과정(예: 주의집중, 실행 기능) 그리고 학습 효율성	규준참조적 검사에서의 수행, 작업 샘플에 대한 평가, 인지적 수행의 관찰, 작업 분석/한계 시험, 교사/부모/아동 면담, 학업 수행의 개인력, 기록 리뷰	수렴된 자료들에 의하면 하나 혹은 그 이상의 인지 능력 그리고/혹은 신경심리학적 처리 과정(학업 기술 결핍과 관련된)에서의 수행이 약하거나 결핍되어 있다고 증명된다.	
IV	기대보다 낮은 성취: 특정학습장애는 평균의 혹은 그 이상의 인지 능력과 유의미한 가변성을 보이고 처리 영역의 강점과 약점을 나타내는 학습 기술 프로파일에 의한 일반적인 학습 실패와는 구분되는 별개의 상태다.	자료 통합 – 특정학습장애와 일치하는 강점과 약점 패턴의 분석: 학업 기술 약점이나 결손이 특정 인지 영역의 약점이나 결손과 연결되어 있는지에 대한 판별; 자료의 패턴은 생각과 추론에 관련된 평균적 혹은 더 나은 능력과 평균 이하의 능력-성취 일관성을 보인다.	추가적인 자료뿐만 아니라, 모든 전(前) 수준에서 모은 자료들과 초기 평가 결과들의 리뷰	인지적 결손과 학업 결손 사이에는 통계적으로 유의하거나 임상적으로 의미 있는 차이가 없음(예: 제한된 능력-성취 일관성); 인지적·학업적 결손과 인지적·학업적 강점 사이에는 통계적으로 유의하고 임상적으로 의미 있는 차이가 있음(예: 제한된 능력–성취 불일치와 90점 이상의 표준 점수로 표현되는 인지 강점 영역). 임상적 판단은 아동의 전반적인 생각 및 추론 능력이 특별하게 고안된 지도나 중재, 보상적 전략, 조정 등을 통해 혜택을 볼 수 있게끔 하겠는지에 대한 주장을 뒷받침한다. 그렇게 함으로써 아동의 수행 비율과	▼(계속)

			수준이 성취를 잘하고 장애가 없는 전형적인 또래들과 거의 비슷해질 수 있는지 판단한다.	특정학습장애 판별의 충분조건
V	특정학습장애는 교육적 활동에 악영향을 미친다.	특수교육 적격성:[5] 지도와 교육적 자원의 전달을 위해 최소제한 환경(LRE) 판별	이전 수준에서의 모든 자료와 부모를 포함한 MDT 미팅	아동은 개별화된 특수교육 서비스의 도움 없이는 개선되고, 조정되고, 혹은 보상받을 수 없는 일상 학업 활동에서의 커다란 어려움을 호소한다.	특수교육 적격성 필요조건

1. 이 열은 연방 정의(IDEA, 2004), Kavale, Spaulding과 Beam(2009)의 특정학습장애 정의에 내재하는 개념을 포함한다.
2. 쓰기에서 아이디어를 표현할 수 있는 적절한 능력은 있지만 철자법에 문제가 있는 것은 종종 난독증이나 난서증의 전형이다. IDEA 2004에서 쓰기 표현만을 넓은 범주 속에 포함시켰다 하더라도, 철자법과 필기에 문제가 있는 것은 종종 특정쓰기장애의 증상이며 무시되어서는 안 된다(Wendling & Mather, 2010).
3. 부족하거나 결핍이 있는 수행(규범적 단점으로 불리기도 함)은 표준 수행 점수가 낮은 평균이거나(예: < 89) 평균 이하거나(예: < 84) 생태학적 타당도(예: 표준화된 수행검사가 아동의 일상적 교실 혹은 교육적 환경에서 관찰되는 수행과 일치)를 가지고 있을 때 정의된다.
4. 시력 혹은 청력상의 어려움이 있었던 개인력이 있는 사례의 경우, 현재 학습상의 문제에 끼쳤을 영향이 고려되어야 한다. 학교에서의 시력/청력 검사를 통과한 것은 현재의 학습에 미치는 과거의 어려움의 영향을 배제하기에 반드시 충분한 것은 아니다. 그러한 경우, 가능하다면 학생의 학습 경험(예: 그 당시 무엇을 배웠는지)과 관련된 자료의 종합적인 리뷰(예: 청각학과 시력검사/안과학적 평가)와 이른 시각/청각 장애(예: 문제의 기간, 문제의 심각도와 영향, 시작 연령)와 관련된 특정 요인들의 고려가 착수되어야 한다.
5. 주된 특정학습장애는 부가적인 학습에의 어려움과 동반될 가능성이 있다. 이는 기본 문제에 대한 더 집중적이고 개별화된 특수교육 교수를 계획할 때 고려되어야 한다. 평가 자료와 중재를 연결시키는 것에 대한 자료는 〈표 10-11〉에 나와 있다.

 ## 특정학습장애의 CHC 기반 조작적 정의

〈표 10-2〉에 기술된 평가들은 의뢰 전의 중재 활동[중재반응 모형(RTI)의 1~2단계 (Tiers) 수준에서]이 성공적이지 않은 경우에 수행되는 것으로 가정한다. 그러므로 표준화된 검사를 통해 특정 능력과 인지 처리 과정을 집중적으로 평가하는 것이 필수적인 것으로 여겨진다(Flanagan, Fiorello, & Ortiz, 2010). 이와 더불어 특정학습장애 평

가를 시작하기에 앞서서 다양한 출처로부터의 다른 자료들이 중재 시행의 맥락 속에서 이미 수집되어 있어야 한다. 이러한 자료들은 비공식적인 검사, 행동의 직접적 관찰, 작업 샘플들, 아동의 어려움을 잘 아는 사람들(예: 교사나 부모)로부터의 보고서, 그리고 아동 자신이 제공한 정보들로부터 얻어진 결과일 수 있다. 원칙상으로 수준 I 평가는 아동의 학업상의 어려움의 본질이 충분히 조사되고 기록된 후에 시작해야 한다.

조작적 정의의 각 수준에서의 평가/해석 관련 활동에 대한 자세한 사항들을 제공하는 것은 이 장의 범위를 넘어선다. 따라서 각 수준의 간결한 요약이 다음에 제시될 것이다(〈표 10-2〉에 포함된 좀 더 광범위한 조작적 정의는 Flanagan, Ortiz, & Alfonso, 2011; Flanagan, Ortiz et al., 2006 참조).

수준 I: 하나 혹은 그 이상의 학업 성취 영역에서 겪는 어려움

정의상 특정학습장애는 학습에서의 기능장애로 특징지을 수 있다. 즉, 학습이 몇몇 종류의 내부적인 장애나 기능상의 어려움으로 인해 정상적인 코스로부터 다소 벗어나 방해를 받는 것이다. 비록 학습에 내재되어 있는 특정한 메커니즘이 직접적으로 관찰 가능한 것은 아니지만, 관찰 가능한 현상(특히 학업 성취) 속에서 이것이 두드러진다는 가정에 따라 진행될 수는 있다. 그러므로 조작적 정의의 수준 I에서는 몇몇 종류의 학습에서의 어려움에 대해 기록하는 것을 포함한다. 따라서 수준 I에서의 과정은 학업 성취의 주요 영역(예: 읽기, 쓰기, 수학, 언어)을 포괄적으로 측정해야 한다.

> **주 의!**
>
> 학업 저성취는 학습장애 판별에 있어서 충분조건은 아니다. 이 조건은 다양한 이유로 인해 나타날 수 있으며, 특정학습장애는 그중 하나일 뿐이기 때문이다.

조작적 정의 내의 이 수준에서 일반적으로 평가되는 학업 영역은 특정학습장애의 연방 정의에 구체화된 8개의 영역을 포함한다(IDEA, 2004). 이 8개 영역은 수학 연산, 수학 문제 해결, 기초 읽기 기술, 읽기 유창성, 독해력, 쓰기 표현, 청해력, 그리고 말하기 표현이다. 수준 I에서 측정되는 대부분의 기술과 능력은 개인이 획득한 지식의 축적을 나타낸다. 이러한 특정 지식 기반[예: 양적 지식(Gq), 읽기와 쓰기 능력(Grw), 단어 지식

(Gc-VL)]들은 형식적 교수, 학교교육, 교육적으로 연관된 경험들의 특성에 따라 크게 발전한다(Carroll, 1993). 전형적으로 학업 성취에서의 8개 영역은 표준화되고 규준참조적인 검사를 사용하여 측정된다. 실제로, Wechsler 개인성취검사 3판(WIAT-Ⅲ; Pearson, 2010; 〈표 10-3〉 참조)과 같은 종합적인 성취검사들은 8개 영역 모두를 측정한다. 학업 수행에 대한 자료가 다양한 출처에서 나와야 한다는 것을 깨닫는 것은 매우 중요하다(〈표 10-2〉의 수준 I, 네 번째 열 참조). 학업 수행에 대한 자료를 수집하고 나면, 아동이 하나 혹은 그 이상의 특정 학업 기술에서 약점이나 결손이 있는지 판단하는 것이 필수적이다.

■ 〈표 10-3〉 특정학습장애의 8개 영역과 WIAT-Ⅲ 하위검사, 구성요소 간의 관련성

특정학습장애가 명백해지는 영역 (IDEA, 2004에 제시)	WIAT-Ⅲ 하위검사	WIAT-Ⅲ 구성요소
말하기 표현	말하기 표현	구어
청해력	청해력	구어
쓰기 표현	알파벳 쓰기 유창성	쓰기 표현
	문장 작성	
	에세이 작성	
	철자법	
기초 읽기 기술	초기 읽기 기술	기초적 읽기
	단어 읽기	
	비단어 해독	
읽기 유창성 기술	구어적 읽기 유창성	독해력과 읽기 유창성
독해력	독해력	독해력과 읽기 유창성
수학 연산	수 연산	수학
수학 문제 해결	수학 문제 해결	수학
수학 연산	수학 유창성 - 덧셈 수학 유창성 - 뺄셈 수학 유창성 - 곱셈	수학 유창성

출처: Lichtenberger & Breaux (2010), p. 21, 〈표 2-1〉.

아동이 약점이나 결손을 가지고 있는지 판단하는 것은 대개 같은 나이나 같은 학년의 학생들의 표본 샘플과 해당 아동의 수행 간의 규준 기반적인 비교를 하는 것을 포함한다. 만약 아동의 학업 성취 프로파일에서 약점이나 결손이 발견되지 않는다면 특정학습장애 문제는 고려할 가치가 없어질 가능성이 높은데, 이는 그러한 약점이 특정학습장애 정의에 필수적인 요소이기 때문이다.

잊지 마세요!

약점(weakness)은 전형적으로 표준화 규준참조적인 검사에서 평균 이하의 수행을 보이는 것으로 정의된다(여기에서 평균은 평균 100, 표준편차 15의 척도에 기초하여 90에서 110 사이의 표준 점수를 의미한다). 결손(deficit)은 규준참조적 검사에서 평균보다 1 표준편차 더 떨어진 수행(즉, 표준점수 <85)을 의미한다.

주 의!

학업에 어려움을 겪는 일부 아동 중에서 특히 매우 똑똑한 학생의 경우에는 표준화 규준 지향 성취도 평가에서 학업적 약점이나 결손을 드러내지 않을 수도 있다. 예를 들어, 어떤 아동들은 그들의 인지 처리 과정에서의 결손을 보충하기 위해 어떻게 해야 하는지 알고 있을 수 있다(예를 들어, 실행 기능의 사용을 통해). 그러므로 부모나 교사 혹은 학생 자신이 걱정을 표현할 때에는 특히 '폭넓은 읽기(broad reading)'에서 90점의 평균적인 점수를 받은 아동을 '문제없다'고 가정하지 않는 것이 중요하다. 이러한 상황에서는 읽기와 관련된 CHC 능력과 신경심리학적 처리 과정을 더 집중적으로 평가하는 것이 필요하다. 또한 이러한 상황에서는 오류 분석과 요구 분석이 도움이 된다.

표준화 검사를 통해 규명되고, 교육과정중심 측정(CBM), 학업 수행에 대한 임상적 관찰, 작업 샘플, 그 밖의 다른 자료 출처들로 확증된 규준적인 약점과 결손의 존재는 특정학습장애 판별을 위해 필요한(그러나 충분하지 않은) 조건이다. 그러므로 학업 수행에서 약점이나 결손이 발견되면(그것이 어떤 특정한 방법을 사용해서 발견되든 관계없이), 단계는 수준 II로 진행된다.

수준 II: 배제 요인 – 학업 기술상 약점/결손의 잠재적 · 기본적 원인 판별

수준 II는 수준 I에서의 평가를 통해 발견되어 기록된 약점이나 결손들이 기본적으로 아동과 크게 무관하거나, 본질적으로 비인지적인 요소들의 결과인지 아닌지 평가하는 것을 포함해야 한다. 학업적 수행이 부족하거나 결핍된 데는 많은 이유가 있을 수 있기 때문에, 너무 미리 특정학습장애와 연관을 지어서는 안 된다. 대신에 다른 잠재적인 원인들과 연관된 합리적인 가설들이 세워져야 한다. 예를 들어, 문화적 차이와 언어적 차이는 검사 수행과 학업 기술 획득 둘 다에 좋지 않은 영향을 끼칠 수 있고, 특정학습장애를 나타내는 성취 자료를 보일 수 있는 두 가지 흔한 요인이다 (Ortiz, 이 책 참조). 게다가 동기의 부족, 사회적/정서적 장애, 수행 불안, 심리적 장애, 감각 결손 그리고 의학적 질환(예: 청력 혹은 시력 문제) 등은 수준 I에서 판별된 약점과 결손과의 잠재적이고 설명 가능한 상관관계로서 제외될 필요성이 있다. 수준 II에서는 전문가들이 인지적 결손 외에 다른 요소들이 학업 수행상 어려움의 주된 이유로 여겨질 수 있다는 것까지 고려하여 판단해야 한다. 만약 수행이 기본적으로 다른 요인들에 의한 것으로 여겨지지 않는다면, 조작적 정의에 따라 특정학습장애로 판단될 수 있는 데 필요한 두 번째 규준이 충족되고, 그다음 수준에서 평가가 지속된다.

✏️ 잊지 마세요!

특정학습장애 판별의 과정이 완전히 일방향 순서로 이루어지는 것은 아니기 때문에, 수준 I과 수준 II에서의 평가는 동시에 일어나야 한다. 수준 II에서의 자료는 수준 I에서의 수행을 이해하는 데 필수적이다. 〈표 10-2〉에 나타난 이러한 수준 I과 수준 II 간의 순환적인 화살표는 수준 I에서 모인 자료를 기반으로 한 해석과 결정이 수준 II에서 모인 자료에 의해 확인될 필요가 있다는 사실을 의미한다.

영어를 제2외국어로 갖는 것과 같은 요소들이 나타나고, 수행에 부적으로 영향을 미친다 하더라도, 특정학습장애 또한 나타날 수 있다는 사실을 인지하는 것은 중요하다. 확실히, 시력 문제, 만성 질환, 제한된 영어 유창성 등의 문제를 가지고 있는 아동들은 특정학습장애도 가질 가능성이 있다. 그러므로 수준 II에서 이러한 요소들이 나타나면 혹은 이러한 요소들이 저조한 수행에 영향을 미치는 것으로 판별되면, 특정학습장애가 제외되어서는 안 된다. 그보다 이러한 요소들이 단순히 저조한 수행에 영향을 미칠 뿐만 아니라 학습과 학업 수행상의 약점에 기본적으로 책임이 있는 것으로 판별될 때, 수행에서의 기능장애를 설명할 수 있는 것으로서 특정학습장애는 고려하지 말아야 한다. 배제 요인의 검토는 특정학습장애 판별을 위해 수집된 자료들의 공평한 해석을 보장하기 위해 필수적이다. 그리고 그와 같은 배제 요인의 검토는 특정학습장애를 가능성에 넣도록 의도되어서는 안 된다. 그보다는 배제 요인의 신중한 검토는 결핍된 학업적 수행을 설명할 수 있는 다른 가능한 것을 제외하는 방향으로 이루어져야 한다.

배제 요인의 평가를 특정학습장애 평가 과정 중 이렇게 앞에 배치하는 주된 이유 중 하나는 시간과 노력에 있어서 효율적이고, 불필요한 추가적인 평가 과정을 예방하는 메커니즘을 제공하기 위해서다. 하지만 평가 과정 중 이 단계에서 수많은 잠재적인 배제 요인을 모두 완벽하게, 확신에 차서 제외하는 것이 불가능할 수 있다는 사실은 주목할 만하다. 예를 들어, 수준 I과 수준 II에서 모인 자료는 더 철저하고 직접적인 평가(예: 지적 능력과 적응적 행동의 평가)를 필요로 하는 지적장애(공식적으로는 정신지체로 불림)와 같은 질환들에 대해 결론을 내리기에는 불충분하다. 배제 요인이 주의 깊게 평가되고 저조한 학업 수행을 기본적으로 설명할 수 있는 가능성 있는 것들이 제거되었을 때—적어도 이 수준에서 평가될 수 있는 것들에 한해서라도—평가 과정은 다음 수준으로 나아가게 된다.

수준 III: 인지 능력과 신경심리학적 과정에서의 수행

이 수준에서의 규준은 인지 능력, 신경심리학적 과정, 그리고 학습 효율성의 평가로부터 얻어진 자료를 평가한다는 점을 제외하면 수준 I에서 구체화된 것과 비슷하다. 표준화된 검사의 시행을 통해 얻어진 자료의 분석은 아동의 인지적·신경심리학적 기능을 평가하는 데 사용 가능한, 가장 흔하게 사용되는 방법을 대표한다. 하지만 다른 종류의 정보와 자료들은 인지 수행과 관련성이 있다(〈표 10-2〉, 수준 III, 4열). 전문가들은 표준화된 검사 결과에 대한 보강 증거를 제공하는 수단으로서, 다른 출처에서 온 자료를 적극적으로 찾고 모아야 한다. 예를 들어, 검사 결과가 아동의 교실에서의 수행과 일관성이 있다고 여겨지면 검사 수행에 대한 더 많은 확신을 할 수 있을 것이다. 이는 인지 결손의 해석이 생태학적 타당성을 가지고 있기 때문인데, 이때 생태학적 타당성은 어떤 진단적 과정에서도 중요한 조건이다(Hale & Fiorello, 2004). 〈표 10-4〉는 Wechsler 아동용 지능검사 4판(WISC-IV; Wechsler, 2003)으로 측정된 인지 능력과 신경심리학적 과정들의 예시를 제공한다. 모든 주요한 지능검사와 선정된 신경심리학적 도구에 대한 정보는 Flanagan 등(2011), Flanagan, Alfonso, Ortiz와 Dynda(2010)를 참고하라.

■ 〈표 10-4〉 Wechsler 아동용 지능검사 4판(WISC-IV)의 하위검사로 측정된 인지 능력과 신경심리학적 과정

하위검사	능력군					신경심리 영역							
	유동지능	결정지능	단기기억	시각처리	처리속도	감각-운동	속도와 효율성	주의집중	시각-공간	청각-구두언어	기억/학습	실행	언어
산수[1]	∨(RQ)		∨(MW)					∨	∨	∨		∨	∨[R]
토막짜기				∨(SR, Vz)		∨			∨			∨	
소거					∨(P, R9)	∨	∨	∨	∨			∨	
기호쓰기 (부호화)					∨(R9)	∨	∨	∨	∨		∨	∨	
이해		∨(K0, LD)								∨	∨		∨[E/R]
숫자 폭			∨(MS, MW)					∨			∨	∨	
상식		∨(K0)								∨	∨		∨[E]

순차연결 (문자-숫자 배열)			∨ (MW)				∨		∨	∨	∨
행렬추리 (행렬 추론)	∨ (I, RG)							∨			∨
빠진 곳 찾기		∨ (KO)		∨ (CF)			∨	∨		∨	
그림 개념	∨ (I)	∨ (KO)						∨		∨	∨
공통그림 찾기	∨ (I)	∨ (VL, LD)						∨	∨	∨	∨ᴱ
동형 찾기				∨ (P, R9)	∨	∨	∨	∨			∨
어휘		∨ (VL)							∨	∨	∨ᴱ
단어추리	∨ (I)	∨ (VL)							∨	∨	∨ᴱ/ᴿ

주: RQ = 양적 추론; MW = 작동기억; SR = 공간적 관계; Vz = 시각화; P = 지각 속도; R9 = 검사 속도; K0 = 일반 지식; LD = 언어 발달; MS = 기억 기간; I = 유도; RG = 일반 배열 추론; CF = 폐쇄유동성; VL = 어휘지식

1. 수학 하위검사에서 인지 능력의 분류 기준은 Keith, Fine, Tabu, Reynolds와 Kranzler(2006)에 의한 것이다. Keith 등은 분석에서 수학 성취의 다른 어떤 검사들도 포함시키지 않았으며 양적 지식(Gq)은 그 연구에서 적절하게 나타나지 않았다. 수학은 양적 지식(Gq)을 측정하는 다른 많은 연구에서 확인되었으며, 특별히 수학 성취(A3)에서 확인할 수 있다(논의는 Flanagan & Kaufman, 2009 참조).

　　특정학습장애의 CHC 기반 조작적 정의의 특히 핵심적인 면은 인지 능력이나 과정상의 약점/결손이 학업 수행/기술 발달의 어려움에 기저를 이룬다는 개념이다. 인지 기능장애와 명백히 드러난 학습 문제 간의 관계가 본질적으로 인과적이며(예: Fletcher, Taylor, Levin, & Satz, 1995; Hale & Fiorello, 2004), 이 수준에서의 자료 분석은 인지검사에서 판별된 약점과 결손들이 전에 판별된 학업 기술상의 약점과 결손과 경험적 관계를 맺고 있다는 것에 대한 확신을 구해야만 한다고 연구에서 말하고 있다. 이것이 바로 인지적 · 신경심리학적 이론과 특정학습장애의 조작적 정의에 영향을 미

치는 연구를 이용하는 것과 특정학습장애 판별 과정의 신뢰성과 타당성을 증가시키는 것을 필수적으로 만드는 개념이다. 이론과 관련 연구기반은 수준 I과 수준 III에서 측정되어야만 하는 연관성 있는 구인들을 구체화할 뿐만 아니라, 그것들이 연관되어 있는 방식에 대해서도 예측한다. 게다가 최신 이론과 연구의 적용은 해석과 결론이 도출될 수 있는 실질적인 경험적 토대를 제공한다. 〈표 10-5〉와 〈표 10-6〉은 CHC 인지 능력과 과정, 읽기, 수학 성취 각각에 대한 관계의 요약을 제공한다.

〈표 10-5〉와 〈표 10-6〉은 두 가지 다른 문헌 연구(즉, Flanagan, Ortiz et al., 2006; McGrew & Wendling, 2010)에서 비롯된 두 가지 일련의 결과물을 제공한다. 이들 문헌 연구는 어떤 능력과 과정들이 학업 성취에 가장 연관이 있는지에 대한 차이점들을 산출했기 때문에 이러한 참조들은 차이점에 대한 가능한 설명들을 제공하는 '해설' 부분을 포함한다. 이들 문헌에 보고된 결과물들의 적용에 대한 더 확장된 논의는 McGrew와 Wendling 그리고 Flanagan 등(2011)에 제시되어 있다. 또한 〈표 10-7〉은 CHC 인지 능력과 쓰기 성취 간의 관계에 대한 문헌의 요약을 제공한다(Flanagan, Oritz et al., 2006).

〈표 10-5〉부터 〈표 10-7〉까지에 포함된 정보들은 전문가들이 어떻게 이 수준에서의 평가를 조직할 수 있는지를 안내하는 데 사용될 수 있다. 즉, 인지적·신경심리학적 검사를 선택하기에 앞서 전문가들은 학업적 성취를 이해하는 데 가장 중요한 인지적 능력과 과정들에 대한 지식을 가지고 있어야 한다는 것이다.

잊지 마세요!

만약 인지 능력과 과정상에서 약점 혹은 결손이 발견되지 않는다면, 특정학습장애 판별을 위한 가장 필수적인 규준이 충족되지 않는 것이다.

잊지 마세요!

수준 III에서 새로운 데이터를 수집하였기 때문에, 전체적으로 재평가나 배제 요인 탐색은 추가적으로 진행할 수 있다. 〈표 10-2〉에서 수준 II와 수준 III 사이의 순환 화살표는 수집된 데이터에 근거한 해석과 의사결정을 설명하기 위한 것이며, 수준 II에서 수집된 데이터를 반영해야 한다. 이와 같이 수준 III에서 수집된 데이터는 〈표 10-2〉의 수준 III에 제시된 하나 이상의 배제 요인을 고려해야 한다. 특정학습장애의 신뢰할 만하고 타당한 판별은 부분적으로 학업 성취(수준 I), 인지적 수행(수준 III), 그리고 성취를 촉진하거나 방해할 수 있는 관련 요인(수준 II)을 잘 적용하는 데 달려 있다.

■ 〈표 10-5〉 CHC 능력과 읽기 성취 간의 관계에 대한 문헌 요약

CHC 능력	Flanagan, Ortiz, Alfonso, & Mascolo(2006)의 일반 읽기 리뷰[1] (116개의 독립 연구)	McGrew & Wendling(2010)의 기초읽기기술과 읽기이해 결과[2] (19개의 CHC/WJ 연구)	설명
유동적 지능 (Gf)	유도적(I) 그리고 일반 배열 추론(RG) 능력과 읽기 이해에 있어서의 보통의 역할 수행	• 양적 추론(RQ)은 6~8세와 14~19세에 기초읽기기술(BRS)에 있어서 잠정적/중속에 근거한다. • 광범위한 유동지능은 14~19세 읽기 이해에 있어서 잠정적/중속에 근거한다.	McGrew와 Wendling의 요약에서 유동지능 능력과 읽기 사이의 일관성 있는 관계의 부족은 비록 잠재적인 측정도구의 본질과 관련이 있을 수 있다. 예를 들어, RC는 WJ 절 이해와 읽기 어휘 검사에 의해 표현될 수 있는데, 둘 다 주로에 최소한으로 이론한다(예: 그것들은 개인에게 추론하거나나 예측해 볼 것을 요구하지 않는다).
결정적 지능 (Gc)	언어 발달(LD), 어휘지식(VL), 듣기 능력(LS)들은 중요하다. 이러한 능력들은 나이가 들어감에 따라 더욱 중요해진다.	• 듣기 능력은 6~8세에 기초읽기기술에 있어서 중간 정도로 일관성이 있다. • 듣기 능력은 6~19세에 읽기 이해에 있어서 높은 수준으로 일관성이 있다. • 많은 양의 일반적인 지식은 6~8세에 기초읽기기술에 있어서 일관성이 있고, 9~19세에는 중간 정도로 일관성이 있다. • 기초읽기기술(BRS)은 9~19세에는 적절한 일관성을 보인다. • K0에 RC에 있어서 6~19세에서 높은 일관성을 보인다. • 많은 Gc(결정지능)는 6~13세에 적절한 일관성을 보이며 기초읽기기술에 있어서는 14~19세에 높은 일관성을 보인다. • 작업기억은 기초읽기기술에 있어서 6~19세에 보통 정도의 일관성을 보이며 보이며 RC에 있어서는 6~19세에 높은 일관성을 보인다.	Flanagan 등, McGrew와 Wendling의 요약에 나타난 결과들은 McGrew와 Wendling의 요약에서 넓은 Gc 언어 발달과 어휘지식과 같은 좁은 능력에 의해 정의되었다는 점을 고려하면 대체적으로 비슷하다. 그러나 Flanagan 등이 하습장애와 VL(어휘지식) 연구를 보면 K0의 협소한 능력과 읽기능력 사이에 일관성 있는 관계를 찾기 어려웠다는 연구 결과가 있다. 또한 그들의 연구에서 K0은 잘 나타나지 않았다.

단기기억 (Gsm)	작업기억의 문맥 안에서 평가할 때는 기억용량(Memory Span: MS)이 매우 중요하다.	• 기억용량(MS)은 6~8세에 인지적/가변적이며 BRS에 있어서는 9~19세에 높은 일관성을 보인다. • 기억용량은 6~13세에 양호한 일관성을 보이며 RC에 있어서 14~19세에 양호한 일관성을 보인다. 낮은 Gsm(단기기억)은 6~8세에 일관성을 보이며 기초읽기기술은 9~19세에 높은 일관성을 보인다. • 낮은 Gsm(단기기억)은 6~8세에 일관성을 보이며 RC에 있어서는 14~19세에 일관성을 보인다.	Flanagan 등의 연구와 McGrew와 Wendling의 연구 요소 모두에서 Gsm(단기기억)이 읽기에 매우 중요하다는 것을 밝혔다.
시각 처리과정 (Gv)	철자 과정	• 시각기억(MV)은 RC에 있어서 14~19세에 양호한 일관성을 보인다. • 낮은 Gv(시각처리)는 기초읽기기술이나 RC와 관계가 없다.	McGrew와 Wendling의 연구에서 낮은 Gv(시각처리)와 기초읽기기술의 관계에 대하여 제시하고 있다. 가설은 시각적 처리과정(공간적 관계)을 측정하는 데 쓰였던 과업(tasks)의 유형들이 읽기에서 시각적인 측면(철자별)들을 측정하지 못한다는 것이다. 철자별 처리과정이나 인식의 인지 검사에서 인지적 속도와 더 관련이 있다.
청각 처리 (Ga)	음성 부호화(Phonetic Coding, 또는 음성학적 인식과 처리 과정)은 초등학교 시절에 가장 중요하다.	• PC(음성 부호화)는 6~13세에 양호한 일관성을 보이며 기초읽기기술에 있어서는 14~19세에 일관성을 보인다. • PC(음성 부호화)는 6~8세, 14~19세에 일관성을 보이며 RC에 있어서는 9~13세에 인지/가변적이다. • 음성 변별과 음성 자극 왜곡에 대한 저항은 기초읽기기술에 있어서 9~19세에 일관성을 보인다. • 낮은 Ga(청각적 처리과정)는 기초읽기기술과의 관계에서 일관성을 보이지 않는다. • 과제에 청각적 처리과정(Ga)은 RC와 6~8세에 연관된다.	흥미롭게도, Flanagen 등의 연구에서는 정반대로 McGrew와 Wendling의 연구에서는 음성학적 장애와 읽기 간에 강한 상관이 없음을 모든 연령에서 보여 준다. 음성학적 장애와 읽기의 관계에 대한 몇 편 전의 자기공명 뇌영구는 음성학적 장애에 대한 효과적인 개입에 반응하는 뇌의 기능에 대한 구조화하여 제시하고 있다. 음운적 처리과정(PC)이 조등학교 저학년 시절 읽기 발달에 중요한 역할을 한다는 가설이 있다. 음운적 처리과정 정제 읽기의 관계는 읽기장애를 가진 학생들에게 더 두드러진 것이며 McGrew와 Wendling의 연구 샘플에서는 포함되지 않았다.

학습력(장기기억 인출) (Glr)	명칭부여능력(Naming Facility), 또는 신속하고 빠른 명칭부여능는 초등학교 시절에 매우 중요하다. 연상적 기억(MA)은 어린 아동 연령의 인출 기억(예: 6세)의 읽기능력과 관련이 있다고 밝혀졌다.	• 연상적 기억(MA)은 기초읽기기술에 있어서 6~8세에 일관성을 보인다. • 의미기억(Meaning Memory)은 읽기이해(RC)에 있어서 9~19세에 높은 일관성을 보인다. • 연상적 기억(MA)은 14~19세에 일관성을 보인다. 읽기이해(RC)에 있어서는 9~13세에 양호한 일관성을 보인다. • 낮은 장기기억 인출(Glr)은 기초읽기기술에 있어서 6~8세에 일관성을 보인다. • 낮은 장기기억 인출(Glr)은 읽기이해(RC)에 있어서 9~13세에 일관성을 보인다.	McGrew와 Wendling이 보고한 것처럼 자동적인 명칭, 등급 부여가 읽기 유창성을 위하여 노력하는 읽기장애 학생에게 적용되는 것임이나 초등학교 저학년 시기(6~8세)에 연상적 기억(MA)과 기초읽기기술 사이에 뚜렷한 관계가 없다는 사실은 놀랍다. 그러나 McGrew와 Wendling이 보고 했듯이 연구에서 나온 측정 도구들은 언어 유창성을 잘 또는 아예 측정하지 못했다.
처리과정속도 (Gs)	인식속도(P)는 학령기에 중요한데, 특히 초등학교 시기에 더욱 그러하다.	• 인식속도(P)는 6~8세, 14~19세에 일관성을 보이며 기초읽기기술에 있어서 9~13세에 양호한 일관성을 나타낸다. • 인식속도(P)는 14~19세에 일관성을 보이며 읽기이해(RC)에 있어서 6~13세에 양호한 일관성을 나타낸다. • 광범위한 처리과정속도(Gs)는 기초읽기기술에 있어서 6~13세에 양호한 일관성을 보인다. 광범위한 처리과정속도(Gs)는 읽기이해(RC)에 있어서 6~13세에 임시적/가변적이다.	Flanagan 등의 연구에서는 McGrew와 Wendling 연구보다 처리과정속도(Gs)와 읽기에 더 강한 상관이 있음을 보여 주었다. 그럼에도 불구하고 두 연구 모두 처리과정속도(Gs)와 인식속도(P)가 읽기에 있어서 특별히 중요함을 보여 준다.

주: 이 표의 세 번째 열은 Kevin McGrew의 연구에서 얻은 것을 저자가 해석한 것이다. 연구의 제한점을 보려면 McGrew와 Wendling(2010)의 연구를 참고하라.

1. Flanagan 등의 연구에서 비어 있는 특정 영역은 CHC 능력이나 성취 영역과 성취 영역 간의 유의한 관계가 없거나 혹은 제한된 소수의 연구 결과가 있었기 때문이다. 고딕체로 된 부분은 수학 성취와의 더 강한 상관관계를 나타낸다.

2. McGrew와 Wendling(2010)의 연구에서 '높은 일관성'은 80% 또는 그 이상의 유의수준을 나타내며, '적절한 수준의 일관성'은 50~79%의 유의수준을 나타낸다. 그리고 '일관성이 있다'는 30~49%의 유의수준이 있음을 나타낸다. 임의적/가설적 연구 결과들은 (a) 20%~29%의 일관성, (b) 매우 적은 수의 분석일 경우, (c) McGrew(2007)의 탐색적 다중 회귀분석에 기초한 경우이다(McGrew & Wending, 2010).

■ 〈표 10-6〉 CHC 능력과 연산 능력 간의 관계에 대한 문헌 요약

CHC 능력	Flanagan, Oritz, Alfonso와 Mascolo(2006)의 일반적 연산 리뷰[1](32개의 독립 연구)	McGrew와 Wending(2010)의 기초연산기술과 연산추론 결과[2](107개의 CHC/WJ 연구)	설명
유동성 지능 (Gf)	귀납()과 일반 순차(RG)추론 능력은 모든 연령에서 수학 성취와 일관되게 연관된다.	• 양적 추론(RQ)는 6~19세에 가장 높은 연관성을 보인다. • 일반 순차추론능력은 수학추론과 관련하여 14~19세에 가장 높은 연관성을 보였으며 기본수학기술(BMS)과는 6~19세에 연관성을 나타낸다.	광범위한 유동성 지능(Gf)은 6~13세에 높은 일관성을 보이며 14~19세에 수학추론에 있어 양호한 일관성을 나타낸다. 또한 기본수학기술에 있어서는 6~19세에 양호한 연관성을 보인다. McGrew와 Wendling의 연구에 따르면 귀납은 양적 추론의 한 부분이며 Gf에 포함된다.
결정적 지능 (Gc)	언어발달(LD), 어휘지식(VL), 청취 능력(LS)은 중요하다. 이러한 능력은 연령에 따라 점점 더 중요해진다.	• 언어발달과 어휘지식은 9~13세에 일반성이 있으며 기본수학기술(BMS)과는 14~19세에 높은 일관성을 보인다. • 언어발달과 어휘지식은 6~8세에 일반성을 보이며 9~13세에 양호한 일관성을 보인다. 그리고 수학추론(MR)에 있어서는 14~19세에 높은 일관성을 보인다. • 청취능력(LS)은 수학추론능력(MR)에 있어서는 높은 일관성을 보인다. • 청취능력(LS)은 기본수학기술(BMS)과 관련하여 6~8세에, 9~19세에는 높은 일관성을 보인다. • 일반 상식(KO)은 13세 이상에서 적절한 일관성을 보이며 14~19세에 수학추론에 있어서 성인만 높은 수준의 일관성을 나타낸다.	McGrew와 Wendling의 연구에서 보이는 6~8세의 언어발달/어휘지식, 기본수학기술 간의 낮은 관계는 초등학교 수학이 여러 가지 언어적 개념을 포함하고 있다는 것을 감안하였을 때 놀라운 사실이다. 이러한 결과는 선행 연구들에서 보이는 수학 과제의 특성에 더 가깝다고 할 수 있다. 일반 상식(KO)은 Flanagan 등의 연구에서와 마찬가지로 수학 성취 간의 관계에 대해서 입증하지 못했다. 결정성 지능(Gc)은 기본수학기술(BMS)에 있어 9~19세에 적절한 관계를 보이며 수학추론(MR)에 있어서는 6~8세, 9~13세에 양호한 수준, 14~19세에 높은 관계를 보인다.

단기기억(Gsm)	기억 용량(MS)은 작업기억 범위 안에 있을 때 특별히 중요하다.	• 작업기억은 기본수학기술과 주론능력에 있어서 6~19세에 높은 일관성을 보인다.	넓은 단기기억(Gsm)은 수학추론에 있어서만 14~19세에 일관성을 나타낸다.
시각처리과정(Gv)	좀 더 고급수준의 수학(기하학, 미적분학)에서 중요하다.	• 공간자각력(SS)은 기본수학기술에서만 6~8세에 일관성을 나타낸다.	시각처리과정(Gv) 능력은 수학 성취와 관련이 있으나 현재 지능검사들로 적절하게 측정되지 않는다. 대신 적절한 시각처리과정(Gv) 능력의 측정이 중요하다. 이 중요성은 다른 주요 변인들의 등장으로 가려져 있다.
청각처리과정(Ga)		• 음성인식(PC)은 기본수학기술(BMS)과 관련하여 6~13세에 일관성을 나타낸다. 음성인식은 수학추론에서 6~8세에, 9~19세에 적절한 수준의 일관성을 나타낸다. • 언어적 음성변별과 청각방해자극(US/UR)에 대한 저항이 수학추론능력에 있어서만 9~13세에 일관성을 보였다.	MacGrew와 Wendling의 연구에서 음성인식(PC)와 기본수학기술(BMS)의 관계가 음성인식(PC) 지시자로서 음성이 음성으로 혼합되어 사용된 것을 반영한다고 말한다. 기어 용량은 음성 혼합에 있어서 좀 적의 수행을 하기 위하여 필요하다.
장기기억인출(Glr)		• 의미기억(MM)은 수학추론과 관련해서 14~19세에 적절한 일관성을 보인다. • 의미기억(MM)은 기본수학기술(BMS)과 9~13세에 적절한 일관성을 나타낸다. • 연합기억(MA)는 6~8세에 일관성을 보이며 명명능력(NA)는 기본수학기술(BMS)에 있어서 6~19세에 일관성을 나타낸다.	의미기억과 연합기억은 Flanagan 등의 연구에서 수학성취와 일관성을 나타내지 않는다. 만약 그림보다 빠른 숫자읽기 인지 과제가 연관된다면 명명능력(NA)과 기본수학기술과의 관계는 좀 더 연관성을 보일 것이다.

| 처리과 정속 도 (Gs) | 처리과정속도(Gs)와 인식속도(P)는 보다 특별히 학령기 시절, 특히 초등학생 시절에 중요하다. | • 넓은 처리과정속도(Gs)는 기본수학기술(BMS)에 있어서 6~13세와 14~19세에 적절한 일관성을 나타낸다.
• 넓은 처리과정속도(Gs)는 6~8세에 일관성을 보이며 수학추론에 있어서 9~13세에 양호한 수준의 일관성을 나타낸다.
• 주의집중(AC)/수행기능(EF)은 기본수학기술(BMS)에 있어서 6~8세에 일관성을 나타낸다.
• 주의집중(AC)/수행기능(EF)은 기본수학기술(BMS)에 있어서 9~13세에, 14~19세에 높은 일관성을 보인다.
• 인식속도(P)는 기본수학기술(BMS)에 있어서 6~19세에 높은 일관성을 보이며 수학추론(MR)에 있어서 6~19세에 적절한 수준의 일관성을 보인다. | 처리과정속도(Gs)와 수학의 관계에 대한 McGrew와 Wendling의 요약을 보면 인식속도(P)가 주의집중(AC)/수행기능(EF)으로 묘사되고 있다. |

주: 이 표의 세 번째 열은 Kevin McGrew의 연구에서 얻은 것을 저자가 해석한 것이다. 연구의 제한점을 보려면 McGrew와 Wendling(2010)의 연구를 참고하라.
1. Flanagan 등의 연구에서 비어 있는 특정 영역이나 성취 영역 간에 유의한 관계가 없거나 제한된 소수의 연구 결과가 있었기 때문이다. 고딕체로 된 부분은 수학 성취와의 더 강한 상호관계를 나타낸다.
2. McGrew와 Wendling(2010)의 연구에서 '높은 일관성'은 80% 또는 그 이상의 유의수준을 나타내며, '적절한 수준의 일관성'은 50~79%의 유의수준을 나타낸다. 그리고 '일관성이 있다'는 30~49%의 유의수준이 있음을 나타낸다.

■ 〈표 10-7〉 CHC 능력과 쓰기 성취 간의 관계에 대한 문헌 요약

CHC 능력	쓰기 성취
Gf 유동적 지능	연역(I)능력과 일반 순차추론(RG)능력은 기본쓰기기술과 초등학교 시절(예: 6~13세)에 주요하게 연관되며 지속적으로 모든 연령대에서 문어표현과 관련된다.
Gc 결정적 지능	언어발달(LD), 단어지식(VL)과 일반 상식(K0)은 7세 이후로 중요하다. 이러한 능력은 연령에 따라 더 중요해지는 경향이 있다.
Gsm 단기기억	기억용량(MS)은 쓰기에 중요하며 특히 철자능력에 그러하다. 반면, 작업기억은 고급쓰기기술과 더 연관성을 보인다.(예: 문어표현)
Gv 시각 처리과정	
Ga 청각 처리과정	음성인식(PC), 음운인식/처리는 초등학교 시기 기본쓰기기술과 쓰기 표현에 매우 중요하다(특히 11세 이전에).
Glr 학습력(장기기억 인출)	명명능력(NA) 또는 자동적 명명능력은 쓰기 표현과 연관성을 보이는데 특히 쓰기의 유창성 측면과 그러하다.
Gs 처리과정속도	인식속도(P)는 모든 학령기에서 기본쓰기능력과 연관되기에 중요하다.

주: Ga에 대한 특정 해설이 없는 것은 연구에서 청각처리과정(Ga)와 쓰기 성취 간에 유의한 관련을 발견할 수 없었기 때문이거나 유의한 연구 결과가 보고되었어도 제한된 몇몇 연구에서만 보고되었기 때문이다. 고딕체로 표시된 능력[결정적 지능(Gc), 단기기억(Gsm), 처리과정속도(Gs)]들은 쓰기 성취와 더 강하게 연관되는 CHC 능력들이다. 이 표의 모든 정보는 Flanagan, Oritz, Alfonso, & Mascolo(2006)의 연구에서 나온 결과들이다.

수준 IV: 자료 통합 – 특정학습장애와 관련된 강점과 약점 패턴 분석

평가의 이 단계는 이론과 학업적 기술, 인지적 능력, 신경정신적 처리 과정과 연관되어 수행된 연구를 기반으로 하여 아동의 저성취(수준 I에서와 마찬가지로)가 예기치 못한 것이었는가를 판단한다. 특정학습장애를 판별하는 과정에서는 이미 세워진 특정학습장애 판별 기준에 부합하는지를 살펴봐야 한다. ① 학업적 수행에 있어서 하나 또는 그 이상의 약점이나 결손이 있고, ② 인지적 능력 그리고/또는 신경정신적 처리 과정에서 하나 또는 그 이상의 약점이나 결손이 있으며, ③ 학업적·인지적 약점이나 결손이 배타적 요인에 의한 것이 아니어야 한다. 그러나 예기치 못한 저성취의 개념을 지지하는 결과가 있는지를 확인하기 위해서는 특정학습장애로 여겨지는 다른 요

소는 없는지 살펴봐야 한다. 기대보다 낮은 성취의 경우에는 CHC 기반의 조작적 정의에 의거하여 아동이 갖고 있는 구체적이고 환경적인 학업적 수행 능력과 인지적 약점들을 살펴볼 뿐만 아니라 이러한 약점이 보통 이상의 전반적인 지능과 함께 공존하는지를 살펴봐야 한다.

평균 이하의(또는 낮은 수준의) 범위에서 인지적 능력 그리고/또는 과정적이고 학업적인 기술 간에 일치성을 보인다는 결과는 이러한 발견이 지적 무능력이나 평균 이하의 인지적 능력에서 기인한다고 이해하는 것이 중요하다. 따라서 특정학습장애를 진단하는 것은 오직 저성취에만 의존하지는 않는다. 아동은 문제와 직접적으로 관련되었다고 여겨지지 않는 인지적·신경정신학적 영역에서 평균이나 그 이상의 기능을 보인다는 증거가 있어야 한다. 예를 들어, 읽기 자료 해독에 어려움이 있는 아동의 경우에는 이와 상관이 없는 영역(예: 수학 영역)에서 보통이나 그 이상의 수행 수준을 보여야 할 것이 요구된다. 이러한 결과는 인지적·학업적 영역에서 약점과 관련되는 부분은 전반적인 인지적 역기능이라기보다는 대부분의 수행이 일반적 수준까지 할 수 있으나 특정한 인지적 능력의 결손이나 처리 과정의 약점으로 인한 것으로 (기대보다 낮은 성취라고) 보는 것이 적당하다. 또한 전반적인 인지 능력에서는 보통이나 그 이상의 수행을 보이며 학업적 기술에 있어서 결손을 가진 경우에는 더욱 그러하다. 요약하자면, 전반적인 보통 이상의 인지적 능력에도 불구하고 평균 이하의 저성취를 보이

📌 잊지 마세요!

특정학습장애를 특수한 인지적 능력 또는 신경심리학적 처리 과정의 결손이라고 보는 특정학습장애의 CHC 기반 조작적 정의의 맥락에서는 aptitude(능력)라는 용어를 경험적인 학업적 기술의 결손으로 본다. 예를 들어, 읽기 기술과 관련해 어려움을 가진 아동이 음운론적 처리 과정[청각적 처리 과정(Ga) 능력]과 자동적 명명[장기기억 인출(Glr) 능력]과 관련된 능력에 결손이 있다면, 이 아동의 낮은 수준의 청각적 처리 과정(Ga), 장기기억 인출(Glr) 수행의 조합은 그의 기본적 읽기 태도를 나타낸다는 것이다. 또한 음성학적 처리 과정, 자동적 명명, 기본 읽기 기술 측정에서의 낮은 수행 결과는 저성취와 일치되며 더 구체적으로는 보통 이하의 읽기 능력-성취(aptitude-achievement)와 일치된다. 능력-성취 일치(aptitude-achievement consistency)라는 개념은 특정 학업적 기술과 특정 인지적 능력, 처리 과정 간의 관계를 잘 입증해 주는 개념이라 할 수 있다. 따라서 학업적·인지적 영역과 관련한 평균 이하의 수행 결과는 특정학습장애를 나타내는 중요한 표시다.

는 또는 결손과 관련된 특성들은 특정학습장애로 판별될 확률을 더욱 높인다. 특히 이러한 패턴이 증거기반 교수에 잘 반응하여 나타난 것이거나 결손을 유발하는 배타적 요인과 관련된 것이 아닐 때 더 그러하다.

수행 태도에서 평균 이하의 일관성을 보이는 아동이 다른 범위(예: 높은 수준)에서 어떤 프로파일을 나타내는지를 판별하는 합의된 도구는 아직 없다. 그럼에도 불구하고 특정학습장애로 진단되기 위해서는 적어도 몇몇의 인지적 능력이 보통 또는 그 이상의 준거에 부합되어야 한다는 데에 점차 합의하고 있는 추세다(예: Berninger, 이 책; Flanagan, Kaufman, Kaufman, & Lichtenberger, 2008; Flanagan et al., 2010; Geary et al., 이 책; Hale & Fiorello, 2004; Hale et al., 이 책; Kaufman, 2008; Kavale & Forness, 2000; Kavale & Flanagan, 2007; Kavale et al., 2009; Naglieri, 이 책). 사실상 학습장애라는 개념은 인지적으로 평균 이상의 능력을 갖고 있음에도 불구하고 성취 수준이 낮은 아동들을 관찰한 임상가들에 의하여 제기되었다(Kaufman, 2008). "특정학습장애에 대한 모든 역사적 접근은 결핍된 능력을 두드러지게 드러내는 능력들을 강조하고 있다."(Kaufman, pp. 7-8) 인지적 장애나 낮은 수준의 능력(예: '느린 학습자')으로 학습이 방해되는 경우에는 특정학습장애가 가지고 있는 본래의 의미와 경향을 잃게 되므로 특정학습장애를 분별하는 데 어려움을 겪게 되며, 이는 (의도적임에도 불구하고) 특정 인지적 역기능보다 다른 이유에 의한 학습적 어려움인데도 특정학습장애로 수용되는 경향이 있다.

특정학습장애를 판별하기 위해서는 그 전에 '평균 또는 그 이상의 능력'을 무엇으로 규정하느냐에 대한 합의가 있어야 한다. 이는 특정학습장애를 가진 아동들의 경우

✏ **주 의!**

아동이 특정학습장애의 CHC 기반조직적 정의에서 명시한 진단 기준에 맞지 않는다면, 이 아동은 '느린 학습자'(즉, 평균 이하의 인지적 능력을 가진 학생)일 가능성이 있다. Kavale, Kauffman, Bachmeier와 LeFever(2008)에 의하면, "학교 전체에서 14%의 학생이 느린 학습자로 보이나 이 집단은 예기치 않은 학업 실패보다는 IQ 수준에 따른 성취 수준의 차이를 증명해 준다. 느린 학습자는 특수교육 영역에 들어간 적이 없으며 '느린 학습자'에게 특정학습장애를 명명하는 일은 일어나지 말아야 한다(Kavale 2005, p. 555)"(p. 145).

적절한 교육과정의 조정뿐 아니라 개별화된 교육이 있을 경우에 또래 아이들과 비슷한 수행 수준을 보일 경향성이 크다는 것에서 기인한다. 또한 특정학습장애 아동이 어느 정도의 학습이나 수행의 수준에 다다르기 위해서는 학습장애가 없는 다른 아동들과 비슷한 수준의 온전한 실행 기능과 높은 수준의 사고와 추론을 갖고 있어야 함이 요구된다(McCloskey, Perkins, & Van Divner, 2009). 특정학습장애를 가진 아동은 특정한 상황에서 장애로 인한 영향을 극복해야 한다. 특수교육은 개별화된 교육과 중재, 적절한 적용, 보상적 전략 제공을 통하여 아동이 가진 처리 과정 결손 등을 극복할 수 있도록 돕는다. 그러나 교육 환경에서 개인이 가진 특정학습장애의 영향을 최소화하거나 극복하는 데 성공하기 위해서는 성취해야 할 지점에 다다르기 위해서 전반적 인지적 능력을 등급화하는 것이 필요하다(중재에 대한 반응에 있어 IQ의 중재 효과에 관한 논의는 Fuchs & Young, 2006 참조).

평균 이하의 능력-성취 일관성을 가진 아동인지 아닌지를 판별하기 위한 시도로 평균 또는 그 이상의 인지적 능력과의 일관성을 살펴본다. Flanagan 등(2007)은 전체적인 기능으로부터 인지적 결손을 따로 구분하고 또 다른 능력의 강점이나 인지적 통합성을 판단하는 특정학습장애 보조자(SLD Assistant)라는 이름의 프로그램을 개발하였다. 이 프로그램은 임상적 판별을 대체하는 것이 아니라 지원하고자 하는 의미가 강하다. 또 다른 연구자들도 도구를 개발하고 아동이 인지적 약점과는 대조되는 어떤 강점을 가지고 있는지를 판별하는 공식들을 만들어 제시하였다(Hale et al., 이 책; Naglieri, 이 책 참조). 궁극적으로 평균 이하의 능력-성취 일관성을 보이는 아동을 판별하는 것은 특정학습장애 또는 예기치 못한 낮은 수행, 몇몇의 임상적 판별에 의거해서다. 그러나 이러한 판단은 다양한 도구와 임상적 도구로 수집한 자료에 근거하여 지지되어야 한다.

> ✎ **주 의!**
>
> 전반적인 평균(또는 그 이상)의 인지적 능력을 가진 아동들을 특정학습장애 아동으로 판별하기는 어렵다. 그들의 세부적인 인지적 결손이 전체 검사 점수(예: IQ)를 전반적으로 낮게 만들었기 때문이다. 따라서 판별을 위한 결정은 다양한 자료와 자료 수집 방법을 기반으로 하여야 한다. 예를 들어, 수학에 있어 특정학습장애를 가진 아동은 처리 과정 속도와 작업기억의 결손으로 인하여 WISC-IV의 전체 IQ 점수에서 평균 이하의 점수를 받을 가능성이 크다. 그러나 만약 아동이 WISC-IV GAI에서 평균이나 예를 들어 읽기나 쓰기 능력에서는 평균 이상의 능력을 보인다면 이 아동은 최소한의 평균적 능력을 가지고 있다고 간주할 수 있다. 물론 이러한 결론을 지지할 수 있는 자료들을 더 모을수록 이러한 판단에 다다를 가능성이 커질 것이다.
>
> 이는 실행 기능의 어려움을 가지고 있는 아동을 아는 데 있어서 전반적인 평균(또는 그 이상) 수준의 인지적 능력(기존의 많은 지능검사 등을 통해 측정 가능한)을 아는 것이 중요하다는 것을 말해 준다. 다시 말하면, 아동의 수행 조절 능력은 지능과 인지적 능력을 측정하는 전통적 도구로 평가하기 어렵다는 것이다. 왜냐하면 검사자는 지능의 표준화된 규준에 의거하여 수행 조절을 평가할 것이기 때문이다(Feifer & Della Tofallo, 2007, p. 18). 예를 들어, 검사자는 표준화된 진행 절차에 따라서 아동에게 무엇을 할 것인지 알려 주고, 동기를 촉진하고, 지시하고, 진전 속도를 검토할 것이다. 대조적으로, 실행 기능을 평가하는 검사는 개인이 가진 수행 처리 과정에 따라 판별된다(예: 과업에 접근하거나 문제해결이나 계획하는 능력, 조직, 속도, 효율성, 인지적 자료에 접근하는 융통성 등). 따라서 아동이 높은 지능을 갖고 있다 할지라도 실행 기능에 있어서는 어려움을 보일 수 있다.

수준 V: 특정학습장애가 교육적 수행에 미치는 저해 요소

특정학습장애 진단에 부합할 때, 아동이 일상적인 학업 활동에 어려움을 겪을 것이라는 점은 분명하다. 판별 평가에서 수준을 보는 목적은 진단된 상태(즉, 특정학습장애)가 부가적인 특수교육 서비스가 필요할 정도로 학업적 기능에 악영향을 주는지를 판단하기 위해서다.

특정학습장애를 가진 아동은 학업적 환경, 학습장애의 정도, 발달적 수준, 세부적 약점을 보상할 수 있을 정도, 교수 전달 방법, 교수 내용 등을 고려하여 다양한 수준에서 개별화된 교수, 조정 및 수정된 교육과정이 요구된다. 이와 같이 특정학습장애를 가진 몇몇 아동은 그들의 필요가 학급 기반의 조정(예: 쓰기 과제에서 단어 뱅크를 사용한다든지 시험 시간에 추가 시간을 주는 것)과 차별화된 교수(예: 쓰기에 결손을 가진 아동에게 수행 과제를 하기에 앞서 읽기 지문과 묘사에 대하여 먼저 숙고할 수 있도록 하는 것)에 부합된다면 특수교육 서비스가 필요하지 않을 수도 있다. 특정학습장애를 가진 또 다른 아동은 학급기반 조정과 특수교육 서비스 둘 다를 필요로 할 수 있다. 일반적 교육 환경에서 어려움을 겪는 아동의 경우에는 그들의 학업적 필요를 충족해 줄 수 있는 특수교육 학급이 요구된다.

요약하면, 이 수준에서는 다학제적 팀에 의하여 제공되어야 하는 두 가지의 가능한 질문들이 있다. 첫째는 아동의 학업적 어려움이 개선되고 조정되고 개별화된 특수교육 서비스 지원이 없이 보상될 수 있는가? 만약 이 질문에 그렇다고 답한다면, 일반적 교육 환경에서도 이러한 서비스(조정 또는 수정된 교육과정과 같은)는 제공되어야 하며 효과를 모니터해야 할 것이다. 만약 이 질문에 아니라고 답한다면, 다학제적 팀은 '아동에게 제공해 줄 수 있는 특수교육 서비스의 범위와 특성은 무엇인가?' 라는 질문에 대답할 수 있어야 한다. 이 질문에 답하기 위하여 다학제적 팀은 최소제한환경(LRE) 안에서 개별화된 교수와 교육적 자료를 제공할 수 있도록 보장해야 한다.

특정학습장애의 CHC 기반 조작적 정의 요약

앞서 특정학습장애의 CHC 기반 조작적 정의의 구성요소들을 간략히 살펴보았다. 이 정의는 특정학습장애 판별의 실제에 일반적 기초를 제공하며 ① 특정학습장애를 형성하는 구성요인의 진단과 판별, ② 학업적 기술과 인지적 능력과 처리 과정 간의 관계, ③ 결과를 해석하는 정당한 수단은 여러 인지적·신경심리학적 이론과 연구에 의하여 지지되었다는 점에서 효과적이라 볼 수 있다. 정의의 많은 구성요소의 주요한 초점은 다양한 평가의 수준에서 특정학습장애에 대하여 알 수 있는 적합한 규준을 구체화하는 것이다. 이러한 규준은 일반적 집단에서 같은 연령대의 또래와 비교하여 경험적으로 평균 이하의 학업적·인지적 능력과 처리 과정을 가지고 있는지, 그리고 이러한 특성이 학업적·인지적 결손을 판별하는 데에 배제 요인으로 인한 것은 아닌지, 수행의 패턴을 판별하는 것이 기대보다 낮은 성취와 일치하는지, 최소한의 평균적 인지적 능력을 가지고 있는지 등을 포함한다.

조작적 정의의 각 수준에서 구체화된 규준은 IDEA(2004)의 특정학습장애 진단과 수반 규정, Kavale 등(2009)의 특정학습장애의 정의를 지지하는 자료다. 〈표 10-2〉에 개요된 것은 현재 특정학습장애 연구를 기반으로 하여 CHC 기반 조작적 정의가 기존의 연구 방법들에 비하여 특정학습장애를 평가하는 데 더 적절함을 말하고 있다 (Flanagan et al., 2011; Hale et al., 2008; Kavale, Kaufman, Naglieri, & Hale, 2005; Kavale et al., 2008 참조). 우리는 이러한 조작적 정의가 누가 특정학습장애를 가지고 있고 가지고 있지 않은지에 대한 전문가들 사이의 합의를 이끌어 낼 수 있다고 믿는다. 또한 여기에 나온 CHC 이론과 연구를 기반으로 한 조작적 정의는 개선을 위한 구체적인 목표에 의하여 제시되었으며 그에 따라 실제 개별화된 중재의 가능성이 유의하게 증가할 수 있다(Kavale et al., 2005).

특정학습장애 판별을 넘어서: 교수와 중재를 위하여 CHC 측정 자료를 연결하기

특정학습장애의 CHC 기반 조작적 정의는 결손의 개선을 위한 목표를 판별하지만 어떻게 아동이 가진 고유한 인지적 강점과 약점 패턴을 교수적 · 중재적 계획으로 이끌어야 할지에 대해서는 기술하지 못한다. 따라서 이 절에서는 목적에 따라 실무가들이 어떻게 인지적인 평가 자료를 사용해야 할지에 대해서 안내할 것이다. 다음의 읽기장애 아동 사례는 실무자가 교육적 · 중재적 계획을 위하여 인지적 자료를 사용하는 방법에 대해 기술할 것이다.

읽기장애 아동 사례

빌리는 읽기에 어려움을 가진 4학년 학생이다. 그는 글자를 정확하게 인식하는 것, 유창하게 읽는 것, 텍스트를 이해하는 것에 어려움을 보이고 있다. 이러한 어려움은 사전에 교육적 중재가 있었음에도 계속되었다. 특별히 빌리는 3학년 봄 이후부터 방과 후 읽기 학습과 주말 과외 교습을 받았으며, 지난 6개월 동안 일주일에 두 번씩 30분간 학교에 있는 읽기 교실에 참여하였다. 빌리의 방과 후 읽기 학습과 주말 과외 교습은 숙제를 도와주는 데 초점이 있다는 점에서 유사하다. 방과 후나 주말 반 둘 다에서 빌리는 교수가 필요하다고 요구하였는데, 그의 선생님은 그가 문제가 있고 더 열심히 해야 한다고 여기고 있었기 때문이다. 이와 같은 요구 기반의 구조에서는 빌리가 그의 학습에 책임이 있다고 여기기 때문에 도움이 필요할 때에도 빌리는 자신을 변호해야 했다. 비록 빌리가 방과 후에 교사에게 도움을 요청하였지만, 지원에 대한 요청은 여러 가지 사회적 이유(예: 빌리가 친구들 앞에서 도움을 요청하는 것에 대해 부끄러움을 느끼는 것)로 학급 안에서 이루어지기 더 어렵다.

빌리의 학교에서 이루어지는 읽기 교실은 개인 과외보다 구조화되어 있으며 교사 주도적이었다. 특히 빌리의 읽기 교실 선생님은 소수의 학생으로 집단을 구성하고 독립적인 읽기 활동에 참여할 수 있도록 하였다. 그녀는 소집단을 돌아다니며 각각의 학생들에게 크게 읽도록 요구하였다. 개별적으로 소리 내어 읽기가 이루어지는 동안 그녀는 교정 피드백을 제공하며 모르는 단어를 인식하기 위하여 문맥을 사용하는 방법을 가르쳐 준다.

빌리가 읽기 교실과 개인 교습 시간을 즐거워하며 적극적으로 참여했음에도 불구하고, 그는 읽기 교실에 있는 다른 친구들에 비하여 상대적으로 낮은 성과를 보였다. 또한 빌리는 읽기 수행, 특히 자동성(automaticity)과 이해에 있어서 교실의 다른 친구들보다 수준이 더 떨어졌다. 왜냐하면 주말마다 이루어지는 언어 영역 검사는 이해하는 내용들로 구성되어 있었는데, 빌리는 이 시험에 낙제할 때가 많았고 그 이후부터 읽기 수업에 회피하는 행동(예: 아프다고 이야기를 하거나, 자주 화장실에 가려고 하는 행동)을 취하기 시작하였다. 게다가 빌리는 최근 친구들로부터 사회적인 반향을 경험하고 있는데, 빌리가 책을 읽거나 읽은 내용에 대하여 대답을 하려고 시도할 때면 학급의 다른 많은 친구가 참을성 있게 기다려 주지 않았기 때문이다.

빌리가 가진 읽기장애의 기저에 있는 요소를 더 잘 이해하기 위해서는 왜 그가 기대되는 수준에서 제공되는 중재에 반응하지 않는지, 그가 표준화된 학업적, 인지적, 사회 · 정서적 도구를 사용하여 평가되었는지를 살펴봐야 한다(〈표 10-8〉에서 〈표 10-10〉까지 참조). 특별히 빌리는 인지적 능력검사인 WIAT-III, WISC-IV, Woodcock-Johnson III(WJ-III)의 소검사를 실시하였으며, 아동을 위한 행동평가체계 2판, 교사와 부모 평정척도 그리고 성격에 대한 자기보고(BASC-2)를 사용하였다. 더불어 관찰, 학업 수행, 교사/부모 면담을 통하여 자료를 수집하였다.

WIAT-Ⅲ의 학업적 결과는 빌리가 읽기 인식에서 평균적인 수행을 보여 주지만 읽기 이해와 유창성에서는 표준적 약점을 보여 줌을 말해 준다(〈표 10-8〉 참조). 읽기 이해 수행의 오류를 분석해 보면 빌리가 추론적 이해에 어려움을 겪고 있다는 것이 드러난다. 검사 결과는 빌리가 학업적 과제를 수행하는 과정에 초점을 맞추지만 자주 읽기 기능에 장애를 일으키며 읽은 것에 대하여 대답하기 어려워한다는 것을 보여 준다. 게다가 빌리가 이해 질문에 대답하기 위하여 텍스트로 돌아가도 된다고 하여도 그는 답변 전에 먼저 되짚어 보기보다는 몇 마디 말로 대답을 하려고 하거나 잘못된 대답을 하였다. 빌리는 검사자에게 이해와 관련된 질문을 다시 물어봐 줄 것을 요구하였다. 읽기 본문이 상대적으로 긴 내용이었을 때는 다소 무계획적으로 반응하거나 검사자의 질문에 집중하지 않았다. 읽기 유창성 과제에서는 본문을 끝내는 데 오랜 시간이 걸리고 각 본문의 끝에 있는 이해 질문에 답하는 데 어려움을 겪었다.

✍ **잊지 마세요!**

빌리는 부족한 실행 기능 기술(예: 주의 과정 집중의 어려움, 읽은 내용을 반영하는 전략의 부족)과 일치하는 읽기 이해의 어려움을 보여 주고 있다.

읽기 이해와 유창성 문제와 관련하여, 빌리는 단순한 숫자 계산과 관련된 수학 속도 과제에 있어서도 약점을 드러냈다. 빌리의 낮은 수행은 일차적으로 속도와 관련되어 있으며 정확도는 높은 편이었다.

앞서 기술한 결손에도 불구하고, 빌리의 전반적 수학 수행 능력은 기본 숫자 읽기 기술과 문제해결 기술을 고려하였을 때 평균 수준이다. 빌리의 구어적·문어적 표현 수행 능력은 기본 읽기 구성처럼 낮은 평균 수준이지만 기능에 있어서는 보통 한계점 안에 있다. 비록 단순 구어적 표현 과제에 있어서는 결손을 보이지만 이러한 수행은 학급 기능에 반하여 두드러졌을 수 있으므로 그의 실제적 표현 언어 기술에는 반영하지 않는다.

인지적 수행(⟨표 10-9⟩ 참조) 관점에서 빌리의 WISC-IV 전체 점수는 전체 능력 점수를 구성하는 기존의 여러 가지 변수로 인하여 해석하기 어렵다. 그러나 빌리의 언어적 영역(VCI)과 인식 추론 영역(PRI)의 수행 결과는 유사하였고 작업기억과 처리과정 속도 영향을 제외한 일반적 능력 영역(GAI)을 산출하였다. 빌리는 총 89점을 받아 23백분위로 평균 범위 안에서 낮은 수준으로 판별되었다. 이는 빌리가 VCI와 PRI에서 규준 한계(표준 점수 85점 이상) 내에 있으며, 이 영역 안의 세부 소검사에서 규준에 기초한 약점을 드러내고 있음을 말한다. 또한 PRI 영역에서 보인 수행 결과는 다양하여 해석하기 어렵다. WISC-IV에서 유동적 추론과 시각적 처리 과정에 대한 임상적 총합은 Flanagan과 Kaufman(2009)의 제안에 따라 계산 가능하다. 시각적 처리 과정에 대한 임상적 총합은 높은 평균(표준 점수=114) 수준이며, 유동적 추론에 대한 임상적 총합은 규준에 기초한 약점(표준 점수=77)이다. 또한 처리과정 속도 영역은 규준에 기초한 약점(표준 점수 < 85) 범위에 있었다. WJ-III에서 보충된 결과들은 빌리가 장기기억 인출이 규준에 기초한 약점(표준 점수=78) 범위로 떨어짐에도 청각적 처리 과정에서 평균 수행(표준 점수=107)을 보여 준다는 것을 나타내 준다.

빌리는 CHC 기반 조작적 정의에서 말하는 특정학습장애 기준에 부합하는가

규준적 관점에서 빌리의 학업적 · 인지적 결과를 살펴본다면(즉, 또래 집단에 비교하였을 때), 이 장에서 말한 특정학습장애의 조작적 정의에 부합한다고 할 수 있을 것이다. 빌리의 학업적 결과를 살펴보면 수학 유창성에서 규준에 기초한 약점을 보이며, 이는 과제를 완성하는 데 일반적으로 낮은 수행을 나타낸다는 교사의 보고를 고려하였을 때에도 일치하는 특성이다. 빌리의 느린 속도는 수학 계산에 있어서 기본 기술 습득이 부족해서라기보다는 알고 있는 수학 지식을 인출하기 어려워해서 나타나는 것이라는 것이 특이할 만한 점이다. 빌리는 또한 읽기 유창성과 읽기 이해에 있어서 규준에 기초한 약점을 드러내는데, 이는 학급 수행 결과 부모, 교사의 보고, 과제 샘플, 기존의 중재 반응, 관찰 결과와도 일치한다. 이러한 결과에 근거하였을 때 빌리는 조작적 정의의 수준 I에 부합한다. 이는 빌리가 하나 또는 그 이상의 학업적 성취 영역에서 표준화된 규준 범위보다 약점 또는 결손을 나타내는 것이라 할 수 있으며 이러한

〈표 10-8〉 빌리의 Wechsler 개인성취검사 3판(WIAT-III)에서의 학업적 수행 결과

학업검사 요소	점수	수행 결과	일반적 인상	학급 수행과 연결시키기
WIAT-III				
읽기 이해	80	규준에 기초한 약점	빌리의 문자 해독 기술은 적절히 발달하였으나 읽기속도와 읽기 이해는 약하다. WIAT-III 기술 분석에서 주론 읽기 이해에 특히 어려움을 겪는 것으로 드러난다. 이해 질문에 대한 어려움은 행동적 문제(예: 질문에 답할 때 문제를 살펴보라고 하여도 참고하지 않는 것)에까지 영향을 미칠 수 있다.	빌리는 소리 내어 읽기 활동을 하는 동안 문자 해독을 잘한다. 그는 독립적으로 본문을 읽고 토의하는 시간에 최소한으로 참여하였다. 특히 학생에게 이야기 구성이나 인물 성격에 대한 생각을 만들어 보도록 요구할 때 소극적으로 참여하였다. 빌리는 독립 읽기 수제가 주어질 때 계속 수업을 따라가려고 노력하였고 본문을 읽을 때 친구들이 어디쯤 읽었는지를 자주 물어보라고 하였다(예: "어느 쪽 읽고 있나!?"). 빌리는 그의 이해 능력을 넘어선다고 느껴지면 좋아하기보다 본문을 건너뛰려고 하였다.
구두 읽기 유창성	82	규준에 기초한 약점		
단어 읽기	90	평균		
유사단어 해독	92	평균		
전체 읽기 종합		규준에 기초한 약점		
기본 읽기 종합	82	평균		
읽기종합과 유창성	91 77	규준에 기초한 약점		
WIAT-III				
철자법	92	평균	빌리의 쓰기 기술은 방법과 아이디어 생성에 있어서는 적절히 발달하였다. 빌리의 수행은 쓰기 측정 결과 정상 범주 안에 있지만 WIAT-III 에세이 쓰기에서 명백한 장기기억 인출 결손의 영향이 보인다. 특히 빌리는 주제를 뒷받침하는 근거를 생성해 내는 데 어려움을 겪는다.	학급에서 빌리의 쓰기 능력은 선생님의 표현에 의하면 '평균'이다. 빌리는 시간 제한이 없는 쓰기 수제에서 높은 수행 능력을 보인다. 쓰기 수업 시간 동안 빌리는 그의 과제를 끝내기 어려워하였지만 작문 수준은 전반적으로 좋다. 빌리의 쓰기는 장기기억 인출로 좋다.
문장 종합	90	평균		

검사	점수	분류	설명
글쓰기 종합	88	낮은 평균	인출의 약점 때문에 간단한 개념도 많은 단어를 사용하여 장황하게 설명하는 편이다.
문어 표현	87	낮은 평균	을 보였고 에세이 주제와 관련된 구체적 사실들을 떠올리는 데 힘들어하였다. 캐나가 빌리는 시간 제한이 끝날 때까지 쓰기를 계속하였다. 비록 그 이후 진술은 점수에 추가되지 않음에도 불구하고 "아직 다 못 끝냈어요."라며 추가 시간을 요구하였다.
WIAT-III			
수학 문제 해결	88	낮은 평균	학급에서 빌리는 읽기보다 수학을 더 잘한다. 비록 빌리가 수학 과제를 완성하는 데 요구되는 읽기 단어 문제에 어려움을 느끼지만 한번 이해를 하고 나면 계산은 정확한 편이다. 빌리는 주산적이거나 높은 수준의 사고(예: 수학 논리 문제)를 요하는 수학 단어 문제에 가장 어려움을 느낀다. 이러한 어려움은 유동 추론의 결손과 일치하는 부분이다. 그러나 추론의 어려움은 빌리의 수학 과정의 한 부분만을 차지하고 있기 때문에 전반적인 수학 수행의 기능에 영향을 주지는 않고 있다. 이는 빌리의 수학 교육과정이 지나치게 계산에 치중하고 있다는 것을 말한다.
계산 능력	95	평균	
수학 유창성-덧셈	88	낮은 평균	빌리의 수학 기술은 일반적으로 평균 범위에서도 낮은 편이다. 빌리는 전반적인 처리과정 속도의 결손으로 인하여 속도 과제에서 유독 어려움을 보였다.
수학 유창성-뺄셈	86	낮은 평균	
수학 유창성-곱셈	84	규준에 기초한 약점	
수학 유창성 종합	84	규준에 기초한 약점	

	표준점수	분류	설명
계산 종합	90	평균	
WIAT-III			
듣기 이해	95	평균	빌리의 선생님은 그의 표현·수용 언어 능력이 나이와 수준에 적절하다고 평가하였다. 그녀는 빌리가 때때로 구두로 대답하기 전에 미리 '생각하기 위한 시간'을 요구한다고 말하였다. 시간을 더 줌에도 불구하고 빌리의 구두 반응은 또래 내의 또래 수준과 유사하다.
구두 표현	82	규준에 기초한 약점	그러나 구두 표현으로 구성된 구두 언어 유창성 과제에서 빌리는 가변성을 보였다. 빌리의 수행은 규준적인 약점을 나타냈으며 과제가 요구하는 것과 관련되어서는 더욱 그러했다(예: 유사한 음성으로 시작하는 단어의 경우와 같이 제한된 범주 내에서 구체적인 단어를 빠르게 찾는 것). 처리 과정 속도와 장기기억 인출, 특히 명명 능력에 있어서의 결손은 이러한 과제를 더 어렵게 만들었다. 표현적 단어 과제 점수는 보통 수준 내에 머무르고 있다.
구두 언어 종합	87	낮은 평균	

주: 점수는 100을 평균으로 하며 15점 편차로 이루어졌다. WNL는 Whithin Normal Limits(85~115의 표준점수)를 말한다. 규준에 기초한 약점(Normal Weakness)은 표준 점수<85, 낮은 평균=표준 점수 85~89, 평균=표준 점수 90~110이다.

■ 〈표 10-9〉 빌리의 WISC-IV와 WJ-III에서 선택한 인지검사 수행 결과

인지검사 요소	점수	수행 결과	일반적 인상	학급 수행과 연결시키기
WISC-IV				
공통성	6	규준에 기초한 약점	단어 지식과 사회적 판단과 관련한 질문에 대답하는 능력은 또래 아이들과 유사한 편이다. 그러나 구두 정보로 인한 주론은 약하다.	교사가 불러 준 단어의 의미를 자주 착각하며 읽기 과제에서 추론과 예측을 요하는 데 어려움을 겪는다.
어휘	9	평균		
이해	8	평균		
언어이해(Gc)	87	낮은 평균		
WISC-IV				
토막짜기	14	규준에 기초한 강점	빌리는 유사성 소검사에서 높은 수준의 추론에 어려움을 보였는데, 이는 Gf 임상적 종합에 의해서도 지지된다. 비록 빌리가 공간관계와 시각화 과제에서 높은 평균 수준의 수행을 보였다 할지라도 카나, 연역 추론을 요하는 시각적 과제에서 어려움을 보였다.	일반화 또는 요약하기를 어려워한다.
빠진 곳 찾기	11	평균		
공통그림 찾기	6	규준에 기초한 약점		
행렬추리	6	규준에 기초한 약점		
지각추론	92	평균		
Gv 임상적 종합(시각처리)	114	높은 평균		
Gf 임상적 종합(계획)	77	규준에 기초한 약점		

검사/소검사	점수	해석 기준	설명	설명
WISC-IV				
숫자	10	평균	빌리는 또래에 비하여 평균의 기억능력을 보인다.	빌리의 선생님은 빌리가 같은 날 배운 개념을 며칠 뒤 다시 설명해 주기를 바라는 예를 들며, 기억하는 데 있어서 다소 어려움을 보인다고 말한다.
순차연결	9	평균		
작업기억	97	평균		
WISC-IV				
기호쓰기	5	규준에 기초한 약점	빌리는 WISC-IV 영역 중 처리과정 속도에서 낮은 수행을 보이는데, 아는 시간제한 과제에 어려움을 겪는 것을 말한다. 빌리는 일관되게 문항을 제한된 시간 안에 마치는 것에 어려움을 보였다. 유사한 숫자를 짝짓는 시간 과제에서는 매우 혼란스러워하였다. 한 쌍으로 구성된 숫자 기호를 쓰는 과제에서 빌리는 기호를 쓰는 데 지나치게 신중함을 보였다. 생활한지 계속적으로 확인하였다. 빌리의 반응은 정확했지만 각 과제마다 최소한을 완성하였다.	빌리가 과제를 완성하는 속도는 매우 느린 편이며 특히 읽기 교수, 읽기 과제에 더 그러하다. 그는 읽기 과제에 매우 느리며 맨 마지막으로 답한다. 그는 "누구 더 시간 필요하니?"라는 질문에 늘 손을 드는 학생이다.
동형찾기	6	규준에 기초한 약점		
처리속도	75	규준에 기초한 약점		
WJ-III				
시각-음성 학습	82	규준에 기초한 약점	빌리는 장기기억 인출에 어려움을 겪는다. 그는 새로운 정보를 아는 정보에 연결시키는 것과 알고 있는 단어를 빠르게 인출하는 것도 단어에 있어서 어려움을 겪고 있다.	빌리의 선생님은 빌리가 수행에 있어 불일치를 보인다고 보고한다. 학습 안에서 빌리는 가르칠 때는 마치 기억하는 것처럼 보이지만 이후 다시 이해가 안 된다면 다시 설명하기를 요구한다고 말하였다. 빌리는 한 번 이상 다시 실패할 때에야 나아진다고 한다. 누적되는 학습이 제공될 때에는 빌리는 자주 하나 초기에 가르쳤던 내용에 대하여 모름을 매우 많다.
인출 유창성	80	규준에 기초한 약점		
장기기억 인출요소(Glr)	78	규준에 기초한 약점		
빠른 그림 명명	83	규준에 기초한 약점		

WJ-Ⅲ			
혼성어	105	평균	밸리의 청각적 처리과정 기술은 평균이며 여기서 드러나는 문자 해독 유창성의 어려움은 음소 인식의 결손으로 인한 결과가 아니다. 빠르고 명명 과제에서의 약점은 그가 음운 표상 속도를 하는 데 있어 느리다는 것을 말해 준다.
청각 집중력	109	평균	밸리는 본문을 정확하게 해독할 수 있으며 개인, 집단 교수에서 잘 들을 수 있다.
청각 처리과정 요소(Gc)	107	평균	

주: WISC-IV=Wechsler Intelligence Scale for Children-Forth Edition; WJ-Ⅲ=Woodcock-Johnson Ⅲ Tests of Cognitive Abilities. WISC-IV 영역과 WJ-Ⅲ에 기반한 점수는 평균이 100, 표준편차가 15다. WISC-IV 소검사 간의 점수는 평균이 10, 표준편차가 3이다.

* 규준에 기초한 약점=표준 점수 <85, 낮은 평균=표준 점수 85~89, 평균=표준 점수 90~110, 높은 평균 표준 점수=111~115

* 규준에 기초한 강점=표준 점수 >115

약점은 다양한 자료에 의하여 입증된다.

빌리는 또한 조작적 정의의 수준 II에도 부합하는데, 이러한 낮은 수행이 조작적 정의에서 열거한 배제 요인에 따른 것이 아니기 때문이다. 구체적으로 빌리의 청취력과 시각은 정상 범주이며 출석률도 좋고 건강 상태도 양호하다.

종합적인 평가 결과에 기초한 맞춤형 중재 제공

빌리의 학업적 약점을 다루는 교육과 중재를 조정하려면 그의 인지 평가 결과에 대하여 주의 깊게 살펴봐야 한다. 이것은 〈표 10-9〉와 〈표 10-11〉을 사용함으로써 성취된다. 〈표 10-9〉는 빌리의 인지적 강점과 약점 그리고 그의 약점이 교실에서 어떻게 드러나는지를 기술한다. 〈표 10-11〉은 ① CHC 이론에서 기능의 주요 인지 영역, ② 이 영역들에서의 결손이 특수한 학업 영역과 일반 학업 영역에서 어떻게 나타나는지, ③ 개인의 특수한 학업적 필요를 조정할 수 있는 중재와 권고에 대한 정보를 포함한다. 개인의 인지적 강점과 약점을 이해하는 것과 더불어, 중재를 조정하는 것은 학생의 관심사와 동기의 정도, 자원의 활용 가능성 등과 같은 요소의 고려를 포함한다.

〈표 10-9〉의 정보는 빌리가 추론(WISC-IV 행렬추리, 그림개념)에서의 결손과 그 약점이 또한 언어기반 과제(WISC-IV 공통성)에서의 추론에 영향을 줌을 보여 준다. 〈표 10-5〉는 연역(I)능력과 일반 순차추론(RG) 그리고 읽기 이해의 관계를 입증한다. 빌리가 추론(inferencing)에서의 어려움과 함께 낮은 유동적 추론과 낮은 읽기 이해를 보인 것을 통해, 우리는 어떻게 그의 읽기 이해에서의 어려움을 중재할 수 있을지 살펴볼 수 있다. 유동적 추론 결손에 대한 중재를 위한 〈표 10-11〉의 권고를 보면 빌리가 이미 받았던 중재들 외의 몇 개의 제안을 말해 주고 있다. 예를 들면, 빌리가 읽은 내용을 시각적 도표로 정리하는 그래픽 조직자는 매우 적절한 교수 방법이다. 마찬가지로 빌리는 주제를 파악하는 훈련을 위해 이야기지도(story map)를 활용할 수 있다 (〈표 10-12〉 참조). 또한 빌리의 유동적 추론 결손을 다루기 위해 추론 기술에 강점을 갖고 있는 학생들로 구성된 협력적 읽기 그룹에 빌리를 참여시키는 것이 권고될 수 있다. 여기서 학생들은 '생각을 소리 내어 말하기(think aloud)'와 읽기 질문에 대답할

■ 〈표 10-10〉 빌리의 BASC-2(Behavior Assessment System for Children, 2nd Edition) 검사 수행 수준

인지검사 요소	점수	일반적 인상	학급 수행과 연결시키기
BASC-2 TRS 주의집중	임상적으로 문제가 있음	빌리의 교사는 교실에서 상당한 주의집중 문제가 있다고 설명했다. 비록 가정환경에서도 주의력에 어려움이 있지만, 학교 환경에서는 그 정도가 더 심하다. 빌리의 교사에 의해 설명된 또 다른 문제는 수업을 따라가는 데 어려움이 있고, 할당된 시간 내에 과제를 완성하지 못한다는 것이다. 빌리의 부모님 또한 숙제를 완료하는 것에 어려움이 있다고 설명했다. 비록 빌리가 숙제를 정기적으로 제출하는 하지만 그의 부모는 많은 노력, 시간, 도움이 필요하다는 것을 강조했다. 주의력과 학습의 문제를 넘어, 빌리가 특히 걱정하는다고 느낄 때 이러한 호소문제는 크게 발생한다는 사실을 지적하면서 빌리의 교사와 부모는 빌리가 복통과 다른 신체 질병(두통)을 자주 호소한다고 보고했다(예: 검사하는 동안, 시간이 부족할 때, 숙제를 하는 긴 기간 동안).	빌리의 교사는 그가 공부를 하기는 하지만 검사 '중 점을 얻지 못하는 학생이라고 설명했다. 검사 기간 동안 교실 환경에서 나타나는 어려움이 관련되었고, 과제가 어렵거나 오래 걸린다고 인식하였을 때 자주 발생하는 경향이 있었다. 이때에 빌리는 과제를 하기는 하지만 아무렇게나 응답하기 시작했다. 빌리의 교사 또한 빌리가 그의 과제를 완성하는 데 어려움이 따른다고 했다. 그는 자주 마지막에 과제를 해내는 학생이었고, 주기적으로 '더 많은 시간'을 요청했다. 마침내, 빌리의 교사는 그가 독립적인 과제를 시작하기 전에 많은 설명을 요청하였다고 보고하였다. 특별히 개념 소개를 하는 초기 단계에 이것이 위해 독립적인 작업의 과제를 수행하고 있는 경우에 그러 했다. 빌리의 교사는 그가 과제를 하는 동안 부주의한 것으로 보였다. 하지만, 과제에 대하여 많은 설명을 해야 하는 것은 주의력 결핍 문제와 관련되는 것은 아니라고 보았다.
BASC-2 PRS 주의집중	평균		
BASC-2 SRP 주의집중	평균		
BASC-2 TRS 학습문제	임상적으로 문제가 있음		
BASC-2(TRS, PRS) 신체화	임상적으로 문제가 있음		
BASC-2(TRS, PRS, SRP) 불안	임상적으로 문제가 있음		오히려, 인지적 특징을 보려면 장기기억 인출상의 문제로 볼 수 있다. 빌리의 불안은 일단 과제 이탈로 나타난다. 이러한 과제 이탈은 일단 빌리가 과제에 압도되거나 실패의 사회적인 부정적 영향을 느끼게 되었을 때 전형적으로 나타난다. 결국, 빌리는 그의 불안으로 인해 과제 완성이 더욱 느려지고, 주어진 과제를 완성하는 신중한 방식으로 수행할 것이다(예: 읽기 이해). 빌리의 어머니는 비록 빌리가 불안으로 인해 과제 수행에 더 많은 시간이 소요되지만, 불안하지 않은 다른 아동도 여전히 느리게 수행한다고 보고했다.
부모와 교사의 인터뷰	문제가 있음	BASC-2의 결과와 교사와 부모의 인터뷰 결과는 빌리가 불안하고 학업적 수행과 관련한 불안을 가지고 있었다는 사실을 시사한다. 특히 빌리와 교사는 빌리가 자주 '실망된 두려움'에 대해 반응을 하는 것을 두려워했다고 보고했다. 빌리의 어머니는 그의 불안은 이러한 문제의 사회적 영향뿐 아니라 크기 가진 학업적 어려움에 의해 복합적으로 나타난 것 이라고 보고했다(예: 아이들의 소리 내어 읽는 데 걱정하는 시간에 겁을 상실이 없다).	

이 표에 보고된 척도(scale)들은 빌리의 검사 결과 중에서 임상적으로 양성적으로 이미 있는 결과이거나 양상적이거나 척도 간의 불일치를 반영한다(즉, 부모 내 교사의 주의력 평가 결과). 다른 BASC-2 척도(e) 표에서 보고되지 않았는 검사 간이나 척도 간에 유의한 차이가 없는 경우이다. TRS=Teacher Rating Scales; PRS=Parent Rating Scales; SRP=Self-Report of Personality.

때 브레인스토밍을 한다. 마지막으로, 상호 가르치기 전략, 구체적으로 이 방법의 '예측하기'는 빌리가 '생각을 소리 내어 말하기' 활동을 더 많이 하도록 한다(〈표 10-13〉 참조).

추론 외에, Glr(즉, 학습력-장기기억)에서의 빌리의 약점을 다루는 것 또한 필수적으로 요구된다. 구체적으로 빌리의 학습력(장기기억 인출)의 결손은 그가 배경지식을 회상하고 새로운 정보가 기존에 알고 있던 정보와 어떻게 연관되는지 확인하는 능력을 제한한다. 이러한 결손을 다루기 위해 빌리에게 읽기 전에 개관을 제공하도록 한다. 예를 들면, 특수학급 교사가 읽기 자료를 사전에 개관하고, 주제에 맞는 사전지식을 활성화하기 위한 대화를 시작할 수 있다(예: "이 이야기는 하키에 대한 것입니다. 하키에 대해 알고 있는 모든 것에 대해 생각해 봅시다."). 빌리의 일반 학급 교사는 기회가 되면 언제나 기존의 정보와 새로운 정보 간의 분명한 연관성을 촉진해야만 한다 (예: "오늘 우리는 우리가 지난주에 했던 것과 유사한 과학 실험을 할 거예요. 우리는 가설을 세우고, 예측을 만들고, 그 가설을 검사할 거예요.").

빌리의 빠른 이름 대기(RAN) 결손은 읽는 동안 단어의 음운적 표현에 접근하는 속도에 영향을 미친다. 빌리의 해독이 이때 자동으로 나타나는 동안, 빌리는 아마 그런 단어의 해독을 위한 그의 표음 기술(phonetic skills)에 의지할 필요가 있을 수 있다. 빠른 자동적 명명에서의 그의 결손은 유창성과 이해력 모두에 간섭할 수 있다. 그러므로 읽기 이전에 모르는 단어를 빌리가 확인하고 연습할 수 있도록 교재 미리보기(text preview) 방법을 지속적으로 활용해야만 한다. 특히 빌리가 모르는 단어들이 있을 만한 내용 영역(예: 과학, 사회)의 교재들에서 그가 빠른 자동적 명명에서 갖고 있는 결손이 보상되도록 하기 위해, 일반 학급 교사는 빌리가 읽을 양을 줄여 주고 읽는 시간을 늘려 주는 방법을 쓰도록 권고된다.

✎ 잊지 마세요!

학생의 중재에 따르는 진전도를 계속 관찰하는 것은 매우 중요하다. 중재가 어디에 일어나는지에 관계없이 미래의 실제(중재를 유지하고 변화시키는 것)를 안내하기 위해 현재의 실제(조정된 중재)를 평가하는 것은 과학자-실천가(예: 학교심리학자)의 책임이다. 다시 말해, 우리는 학생들에게 긍정적인 변화가 나타나도록 하기 위해 반드시 실제와 연구에 참여해야만 한다(Della Toffalo, 2010).

■ 〈표 10-11〉 적절하고 부적절한 읽기 교수 반응을 구별하는 특징

광범위한 CHC 능력	광범위한 CHC 능력의 정의	광범위한 CHC 능력의 일반적인 징후	학업적 영역에서의 광범위한 CHC 능력의 징후	권고와 중재
유동적 추론(Gf)	• 새로운 주론과 문제 해결 • 처리는 학습과 사회화에 최소한으로 의존 • 귀납을 다루고, 요약하고, 일반화하고, 논리적인 관계를 확인하는 것을 포함	다음과 같은 사항에 어려움을 갖고 있다. • 학습을 전환하거나 일반화하는 것 • 더 높은 수준의 생각을 하는 것 • 새로운 문제에 대한 해결책을 도출하는 것 • 비판적인 생각을 통해 지식을 확장하는 것 • 문제를 풀기 위해 기존의 범죄과 과정을 지각하고 적용하는 것	읽기에서의 어려움: • 추론적인 읽기 이해 • 주요 생각을 주출하기 수학에서의 어려움: • 수학 추론(단어문제) • 숫자 간의 관계를 파악하기 쓰기에서의 어려움: • 예시와 개념을 일반화하기 • 주제를 개발하기 • 생각을 비교/대조하기	• 학생의 내성을 분류하고 결과를 도출하는 기술을 발달시키기 • 추론과정을 표면화하기 위한 설명하기 • 협력적인 학습을 제공하기 • 상호 간의 가르치기 • 전에 배운 것과 새로운 개념을 비교하기 • 상위인지 전략을 도입하기
학습력(장기기억 인출)(Glr)	• 정보를 저장하는 능력과 이후에 연합을 통해 쉽게 인출하기	다음과 같은 사항에 어려움을 갖고 있다. • 새로운 개념을 배우는 것 • 연상을 사용하여 정보를 인출 혹은 회상하는 것 • 다른 과제 형식에 따라 수행하는 것	읽기에서의 어려움: • 읽는 동안 새로운 학습을 지원하기 위해 배경지식에 접근하기(연상기억 결손) • 해독화 중에 음운적 표현에 접근하는 것에 느림(빠른 자동적 명명 결손)	• 새롭게 제시된 정보를 반복적으로 연습하기 • 기억전략 가르치기(부호화를 지원하기 위한 구화 반복) • 새로운 개념을 가르칠 때 다수의 양식 사용(구어정보에 쓰기를 연계)

	정의	어려움	중재
학습력(장기인출)(Glr)	• 정보를 저장하는 능력과 이후에 연합을 통해 쉽게 인출하기	• 정보가 인출되고 학습되는 속도 • 쌍을 짓는 학습(시각-청각) • 구체적인 정보를 회상하는 것(단어와 사실들) 수학에서의 어려움: • 수학문제에 사용하기 위한 절차 회상 • 수학적 사실들을 기억하고 회상하기 쓰기에서의 어려움: • 에세이 쓰기 하는 동안 사용하는 단어에 접근하기 • 특수한 쓰기 과제(비교와 대조: 설득적 글쓰기) • 평가하기	• 학습되는 새로운 내용의 양을 제한하기; 새로운 개념을 점차적으로 소개하기 • 새로운 개념이 제시되는 때를 의식하기 • 기존의 정보와 새롭게 학습하는 정보 간의 분명한 연합을 만들기 • 단어 인출 절차의 영향을 최소화하기 위해 어휘를 확장하기
처리과정 속도(Gs)	• 처리과정 속도, 특별히 주의집중을 하도록 요구될 때 • 대개 빠른 처리를 요구하지만 상대적으로 쉬운 과제를 통해 측정됨.	다음과 같은 사항에 어려움을 맞고 있다. • 정보의 효율적인 처리 • 과제를 빠르게 지각하기(자극이나 정보 사이의 유사점과 차이점 간) • 시간 한도 내에 작업하기 • 간단한 암기 과제를 빠르게 완성하기	• 반복 연습을 할 수 있는 기회를 제공 • 빠르기의 반복연습 수행 • 빠르고 간단한 컴퓨터 활동의 소개 • 일할 시간을 늘리기 • 요구되는 일의 양을 줄이기 • 질문이 제시된 후에 반응이 일어난 후 모두에게 기다리는 시간을 늘리기
		읽기에서의 어려움: • 느린 읽기 속도 • 손상된 이해력 • 이해를 위해 다시 읽어야 할 필요가 있음. 수학에서의 어려움: • 자동적 계산 • 정확하지만 느린 계산 속도 • 느린 속도로 기억 쇠퇴 때문에 정확성의 감소를 초래 쓰기에서의 어려움: • 시간 요소 때문에 제한적 산출 • 한도 처리과정이 생산의 등가를 감소시킴.	

■ 〈표 10-12〉

이야기지도 1.
각 칸에 메모하여 적어 넣으세요.

배경:	시간:	장소:

↓

등장인물:

↓

문제:

↓ ↔ | 플롯(구성)/사건: |
|---|
| |

해결:

■ 〈표 10-13〉

이름: _____

책 혹은 장의 제목: _____

상호 호혜 교수 학습지

http://www.itre.uef.edu/forpd/

예상하기: 선택한 책을 읽기 전에 제목이나 표지를 보고, 읽을 내용의 표제를 훑고, 삽화를 보고, 어떤 내용이 전개될지 당신의 생각을 적어 보세요.	
예상하기:	근거 제시하기:
주제(주요 아이디어) 적기: 문단이나 주요 부분 혹은 글을 다 읽으면 그 문단이나 부분의 주제를 확인하세요.	질문하기: 각각의 주제에 대해서 적어도 하나의 질문을 생각하세요.
주제 1: _____ _____	질문 1: _____ _____
주제 2: _____ _____	질문 2: _____ _____
주제 3: _____ _____	질문 3: _____ _____
주제 4: _____ _____	질문 4: _____ _____
주제 5: _____ _____	질문 5: _____ _____
요약하기: 읽을 것을 짧게 요약해 보세요.	
명확히 하기: 글에서 이해가 가지 않는 문장이나 구절, 단어를 적어 보고, 어떻게 이해했는지 설명해 보세요.	
단어나 구절:	명료화:

■ 〈표 10-14〉 중재 평가 자료 추천

Mather, N., & Jaffe, L. E. (2002). *Woodcock-Johnson III: Reports, recommendations, and strategies.* Hoboken, NJ: Wiley.

McCarney, S. B., & Cummins-Wunderlich, K. (2006). *Prereferral intervention manual, third edition.* Columbia, MO: Hawthorne Educational Services, Inc.

Wendling, B., & Mather, N. (2009). *Essentials of evidence-based academic interventions.* Hoboken, NJ: Wiley.

마지막으로, 빌리의 처리과정속도(Gs)에서의 약점을 보안하기 위해 읽는 시간을 확장하는 권고가 고려돼야만 한다. 가정통신문을 통해 빌리의 어머니에게 빌리가 학년에 적합하고 많이 쓰이는 단어를 반복해서 연습할 수 있게 해 주는 활동들을 제공할 수 있다.

요약하면, 〈표 10-11〉과 빌리의 특수한 인지적·학업적 프로파일을 되새겨 보는 것은 맞춤형 중재를 가능하게 해 준다. 글자 해독을 위해서 맥락 단서와 즉각적인 피드백을 사용하는 직접 교수를 통해 읽기에서의 어려움을 직접적으로 교정하는 교정읽기 수업과는 달리, 앞서 소개된 CHC 기반의 맞춤형 중재는 읽기 곤란에 내재되어 있는 인지 결손을 다룰 수 있다. 현장 전문가들은 이 장에 제시되어 있는 중재와 권고를 비롯한 더 많은 정보를 위해 〈표 10-14〉에 포함된 출처들을 살펴보기를 권장한다.

 결론

이 장에 나와 있는 특정학습장애의 조작적인 정의는 CHC 이론과 연구를 기반으로 하며 ① 특정 인지 능력 혹은 처리 결손이 학생의 학업적 어려움의 원인이 될 수 있는지를 결정해 주고, ② 특정학습장애와 다른 조건과 장애를 구분하게 해 주고, ③ 교정, 보상, 교육과정 수정 등을 위한 목표를 확인하도록 도와준다(Flanagan et al., 2010 참조). CHC 기반의 조작적 정의는 CHC 이론의 체계하에서 제안되기 때문에 학교에서 학

■ 〈표 10-15〉 진단 시스템의 타당성과 유용성을 결정하기 위한 규준

- 동질성: 범주의 구성원이 다른 한 명을 닮는가?
- 신뢰성: 범주에 누가 포함되어야 하는지에 대한 합의가 있는가?
- 타당성: 그 범주에 속한 구성원들은 일관성 있는 특성이 있는가?

특정학습장애를 가진 개개인이 다양한 특징을 가진 그룹이기 때문에, 특정학습장애 진단 시스템을 충족하는 규준을 기대하는 것은 합리적이지 않은 것처럼 보인다. 그러나 〈표 10-2〉에 제시된 것처럼 특정학습장애를 가진 개개인은 공통된 특성을 공유한다(예: 학습 기술 결핍, 인지적인 능력과 처리 과정의 결손, 인지적 통합과 전반적 평균 지적 능력, 인지적 강점과 인지적 및 학업적 취약성의 통계학적으로 중요한 차이 등). 그러므로 범주의 구성원들은 공통된 특성을 공유할 수 있으며(그렇게 함으로써 동질성 규준을 충족한다), 그러나 여전히 자연적으로 상이한 특성을 보인다(예: 몇몇은 읽기에서의 학업적 결손을 가지고, 몇몇은 수학에서의 학업적 결손을 가진다. 그리고 몇몇은 음성학적 절차에서의 인지적 결손을 가지고, 몇몇은 기억에서의 인지적 결손을 가진다).

습장애 진단과 판별의 신뢰성과 타당성을 증가시킬 수 있다. 그러나 여전히 CHC 기반의 조작적 정의는 신뢰성과 타당성을 판단하기 위하여 치밀하게 검토되어야 한다.

Keogh(2005)는 능력-성취 불일치 모델, 중재반응 모형 그리고 제3의 접근과 같은 진단적 시스템의 적합성과 유용성을 결정하기 위한 규준을 논의하였다. 이러한 규준은 〈표 10-15〉에 제시되어 있다.

Keogh(2005)는 "학습장애가 실제이며, 그것은 학습과 성취 문제의 넓은 범주 아래에 포섭되는 다른 조건들로부터 뚜렷이 구분되는 문제들을 설명한다."(p.101)라고 제안했다. 중요한 점은 특정학습장애를 어떻게 뚜렷하게 구분하는지의 문제다. 그래서 우리는 특정학습장애 판별을 위한 CHC 기반의 조작적 정의를 제안한다. 특정학습장애 판별의 미래의 방향성은 Keogh의 규준에 따라 이것을 평가하는 것과 다른 제3의 접근에 초점을 맞추는 것이다. 그러한 연구가 유용하게 활용될 때까지 여기에 제시되어 있는 조작적 정의는 타당하고, 전통적 능력-성취 불일치 모델과 중재반응 모형 유일 접근에 본질적으로 실용적인 대안이며, 이것은 확실한 증거(주로 CHC, 신경심리학, 평가, 특정학습장애 관련 연구에서 비롯되는)의 기반 위에 놓여 있다. 실제로 특정학습장애를 가진 학생들을 판별하고 중재하기 위한 접근에 대해 설명할 때, Della Toffalo

(2010)은 다음과 같이 진술한다.

> 확실한 것은…… 학습장애 학생들을 판별하기(그리고 도움 주기) 위한 여러 통합적 모형은 그들의 '과학적 타당화'를 장점으로 내세우는 수십 개의 연구와 함께 완벽하게 완성되어 제시되지 않는다. 그러나 그 모형들은 증거를 기반으로 한다. 왜냐하면 그것들이 신경과학, 교육학, 평가 그리고 중재의 영역에 관한 연구에서 얻어진 지식 총체의 결합으로부터 나오기 때문이다(pp. 180-181).

불일치 접근과 중재반응 모형에 대한 하나의 대안으로서 CHC 기반의 조작적 정의는 임상가들이 사용할 수 있는 평가 방법들을 확장시킨다. 그리고 이는 아동에 대한 명확하고 모두에게 가치로운 종합적인 이해로 이어질 것이다(Flanagan et al., 2010). 그들만의 조작적 정의에 대해서는 Flanagan 등(2002)뿐만 아니라 Kavale 등(2005)도 다음과 같이 진술했다.

> 어떤 학생이 특수교육 체계에 절대 들어오지 않는다고 할지라도, 일반 교사, 학생의 부모 그리고 그 학생 자신은 왜 특수교육을 필요로 할 만큼 학습 내용을 습득하는 데 그런 어려움이 있었는지에 관련해 가치 있는 정보를 얻게 될 것이다(p. 12).

놀랍지 않게도, '왜'는 종종 '어떻게'—어떻게 개선하고 보상하며 취약점을 수용할 것인지—를 결정하도록 이끈다. 따라서 학생들이 주어진 중재에 대하여 적절하지 않은 반응을 보이는 이유를 알기 위하여 인지, 신경심리 검사를 포함하는 다양한 평가도구를 통하여 정보를 수집하는 것은 임상적으로나 실제적으로 의미가 있다. 이런 포괄적인 평가 접근의 개발자들과 지지자들은 이 점에 동의한다(Hale et al., 출판 중).

요약하자면, 특정학습장애 판별은 복잡하고, 실무자 입장에서 많은 경험적·임상적 지식을 필요로 한다. 비록 많은 아동의 학업적 요구가 종합적인 평가로부터 얻어진 정보 없이 잘 충족될 수 있다고 할지라도, 약점을 보충하거나 극복하기 위해 혹은 학업적으로 우수한 성취를 내기 위해 특별히 고안된 수업을 필요로 하는, 신경학적 기반의 어려움을 가진 아동들은 계속 존재할 것이다. 보다 간단한 판별방법(절대적인 저성취 준거, 단순한 RTI 등)을 적용하면 세 집단(전반적인 지적 결손-지적장애, 학습지체-slow learner, 특정학습장애-SLD) 간의 차이가 모호해진다. 이러한 모호성은 각각의 집단을 연구하는 데 어려움을 주며, 이들에게 보다 효과적으로 중재를 제공하게 될 때 방해가 된다. 특정학습장애가 조작적 정의를 통해 더 분리되어 정의될 때, 진단과 치료 중재 사이의 연결은 더 공고해질 것이다.

자 기 점 검

1. 조작적 정의는 공식적 정의와 개념의 구체적인 판별과 분류 기준을 제시한다. 참인가 거짓인가?

2. 특정학습장애의 CHC 기반 조작적 정의는 수준에 따라 정해졌다. 각 수준에서 정의는 다음을 포함한다.

   (a) 특정학습장애의 본질에 관한 특징을 정의하는 것

   (b) 각 특성에 대한 평가의 초점

   (c) 평가 방법과 적절한 데이터 근원의 예시

   (d) 개인이 특정한 특정학습장애의 특정한 특성을 소유하고 있음을 확립하기 위해 충족되어야 할 기준

   (e) 모두 옳음.

3. 저성취와 모든 배제 요인의 고려는 특정학습장애를 진단하는 데 필요조건이다. 참인가 거짓인가?

4. IEDA(2004)에 따르면, 특정학습장애 학생은 다음과 같은 학업 영역에서 나타날 수 있다. 포함되지 <u>않는</u> 것은?

   (a) 수학 계산

   (b) 기초 읽기 기술

   (c) 철자

   (d) 듣기 이해

5. 학업적 저성취에 관한 잠재적인 설명적 원인은 다음을 포함한다.

   (a) 동기 결여

(b) 사회/정서 장애

(c) 수행 불안

(d) 정신장애

(e) 모두 옳음

6. 특정학습장애의 CHC 기반 조작적 정의에서 평균 이하의 능력-성취 불일치는 특정학습장애 판별을 위한 기준이다. 참인가 거짓인가?

7. 학습장애 아동의 특수한 교육적 요구로서 옳지 <u>않은</u> 것은?

(a) 개별화 교수

(b) 학년 유예

(c) 편의 제공 및 조정(accommodations)

(d) 교육과정 수정

9. 인지 처리 과정은 다음을 포함한다. 옳지 <u>않은</u> 것은?

(a) 청각 작업기억

(b) 처리 속도

(c) 인내심

(d) 시각적 판별

10. Flanagan 등(2007)은 SLD Assistant라 불리는 프로그램을 개발하였다. 이는 전체 기능 수준에서 인지적 결손을 분리하여 기타 능력이나 인지적 강점의 안정성을 판단하는 프로그램이다. 이 프로그램은 임상적 진단이 부정확하기 때문에 이를 대체하기 위하여 개발되었다. 참인가 거짓인가?

정답: 1. 참, 2. (e), 3. 거짓, 4. (c), 5. (e), 6. 참, 7. (b), 8. 참, 9. (c), 10. 거짓

Chapter 11
다문화 특정학습장애 아동의 문화적 · 언어적 차이의 진단: 단순한 차이인가 혹은 심각한 장애인가

Samuel O. Ortiz

1900년대 초에 Binet 지능검사를 영어로 개정한 후 Henry Herbert Goddard는 이 검사가 심리 측정에서 혁명을 불러올 것을 기대하며, 지능의 본질을 탐구하기 위해 검사를 바로 실시하였다. 그는 뉴욕항의 엘리스 아일랜드에 와서 미국 이민을 기다리고 있는 이민자들을 검사 대상자로 삼았다. 그의 연구보조가 오직 겉모습만 보고 그들을 '정신박약'으로 판정한 후, Goddard는 미국 땅에 첫발을 내딛은 이방인에게 미국판 지능검사를 실시하였다. Goddard(1913)는 그 장면을 다음과 같이 기술하였다.

> 우리는 결함이 있을 것이라 보이는 한 젊은이를 찾았다. 그리고 통역사를 통해서 그에게 검사를 실시하였다. 그 소년은 Binet 척도로 8을 받았다. 통역사는 "내가 이 나라를 왔을 때라면 이 정도로 할 수 없었을 거야."라고 말했고 이 검사가 부정확하다고 생각하는 것처럼 보였다. 우리는 그에게 그 소년이 장애가 있다고 확신시켰다(p. 105).

질문은 비교적 간단하다. 검사 결과는 차이를 의미하는가 아니면 장애를 의미하는가? 심지어 그가 직접적으로 이 질문을 받았을 때에도, Goddard는 그의 검사가 번안된 문화(즉, 미국)에 대한 생소함이 검사 결과와 지능지수에 주는 중요한 영향력을 인지하지 못했다. 이에 구애받지 않고, Goddard는 유럽에서 온 추가적인 네 집단의 이민자들에게 실시한 검사와 근거를 기반으로 마침내 유대인, 헝가리인, 이탈리아인 그리고 러시아인들의 80%는 평균적으로 특정한 단어에 있어서 결함이 있다고 생각했다(Goddard, 1917). 그의 발견에 대한 설명이 해설자에 의해 밝혀진 것이라고는 하지만, Goddard는 낮은 성취가 지능과 개인적인 기능 간의 불일치로 인한 것이라는 혼합 이론을 제안하였다. 이후에 다른 사람에 의해 결론의 전조가 제공되면서, Goddard (1917)는 "우리는 이런 이민자들이 놀랍게도 낮은 지능을 보인다는 일반적인 결론에서 벗어날 수 없다."(p 251), 그리고 "최근 몇 년간의 이민은 초기의 이민과는 결정적으로 다를 것이다."라고 주장했다.

이러한 이슈는 미군이 제1차 세계대전에 참전하면서 다시 대두되었다. Goddard는 1918년 유명한 Lewis Terman, David Wechsler, Carl Brigham과 같은 심리학자들과 동행하여 Robert M. Yerkes가 이끄는 팀을 결성하였고, 육군 본부의 계약하에 명령을 내리고 받는 사람의 차이점을 구분하는 방법을 연구하였다. Yerkes의 지도 아래, 이 팀은 미육군지능검사(Army Mental Test)를 개발하였지만, 그들은 검사를 받은 175만 명의 사람 중에 대다수의 사람이 영어를 읽지 못하여 검사의 지시문을 이해하지 못하였고, 그래서 대답을 할 수 없었음을 재빨리 발견했다. 그 결과로 두 가지 버전, 즉 알파(영자 신문을 읽을 수 있는 사람)와 베타(읽지 못하는 사람) 버전의 검사를 개발하게 되었다. 베타 지능검사는 영어 지시문을 구어적으로 잘 설명해 놓은 것이다. 게다가 피검자들에게 기대하는 것을 모델로 해서 형식적인 설명을 추가하였다. Yerkes 등은 지능의 본래 성질은 이러한 언어 유창성이나 문해력이 검사 결과에 주는 영향을 제거하기 위해 이런 작은 조정이 이루어져야 함을 주장했다. Yerkes는 영어가 모국어인 사람의 베타검사의 평균 원점수는 101.6점이라고 언급했다(A등급). 영어로 읽고 말할 수 없는 영어가 모국어인 사람의 베타검사 결과는 원점수 평균이 77.8점이었다(C등급). 1921년 보고서에서, Yerkes는 언어적 어려움과 문맹에 의해 장애가 있는 개인이 장애가 없는 개인에 비해 베타검사에 있어 상당히 불리하다는 것을 입증했다. 이러한 생각이 Yerkes에게 문제점으로 보였고, 그는 후에 그의 부관 중 한 명으로서 언어나 문해력의 원인을 효과적으로 없앰으로써 수행을 위한 대안적인 설명을 제공했던 Carl

C. Brigham의 창의적 생각으로부터 도움을 받았다. 전쟁 동안, 그들은 Binet 검사를 사용했던 영어 비원어민들의 수행에 대한 자료를 수집했다. 미국에서 더 오래 살수록 Binet 검사의 정신연령이 더욱 높아진다는 점에서 볼 때, [그림 11-1]에 나타나 있는 결과는 베타검사의 결과와 꽤 비슷한 것으로 입증되었다. Brigham은 「미국인의 지능 연구(A Study of American Intelligence)」라는 그의 논문에서 이러한 자료를 발표하고, 다음과 같은 결론을 제시했다.

> 이 곡선이 거주 기간이 증가함에 따라 지능이 증가함을 나타낸다고 고려하는 대신, 그것이 1902년 이후로 5년 동안 이 나라로 건너온 이민자 집단에게 실시한 검사에서 점진적인 하락을 의미한다는 가정을 받아들이는 데 힘을 실어야 한다(pp. 110-111). …… 이민자들의 연속곡선에서 평균지능은 점점 낮아졌다(p. 155).

왜 초기 심리학자들이 문화적 또는 언어적 차이의 기능으로 발생한 명백한 최소한

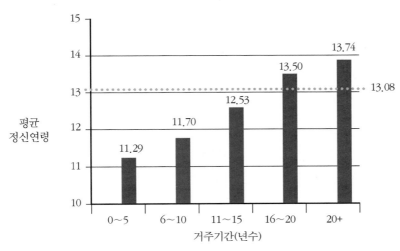

[그림 11-1] C. C. Brigham(1921)이 분석한 Yerkes의 자료에서 제시된
다문화 학습자(영어가 모국어가 아닌)의 평균 정신연령

주: 13.08의 수치는 Binet 검사를 받은 사람들을 미육군지능검사(Army Mental test)로 검사한 결과인 평균 정신연령을 나타낸다.

의 수행 차이를 인정하지 않았는지를 이해하는 것은 어렵지 않다. 그들은 지능이 완전히 타고난 것이라는 강한 믿음을 가지고 있었을뿐더러, 그들의 세계관에서는 그들이 '애국적'이었기 때문이다. 예를 들어, Brigham(1923)은 알파검사가 교육에 영향을 받는 반면, "베타검사는 영어가 필요치 않으며, 이는 어떤 점에서는 교육적 측정으로 고려될 수 없다."(p. 100)라고 하였다. 그의 이 같은 개인적 성향은 다른 기술에서도 명백히 드러난다.

> 만약 사용된 검사가 우리가 진정 기대하는 '전형적으로 미국적인' 상황을 포함했다면, 이 검사는 미국적이기 때문에 우리의 이민자의 특성을 측정하는 데 목적이 있다. '전형적으로 미국적인' 상황에 반응하지 못하는 것은 바람직하지 않은 특징임이 분명하다(p. 96).

불행하게도 90년에 걸친 심리학적 연구의 진전이 실행가들을 위한 이슈를 명백히 하는 데 거의 한 일이 없음에도 불구하고, 1세기 전의 경향과 믿음은 미국 주류 축으로부터 점점 사라져 가고 있다는 것을 인지하는 것은 중요하다. 예를 들어, 흑인과 백인의 성취 수준의 차이 또는 이중언어 교육이라는 용어를 언급하고, 가열된 쟁점이 신속하게 뒤따르고, 이에 대해 논쟁하는 것은 Brigham 시대의 사람들에게 매우 익숙할 것이다. 따라서 우리가 문화적 · 언어적으로 다른 아이들에게서 특정학습장애만큼이나 복잡한 구인을 평가하는 데 우리의 관심을 집중할 때, 우리가 사용하는 방법, 도구, 과정이 성취에 대한 환경적 영향을 최소화한다고 확신하도록 해야 한다. 이것은 오늘날 실행가들에게 적용 가능한 검사가 '편향적'이라는 것을 말하지 않는다. 오히려 그것은 검사가 사람들에게서 나온 문화를 개발하는 사람들의 산출물이라는 것을 인식하여야 한다는 것을 의미한다. 검사들은 필연적으로 내용과 설계, 구조에서 그들의 가치를 반영함이 분명하며, 이런 점에서 그것은 언제나 '문화적 영역'으로 남을 것이다(Sattler, 1992).

문화적 · 언어적으로 다양한 학습자의 특정학습장애 평가

이 책의 다른 장에서 명백히 드러난 것처럼, 단일 언어로 영어를 사용하는 아이들 중에서 특정학습장애(SLD)를 판별하는 일은 매우 광범위한 내용의 이론과 방법, 도구, 과정을 거치는 복잡한 일이다. 문화적 · 언어적 요인—모국어 및 제2언어 습득 과정, 언어 유창성, 우세성, 발달 정도, 모국어 대 영어 교수법, 수준, 부모의 교육, 사회경제적 지위와 학업 기회 등—이 고려될 때에는 복잡성이 기하급수적으로 늘어나는 것이 명백하다(Harris & Llorente, 2005; Ortiz, 2008; Rhodes, Ochoa, & Ortiz, 2005).

반대로, 모든 이러한 영향의 본질이 외생적인 것이라는 사실(그 자체로는 선천적인 능력과 관련이 없다)은 근본적인 문제는 타당도라는 것을 의미하며, 이는 처음에 제기된 단순한 의문을 반영하고 있다. 형식적인 측면에서 이 의문은 검사 결과가 믿을 만하며 개인의 실제 능력(혹은 능력의 부족)을 타당하게 측정하고 있는지, 아니면 개인의 언어 유창성 혹은 문화 적응의 정도를 주로 반영함에 따라 타당하지 못한 측정을 하고 있는지에 관한 것이다. 따라서 실제적인 측면에서 문화적 · 언어적으로 다양한 개인의 특정학습장애 평가는 반드시 대상으로 삼은 능력 구인에 대한 측정이 타당하고 옹호할 수 있는 방법으로 성취되었음을 보장해야 한다. 만약 이러한 타당도가 보장되지 않으면, 결과가 특정학습장애의 존재에 대한 어떠한 관련된 의미도 제공할 수 없기 때문에 더 진전해야 한다. 다시 말해, 만약 실행가가 다양한 개인의 특정학습장애를 판별하는 과정에 개입할 때 검사 결과를 믿을 수 없다면 어떠한 이론, 방법, 정의가 사용되는지는 중요하지 않을 것이다. 결과적으로 이 장의 목적은 (검사 결과가 수집되었다면) 검사 결과가 타당하며 옹호할 수 있게 해석되는지, 아니면 검사가 타당하지 않으며 주로 문화적 · 언어적 요소들을 지표로서 활용하고 있는 것은 아닌지를 확인하는 데 있어 실행가에게 도움을 줄 수 있는 접근을 제시하는 것이다. 특정학습장애가 판별되는 특정한 방식을 선택하는 것은 실행가의 전문적인 판단에 맡겨져 있으며,

 잊지 마세요!

문화적 · 언어적으로 다양한 개인의 특정학습장애 평가는 대상 능력 구인에 대한 측정이 타당하고 옹호할 수 있는 방법으로 이루어졌음을 반드시 보장해야 한다.

이는 피검자의 다양한 배경 때문에 쉽게 바뀌지 않는다. 이 책의 다른 장에서 설명하고 있는 표준화된 검사에 활용되는 다른 접근들은 실행가들에게 특정학습장애를 결정하는 데 지침을 제공할 목적을 가지고 있다. 그러나 이러한 접근들은 실행가들이 검사 결과가 문화적·언어적 요인에 잠재적으로 영향을 받은 정도를 먼저 결정하지 않는 한 옹호될 수 없을 것이다.

 ## 문화적·언어적으로 다양한 학습자 검사에서의 타당성 강화

불공정한 평가와 공평함이 결여된 검사의 가능성에 대한 진지한 주목은 1950대부터 1960년대까지 두드러졌던 시민권 운동과 연계하여 출현하였다. 1970년대 초, 몇몇의 연구자는 편향적이지 않은 검사(공평한 검사), 차별하지 않는 검사라는 이슈에 관심을 가졌다(Oakland, 1976; Oakland & Laosa, 1976). 문제들의 핵심은 당시 "차별하지 않는 검사(nondiscriminatory assessment)는 모든 아동의 더 광범위한 문제에 대한 타당한 검사로 간주되는 것이 인식되었다."라는 정도까지 분명하게 약술되었다(Oakland, p. 1). 그런 검사 실시에 대한 검토는 다양한 윤리적 지침의 개발(American Psychological Association, 1990, 2002) 그리고 심리학자들에게 검사가 충분한 신뢰도, 타당도, 공정성을 갖도록 다양한 원리를 첨부할 것을 요구하는 전문적인 기준의 수립이라는 결과를 만들었다(American Education Research Association, American Psychological Association, & National Council on Measurement in Education, 1999). 검사에서의 공평성과 편향 감소에 대한 규정은 상대적으로 명료하기는 하지만, 어떤 타당성이 현장에서 얼마나 실제적으로 성립되는지 그리고 그것이 획득된 결과의 타당성과 얼마나 관련되어 있는지는 거의 설명하지 않고 있다.

이미 언급된 것처럼, 만약 획득된 수행 정도의 근본적인 원인이 문화적 또는 언어적 변수와 같은 외부적 요인에 의한 것이라면, 그 검사 결과들은 희박한 임상적 중요도를 갖게 된다. 신뢰할 만하게 구성되고 이론적으로 기반을 둔 통합조차도 외부적인 요소, 특별히 문화적 또는 언어적 변수에 의해 희석되지 않았다는 것에 대하여 납득이 되도록 설명되지 않으면 단기기억에 대한 타당한 측정이라고 여겨질 수 없다. 높은 신뢰도가 필수적이기는 하지만 타당도를 보증하기에 충분한 것은 아니다. 그리고 낮은 타당도는 효과적으로 해석을 불가능하게 한다. 전통적인 평가 방법들이 특별히 타당도의 이슈에 반응하면서 만들어졌는지는 확실하지 않다. 그러나 이 접근법들이 한 차원에서건 또는 다른 차원에서건 타당도 이슈에 주의를 기울였다는 것은 명백하다. 문화적 또는 언어적 차이를 다루기 위한 실행 가능한 방법들 중 네 개의 보편적인 접근법을 소개하고자 한다. 각각은 타당도를 수립하기 위한 바람으로써 '공정성'의 향상을 시도하였다. 이 접근법들과 관련된 이득과 손실에 대해서는 다음 절에서 논의될 것이다.

수정되거나 조정된 검사

다문화 학습자들을 표준화된 검사로 평가하는 데 있어 드러난 다양한 문제를 조정하는 것에 대한 첫 번째 시도 중 일부는 아마도 검사 그 자체나 검사의 실시에 있어 수정이나 조정일 것이다. 제안된 다양한 조정 중에서 가장 공통적인 부분은 문화적으로 편파적인 검사 항목들을 제거하거나 실시하지 않는 것, 실시에 앞서 문화적인 바탕을 갖고 있는 과업을 중재하는 것, 충분한 이해를 보장하기 위해 언어적 지시를 반복하는 것, 모국어든지 또는 검사에 사용된 언어든지 그 반응들을 수용하는 것, 구어적인 표현에만 의존하지 않고 하위검사들을 실시하는 것, 시간 통제를 없애거나 조정하는 것 등일 것이다. 이러한 절차들은 종종 '검사의 한계(testing the limits)'라고 불리는 것으로 확장되었고 다양한 개인을 평가하기 위한 임상적 접근법을 나타내게 되었다. 이런 절차들은 점수를 줄일 수 있는 검사 절차적인 면을 줄여서 피검자가 자신의 진짜 능력만큼 수행하도록 돕기 위해 설계되었다. 안타깝게도, 검사가 변경되어서 실시될 때마다 더 이상 표준화가 유지되지 않았고, 검사 상황에서 알 수 없는 상당한 오류가 발생하였으며, 검사의 신뢰도와 타당도에 있어서 자신감을 잃어버리는 결과를 가져오게 되었다. 그러한 절차에 대한 호의적인 의도에도 불구하고, 그것의 적용으로부터 도출된 그 어떤 결과들도 예측할 수 없게 되었고, 타당하거나 옹호적인 해석이 불가능하게 되었다.

또 다른 공통적인 검사 조정에는 번역기/통역기를 사용하여 언어 장벽을 극복하고자 하는 시도가 있다. 개인이 무엇을 말하고 있는지 또는 무슨 질문을 받고 있는지 이해하는 한 검사는 타당할 것이라는 가정은 검사에는 문화적 한계(영역)가 있다는 사실과 마찬가지로 검사 과정 자체의 문화적인 기반을 계속해서 무시하게 하였다. 더 중요한 것은 검사가 훈련을 받은 번역가나 훈련받지 않은 번역가의 도움이 있든지 없든지 그냥 번역이 되어 버리는 바람에 발생한 심각한 문제들을 무시한 상황인데도 표준화되어야만 한다는 것이다. 검사 과정에서 통역기/번역기를 사용하는 것은 표준화 절차의 또 다른 침범을 의미하며, 또다시 결과에 대한 신뢰도와 타당도를 손상시키는 것이고, 계속해서 해석을 방해하는 것이 되는 것이다.

검사 실시와 관련된 이슈들을 넘어서, 문화적 · 언어적 다양성을 갖고 있는 개인들에게 영어로 된 검사를 주는 것에 대한 기준 샘플의 대표성과 관련한 또 다른 심각한 문제가 남아 있다. 검사 개발자들은 종종 문화적 또는 언어적 차이를 다양한 인종과 민족을 포함하는 것으로 통제하려고 시도한다. 그러나 인종 및 민족성은 문화 또는 문화적 차이와는 다른 것이다. Salvia와 Ysseldyke(1991)에 따르면 다음과 같다.

> 우리가 표준화 검사를 사용하여 학생들을 검사하고, 그들의 상대적 위치를 알기 위해 규준과 비교할 때, 우리는 우리가 검사한 학생들이 검사가 표준화될 때의 피검자들과 비슷하다는 가정을 세운다. 즉, 우리는 그들의 문화 변용(언어적 역사)이 반드시 일치하지는 않지만 비교할 만하다는 가정을 세우며, 그렇기 때문에 구성되는 학생들은 그 검사를 위한 규준적인 표본이어야 한다. 한 아이의 보편적인 기본 배경적 경험들이 그 검사를 표준화하기 위하여 모집한 다른 아이들의 경험들과 상이할 때, 그것을 아이들의 현재 수행을 평가하고 앞으로의 수행을 예측하려는 검사의 표준으로서 사용하는 것은 적당하지 않다(p. 7).

인종이나 민족 범주를 기반으로 하는 표준 규준에서의 대표성이란 그저 개인의 정도를 충분히 대표해 주는 것도 아니고, 그 검사의 영역(조직)과 비슷한 것도 아니다. 마찬가지로, 인종이나 민족성도 개인이 영어에 능숙한지 아닌지 또는 어느 정도인지와 같은 구체적인 정보를 제공해 주지는 않는다. 높은 질의 기술적인 특징들을 입증하고 세밀한 표본 추출 기술을 사용함에도 불구하고, 인종, 민족, 출생지, 그리고 영어를 주로 사용하거나 영어만 쓸 수 있는 개인들에 대한 구성을 기반으로 계층화된 표준 표본은 이중언어-이중문화적 개인에 대한 적당한 표본을 위한 기준을 충족하지 않을 것 같다. 이 문제는 검사의 발달 및 연구 모두를 괴롭히고 있다. 이에 대하여 다음과 같이 언급되었다.

> 대부분의 연구는 같은 민족 집단 내의 다문화 학습자/영어 사용자(ELL)나 다문화 학습자/영어 비사용자(non-ELL) 아동보다는 다른 민족 집단 학생들의 수행을 비교한다. 이러한 모든 연구의 가장 주된 어려움은 히스패닉이라는 범주가 유의미하게 다른 영어 기술을 가진 다양한 문화적 배경을 가진 학생들을 포함한다는 것에 있다. 이는 관찰된 점수차에 따라 민족의 영향과 영어 능력 수준을 분리할 필요를 강화한다(Lohman, Korb, & Lakin, 2008, pp. 276-278).

검사 과정이 표준화되지 않았다면 수집된 자료에 의미를 부여하는 것이 어렵기 때문에 검사의 수정 또는 조정이 제한적으로 이용되게 되었다. 비록 그런 적응이 가치 있게 보일지라도, 표준 표본의 적합성에 대한 중요한 문제는 여전히 비교적 차이에 관한 그 어떤 결과의 타당화도 불가능하게 하고 있다. 실전에서 그러한 과정들은 전문가들이 질적인 정보들—관찰 행동, 학습 경향 평가, 발달적 능력 평가, 문제 분석 등에서—을 추출하도록 허용하는 데 가장 유용하다. 아마도 이런 방법의 사용을 위한 가장 좋은 제안은 먼저 표준화된 상태에서 검사들을 실시하는 것 그리고 개인 능력의 실제 또는 진짜 능력을 알아내는 것을 도와줄 수 있는 어떤 수정이나 조정을 한 후 재검사를 하는 것이다.

비언어적 검사

베타 버전의 미육군지능검사(Yerkes, 1921)처럼, 다문화 학습자들의 평가에 있어서 비언어적 방법들 및 검사들을 사용하는 것은 언어의 장벽을 없애는 것 그리고 검사를 일상적으로 진행할 수 있게 하는 것에 대한 대안으로 여겨져 왔다. 사실 비언어적 검사들은 임상 장면에서 꽤 대중적이 되었으며, 최근에는 이러한 목적으로 다양한 검사 도구가 개발되었다. Brigham(1923)이 원래부터 강력하게 주장했던 것과 유사하게, 이런 검사들은 언어가 검사 오차를 효과적으로 없앨 수 있다는 아이디어에 근거하여 타당성을 보증한다. 예를 들어, Weiss 등(2006)은 비언어적 인지 평가를 실시하는 것은 "이 문제에 대한 받아들일 만한 해답"으로서 여전히 장려되고 있다고 말한다(p. 49). 그러나 이것은 지나치게 낙관적인 관점인 것으로 보인다. 첫째, 비언어적 검사는 잘못된 명칭이다. 이것은 차라리 언어적 사용이 **축소된**(language-reduced) 검사로 구별되는 것이 맞다. 어떤 평가에서든지 그것을 사용하기 위해서는 검사자와 피검자가 서로 의사소통을 할 수 있어야 하며, 이는 검사만의 문제가 아니라는 것이다. 검사들이 완전히 비언어적인 상태(예: 제스처나 팬터마임의 사용)에서 실시될 수 있다고 주장하고 있지만, 이 역시 피검자가 제스처의 의미를 알아듣고 이해할 것이 우선시되어야 한다는 것이다. 어떻게 그런 의미들—언제 시작하고, 언제 끝나고, 무엇이 맞는 대답이고, 언제 빨리 작업하는지와 같은 반드시 포함되어야 하는 지시 사항들, 다른 검사들의 이슈와 마찬가지로 라포를 형성하는 것, 검사의 목적을 설명하는 것 등—을 어떤 언어적 상호 교류 없이 피검자에게 전달할 수 있을지 명확하지가 않다. 만약 그렇게 하는 것이 가능하다고 할지라도, 매우 짧고 제한적인 '언어' 부분이 있으므로, 새로운 것을 가르치는 것처럼 제스처로 가르치는 것이 남아 있다. 그러므로 구어적 언어가 사용되든 그렇지 않든 간에 검사의 실시는 항상 검사자와 피검자 사이의 어떤 형태의 의사소통을 요구한다.

비언어적 검사는 아마도 언어적 장벽을 줄일 수 있지만 그것을 완전히 없애지는 못한다. 마찬가지로 문화적 평등에 대한 주장들은 문화적 내용을 없애지 못한다. 언어적인 능력을 덜 강조한다는 점에서 문화적 내용들이 어느 정도 감소될 수 있지만, 실제 물체나 구조 등에 대한 사진들을 포함하는 시각적 자극을 사용하는 것이 아닌 한, 이 조차도 문화를 계속해서 유지되도록 할 것이다. 게다가 비언어적 검사들은 종종 개인의 보편적인 지능의 지표로서 사용되기도 한다. 이렇게 검사를 실시하는 것은 특별히 SLD 평가라는 맥락에서는 여러 가지 이유에서 문제가 있다. 첫째, 지능에 대한 비언어적 평가가 언어적 능력을 포함하는 다른 것들보다 더 공평하거나 더 타당하지는 않다는 것이 입증되었다(Figueroa, 1989). 둘째, 비언어적 구성으로 측정할 수 있는 능력의 범위가 지능 측정에 있어서 더 넓게 상관관계를 갖고 있음에도 불구하고, 언어성 검사로 측정하는 것보다 더 좁게 정의된다는 것이다(Flanagan, Ortiz, & Alfonso, 2007; Ortiz, 2008). 셋째, SLD 평가를 위한 의뢰의 과반수가 언어 과목, 특히 읽기의 문제에 기초하고 있다는 것이다. 이는 분명 읽기장애의 원인이 되는 인지적 결함에 대한 평가라는 면에서, SLD 평가는 청각적 처리 과정(Ga), 결정적 지식(Gc) 등을 포함하는 읽기와 관련된 능력들을 위한 검사를 포함할 필요가 있다는 것을 의미한다(Flanagan et al., 2007; Flanagan, Oritz, Alfonso, & Mascolo, 2006). 이러한 능력들은 쉽게 측정될 수도, 완전히 측정될 수도 없으며, 그러므로 비언어적 검사들은 SLD를 평가하는 데 유용하지 않다. 마지막으로, 비언어적 검사들은 또한 앞서 언급했듯이 언어적 검사들에 존재하는 표준 표본과 같은 문제에 대하여 주관적이다. 그러므로 사회에 적응시키려는 경험들 또는 이중언어 및 이중문화적 성격을 띠는 개인들의 언어적 발달에서 오는 차이들을 체계적이고 적절하게 통제한 표준 표본의 검사 형태도 아닌 것이다. 게다가 언어적 사용이 축소된 검사들은 다양한 문화와 언어적 배경을 갖고 있는 개인들의 능력을 평가하는 데 도움이 되지 않는다. 그들이 어떤 영역에 있어서 진짜 기능에 대한 더 좋은 측정을 제공함에도 불구하고, 그들은 검사에서의 타당성과 공평성, 그리고 어떤 경우들에는 SLD 판별의 목적을 돕는 데 있어서 적절하지 않을 것이라는 것을 충족하는 해답을 내어 놓지 않는다.

모국어 검사

최근 영어가 아닌 다른 언어들에서 표준화된 검사들이 발달되었고, 이와 함께 영어가 아닌 다른 언어들에 대한 평가들을 실시할 수 있는 충분한 능력을 가진 심리학자들의 수가 미세하게 증가하면서 모국어 검사 영역이 약간의 성장을 보이고 있다. 어떤 실시는 불운하게도 '이중언어 검사'라는 정확하지 않은 명칭으로 알려지고 있다. 이중언어 평가는 두 개의 언어를 다 다룰 수 있어서 두 언어를 동시에 사용하며, 습관적으로 두 개의 언어를 각각 다 사용하는 사람들을 위한 평가를 의미한다. 그러나 모국어 검사들은 두 가지 언어를 사용하여 표준화되지 않으며(이런 방법으로 표준화하는 것은 불가능할 것이다), 한 가지 언어만 사용하여 표준화된다. 각각의 언어로 주어졌을 때 어디에 반응하느냐가 수용되는 몇몇의 검사를 제외하고는, 언어에 따라 번안된 검사(영어거나 아니거나)는 구체화되지도 표준화되지도 않았다. 그러므로 검사가 한 가지 언어로 주어지고, 다른 언어로 재검사가 주어지는 상황에서조차 이중언어 평가는 단일언어 검사(monolingual testing)로 묘사되는 것이 더 낫다.

그러나 모국어 검사가 가장 정확하게 특정지어지고 사용되는 데에는 심리학자들이 그 언어를 말할 것(즉, 이중언어 사용자처럼 되기)이 요구된다. 피검자와 직접적으로 의사소통할 수 있는 능력은 이 접근을 위해 중요하고 중대한 것이며, 심리학자들에게 이런 상황에서(즉, 이중언어로) 검사 활동들을 할 것을 주장한다. 이는 한 언어만 사용하는 심리학자는 통역기 혹은 번역기의 도움을 받는다고 하더라도 이 검사를 이용할 수 없음을 의미한다. 이러한 개념은 이중언어 전문가의 고용이 왜 종종 다양한 개인들의 평가 문제에 대한 명확한 해결책으로 보이는지를 부분적으로 설명해 준다. 그러나 "개인적인 모국어로 의사소통할 수 있는 능력을 소유한 곳이 거의 없다면 개인에 대한 적합하고 비차별적인 평가를 보장할 수 없다. 전통적인 검사를 실시하는 것과 내재하는 편견들은 다른 어떤 언어들에서도 쉽게 반복될 수 있다"(Flanagan, McGrew, & Ortiz, 2000, p. 291). 게다가 진짜 '이중언어' 검사 또는 평가 프로토콜이 없을 뿐만 아니라 제1언어로 실시되는 단일 언어 검사들에서 이중언어 사용자들의 수행에 대해 최근 들어 아주 조금 알려지기 시작했다.

영어로 실시되는 검사들의 사용에 대한 연구들과 비교했을 때, 모국어로 검사가 이루어지는 것은 적절한 활동들 또는 실시의 기본적인 표준에 대한 안내 같은 임상적 근거가 거의 없는, 상대적으로 새로운 연구다. 어떻게 미국의 이중언어 사용자들에게 모국어를 사용하는 검사를 실시했을 때 어떤 수행을 보일 것인지를 예측하는가에 대한 기본적인 질문은 아직 해결되지 못했다. 이런 질문은 개인의 나이, 교육 수준 및 형태, 최근 지도받은 언어, 안내되는 프로그램의 형태와 같은 요소들에 의해 복잡하게 얽혀 있다(Goldenberg, 2008). 게다가 모국어 검사가 미국에서 실시되었을 때, 피검자들이 단일 언어 사용자라거나 또는 단일 문화적 배경을 갖고 있다고 보기는 어렵다. 모국어 검사의 표준이 종종 부모로부터 모국어로 말하고 교육받도록 길러진, 다른 나라에서 온 단일 언어 사용자들에게 실시되기 때문에, 그들은 지금 미국에 살고 있는 개인들의 수행을 비교하기 위한 표준 표본을 적합하게 표현하는 형태는 아니다. Harris와 Llorente(2005)에 따르면, "이러한 아이들은 미국 학교를 다니는 영어 사용자 아이들을 확실히 대표한다. 그러나 현실적으로 이 학습자들의 언어적 능력과 그들의 이중언어 정도에 대해서는 거의 알지 못한다"(pp. 392-393). 검사 개발자가 이중언어 사용자들을 포함하려고 시도했을 때조차, 그들은 대표 집단을 선정하는 데 필수적인 두 변수(두 언어들의 최근 유창성과 문화적 적응의 정도)에 대하여 주의를 기울여 체계적으로 표본화하지 않았다. 예를 들어, 스페인어 버전 Wechsler 아동용 지능검사 4판(WISC-IV; Wechsler, 2005)의 발달적 표본에 이중언어 사용자들이 포함되어 있음에도 불구하고, 그들은 일차적으로 출생지, 미국 체류 기간, 또는 미국에서 학교를 다닌 기간에 따라 정렬되었으며, 이 모든 것은 문화적 · 언어적 차이의 영향을 고려하는 것에 실패한 것이다(Harris & Llorente, 2005). 게다가 실제 스페인어 버전 WISC-IV의 표준은 WISC-IV의 표준과 같으며, 그러므로 스페인어 버전은 실제의 분리된 표본을 갖고 있지 않다는 것이 언급되어야만 한다(Braden & Iribarren, 2005).

영어 검사

모국어로 평가를 실시하는 데 충분한 능력을 갖춘 전문가들이 적은 데 비해 미국 인구에서 문화적 · 언어적으로 다양한 개인은 점점 더 많아지면서, 모든 개개인이 자신의 모국어 또는 이중언어를 사용하는 전문가에게 평가받는 것이 어려워지고 있다. 현실적으로는 다양한 개인의 대다수가 단일 언어, 즉 영어를 사용하는 전문가에게 평가를 받고 있으며, 평가가 기본적으로 영어로 이루어지고 있다는 것이다. 이전 방법들과 비교해 보면, 이러한 접근은 가장 차별적인 방법으로 보인다. 다양한 면에서 아동들의 모국어가 영어가 아니라는 사실에 대하여 어떤 인정도 하지 않기 때문에 '전형적인 미국인 상황'을 다루는 것에 대한 Brigham의 제언들이 반복되고 있으며, 검사의 내용이나 실시가 변경되지 않고, 검사가 측정하는 능력이 아이들이 영어로는 할 수 없지만 자기 모국어로는 성취할 수 있는 종류의 능력인지에 대한 조사도 이뤄지지 않고 있다. 반면에, 만약 우리가 개인적인 특성에 관한 Brigham의 잘못된 개념을 생략한다면, 우리는 실제로 문화적 · 언어적으로 다양한 사람들이 영어로 주어진 검사를 어떻게 수행하는지에 대한 많은 과학적 연구만이 유일한 접근임을 인식할 수 있게 될 것이다.

　의도하지 않았음에도 불구하고, 심리측정학 분야는 이중언어 사용자들의 검사 수행에 대한 평가의 가장 합리적인 근거를 제공하고 있다. 검사 지시들을 합리적으로 이해하기에 능숙한 영어 실력을 갖고 있는 사람들에 대한 반복되는 평가들과 더불어, 표준화된 절차의 발달은 이중언어 사용자들이 영어로 검사를 받을 때의 수행 상태를 고려한, 보다 확장적이고 충실한 데이터베이스를 가지고 있다(Brigham, 1923; Cummins, 1984; Figueroa, 1989; Goddard, 1917; Jensen, 1974, 1976; Mercer, 1979; Sanchez, 1934; Valdes & Figueroa, 1994; Vukovich & Figueroa, 1982; Yerkes, 1921). 이 연구에 대한 리뷰는 다문화 학습자를 영어가 모국어인 사람들과 비교하였을 때 언어 또는 언어 기반 발달 혹은 능력들이 요구되지 않는 과업에서는 비슷한 수행을 하나, 영어의 발달, 기술, 유창성에 의존하는 과업에서는 지속적으로 더 낮은 수행(1 표준편차 낮음)을 보인다는 것을 보여 준다(Cummins, 1934; Figueroa, 1989; Valdes & Figueroa, 1994). 만약 이 연구가 언어 및 문화 적응 발달에서의 차이와 같은 요인이 검사 수행에 영향을 미치는 정도를 이해하는 관점에서 나온 것이라면, 그것은 이른바 영어 유창성 및 문화 적응적 지식이라는 주요 조작 변인의 기능처럼 검사에서 발생할 수 있는 희석 정도를 측정하기 위한 임상기반 방법들로 효과적으로 활용될 수 있을 것이다. 이상적으로, 다양한 문화적 · 언어적 배경으로부터 온 사람들은 마땅히 비차별적인 검사 및 어떤 차이가 검사 수행에 영향을 미치는지 등에 대한 지식을 지닌 자격

■ 〈표 11-1〉 문화적 · 언어적 차이를 다루기 위한 접근법

문화적 · 언어적 차이를 다루기 위한 실행 가능한 방법으로서 문헌에서 4개의 보편적인 접근법이 제시되었다.

1. 수정되거나 조정된 검사
2. 비언어적 검사
3. 모국어 검사
4. 영어 검사

있고 유능한 전문가에게 평가를 받아야 한다(Ortiz, 2008). 이러한 전문가들은 다문화 학습자의 모국어와 영어로 함께 평가하게 된다. 그리고 영어로 평가하는 것 외에 이용할 수 있는 다른 선택 사항이 없을 때, 그 결과가 문화적 차이인지 아니면 장애로 인한 것인지 결정하는 것을 돕기 위해서 이러한 전문가와 지식이 활용될 수 있다(〈표 11-1〉 참조).

 ## 문화적 차이 대 장애

이 시점에서 수집된 자료가 일차적으로 문화적 또는 언어적 요인에 영향을 받았는지 아닌지, 또는 어느 정도까지 영향을 받았는지에 대한 결정에는 간단한 해결책이란 없다. 그러나 앞에서 언급한 것처럼 반박의 여지가 없는 타당한 결과를 만들어 내는 어떤 하나의 '최상의' 도구나 절차는 존재하지 않는다. 완전히 공정한 검사도 일종의 환상이며, 검사에서 언어나 문화를 제거하는 것은 불가능하다는 사실이 드러났다. SLD를 판별하는 노력에 있어 임상가들은 좀 더 합리적인 목표를 가질 필요가 있다. 그중에 하나는 검사 결과들의 타당성 수립을 추구하는 것이 될 것이다. 이러한 시도가 성공한다면, 이는 임상가들이 선호하는 SLD 판별을 위한 어느 방법이든 그것의 적용을 가능하게 할 것이다. (실제 능력이라기보다) 문화나 언어로부터 오는 경험적 차이가 수행에 주된 영향을 미쳤는지 판별이 가능할 때 그리고 이 차이들이 가장 큰 원인

으로 간주될 때, 전문가들은 결과들에 대한 타당성을 방어할 수 있고 SLD를 진단하는 데 사용되었던 방법들과 관계없이 수집된 자료들로부터의 영향을 지지할 수 있다. 이렇게 하여 특별히 문화적·언어적으로 다양한 사람들을 평가하는 데 있어서 기본적인 문제를 검사하기 위해, 수집된 결과가 문화적 혹은 언어적 차이를 반영한 것인지 혹은 실제 측정된 능력인지 하는 것을 고려하여 설계된 모든 접근법은 생각해 볼 만한 가치를 갖게 되었다.

문화-언어적 요구 수준에 따른 검사분류

검사에서 문화적 영향과 언어적 영향의 효과와 정도를 체계적으로 평가하는 과정은 타당성 이슈에 대한 대응으로서 정밀한 연구기반 접근을 통해 조직적으로 이루어졌다. 일반적으로 이 접근법은 두 가지 요소와 밀접한 관계를 갖는다. 바로 문화-언어적 요구 수준에 따른 검사분류(Cultural-Language Test Classifications: C-LTC)와 문화-언어 해석 매트릭스(Cultural-Language Interpretive Matrix: C-LIM)다(Flanagan & Ortiz, 2001; Flanagan et al., 2007; Mpofu & Ortiz, 2010; Ortiz & Dynda, 2010; Rhodes et al., 2005).

Brigham(1923)과 Yerkes(1921)가 미육군지능검사에서 얻은 그들의 자료에서 언급한 것에 따르면, 미국에 산 시간이 오래될수록 Binet 검사에서 더 좋은 점수를 얻는다. 마찬가지로 영어가 모국어인 사람이 아닌 사람보다 더 나은 수행을 보인다. 그러나 이 관계는 종종 언어-비언어의 이분법으로 과도하게 단순화되기도 하며, 문화적·언어적으로 다양한 사람들의 평가에서 비언어적 접근법이 인기 있는 이유이기도 하다(Figueroa, 1990). 게다가 이 관계는 '검사 편향'이라는 화제에 관한 상당한 연구의 주제가 되기도 하였지만, 수행 차이가 검사의 내재하는 정신측정학적인 질에 기여하지 못하며, 검사에서의 정신측정 편향에 대한 언급은 잘 지지되지 않았음이 잘 규명되었다(Figueroa; Jensen, 1980; Reynolds, 2000; Sandoval, Frisby, Geisinger, Scheuneman, & Grenier, 1998). 반면, 검사들이 그 자체로는 정신측정학적으로 편향되지 않았다고 정확하게 말할 수는 없으나, 이것이 수행의 측정이 자동적으로 타당하다는 것을 의미하지는 않는다. 대부분의 연구자는 언어적·문화적 차이가 수행을 약화시키는 것을 인정하는 것으로 보이나, 검사 편향에 초점이 있다는 것은 왜 검사 수행 정도가 '낮은지'에 대한 이해도가 낮은 이유가 되기도 한다(Figueroa & Hernandez, 2000; Jensen, 1976, 1980; Lohman et al., 2008; Sandoval, 1979; Sandoval et al.).

지능검사의 초창기부터 현재까지, 연구는 검사의 내용(문화 적응도), 그리고 개인이 그 검사가 기반으로 하는 언어를 이해하는 정도(유창성)와 함께 개인의 친숙도가 검사 수행에 직접적인 연관성을 갖는다는 것을 보여 준다(Valdes & Figueroa, 1994). 그것은 이 연구의 기본이며, 하위검사들이 이러한 차원들의 다양성을 보여 주게 되었고, C-LTC가 등장하게 되었다. (자료 사용이 가능한) 임상적인 연구와 (전문가들의 합의를 기반으로 한) 논리 두 가지를 모두 사용함으로써, 지능 및 인지 능력에 대한 검사의 분류가 두 가지 중요한 차원을 따라 수립되게 되었다. ① 어떤 특정한 검사 또는 하위검사가 친숙도, 특정 지식, 미국의 주요 문화에 대한 이해 등을 포함하거나 요구하는 정도, ② 올바른 답은 언어적 경쟁력을 요구하고, 또는 적절한 실시가 피검자의 충분한 언어 이해도에 달려 있어 그 능력이 언어적 기초에 의해 평가되기 때문에 특정한 검사 또는 하위검사가 언어 능력들의 표현 또는 수용을 요구하는 정도가 바로 그것이다. 단순한 세 가지 수준(낮음, 보통, 높음) 시스템의 적용을 통해서, 검사는 문화적 부담의 정도와 언어적 요구의 정도에 따른 매트릭스에서 분류되었다. [그림 11-2]가 C-LTC의 예, 특별히 Woodcock-Johnson Ⅲ 인지능력검사(WJ Ⅲ COG; Woodcock, McGrew, & Mather, 2011)의 하위검사를 보여 준다.

C-LTC를 통해 임상가들이 문화적 부담과 언어적 요구가 '낮다'고 분류된 검사들을 선택하고, 그러므로 수행이 타당하게 평가되고 진짜 능력에 대한 최고의 추정치를 만들겠다는 초기 의도는 비언어적 접근법의 기저에 흐르는 의도와 유사하다. 그러나 이는 '낮은 문화/낮은 언어'와 같은 방법으로 측정될 수 없는 몇몇 능력[예: 결정적 지능(Gc)과 청각적 처리과정(Ga)]에서 문제가 있음이 밝혀졌으며, 능력의 넓은 영역을 측정하기 위해 하나 또는 두 개보다는 여러 개의 배터리를 사용하는 것이 필요하게 되었다. C-LTC가 문화적·언어적으로 다양한 사람의 검사 실시에서 검사 분류 방식으로 인식되었을 때, 후에 C-LTC로부터 발전된 더 유용한 접근법은 역사적으로 관찰한 것

	낮음	보통	높음
낮음	공간관계 파악하기 (Gv-Vz, SR)	시각적 매칭하기(Gs-P, R9) 숫자 거꾸로 세기(Gsm-MW)	개념 형성(Gf-I) 종합적 분석(Gf-RG) 청각적 작동기억(Gsm-MW)
보통	그림 인지하기(Gv-MV) 계획하기(Gv-SS) 짝 삭제하기(Gs-R9)	시각-청각 학습(Glr-MA) 지연된 회상-시각청각 학습 (Glr-MA) 회상유창성(Glr-FI) 빠른 이름 대기(Glr-NA)	단어기억(Gsm-MS) 불완전 단어(Ga-PC) 소리 합성(Ga-PC) 청각적 주의(Ga-US/U3) 결정 속도(Gs-R4)
높음			구어적 이해(Gc-VL, LD) 일반상식(Gc-KO)

[그림 11-2] WJ Ⅲ COG의 문화-언어 검사분류

언어적 요구 수준

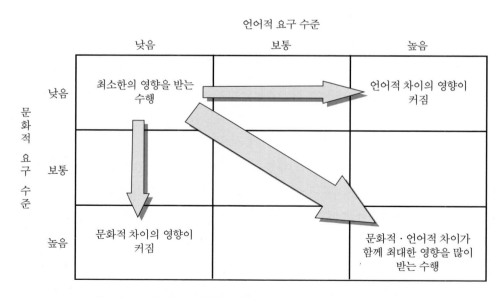

[그림 11-3] 문화 적응을 보이는 문화적·언어적으로 다양한 개인이
검사에서 문화적·언어적 특성이 증가함에 따라 보일 것으로 예상되는 수행의 패턴

처럼 검사 수행의 감소 패턴을 만들어 주었다(Cummins, 1984; Mercer, 1979; Valdes & Figueroa, 1994). 이런 관찰들은 [그림 11-3]에 도식화되어 있으며, 단순 이분법적인 패턴(즉, 언어 대 비언어)을 보여 주는 것이 아니라, 대신에 최소한의 문화 적응력(낮은 문화/낮은 언어 셀)부터 최대의 문화 적응력(높은 문화/높은 언어 셀)까지의 연속적 감소를 보여 준다는 점에서 검사 수행에 대한 이전 관찰들과는 조금 다른 모습을 보인다. 이 관찰은 크게는 단일 언어로 영어를 사용하는 사람들의 표준 표본과 영어 유창성에 대한 표준화된 검사에서 25백분위를 넘지 못하는 사람들[표준 점수(SS)>90]의 비교를 위한 WISC-IV의 영어 학습자와 비교할 만한 점수들을 보여 주는 이전 연구들로부터 나오게 되었다(Cathers-Schiffman & Thompson, 2007). 최근 연구는 언어 유창성과 문화 적응적 지식의 수준이 검사 수행에서 역할을 함에도 불구하고, 그 효과는 실제적으로 검사 자체가 요구하는 언어나 문화 적응 발달의 정도와 연관이 있다는 것을 논증하기 위해 계속되고 있다(Aguera, 2006; Dynda, 2008; Nieves-Brull, 2006; Sotelo-Dynega, 2007; Tychanska, 2009). 그러므로 더 많은 검사가 언어적 요구를 하고 더 많은 검사가 문화적 내용에 의존할수록 문화적·언어적으로 다양한 사람들의 수행은 더 많이 감소하게 되는 것이다.

문화-언어 해석 매트릭스

C-LIM은 검사 수행과 이 수행이 문화나 언어의 차이에 따라 영향받는 정도를 직접적으로 검사한다는 점에서 근본적으로 C-LTC의 확장이다. [C-LIM 결과의 사용과 평가의 구체적인 단계에 흥미가 있는 독자들은 원출처(Flanagan et al., 2007)를 찾아보길 바란다. 그러한 구체적인 것들은 이 장에서 다뤄지지 않을 것이며 오로지 보편적인 단계들과 개념적인 논의들이 제공될 것이다.] 매트릭스 안에서 검사들의 배치 때문에, 검사 수행에 포함하는 내용이 일차적으로 그런 차이들을 포함하고 있는지 등의 평가를 가능하게 하는 타당도의 a de facto 검사가 개발되었다. 특별히 검사 점수가 매트릭스 안에 들어갈 경우, 각 셀의 총합은 같은 분류 안에 있는 검사끼리 계산한다. 만약 수행 패턴의 결과가 역사적이거나 현재의 연구를 따른다면(예를 들어, 검사에서의 높은 수행

이 낮은 문화/낮은 언어 셀에 분류되고, 낮은 수행이 높은 문화/높은 언어 셀에 분류된다면) 이런 배치에서 검사는 반드시 필연적으로 문화적이고 언어적인 요인들의 일차적이고 중요한 효과를 반영하고 있으며, 그러므로 타당하지도 않고 해석도 불가능하게 되는 것이다. 그러나 이러한 것이 개인의 검사 점수가 기대된 감소되는 패턴이고 매트릭스 셀에서 기대된 부분에 배치되었다면, 교육적으로 가능하지 않은 상황의 다른 문화적·언어적 다양성을 가진 사람들과 수행이 비슷했을 수 있기 때문에 그 자료가 완전히 쓸모없다는 것을 의미하지는 않는다.

이 감소 패턴에서 관찰되는 것에 대한 연구는 특정한 장애 유형을 가진 사람들이 아닌 '보통' 사람들을 측정하는 것을 기본으로 한다. 그러므로 타당한 관찰 연구와 비교 가능한 긍정적인 수행은 인지적 역기능이 없음을 강하게 제안하고 있다고 볼 수 있고, 특정학습장애나 다른 신경인지적 기반의 장애에 대한 가능성을 배제할 수 있게끔 한다. 정반대로, 그 결과가 체계적으로 감소하지 않을 때 또는 기대 수준만큼 연구에서의 검사 결과와 비슷하지 않은 값을 가질 때 이는 문화적·언어적 요인이 가장 크게 영향을 준 요인이며 관찰 결과는 일차적으로 경험적 차이 때문이 아님을 가정할 수 있다.

이런 상황에서 임상가들은 관찰된 결과가 타당하다고 볼 수 있는지, 그리고 의도했던 것처럼 해석할 수 있는지에 대한 자신감을 가져야 한다. 이 결과들은 검사가 만들어졌던 이론적인 요인 구조로 돌아가 재배치될 수도 있고, 결핍된 수행이 보고될 경우에는 가능한 특정학습장애나 역기능에 대해 타당한 결과를 도출할 수도 있다. 그러나 그 결과에서 결정적 지능(Gc)이 기대되는 범위(표준 점수＝80-85) 안에 있으면서 기능 결손에 대한 확실한 증거가 발견되지 않는다면, 다른 기능적 영역에서 학습장애가 있는 경우를 포함하여 문화 적응에 있어 문화적·언어적 차이에서 비롯된 영향이 완전히 사라지지 않았을 수 있음을 유의해야 한다.

말-언어장애[특정언어장애(SLI)로도 불리는]를 보이는 다문화 학습자들의 수행에 대한 최근 연구들은 (대부분 결정적 지능에 의해 측정되는) 언어기반 장애가 다른 장애를 가지지 않았다고 할 때 기대보다 상당히 낮은 타당도를 보이는 결과를 유발할 수 있다고 제안하였다(Tychanska, 2009). 게다가, 감소 패턴이나 검사에 있어 기대 수준 이하의 값을 보이는 것으로 인하여 학습장애 진단 여부에 대한 섣부른 판단을 하지 않고 돌봄(care)이 주어져야 한다. 되려 유일한 목표는 임상가들이 문화적·언어적 요인의 효과를 체계적으로 평가하고 타당성을 고려하여 결론을 내릴 수 있도록 돕는 것일 수 있다. 검사에서 최고의 임상을 유지하기 위해, 비인지적인 요소(예: 피로, 주의 분산, 노력이나 동기의 결핍, 비협조적인 검사 행동, 부적절한 실시 등)가 검사 상황을 방해하지 못하고 결과의 패턴에 영향을 줄 수 없도록 보장하는 것이 임상가들에게 필요하다 (Oakland & Harris, 2009).

[그림 11-4]와 [그림 11-5]는 WJ Ⅲ COG의 매트릭스와 그래프 형태는 문화적·언어적으로 다양한 배경을 가지고 있으며 평균적인 능력을 가졌을 것으로 기대되는 개

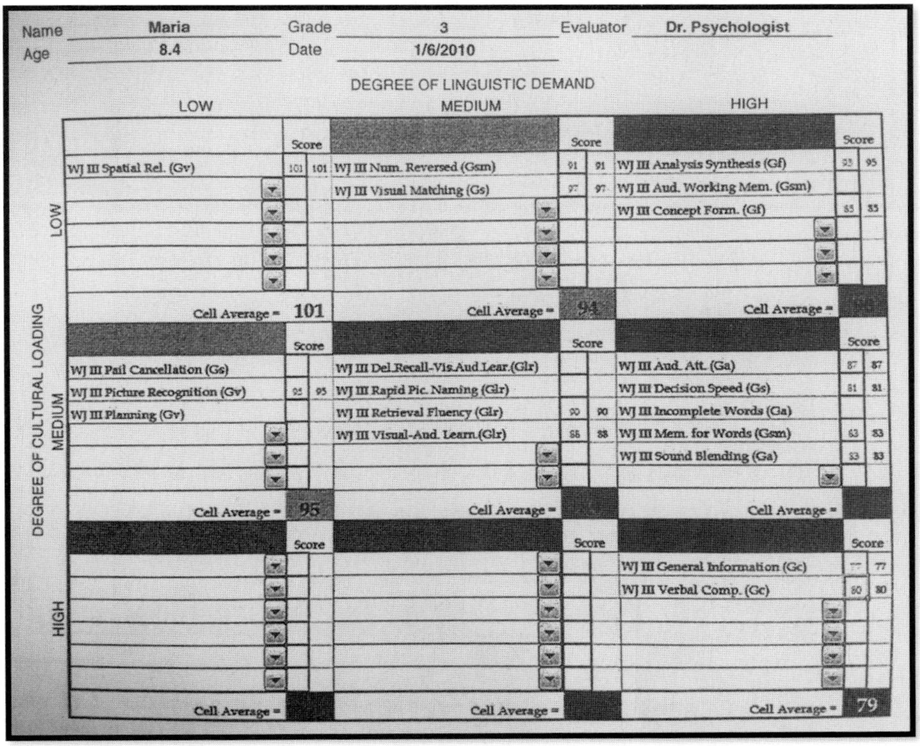

[그림 11-4] 문화적·언어적 요인의 일차적인 효과를 암시하는 가정적인 WJ Ⅲ COG의 자료를 사용하는 문화-언어 해석 매트릭스(결과는 타당하지 않음, 보통의 기능이 제시됨)

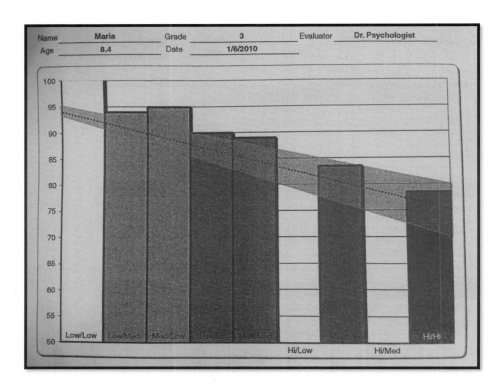

[그림 11-5] 문화적·언어적 요인의 일차적인 효과를 암시하는 WJ Ⅲ COG의 가상 자료의
문화-언어 해석 매트릭스(결과는 타당하지 않음, 보통의 기능이 제시됨)

인의 전형적인 감소 패턴의 예를 보여 준다. 전형적인 것처럼 표현되어 있다고 할지라도 사람들이 이 매트릭스와 그래프에서 단 하나의 패턴을 가진다고 한다면 이는 함의가 없다고 할 수 있다. 왼쪽 위에서 오른쪽 아래로 이어지는 같은 관련된 감소 패턴이 검사 수행에 있어서 문화적·언어적 다양성의 체계적 영향이란 것을 보증함에도 불구하고, 문화 적응과 영어 유창성에 대한 개인의 수준 차는 검사 평균으로 대체된다. 이는 개인의 영어 유창성이나 문화 적응에 따른 지식 수준이 이 검사의 기준이 되었던 사람들과 차이를 보임으로써 결과 값들이 수행 정도와 문화 적응 점수 정도에 있어 일관된 차이를 보여

Name: **Stanislaw** Grade: **2** Evaluator: **Dr. Psychologist**
Age: **7.2** Date: **11/23/2009**

DEGREE OF LINGUISTIC DEMAND

	LOW	Score	MEDIUM	Score	HIGH	Score
LOW	WJ III Spatial Rel. (Gv)	98 98	WJ III Num. Reversed (Gsm)	91 91	WJ III Analysis Synthesis (Gf)	90 90
			WJ III Visual Matching (Gs)	70 70	WJ III Aud. Working Mem. (Gsm)	
					WJ III Concept Form. (Gf)	85 85
	Cell Average =	98	Cell Average =	81	Cell Average =	
MEDIUM	WJ III Pail Cancellation (Gs)		WJ III Del. Recall-Vis. Aud. Lear. (Glr)		WJ III Aud. Att. (Ga)	87 87
	WJ III Picture Recognition (Gv)	95 95	WJ III Rapid Pic. Naming (Glr)		WJ III Decision Speed (Gs)	72 72
	WJ III Planning (Gv)		WJ III Retrieval Fluency (Glr)	80 80	WJ III Incomplete Words (Ga)	
			WJ III Visual-Aud. Learn. (Glr)	72 72	WJ III Mem. for Words (Gsm)	90 90
					WJ III Sound Blending (Ga)	95 95
	Cell Average =	95	Cell Average =		Cell Average =	
HIGH					WJ III General Information (Gc)	90 90
					WJ III Verbal Comp. (Gc)	87 87
	Cell Average =		Cell Average =		Cell Average =	89

DEGREE OF CULTURAL LOADING

[그림 11-6] 문화적·언어적 요인만의 기여 효과를 암시하는 WJ Ⅲ COG의 가상 자료의 문화-언어 해석 매트릭스(결과는 타당함, 특정학습장애를 지지함)

주는 것이다. 다시 말하면, 명백히 다른 사람들(즉, 매우 제한된 영어 유창성을 갖고 있거나, 문화 적응적 지식 또는 발달에 심각한 결손을 가진 사람들)이 낮은 점수들, 특별히 문화적·언어적 요구가 많은 검사들에서 차이를 덜 보이는 사람들(즉, 보다 나은 영어 유창성과 문화 적응적인 지식을 갖고 있는 사람들)보다 더 낮은 점수들을 보일 것이다.

그러므로 이 검사 결과로 제시되는 점수가 반드시 비교 및 평가되어야 하는 내용들을 모두 골고루 포함하고 있게끔 만들기 위해 개인의 언어 유창성이나 문화 적응적 지식을 평가하고 파악하는 것은 중요하다. 이 과정이 가능하게 하기 위해 C-LIM은 주변에 회색 영역을 표시한 점선을 사용함으로써 기대되는 수행을 위한 안내를 제공한다. 이 그림자 진 영역은 '조금' 또는 '명백히' 특징지을 수 있는 사람들보다는 주류에서 '적당히' 다른 사람들을 위해 기대되는 범위를 표현한다. 이 중간 지정(middle designation)은 배경, 발달, 현재 등록된 미국 공립학교에서 받은 전형적인 영어 학습자 경험 등이 주어졌을 것으로 기대되는 점수를 더 잘 표현해 주기 때문에 일차적으로 C-LIM에 사용되었다. 제한적인 영어 유창성이나 문화 적응을 갖고 있는 이런 아이들은 대부분 영어로 수행해야 하거나 검사가 영어로 실시되는 연구에 바탕이 된 사람들로서 적합한지는 고려해 보아야 한다. 그러므로 이러한 수행은 연구에 선택되었던 평가자들보다 근소하게(하지만 지속적으로 감소하는) 낮을 것이라고 예상할 수 있다. 다시 한 번, 관심 있는 독자들은 해석을 위한 완전한 안내와 구체적인 지시들을 고려한 깊이 있는 논의를 위하여 Flanagan 등(2007)을 참고하기 바란다.

이전의 그림과는 대조적으로, [그림 11-6]과 [그림 11-7]은 다양한 문화적 · 언어적 배경을 갖고 있음에도 불구하고 예상되는 감소 패턴을 따르지 않는 사람들의 검사 결과들을 보여 준다. 이 예시들은 감소와 관련된 몇몇 암시가 있기는 하지만 증가하는 문화적 · 언어적 요구들과 관련한 수행이 명백하게도 그리고 체계적으로도 떨어지지 않는다. 게다가 합산된 점수 또한 검사에서의 문화적 부담과 언어적 요구 정도에 따라 예상되는 범위 안에서 감소가 나타나지 않는 부분들이 있다. 이전에 논의되었던 이슈들에 근거하면, 이러한 패턴들은 문화적 및 언어적 차이에 의한 일차적인 영향의 존재를 암시한다고 이야기할 수는 없다. 관찰된 값들이 단순히 예상된 것과 일치하지 않고, 따라서 수행이 현저하게 떨어진 범위들을 문화적 혹은 언어적 요인에 의해 설명할 수 없다.

요약하면, 이는 그들이 관련 없는 변수(즉, 문화적인 것과 언어적인 것)에 의해 체계적으로 작용했다고 말할 수 없기 때문에, 이 결과가 타당하다고 말할 가능성도 있다는 것을 의미한다. 그리고 타당성의 확인은 상황에 따라 진행되는 해석을 방어해 준다. 분명한 학업적인 어려움을 추정하는 원인으로서 인지적 결손의 판별이 종종 판별 과정의 일부로 활용되고, 규범적인 결손이 없음이 확인되며, 모든 점수가 평균 범위 안에 들지 않는다면 장애, 특히 특정학습장애로 의심할 수 있다. 그러나 이 사례에서는 수행 결과가 문화적 혹은 언어적 요인들로 합리적으로 설명할 수 있는 것보다 유의미

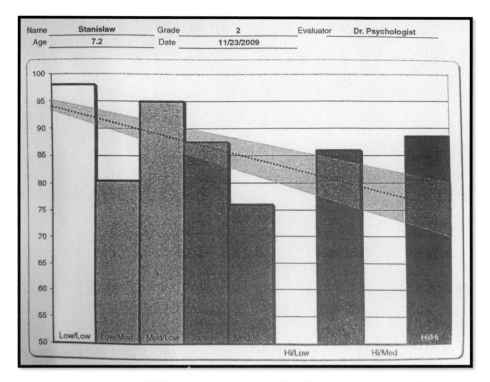

[그림 11-7] 문화적 · 언어적 요인만의 기여 효과를 암시하는 WJ Ⅲ COG의 가상 자료의
문화-언어 해석 매트릭스(결과는 타당함, 특정학습장애를 지지함)

하게 낮다. 이는 문화적 혹은 언어적 차이보다는 다양한 어떤 요인들이 존재하며, 이 요인들이 낮은 수행을 야기하고 있다는 것을 암시한다. 충분히 주목할 만하고 인상 깊은 근거들은 이 결과가 그들에게 어떤 형태의 인지 결손이 존재하는지에 대한 암시를 제공하고, 임상가에 의해 아무 정의나 방법들을 사용하여 특정학습장애의 존재 가능성을 고려한 결과를 알려 주기 위한 흔한 이론적이고 구조적인 체제에서 평가되었음을 보여 준다. 이것은 의도적으로 C-LIM을 한정적으로 이용함에도 불구하고 보다 방어 가능하며 효율적으로 활용할 수 있는 특정학습장애 판별 과정을 허락한다는 점에서 분명한 가치가 있다. C-LIM이 영어로 실시된 검사로부터 얻어진 점수를 평가하기 위해 고안되었음에도 불구하고, 몇몇 임상가는 C-LTC와 C-LIM이 스페인어 버전

WISC-IV(Wechsler, 2005)나 Bateria-III(Munoz-Sandoval, Woodcock, McGrew, & Mather, 2005)와 같은 모국어 검사들에도 사용할 수 있는지의 여부에 대한 궁금증을 갖고 있다. 원리에 따르면 이전에 논의된 적절한 표준화된 표본과 함께 주어진 문제들에서 그 화제가 일치하기 때문에 검사에 대한 분류는 매우 유사하다고 할 수 있다(Esparza-Brown, 2007). 예를 들어, 미국에서 모국어인 스페인어를 쓰는 학생은 모국어 교육(즉, 이중언어 교육)을 받지 않았을 것이고, 그래서 스페인에서 스페인 단일 언어로 교육을 받은 학생들로 구성된 표준 집단에 비하여 스페인어에서 상대적으로 낮은 수행을 보일 수 있다. 낮은 수행은 표준화된 교육의 결핍으로 인해 제한된 사용과 발달을 갖는 것을 의미하는 언어 소모(language attrition)라고 알려진 과정의 결과라고 할 수 있다(Bialystock, 1991; Hkuta, 1991). 안타깝게도, 어떻게 하면 이중언어 사용자들에게 모국어로 된 검사를 제공하여 그들의 유창성을 발휘할 수 있게 할 수 있는가에 대한 연구가 거의 없다는 사실 때문에, 수행 기대와 C-LTC 및 C-LIM의 사용에 대한 것을 고려한 분명한 조건을 제시할 수가 없다.

결론

현장 전문가는 특정학습장애를 판별하기 위해 선택하는 방법이나 절차들이 무엇이든 간에, 표준화된 검사들로부터 얻은 결과들이 능력 또는 장애를 암시하는 것에 대한 타당성을 방어하지 못하면 공정한 평가를 할 수 없다. 이러한 이유로 이 장에서는 언어적·문화적으로 다양성을 가진 사람들 가운데서 특정학습장애를 판별하기 위한 특정한 방법을 정하는 것보다 검사 결과의 타당성에 대한 직접적인 평가 및 차후 해석의 가능성 등에 대한 것들을 논의하였다. 현재 시점에서 언어적·문화적으로 다양성을 가진 사람들 중에서 특정학습장애를 판별하는 최상의 혹은 선호되는 방법은 없으며, 주어진 의뢰 상황에서 무엇이 가장 적절하겠는가에 대한 결정은 결국 현장 전문가의 몫이다. 그러나 어떤 접근법을 선택하는가와 별개로, 만약 그 과정에서 표준화된 검사들이 사용된다면, 타당성의 문제, 또는 그들이 검사받는 것이 거의 가치가 없거나 아예 가치가 없는 것은 아닌지는 생각해 볼 필요가 있다.

요컨대, C-LTC와 C-LIM은 타당성 문제를 위해 고안된 것일 뿐, 문화적으로 혹은 언어적으로 다양한 배경을 갖고 있는 사람들의 평가에서 발생할 수 있는 문제들에 대한 완전한 해결책으로서 배타적으로 사용되고자 하는 의도는 없다. 검사에서의 진정한 공평성 그리고 공정성은 최대한의 모든 형태의 잠재적인 편향을 감소시키고자 하는 비차별적인 검사를 사용하고 다양하고 체계적인 체제를 활용함으로써 성취될 것이다(Ortiz, 2008). C-LTC와 C-LIM은 타당성 문제에 대한 체계적인 접근법을 보여 주며, 과거와 현재의 임상적 연구의 적용 기반이 된다. 최근 들어 영어검사 결과 그것들의 적용은 보다 제한적이 되었다고 할 수 있다. 그러나 C-LTC와 C-LIM을 사용하게 되면, 현장 전문가들은 드러난 검사 결과의 타당성을 다루는 공식적인 절차를 밟게 되며, 이는 다문화 학습자를 영어로 검사할 때 나타나는 결과를 검토하는 연구 문헌에서 제안하는 방식과 부합된다. 수정/조정된, 비언어 혹은 모국어 검사들을 포함하여 다른 접근법들의 적용이 사용하기 쉽다는 것을 어필하고 있음에도 불구하고, 여전히 이 검사들은 공평성을 보장하기에 불충분하며 계속해서 다양한 방법으로 문제를 야기하고 있다.

결과적으로 문화적 · 언어적으로 다양성을 지닌 사람들에게서 특정학습장애를 판별하는 최선의 단일한 접근법도, 도구도, 절차도, 방법도 없을뿐더러 또 있어서도 안 된다. 대부분의 사례에서, 개인이 특정학습장애인지 아닌지에 대한 결정은 궁극적으로 임상가의 임상적인 판단에 달렸다. 그러나 판단을 내릴 때에 현장 전문가들은 관찰된 결과들에 대한 타당도를 반드시 보장해야 한다. 그리고 이를 염두에 두었을 때 C-LTC와 C-LIM은 매우 유용하며, 이는 특히 이중언어가 아니거나 반드시 영어로 된 검사 실시에 의지해야 하는 사람들에게 더욱 그러하다. 차이 대 장애의 문제를 효과적으로 다루도록 현장 전문가를 도움으로써, 현장 전문가는 현대 인지 이론과 과학적 연구들에 의해 지지되는 다양한 검사의 맥락 안에서 방어할 만하고, 윤리적인 지침을 충분히 충족하며, 비차별적인 실천을 위한 표준과 지침에 부합하는 체계적인 방법을 갖게 되었다(Oakland, 1976; Ortiz, 2008). 앞으로의 연구는 분명히 몇몇 검사의 분류를 변화시킬 것이며, 아마도 문화적 · 언어적으로 다양한 학습자들, 특별히 현재의 나이,

학년, 그리고 교육 프로그램이 방법론에 통합되는 것을 고려함으로써 그들에 대한 기대치도 대체될 것이다. 문화 적응 수준, 언어 발달 및 유창성, 사회경제적인 지위, 학력, 가족력, 발달적 자료, 경력, 교육과정 기반 자료, 중재 결과들 등의 비차별적인 검사 정보를 다른 정보들을 통합하여 활용할 때, C-LIM 그리고 그것을 기반으로 한 분류들(C-LTC)이 특정학습장애의 진단에 있어 반드시 기반이 되는 타당성의 문제를 현장 전문가들이 직접적으로 다루는 데 도움이 될 것으로 기대한다.

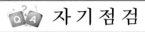 **자 기 점 검**

1. 미국으로 이민 온 사람들이 초기 번역된 Binet 검사로 평가받았을 때,

    (a) 결과들은 단일 언어를 사용하는 사람들과 비교해 보았을 때 수행에 있어서 어떤 차이도 보이지 않았다.

    (b) 그들은 단일 언어를 사용하는 사람들에 비해 낮은 수행을 보였으나, 이는 이민자들의 특성과 능력에 있어서 내재하는 결점으로 생각되었다.

    (c) 그들은 단일 언어 사용자들에 비해 높은 수행을 보였고, 검사의 결함을 암시하였다.

    (d) 그들은 항상 미국 군대의 참여를 거부했다.

2. 베타 버전의 미육군지능검사와 이민자들의 지능검사 결과에서 미국 체류 기간이 검사 수행과 관련이 있다는 것을 암시하였을 때,

    (a) 그것은 미국으로 온 이민자들의 지능이 점점 감소했기 때문이다.

    (b) 그 검사가 이런 다양성을 통제하도록 수정되었다.

    (c) 그 검사가 이민자들에게 사용하기에 타당하지 않다는 사실을 시사한다.

    (d) 미육군지능검사를 위한 더 나은 이론적 체제들에 대한 연구가 진행되었다.

3. 검사의 심리측정학적인 특성들에 대한 편파성이 전통적으로 정의되었을 때, 연구자들은 다음 영역에 대하여 편파성에 대한 강력한 증거를 제공하였다.

    (a) 신뢰도

    (b) 요인 구조

    (c) 예측

    (d) 위의 것 중 아무것도 아님

4. 언어적 · 문화적으로 다양한 배경을 가진 사람에 대한 특정학습장애(또는 다른 장애) 평가에
   있어 가장 어려운 점은?
   (a) 가장 적절한 검사를 선택하는 것
   (b) 장애와 차이를 구별하는 것
   (c) 훈련된 번역가/통역가를 찾는 것
   (d) 표준화 검사의 실시를 제대로 하는 것

5. 언어적 · 문화적으로 다양한 배경을 가진 사람에 대한 특정학습장애(또는 다른 장애) 평가에
   있어서 표준화된 검사들을 실시할 때 주된 염려는 _____의 문제다.
   (a) 신뢰도
   (b) 구체화
   (c) 타당도
   (d) 예측

6. 다문화 학습자에 대한 평가에서 수정/조정된 검사 혹은 모국어 검사를 사용할 때 나타나는 커
   다란 문제는?
   (a) 언어의 유창성 그리고 문화 적응적 지식 발달의 영향을 통제한 적절한 규준의 부재
   (b) 표준화된 실시 절차의 부재
   (c) 비교 가능성이란 가정의 위배
   (d) 위의 선택지 모두

7. 검사에서 언어로 표현하는 부분을 줄이는 것이 다문화 학습자에게 도움이 됨에도 불구하고,
   종종 오해가 될 수 있는 것은 비언어적 검사는 _____는 것이다.
   (a) 검사자와 피검자 사이의 어떤 의사소통 없이 실시 가능하다.
   (b) 검사 수행에 영향을 주는 문화적 요소를 통제할 수 있다.

(c) 이중언어를 사용하는 사람들을 대표하는 적절한 규준을 가지고 있다.

(d) 위의 선택지 모두

8. 언어적 · 문화적으로 다양한 배경을 가진 사람들을 모국어가 아닌 영어로 평가할 때, 바로 수용하기는 어렵지만 대체로 그 결과를 사용할 수 있는 이유는?

(a) 이중언어 사용자들이 영어로 평가받는 검사에서 어떤 결과를 보이는지에 대한 백 년 정도의 연구들이 축적되어 있다.

(b) 법적으로 수용될 수 있는 구멍이 있다.

(c) 평가가 필요한 언어적 · 문화적으로 다양한 배경을 지닌 아이들이 너무 많이 존재한다.

(d) 좀 더 경제적으로 실시하는 것이 중요하다.

9. 문화–언어 해석 매트릭스(C–LIM)를 사용할 때, 다음 중 올바르지 <u>않은</u> 것은?

(a) 검사 수행이 왼쪽 위에서 오른쪽 아래로 셀을 따라 비스듬하게 상승할 때 점수들은 타당하지 않은 것으로 보이며, 결과를 수용할 수 없다.

(b) 검사 수행이 왼쪽 아래에서 오른쪽 위로 셀을 따라 비스듬하게 상승할 때 점수들은 타당하지 않은 것으로 보이며, 결과를 수용할 수 없다.

(c) 검사 수행이 왼쪽 위에서 오른쪽 아래로 셀을 따라 비스듬하게 하락할 때 점수들은 타당하지 않은 것으로 보이며, 결과를 수용할 수 없다.

(d) 검사 수행이 왼쪽 아래에서 오른쪽 위로 셀을 따라 비스듬하게 하락할 때 점수들은 타당하지 않은 것으로 보이며, 결과를 수용할 수 없다.

10. 문화–언어 해석 매트릭스(C–LIM)의 일차적인 목적은?

(a) 검사들에서 발견되는 측정학적 편파성의 감소

(b) 검사 수행에서의 문화적 · 언어적 차이들의 영향을 평가해 검사 결과들의 타당

성에 대한 결정을 체계적으로 내리도록 도와준다.

(c) 이중언어 심리학자들이 다문화 학습자를 모국어로 평가할 수 있도록 돕기 위한 것

(d) 문화, 언어 그리고 교육적인 배경을 고려하여 임상적 결정 또 자료 수집을 해야 할 필요를 없애는 것

정답: 1. (b), 2. (a), 3. (d), 4. (b), 5. (c), 6. (d), 7. (d), 8. (a), 9. (c), 10. (b)

CHAPTER 1

Aaron, P. G. (1997). The impending demise of the discrepancy formula. *Review of Educational Research, 67,* 461-50.

American Psychiatric Association. (2000). *Diagnostic and statistical manual of mental disorders* (4th ed., text rev.). Washington, DC: Author.

Bradley, R., Danielson, L. C., & Hallahan, D. P. (2002). *Identification of learning disabilities: Research to practice.* Mahwah, NJ: Erlbaum.

Ceci, S. J. (1990). *On intelligence-more or less: A bio-ecological treatise on intellectual development.* Englewood Cliffs, NJ: Prentice Hall.

Cortiella, C. (2009). *The State of Learning Disabilities 2009.* New York: National Center for Learning Disabilities.

Della Toffalo, D. (2010). Linking school neuropsychology with response-to-intervention models. In D. C. Miller (Ed.), *Best practices in school neuropsychology: Guidelines for effective practice, assessment, and evidence-based interventions* (pp. 159-184). New York: Guilford.

Flanagan, D. P., Fiorello, C., & Ortiz, S. O. (2010). Enhancing practice through application of Cattell-Horn-Carroll theory and research: A "third method" approach to specific learning disability identification. *Psychology in the Schools, 47,* 739-760.

Fuchs, L. S., & Fuchs, D. (1998). Treatment validity: A unifying concept for reconceptualizing the identification of learning disabilities. *Learning Disabilities Research and Practice, 13,* 204-219.

Gresham, F., Restori, A., & Cook, C. (2008). To test or not to test: Issues pertaining to response to intervention and cognitive testing. *Communiqué, 37,* 5-7.

Hale, J., Alfonso, V., Berninger, V., Bracken, B., Christo, C., Clark, E., et al. (2010). Critical issues in response-to-intervention, comprehensive evaluation, and specific learning disabilities identification and intervention: An expert white paper consensus. *Learning Disability Quarterly*.

Hale, J. B., & Fiorello, C. A. (2004). *School neuropsychology: A practitioner's handbook*. New York: Guildford.

Hale, J. B., Fiorello, C. A., Dumont, R., Willis, J. O., Rackley, C., & Elliott, C. (2008). Differential ability scales–second edition (neuro)psychological predictors of math performance for typical children and children with math disabilities. *Psychology in the Schools, 45,* 838–858.

Hale, J. B., Flanagan, D. P., & Naglieri, J. A. (2008). Alternative research–based methods for IDEA (2004) identification of children with specific learning disabilities. *Communiqué, 36*(8), 1, 14–17.

Hammill, D. D. (1990). On defining learning disabilities: An emerging consensus. *Journal of Learning Disabilities, 23,* 74–84.

Kaufman, A. S. (2008). Neuropsychology and specific learning disabilities: Lessons from the past, as a guide to present controversies and future clinical practice. In E. Fletcher–Janzen and C. R. Reynolds (Eds.), *Neuropsychological perspectives on learning disabilities in the era of RTI: Recommendations for diagnosis and intervention* (pp. 1–13). Hoboken, NJ: Wiley.

Kavale, K. A., & Flanagan, D. P. (2007). Ability–achievement discrepancy, RTI, and assessment of cognitive abilities/processes in SLD identification: Toward a contemporary operational definition (pp. 130–147). In S. Jimerson, M. Burns, & A. Van Der Heyden (Eds.), *Handbook of response to intervention: The science and practice of assessment and intervention*. New York: Springer Science.

Kavale, K. A., & Forness, S. R. (1995). Social skill deficits and training: A meta–analysis. In T. E. Scruggs & M. A. Mastropieri (Eds.), *Advances in learning and behavioral disabilities* (Vol. 9, pp. 119–160). Greenwich, CT: JAI Press.

Kavale, K. A., & Forness, S. R. (2000). What definitions of learning disability say and don't say: A critical analysis. *Journal of Learning Disabilities, 33*(3), 239–256.

Kavale, K. A., & Forness, S. R. (2006). Learning disability as a discipline. In H. L. Swanson, K. R. Harris, & S. Graham (Eds.), *Handbook of learning disabilities* (pp. 76–93). New York: Guilford.

Kavale, K. A., Kauffman, J. M., Bachmeier, R. J., & LeFever, G. B. (2008). Response–to–intervention: Separating the rhetoric of self–congratulation from the reality of specific learning disability identification. *Learning Disability Quarterly, 31,* 135–150.

Kavale, K. A., Spaulding, L. S., & Beam, A. P. (2009). A time to define: Making the specific learning disability definition prescribe specific learning disability. *Learning Disability Quarterly, 32,* 39–48.

Kirk, S. A. (1962). *Educating exceptional children*. Boston: Houghton Mifflin.

Learning Disabilities Roundtable. (2005). 2004 learning disabilities roundtable: Comments and recommendations on regulatory issues under the Individuals Education Improvement Act of 2004, Public Law 108–446. Available from www.nasponline.org/ advocacy/2004LDRoundtableRes Transmittal.pdf

Learning Disability Association of America (n.d.). *History of LDA*. Available from. www.ldanatl.org/about/print-history.asp

Lyon, G. R., Fletcher, J. M., Shaywitz, S. E., Shaywitz, B. A., Torgesen, J. K., Wood, F. B., Schulte, A., & Olson, R. (2001). *Rethinking learning disabilities*. Washington, DC: Thomas Fordham Foundation. Available from www.ppionline.org/documents/SpecialEd.ch12.pdf.

Mather, N., & Goldstein, S. (2008). *Learning disabilities and challenging behaviors: A guide to intervention and classroom management* (2nd ed.). Baltimore, MD: Brookes.

President's Commission on Excellence in Special Education Report. (2002). *A new era: Revitalizing special education for children and their families*. Jessup, MD: ED Pubs, Education Publications Center, U.S. Department of Education. Available from www.ed.gov/inits/commissionsboards/whspecialeducation/reports/info.html.

Reschly, D. J. (2004). Paradigm shift, outcomes criteria, and behavioral interventions: Foundations for the future of school psychology. *School Psychology Review, 33*, 408–416.

Reschly, D. J., Hosp, J. L., & Schmied, C. M. (2003). And miles to go...: State SLD requirements and authoritative recommendations. Nashville, TN: National Research Center on Learning Disabilities. Available from www.nrcld.org/about/research/states

Reynolds, C. R., & Shaywitz, S. E. (2009a). Response to intervention: Prevention and remediation, perhaps. Diagnosis, no, *Child Development Perspectives, 3*(1), 44–47.

Reynolds, C. R., & Shaywitz, S. E. (2009b). Response to intervention: Ready or not? Or, from wait-to-fail to watch-them-fail. *School Psychology Quarterly, 24*(2), 130–145.

Siegel, L. S. (1999). Issues in the definition and diagnosis of learning disabilities: A perspective on Guckenberger v. Boston University. *Journal of Learning Disabilities, 32*(4), 304–319.

Stanovich, K. E. (1988). Explaining the differences between the dyslexic and the garden-variety poor reader: The phonological-core variable-difference model. *Journal of Experimental Child Psychology, 38*, 175–190.

Sternberg, R. J., & Grigorenko, E. L. (2002). *Our labeled children: What every parent and teacher needs to know about learning disabilities*. Cambridge, MA: Perseus.

Stuebing, K. K., Fletcher, J. M., LeDoux, J. M., Lyon, G. R., Shaywitz, S. E., & Shaywitz, B. A. (2002). Validity of IQ-discrepancy classifications of reading disabilities: A meta-analysis. *American Educational Research Journal, 39*, 469–518.

United States Department of Education. (2006). *28th annual report to Congress on the implementation of the Individuals with Disabilities Education Act, 2006,* Volume 1. Washington, DC: USDOE.

United States Department of Education. (2008). *Data analysis system*. Washington, DC: IES National Center for Educational Statistics. Available from http://nces.ed.gov/das.

Wiederholt, J. L. (1974). Historical perspectives on the education of the learning disabled. In L. Mann & D. Sabatino (Eds.), *The second review of special education* (pp. 103–152). Philadelphia: JSE Press.

Wolrd Health Organization. (2006). International Classification of Diseases-10th Revision. Geneva, Switzerland: WHO

Publications.

Ysseldyke, J. E. (2005). Assessment and decision making for students with learning disabilities: What if this is as good as it gets? *Learning Disability Quarterly, 28,* 125–128.

Zirkel, P. A., & Thomas, L. B. (2010). State laws for RTI: An updated snapshot. *Teaching Exceptional Children, 42*(3), 56–63.

CHAPTER 2

Adams, M. (1990). *Beginning to read: Thinking and learning about print.* Cambridge, MA: MIT Press.

Arns, M., Peters, S., Breteler, R., & Verhoeven, L. (2007). Different brain activation patterns in dyslexic children: Evidence from the EEG power and coherence patterns for the double-deficit theory of dyslexia. *Journal of Integrated Neuroscience, 6*(1), 175–190.

Backes, W., Vuurman, E., Wennekes, R., Spronk, P., Wuisman, M., van Engelshoven, J., & Jolles, J. (2002). Atypical brain activation of reading processes in children with developmental dyslexia. *Journal of Child Neurology, 17*(12), 867–871.

Barton, S. (1998). Teaching methods that work. Retrieved from Bright Solutions for Dyslexia, Inc., www.dys-add.com/teach.html, November 12, 209.

Berninger, V. W., & Richards, T. L. (2002). *Brain literacy for educators and psychologists.* London: Academic Press.

Bremner, J. D. (2005). *Brain imaging handbook.* New York: W. W. Norton.

Canter, A. (2006, February). Problem solving and RTI: New roles for school psychologists. *Communiqué, 34*(5), insert. Available from www.nasponline.org/advocacy/rtifactsheets.aspx

Cao, F., Bitan, T., & Booth, J. R. (2008). Effective brain connectivity in children with reading difficulties during phonological processing. *Brain and Language, 107*(2), 91–101.

Catts, H. W., Adlof, S. M., & Weismer, S. E. (2006). Language deficits in poor comprehenders: A case for the simple view of reading. *Journal of Speech, Language, and Hearing Research, 49,* 278–293.

Cutting, L. E., Materek, A., Cole, C. A. S., Levine, T. M., & Mahone, E. M. (2009). Effects of fluency, oral language, and executive function on reading comprehension performance. *Annals of Dyslexia, 59*(1), 34–54.

Deford, D. E., Lyons, C. A., & Pinnell, G. S. (1991). *Bridges to literacy: Learning from reading recovery.* Portsmouth, NH: Heinemann.

Demos, J. N. (2005). *Getting started with neurofeedback.* New York: W. W. Norton.

Feifer, S. G., & DeFina, P. D. (2000). *The neuropsychology of reading disorders: Diagnosis and intervention.* Middletown, MD: School Neuropsych Press.

Feifer, S. G., & Della Toffalo, D. (2007). *Integrating RTI with cognitive neuropsychology: A scientific approach to reading.* Middletown, MD: School Neuropsych Press.

Fletcher, J. M., Lyon, G. R., Fuchs, L. S., & Barnes, M. A. (2007). *Learning disabilities: From identification to intervention*. New York: Guilford.

Goldberg, E. (2001). *The executive brain: Frontal lobes and the civilized mind*. New York: Oxford University Press.

Goswami, U. (2007). Typical reading development and developmental dyslexia across languages. In D. Coch, G. Dawson, & K. W. Fischer (Eds.), *Human behavior, learning, and the developing brain* (pp. 145-167). New York: Guilford.

Grigorenko, E. L. (2007). Triangulating developmental dyslexia. In D. Coch, G. Dawson, & K. W. Fischer (Eds.), *Human behavior, learning, and the developing brain* (pp. 117-144). New York: Guilford.

Hale, J. B., & Fiorello, C. A. (2004). *School neuropsychology: A practitioner's handbook*. New York: Guilford.

Harm, M. W., & Seidenberg, M. S. (2004). Computing the meanings of words in reading: Cooperative division of labor between visual and phonological processes. *Psychological Review, 111*, 662-720.

Heim, S., Tschierse, J., Amunts, K., Wilms, M., Vossel, S., Willmes, K., Grabowska, A., & Huber, W. (2008). Cognitive subtypes of dyslexia. *Acta Neurobiologiae Experimentalis, 68*, 73-82.

Ho, C. S., Chan, D. W., Lee, S. H., Tsang, S. M., & Luan, V. H. (2004). Cognitive profiling and preliminary subtyping in Chinese developmental dyslexia. *Cognition, 91*, 43-75.

Kavale, K. A., & Forness, S. R. (2000). What definitions of learning disability say and don't say. *Journal of Learning Disabilities, 33*(3), 239-256.

King, W. M., Giess, S. A., & Lombardina, L. J. (2007). Subtyping children with developmental dyslexia via bootstrap aggregated clustering and the gap statistic: Comparison with the double-deficit hypothesis. *International Journal of Language and Communication Disorders, 42*, 77-95.

Lachmann, T., Berti, S., Kujala, T., & Schroger, E. (2005). Diagnostic subgroups of developmental dyslexia have different deficits in neural processing of tones and phonemes. *International Journal of Psychophysiology, 56*, 105-120.

McCandliss, B. D., & Noble, K. G. (2003). The development of reading impairment: A cognitive neuroscience model. *Mental Retardation and Developmental Disabilities, 9*, 196-205.

Moats, L. (2004). Relevance of neuroscience to effective education for students with reading and other learning disabilities. *Journal of Child Neurology, 19*(10), 840-845.

Morris, R. D., Stuebing, K. K., Fletcher, J. M., Shaywitz, S. E., Lyon, G. R., Shankweiler, D. P., Katz, L., Francis, D. J., & Shaywitz, B. A. (1998). Subtypes of reading disability: Variability around a phonological core. *Journal of Educational Psychology, 90*, 347-373.

Nation, K., Clarke, P., Marshall, C. M., & Durand, M. (2004). Hidden language impairments in children: Parallels between poor reading comprehension and specific language impairments? *Journal of Speech, Language, and Hearing Research, 47*, 199-211.

Nation, K., & Snowling, M. (1997). Assessing reading difficulties: The validity and utility of current measures of reading skill. *British Journal of Educational Psychology, 67,* 359-370.

National Joint Committee on Learning Disabilities. (2005). Responsiveness to intervention and learning disabilities. Retrieved from www.ldonline.org/njcld, August 30, 2008.

National Reading Panel. (2000). *Teaching children to read: An evidenced based assessment of the scientific research literature on reading and its implications for reading instruction.* Washington, DC: National Institutes of Child Health and Human Development.

Noble, K. G., & McCandliss. (2005). Reading development impairment: Behavioral, social and neurobiological factors. *Journal of Developmental and Behavioral Pediatrics, 26,* 370-378.

Pernet, C. R., Poline, J. B., Demonet, J. F., & Rousselet, G. A. (2009). Brain classification reveals the right cerebellum as the best biomarker of dyslexia. *BMC Neuroscience, 10,* 67.

Posner, M. I., & Rothbart, M. K. (2007). *Educating the human brain.* Washington, DC: American Psychological Association.

Pugh, K. R., Mencl, W. E., Jenner, A. R., Katz, L., Frost, S. J., Lee, J. R., Shaywitz, S. E., & Shaywitz, B. A. (2000). Functional neuroimaging studies of reading and reading disability (developmental dyslexia). *Mental Retardation and Developmental Disabilities Research Reviews, 6,* 207-213.

Ramus, F. (2003). Developmental dyslexia: Specific phonological deficit or general sensorimotor dysfunction? *Current Opinion in Neurobiology, 13,* 212-218.

Ramus, F. (2004). Neurobiology of dyslexia: A reinterpretation of the data. *Trends in Neurosciences, 27,* 720-726.

Reiter, A., Tucha, O., & Lange, K. W. (2004). Executive functions in children with dyslexia. *Dyslexia, 11,* 116-131.

Reynolds, C. R. (2007). RTI, neuroscience, and sense: Chaos in the diagnosis and treatment of learning disabilities. In E. Fletcher-Janzen, & C. R. Reynolds (Eds.), *Neuropsychological perspectives on learning disabilities in the era of RTI* (pp. 14-27). Hoboken, NJ: Wiley.

Sandak, R., Mencl, W. R., Frost, S., Rueckl, J. G., Katz, L., Moore, D. L., Mason, S. A., Fulbright, R. K., Constable, R. T., & Pugh, K. R. (2004). The neurobiology of adaptive learning in reading: A contrast of different training conditions. *Cognitive, Affective, & Behavioral Neuroscience, 4*(1), 67-88.

Schatschneider, C., & Torgeson, J. K. (2004). Using our current understanding of dyslexia to support early identification and intervention. *Journal of Child Neurology, 19,* 759-765.

Shaywitz, S. (2004). *Overcoming dyslexia.* New York: Random House.

Shaywitz, S., & Shaywitz, B. (2005). Dyslexia: Specific reading disability. *Biological Psychiatry, 57,* 1301-1309.

Snow, C. E., Burns, M. S., & Griffin, P., Eds. (1998). *Preventing reading difficulties in young children.* Washington, DC: National Academy Press.

Stein, J. (2000). The neurobiology of reading. *Prostaglandins, Leukotrienes and Essential Fatty Acids, 63*(1/2), 109-116.

Suldo, S. M., Olson, A., & Evans, J. R. (2001). Quantitative EEG evidence of increased alpha peak frequency in children with precocious reading ability. *Journal of Neurotherapy, 5,* 39–50.

Swingle, P. G. (2008). *Biofeedback for the brain.* New Brunswick, NJ: Rutgers University Press.

Temple, E. (2002). Brain mechanisms in normal and dyslexia readers. *Current Opinion in Neurobiology, 12,* 178–193.

Uhry, J. K., & Clark, D. B. (2005). *Dyslexia: Theory and practice of instruction.* Baltimore, MD: York.

U.S. Department of Education, Office of Special Education and Rehabilitative Services. (2006). Twenty-sixth annual report to Congress on the implementation of the Individuals with Disabilities Education Act. Washington, DC: Author.

Vargo, F. E., Grosser, G. S., & Spafford, C. S. (1995). Digit span and other WISC-R scores in the diagnosis of dyslexia in children. *Perceptual and Motor Skills, 80,* 1219–1229.

Willcutt, E. G., Olson, R. K., Pennington, B. F., Boada, R., Ogline, J. S., Tunick, R. A., & Chabildas, N. A. (2001). Comparison of the cognitive deficits in reading disability and attention deficit hyperactivity disorder. *Journal of Abnormal Psychology, 110,* 157–172.

CHAPTER 3

Antell, S. E., & Keating, D. P. (1983). Perception of numerical invariance in neonates. *Child Development, 54,* 695–701.

Ashcraft, M. H. (1982). The development of mental arithmetic: A chronometric approach. *Developmental Review, 2,* 213–236.

Baddeley, A. D. (1986). *Working memory.* Oxford, UK: Oxford University Press.

Barbaresi, W. J., Katusic, S. K., Colligan, R. C., Weaver, A. L., & Jacobsen, S. J. (2005). Math learning disorder: Incidence in a population-based birth cohort, 1976–82, Rochester, Minn. *Ambulatory Pediatrics, 5,* 281–289.

Barrouillet, P., Fayol, M., & Lathuliére, E. (1997). Selecting between competitors in multiplication tasks: An explanation of the errors produced by adolescents with learning disabilities. *International Journal of Behavioral Development, 21,* 253–275.

Berch, D. B., & Mazzocco, M. M. M. (Eds.). (2007). *Why is math so hard for some children? The nature and origins of mathematical learning difficulties and disabilities.* Baltimore, MD: Brookes.

Blackwell, L., Trzesniewski, K., & Dweck, C. S. (2007). Implicit theories of intelligence predict achievement across an adolescent transition: A longitudinal study and an intervention. *Child Development, 78,* 246–263.

Brannon, E. M. (2002). The development of ordinal numerical knowledge in infancy. *Cognition, 83,* 223–240.

Briars, D., & Siegler, R. S. (1984). A featural analysis of preschoolers' counting knowledge. *Developmental Psychology, 20,* 607–618.

Bull, R., & Johnston, R. S. (1997). Children's arithmetical difficulties: Contributions from processing speed, item identification, and short-term memory. *Journal of Experimental Child Psychology, 65,* 1–24.

Bull, R., Johnston, R. S., & Roy, J. A. (1999). Exploring the roles of the visual-spatial sketch pad and central executive in children's arithmetical skills: Views from cognition and developmental neuropsychology. *Developmental Neuropsychology, 15,* 421–442.

Butterworth, B. (2005). The development of arithmetical abilities. *Journal of Child Psychology and Psychiatry, 46,* 3–18.

Butterworth, B., & Reigosa, V. (2007). Information processing deficits in dyscalculia. In D. B. Berch & M. M. M. Mazzocco (Eds.), *Why is math so hard for some children? The nature and origins of mathematical learning difficulties and disabilities* (pp. 65–81). Baltimore, MD: Brookes.

Carpenter, T. P., & Moser, J. M. (1984). The acquisition of addition and subtraction concepts in grades one through three. *Journal of Research in Mathematics Education, 15,* 179–202.

Case, R. & Okamoto (1996). The role of central conceptual structures in children's thought. *Monographs of Society in Research and Child Development, 61.*

Conway, A. R. A., & Engle, R. W. (1994). Working memory and retrieval: A resource-dependent inhibition model. *Journal of Experimental Psychology: General, 123,* 354–373.

Dehaene, S. (1997). *The number sense: How the mind creates mathematics.* New York: Oxford University Press.

Dehaene, S., Piazza, M., Pinel, P., & Cohen, L. (2003). Three parietal circuits for number processing. *Cognitive Neuropsychology, 20,* 487–506.

Engle, R. W., Tuholski, S. W., Laughlin, J. E., & Conway, A. R. A. (1999). Working memory, short-term memory, and general fluid intelligence: A latent-variable approach. *Journal of Experimental Psychology: General, 128,* 309–331.

Feigenson, L., Dehaene, S., & Spelke, E. (2004). Core systems of number. *Trends in Cognitive Sciences, 8,* 307–314.

Fuchs, L. S., & Fuchs, D. (2002). Mathematical problem-solving profiles of students with mathematics disabilities with and without comorbid reading disabilities. *Journal of Learning Disabilities, 35,* 573–573.

Fuchs, L. S., Fuchs, D., Hamlett, C. L., Powell, S. R., Capizzi, A. M., & Seethaler, P. M. (2006). The effects of computer-assisted instruction on number combination skill in at-risk first graders. *Journal of Learning Disabilities, 39,* 467–475.

Fuchs, L. S., Powell, S. R., Seethaler, P. M., Cirino, P. T., Fletcher, J. M., Fuchs, D., & Hamlett, C. L. (in press). The effects of strategic counting instruction, with and without deliberate practice, on number combination skill among students with mathematics difficulties. *Learning and Individual Differences.*

Fuson, K. C. (1982). An analysis of the counting-on solution procedure in addition. In T. P. Carpenter, J. M. Moser, & T. A. Romberg (Eds.), *Addition and subtraction: A cognitive perspective* (pp. 67–81). Hillsdale, NJ: Erlbaum.

Fuson, K. C. (1988). Children's counting and concepts of number. New York: Springer-Verlag.

Gallistel, C. R., & Gelman, R. (1992). Preverbal and verbal counting and computation. *Cognition, 44,* 43–74.

Geary, D. C. (1990). A componential analysis of an early learning deficit in mathematics. *Journal of Experimental Child Psychology, 49,* 363–383.

Geary, D. C. (1993). Mathematical disabilities: Cognitive, neuropsychological, and genetic components. *Psychological Bulletin, 114,* 345–362.

Geary, D. C. (1995). Reflections of evolution and culture in children's cognition: Implications for mathematical development and instruction. *American Psychologist, 50,* 24–37.

Geary, D. C. (2006). Development of mathematical understanding. In D. Kuhl & R. S. Siegler (Vol. Eds.), *Cognition, perception, and language,* Vol. 2 (pp. 777–810). W. Damon (Gen. Ed.), *Handbook of child psychology* (6th Ed.). Hoboken, NJ: Wiley.

Geary, D. C. (2007). An evolutionary perspective on learning disability in mathematics. *Developmental Neuropsychology, 32,* 471–519.

Geary, D. C. (2010). Missouri longitudinal study of mathematical development and disability. In R. Cowan, M. Saxton, & A. Tolmie (Eds.), *Understanding number development and number difficulties (No. 7, British Journal of Educational Psychology,* Monograph Series II: Psychological Aspects of Education–Current Trends). Leicester, UK: British Psychological Society.

Geary, D. C., Bailey, D. H., & Hoard, M. K. (2009). Predicting mathematical achievement and mathematical learning disability with a simple screening tool: The Number Sets Test. *Journal of Psychoeducational Assessment, 27,* 265–279.

Geary, D. C., Bow-Thomas, C. C., & Yao, Y. (1992). Counting knowledge and skill in cognitive addition: A comparison of normal and mathematically disabled children. *Journal of Experimental Child Psychology, 54,* 372–391.

Geary, D. C., Boykin, A. W., Embretson, S., Reyna, V., Siegler, R., Berch, D. B., & Graban, J. (2008). Report of the task group on learning processes. In National Mathematics Advisory Panel, *Reports of the task groups and subcommittees* (pp. 4-i-4-221). Washington, DC: United States Department of Education.

Geary, D. C., & Brown, S. C. (1991). Cognitive addition: Strategy choice and speed-of-processing differences in gifted, normal, and mathematically disabled children. *Developmental Psychology, 27,* 398–406.

Geary, D. C., Hamson, C. O., & Hoard, M. K. (2000). Numerical and arithmetical cognition: A longitudinal study of processes and concept deficits in children with learning disability. *Journal of Experimental Child Psychology, 77,* 236–263.

Geary, D. C., Hoard, M. K., & Bailey, D. H. *Fact retrieval deficits in low achieving children and children with mathematical learning disability.* Under editorial review.

Geary, D. C., Hoard, M. K., Byrd-Craven, J., & DeSoto, C. M. (2004). Strategy choices in simple and complex addition: Contributions of working memory and counting knowledge for children with mathematical disability. *Journal of Experimental Child Psychology, 74,* 213–239.

Geary, D. C., Hoard, M. K., Byrd-Craven, J., Nugent, L., & Numtee, C. (2007). Cognitive mechanisms underlying achievement deficits in children with mathematical learning disability. *Child Development, 78,* 1343–1359.

Geary, D. C., Hoard, M. K., Nugent, L., & Byrd-Craven, J. (2008). Development of number line representations in children with mathematical learning disability. *Developmental Neuropsychology, 33,* 277-299.

Geary, D. C., & Lin, J. (1998). Numerical cognition: Age-related differences in the speed of executing biologically-primary and biologically-secondary processes. *Experimental Aging Research, 24,* 101-137.

Gelman, R., & Gallistel, C. R. (1978). *The child's understanding of number.* Cambridge, MA: Harvard University Press.

Gelman, R., & Meck, E. (1983). Preschooler's counting: Principles before skill. *Cognition, 13,* 343-359.

Gersten, R., Clarke, B., & Mazzocco, M. M. M. (2007). Historical and contemporary perspectives on mathematical learning disabilities. In D. B. Berch & M. M. M. Mazzocco (Eds.), *Why is math so hard for some children? The nature and origins of mathematical learning difficulties and disabilities* (pp. 7-28). Baltimore, MD: Brookes.

Gersten, R., Ferrini-Mundy, J., Benbow, C., Clements, D. H., Loveless, T., Williams, V., & Arispe, I. (2008). Report of the task group on instructional practices. In National Mathematics Advisory Panel, *Reports of the task groups and subcommittees* (pp. 606-624). Washington, DC: United States Department of Education.

Gersten, R., Jordan, N. C., & Flojo, J. R. (2005). Early identification and interventions for students with mathematics difficulties. *Journal of Learning Disabilities, 38,* 293-304.

Goldman, S. R., Pellegrino, J. W., & Mertz, D. L. (1988). Extended practice of basic addition facts: Strategy changes in learning disabled students. *Cognition and Instruction, 5,* 223-265.

Groen, G. J., & Parkman, J. M. (1972). A chronometric analysis of simple addition. *Psychological Review, 79,* 329-343.

Groen, G., & Resnick, L. B. (1977). Can preschool children invent addition algorithms? *Journal of Educational Psychology, 69,* 645-652.

Halberda, J., & Feigenson, L. (2008). Developmental change in the acuity of the "number sense": The approximate number system in 3-, 4-, 5- and 6-year-olds and adults. *Developmental Psychology, 44,* 1457-1465.

Helberda, J., Mazzocco, M. M. M., & Feigenson, L. (2008, October 2). Individual differences in non-verbal number acuity correlate with maths achievement. *Nautre, 455,* 665-669.

Hanich, L. B., Jordan, N. C., Kaplan, D., & Dick, J. (2001). Performance across different areas of mathematical cognition in children with learning difficulties. *Journal of Educational Psychology, 93,* 615-626.

Hoard, M. K., Geary, D. C., & Hamson, C. O. (1999). Numerical and arithmetical cognition: Performance of low-and average-IQ children. *Mathematical Cognition, 5,* 65-91.

Jordan, N. C., Glutting, J., & Ramineni, C. (in press). The importance of number sense to mathematics achievement in first and third grades. *Learning and Individual Differences.*

Jordan, N. C., & Hanich, L. (2000). Mathematical thinking in second grade children with different forms of LD. *Journal of Learning Disabilities, 33,* 567-578.

Jordan, N. C., Hanich, L. B., & Kaplan, D. (2003a). Arithmetic fact mastery in young children: A longitudinal investigation. *Journal of Experimental Child Psychology, 85,* 103-119.

Jordan, N. C., Hanich, L. B., & Kaplan, D. (2003b). A longitudinal study of mathematical competencies in children with specific mathematics difficulties versus children with comorbid mathematics and reading difficulties. *Child Development, 74*, 834–850.

Jordan, N. C., & Montani, T. O. (1997). Cognitive arithmetic and problem solving: A comparison of children with specific and general mathematics difficulties. *Journal of Learning Disabilities, 30*, 624–634.

Kail, R. (1991). Developmental change in speed of processing during childhood and adolescence. *Psychological Bulletin, 109*, 490–501.

Koontz, K. L., & Berch, D. B. (1996). Identifying simple numerical stimuli: Processing inefficiencies exhibited by arithmetic learning disabled children. *Mathematical Cognition, 2*, 1–23.

Kovas, Y., Haworth, C. M. A., Dale, P. S., & Plomin, R. (2007). The genetic and environmental origins of learning abilities and disabilities in the early school years. *Monographs of the Society for Research in Child Development, 72* (3, Serial No. 288).

Landerl, K., Bevan, A., & Butterworth, B. (2003). Developmental dyscalculia and basic numerical capacities: A study of 8–9-year-old students. *Cognition, 93*, 99–125.

LeFevre, J.-A., Smith-Chant, B. L., Fast, L., Skwarchuk, S.-L., Sargla, E., Arnup, J. S., et al. (2006). What counts as knowing? The development of conceptual and procedural knowledge of counting from kindergarten through grade 2. *Journal of Experimental Child Psychology, 93*, 285–303.

Levine, S. C., Jordan, N. C., & Huttenlocher, J. (1992). Development of calculation abilities in young children. *Journal of Experimental Child Psychology, 53*, 72–103.

Lewis, C., Hitch, G. J., & Walker, P. (1994). The prevalence of specific arithmetic difficulties and specific reading difficulties in 9-year-old to 10-year-old boys and girls. *Journal of Child Psychology and Psychiatry, 35*, 283–292.

Light, J. G., & DeFries, J. C. (1995). Comorbidity of reading and mathematics disabilities: Genetic and environmental etiologies. *Journal of Learning Disabilities, 28*, 96–106.

Locuniak, M. N., & Jordan, N. C. (2008). Using kindergarten number sense to predict calculation fluency in second grade. *Journal of Learning Disabilities, 41*, 451–459.

MacMillan, N. A. (2002). Signal detection theory. In J. Wixted & H. Pashler, *H. Stevens' Handbook of Experimental Psychology (3rd ed.), Vol. 4: Methodology in Experimental Psychology* (pp. 43–90). Hoboken, NJ: Wiley.

Mandler, G., & Shebo, B. J. (1982). Subitizing: An analysis of its component processes. *Journal of Experimental Psychology: General, 111*, 1–22.

Mazzocco, M. M. M. (2007). Defining and differentiating mathematical learning disabilities and difficulties. In D. B. Berch & M. M. M. Mazzocco (Eds.), *Why is math so hard for some children? The nature and origins of mathematical learning difficulties and disabilities* (pp. 29–48). Baltimore, MD: Brookes.

McLean, J. F., & Hitch, G. J. (1999). Working memory impairments in children with specific arithmetic learning difficulties. *Journal of Experimental Child Psychology, 74,* 240–260.

Murphy, M. M., Mazzocco, M. M. M., Hanich, L. B., & Early, M. C. (2007). Cognitive characteristics of children with mathematics learning disability (MLD) vary as a function of the cutoff criterion used to define MLD. *Journal of Learning Disabilities, 40,* 458–478.

National Mathematics Advisory Panel. (2008). *Foundations for success: Final report of the National Mathematics Advisory Panel.* Washington, DC: United States Department of Education. Available from www.ed.gov/about/bdscomm/list/mathpanel/report/final-report.pdf

Ohlsson, S., & Rees, E. (1991). The function of conceptual understanding in the learning of arithmetic procedures. *Cognition and Instruction, 8,* 103–179.

Oliver, B., Harlaar, N., Hayiou-Thomas, M. E., Kovas, Y., Walker, S. O., Petrill, S. A., et al. (2004). A twin study of teacher-reported mathematics performance and low performance in 7-year-olds. *Journal of Educational Psychology, 96,* 504–517.

Ostad, S. A. (1997). Developmental differences in addition strategies: A comparison of mathematically disabled and mathematically normal children. *British Journal of Educational Psychology, 67,* 345–357.

Ostad, S. A. (1998). Developmental differences in solving simple arithmetic word problems and simple number-fact problems: A comparison of mathematically normal and mathematically disabled children. *Mathematical Cognition, 4,* 1–19.

Posner, M. I., Boies, S. J., Eichelman, W. H., & Taylor, R. L. (1969). Retention of visual and name codes of single letters. *Journal of Experimental Psychology Monograph, 79,* 1–16.

Raghubar, K., Cirino, P., Barnes, M., Ewing-Cobbs, L., Fletcher, J., & Fuchs, L. (2009). Errors in multi-digit arithmetic and behavioral inattention in children with math difficulties. *Journal of Learning Disabilities, 42,* 356–371.

Raghubar, K. P., Barnes, M., & Hecht, S. A. (in press). Working memory and mathematics: A review of developmental, individual difference, and cognitive approaches. *Learning and Individual Differences.*

Russell, R. L., & Ginsburg, H. P. (1984). Cognitive analysis of children's mathematical difficulties. *Cognition and Instruction, 1,* 217–244.

Shalev, R. S., Manor, O., & Gross-Tsur, V. (2005). Developmental dyscalculia: A prospective six-year follow-up. *Developmental Medicine & Child Neurology, 47,* 121–125.

Shalev, R. S., Manor, O., Kerem, B., Ayali, M., Badichi, N., Friedlander, Y., & Gross-Tsur, V. (2001). Developmental dyscalculia is a familial learning disability. *Journal of Learning Disabilities, 34,* 59–65.

Siegler, R. S. (1996). *Emerging minds: The process of change in children's thinking.* New York: Oxford University Press.

Siegler, R. S., & Booth, J. L. (2004). Development of numerical estimation in young children. *Child Development, 75,* 428–444.

Siegler, R. S., & Jenkins, E. (1989). *How children discover new strategies.* Hillsdale, NJ: Erlbaum.

Siegler, R. S., & Shrager, J. (1984). Strategy choice in addition and subtraction: How do children know what to do? In C. Sophian (Ed.), *Origins of cognitive skills* (pp. 229–293). Hillsdale, NJ: Erlbaum.

Spinath, B., Spinath, F. M., Harlaar, N., & Plomin, R. (2006). Predicting school achievement from general cognitive ability, self-perceived ability, and intrinsic value. *Intelligence, 34,* 363–374.

Starkey, P. (1992). The early development of numerical reasoning. *Cognition, 43,* 93–126.

Starkey, P., & Cooper, R. G., Jr. (1980). Perception of numbers by human infants. *Science, 210,* 1033–1035.

Strauss, M. S., & Curtis, L. E. (1984). Development of numerical concepts in infancy. In C. Sophian (Ed.), *Origins cognitive skills: The eighteenth annual Carnegie symposium on cognition* (pp. 131–155). Hillsdale, NJ: Erlbaum.

Swanson, H. L. (1993). Working memory in learning disability subgroups. *Journal of Experimental Child Psychology, 56,* 87–114.

Swanson, H. L., & Sachse-Lee, C. (2001). Mathematical problem solving and working memory in children with learning disabilities: Both executive and phonological processes are important. *Journal of Experimental Child Psychology, 79,* 294–321.

Walberg, H. J. (1984). Improving the productivity of America's schools. *Educational Leadership, 41,* 19–27.

Wechsler, D. (2001). *Wechsler Individual Achievement Test-Second Edition-Abbreviated (WIAT-II-A).* San Antonio, TX: The Psychological Corporation, Harcourt Brace & Co.

Wynn, K., Bloom, P., & Chiang, W.-C. (2002). Enumeration of collective entities by 5-month-old infants. *Cognition, 83,* B55–B62.

Xu, F., & Spelke, E. S. (2000). Large number discrimination in 6-month-old infants. *Cognition, 74,* B1–B11.

CHAPTER 4

American Psychiatric Association. (2000). *Diagnostic and statistical manual of mental disorders* (4th ed. text rev.). Washington, DC: Author.

Bailet, L. L. (1991). Beginning spelling. In A. M. Bain, L. L. Bailet, & L. C. Moats (Eds.), *Written language disorders: Theory into practice* (pp. 1–21). Austin, TX: PRO-ED.

Baumann, J. F., & Kame'enui, E. J. (2004). *Vocabulary instruction: Research to practice.* New York: Guilford.

Bear, D. R., Invernizzi, M., Templeton, S., & Johnston, F. (2008). *Words their way: Word study for phonics, vocabulary, and spelling instruction.* Upper Saddle River, NJ: Prentice Hall.

Berninger, V. W. (1996). *Reading and writing acquisition: A developmental neuropsychological perspective.* Boulder, CO: Westvier Press.

Berninger, V. W. (2004). Understanding the graphia in dysgraphia. In D. Dewey & D. Tupper (Eds.), *Developmental motor disorders: A neuropsychologcial perspective* (pp. 328–350). New York: Guilford.

Berninger, V. W. (2009). Highlights of programmatic, interdisciplinary research on writing. *Learning Disabilities Research & Practice, 24,* 69–80.

Berninger, V. W., & Richards, T. (2002). *Brain literacy for educators and psychologists.* San Diego, CA: Academic Press.

Berninger, V. W., & Wolf, B. J. (2009a). *Helping students with dyslexia and dysgraphia make connections: Differentiated instruction lesson plans in reading and writing.* Baltimore, MD: Brookes.

Berninger, V. W., & Wolf, B. J. (2009b). *Teaching students with dyslexia and dysgraphia: Lessons from teaching and science.* Baltimore, MD: Brookes.

Bernstein, B. E. (2008). *Learning disorder. Written expression.* Retrieved from www.emedicine.medscape.com/article/918389–overview, October 20, 2009.

Blachman, B. A. (1994). Early literacy acquisition: The role of phonological awareness. In G. P. Wallach & K. G. Butler (Eds.), *Language learning disabilities in school-age children and adolescents* (pp. 253–274). New York: Merrill.

Bruck, M. (1993). Component spelling skills of college students with childhood diagnoses of dyslexia. *Learning Disability Quarterly, 16,* 171–184.

Connelly, V., Campbell, S., MacLean, M., & Barnes, J. (2006). Contribution of lower-order skills to the written composition of college students with and without dyslexia. *Developmental Neuropsychology, 29,* 175–196.

Cutler, L., & Graham, S. (2008). Primary grade writing instruction. A national survey. *Journal of Educational Psychology, 100,* 907–919.

Dehn, M. J. (2008). *Working memory and academic learning: Assessment and intervention.* Hoboken, NJ: Wiley.

Deno, S. L., Fuchs, L. S., Marston, D., & Shin, J. (2001). Using curriculum-based measurement to establish growth standards for students with learning disabilities. *School Psychology Review, 30,* 507–524.

Deuel, R. K. (1992). Motor skill disorder. In S. R. Hooper, G. W. Hynd, & R. E. Mattison (Eds.), *Developmental disorders: Diagnostic criteria and clinical assessment* (pp. 239–282). Hillsdale, NJ: Erlbaum.

Deuel, R. K. (1994). Developmental dysgraphia and motor skill disorders. *Journal of Child Neurology, 10,* 6–8.

Ehri, L. C. (2000). Learning to read and learning to spell: Two sides of a coin. *Topics in Language Disorders, 20*(3), 19–36.

Ehri, L. C. (2006). Alphabetics instruction helps students learn to read. In R. M. Joshi & P. G. Aaron (Eds.), *Handbook of orthography and literacy* (pp. 649–677). Mahwah, NJ: Erlbaum.

Englert, C. S. (2009). Connecting the dots in a research program to develop, implement, and evaluate strategic literacy interventions for struggling readers and writers. *Learning Disabilities Research & Practice, 24,* 104–120.

Englert, C. S., & Raphael, T. E. (1988). Constructing well-formed prose: Process, structure and metacognitive knowledge. *Exceptional Children, 54,* 18–25.

Englert, C. S., Raphael, T. E., Anderson, L., Anthony, H., & Stevens, D. (1991). Exposition: Reading, writing, and the metacognitive knowledge of learning disabled students. *Learning Disabilities Research, 5,* 5-24.

Fletcher, J. M., Lyon, G. R., Fuchs, L. S., & Barnes, M. A. (2007). *Learning disabilities: From identification to intervention.* New York: Guilford.

Floyd, R. G., McGrew, K. S., & Evans, J. J. (2008). The relative contribution of the Cattell–Horn–Carroll cognitive abilities in explaining writing achievement during childhood and adolescence. *Psychology in the Schools, 45*(2), 132-144.

Gentry, J. R. (1982). An analysis of developmental spelling in GYNS AT WRK. *Reading Teacher, 36,* 192-200.

Goswami, U. (2006). Orthography, phonology, and reading development: A cross–linguistic perspective. In R. M. Joshi & P. G. Aaron (Eds.), *Handbook of orthography and literacy* (pp. 463-480). Mahwah, NJ: Erlbaum.

Graham, S., Berninger, V. W., Abbott, R. D., Abbott, S. P., & Whitaker, D. (1997). Role of mechanics in composing of elementary school students: A new methodological approach. *Journal of Educational Psychology, 89,* 170-182.

Graham, S., & Harris, K. R. (2005). *Writing better: Effective strategies for teaching students with learning difficulties.* Baltimore, MD: Brookes.

Graham, S., & Harris, K. R. (2009). Almost 30 years of writing research: Making sense of it all with the Wrath of Khan. *Learning Disabilities Research & Practice, 24,* 58-68.

Graham, S., MacArthur, C. A., & Fitzgerald, J. (Eds.). (2007). *Best practices in writing instruction.* New York: Guilford.

Graham, S., & Perin, D. (2007). *Writing next: Effective strategies to improve writing of adolescents in middle and high schools.* A report to the Carnegie Corporation of New York. Washington, DC: Alliance for Excellent Education.

Gregg, N. (1995). *Written expression disorders.* The Netherlands: Kluwer Academic Publishers.

Gregg, N. (2009). *Adolescents and adults with learning disabilities and ADHD: Assessment and accommodation.* New York: Guilford.

Gregg, N., & Mather, N. (2002). School is fun at recess: Informal analyses of written language for students with learning disabilities. *Journal of Learning Disabilities, 35,* 7-22.

Hale, J. B., & Fiorello, C. A. (2004). *School neuropsychology: A practitioner's handbook.* New York: Guilford.

Hamstra–Bletz, L., & Blote, A. W. (1993). A longitudinal study on dysgraphic handwriting in primary school. *Journal of Learning Disabilities, 26,* 689-699.

Harris, K. R., & Graham, S. (1992). *Helping young writers master the craft: Strategy instruction and self-regulation in the writing process.* Cambridge, MA: Brookline Books.

Harris, K. R., Graham, S., Mason, L. H., & Friedlander, B. (2008). *Powerful writing strategies for all students.* Baltimore, MD: Brookes.

Henderson, E. H. (1990). *Teaching spelling* (2nd ed.). Boston: Houghton Mifflin.

Hochman, J. C. (2009). *Teaching basic writing skills: Strategies for effective expository writing instruction.* Longmont, CO: Sopris West.

Hooper, S. R., Montgomery, J., Swartz, C., Reed, M. S., Sandler, A. D., Levine, M. D., Watson, T. E., & Wasileski, T. (1994). Measurement of written language expression. In G. R. Lyon (Ed.), *Frames of reference for the assessment of learning disabilities: New views on measurement issues* (pp. 375–417). Baltimore, MD: Brookes.

Individuals with Disabilities Education Improvement Act (IDEIA) of 2004, PL 108–446.

Isaacson, S. L. (1989). Role of secretary vs. author: Resolving the conflict in writing instruction. *Learning Disability Quarterly, 12,* 209–217.

Jones, D. (2004, December). *Automaticity of the transcription process in the production of written text.* Doctor of Philosophy Thesis, Graduate School of Education, University of Queensland, Australia.

Joshi, R. M., Hoien, T., Feng, X., Chengappa, R., & Boulware–Gooden, R. (2006). Learning to spell by ear and by eye: A cross–linguistic comparison. In R. M. Joshi & P. G. Aaron (Eds.), *Handbook of orthography and literacy* (pp. 569–577). Mahwah, NJ: Erlbaum.

Katusic, S. K., Colligan, R. C., Weaver, A. L., & Barbaresi, W. J. (2009). The forgotten learning disability: Epidemiology of written–language disorder in a population–based birth cohort (1976–1982), Rochester, Minnesota. *Pediatrics, 123,* 1306–1313.

Kaufman, A. S., & Kaufman, N. L. (2004). *Kaufman Test of Educational Assessment-Second Edition.* Circle Pines, MN: AGS Publishing.

Kemp, N., Parrila, R. K., & Kirby, J. R. (2009). Phonological and orthographic spelling in high–functioning adult dyslexics. *Dyslexia: The Journal of the British Dyslexia Association, 15,* 105–128.

Kronenberger, W. G., & Dunn, D. W. (2003). Learning disorders. *Neurologic Clinics, 21,* 941–952.

Levine, M. (1987). *Developmental variations and learning disorders.* Cambridge, MA: Educators Publishing Service.

MacArthur, C., & Graham, S. (1993). Integrating strategy instruction and word processing into a process approach to writing instruction. *School Psychology Review, 22,* 671–682.

MacArthur, C., Graham, S., & Fitzgerald, J. (Eds.). (2006). *Handbook of writing research.* New York: Guilford.

Mather, N., Roberts, R., Hammill, D., & Allen, E. (2008). *Test of Orthographic Competence.* Austin, TX: PRO–ED.

Mather, N., Wendling, B. J., & Roberts, R. (2009). *Writing assessment and instruction for students with learning disabilities.* San Francisco: Jossey–Bass.

Mayers, S. D., & Calhoun, S. L. (2006). WISC–IV and WISC–III profiles in children with ADHD. *Journal of Attention Disorders, 9,* 486–493.

Mayers, S. D., & Calhoun, S. L. (2007). Challenging the assumptions about the frequency and coexistence of learning disability types. *School Psychology International, 28,* 437–448.

McCloskey, G., Perkins, L. A., & Van Divner, B. (2009). *Assessment and intervention of executive function difficulties*. New York: Routledge.

Miceli, G., & Capasso, R. (2006). Spelling and dysgrapia. *Cognitive Neuropsychology, 23,* 110–134.

Moats, L. C. (1995). *Spelling: Development, disability, and instruction*. Timonium, MD: York Press.

National Center for Education Statistics. (2009). *Digest of Education Statistics, 2008* (NCES 2009–020), Chapter 2: U.S. Department of Education.

National Commission on Writing in America's Schools and Colleges (2003; 2004). *Neglected R: The need for a writing revolution*. Princeton, NJ: College Entrance Examination Board.

National Institute for Neurological Disorders and Stroke (NINDS), 2009 Dysgraphia information page. Retrieved from www.ninds.nih.gov/disorders/dysgraphia/ dysgraphia.htm, October 20, 2009.

Persky, H. R., Daane, M. C., & Jin, Y. (2003). *The nation's report card: Writing 2002.* (NCES 2003–529). U.S. Department of Education. Institute of Education Sciences. National Center for Education Statistics. Washington, DC: Government Printing Office.

Raskind, W. H. (2001). Current understanding of the genetic basis of reading and spelling disability. *Learning Disability Quarterly, 24,* 144–157.

Rosenblum, S., Weiss, P. L., & Parush, S. (2004). Handwriting evaluation for developmental dysgraphia: Process versus product. *Reading and Writing, 17,* 433–458.

Salahu-Din, D., Persky, H., and Miller, J. (2008). *The nation's report card: Writing 2007* (NCES 2008–468). National Center for Education Statistics, Institute of Education Sciences, U.S. Department of Education. Washington, DC: Government Printing Office.

Schumaker, J. B., & Deshler, D. D. (2009). Adolescents with learning disabilities as writers: Are we selling them short? *Learning Disabilities Research & Practice, 24,* 81–92.

Smith, C. R. (1997, February). *A hierarchy for assessing and remediating phonemic segmentation difficulties*. Paper presented at the Learning Disabilities Association International Conference, Chicago, IL.

Stecker, P. M., Fuchs, L. S., & Fuchs, D. (2005). Using curriculum-based measurement to improve student achievement: Review of research. *Psychology in the Schools, 42,* 795–819.

Swanson, H. L., & Siegel, L. (2001). Learning disabilities as a working memory deficit. *Issues in Education: Contributions from Educational Psychology, 7,* 1–48.

Weintraub, N., & Graham, S. (1998). Writing legibly and quickly: A study of children's ability to adjust their handwriting to meet common classroom demands. *Learning Disabilities Research & Practice, 13,* 146–152.

Wiznitzer, M., & Scheffel, D. L. (2009). Learning disabilities. In R. B. David, J. B. Bodensteiner, D. E. Mandelbaum, & B. Olson (Eds.), *Clinical pediatric neurology* (pp. 479–492). New York: Demos Medical Publishing.

Woodcock, R. W., McGrew, K. S., Schrank, F. A., & Mather, N. (2001, 2007). *Woodcock-Johnson III Tests of Cognitive Abilities*. Rolling Meadows, IL: Riverside Publishing.

Woodcock, R. W., McGrew, K. S., Schrank, F. A., & Mather, N. (2001, 2007). *Woodcock-Johnson III Tests of*

Achievement. Rolling Meadows, IL: Riverside Publishing.

CHAPTER 5

Adams, A. M., & Gathercole, S. E. (1995). Phonological working memory and speech production in preschool children. *Journal of Speech and Hearing Research, 38,* 403–414.

Adams, A. M., & Gathercole, S. E. (2000). Limitations in working memory: Implications for language development. *International Journal of Language and Communication Disorders, 35,* 95–116.

American Psychiatric Association. (2000). *Diagnostic and statistical manual of mental disorders* (4th ed., text rev.), Washington, DC: American Psychiatric Association.

American Speech–Language–Hearing Association. (2005). *Evidence-based practice in communication disorders.* [Position Statement]. Available from www.asha.org/policy.

Anerson, V., Anderson, D., & Anderson, P. (2006). Comparing attentional skills in children with acquired and developmental nervous system disorders. *Journal of the International Neuropsychological Society, 12,* 519–531.

Awh, E., Barton, B., & Vogel, E. K. (2007). Visual working memory represents a fixed number of items regardless of complexity. *Psychological Science, 18,* 622–628.

Baddeley, A. D. (1986). *Working memory.* Oxford, UK: Clarendon Press.

Baddeley, A. D. (1996). Working memory. *Science, 255,* 556–559.

Barkley, R. A. (1997). *ADHD and the nature of self-control.* New York: Guilford.

Beck, I. L., Perfetti, C. A., & McKeown, M. G. (1982). Effects of long-term vocabulary instruction on lexical access and reading comprehension. *Journal of Educational Psychology, 74,* 506–521.

Bedore, L., & Leonard, L. (1998). Specific language impairment and grammatical morphology: A discriminant function analysis. *Journal of Speech, Language, and Hearing, Research, 41,* 1185–1192.

Botting, N., & Conti-Ramsden, G. (2004). Characteristics of children with specific language impairment. In L. Verhoeven and H. van Balkom (Eds.), *Classification of developmental language disorders: Theoretical issues and clinical implications* (pp. 23–28). Mahwah, NJ: Erlbaum.

Bracken, B. A. (2006a). *Bracken Basic Concept Scale-Third Edition: Receptive (BBCS-3:R).* San Antonio, TX: Pearson.

Bracken, B. A. (2006b). *Bracken Basic Concept Scale-Expressive (BBCS: E).* San Antonio, TX: Pearson.

Breslau, N., Chilcoat, H., DelDotto, J., Andreski, P., & Brown, G. (1996). Low birth weight and neurocognitive status at six years of age. *Biological Psychiatry, 40,* 389–397.

Brown, C. M., & Hagoort, P. (1999). *The neurocognition of language.* Oxford, UK: Oxford University Press.

Brown, T. R. (2000). *Attention-deficit disorders and comorbidities in children, adolescents, and adults.* Washington, DC: American Psychiatric Press.

Colombo, J. (2004). Visual attention in infancy: Process and product in early cognitive development. In M. I. Posner (Ed.), *Cognitive neuroscience of attention* (pp. 329-341). New York: Guilford.

Conti-Ramsden, G., & Botting, N. (1999). Classification of children with specific language impairment: Longitudinal considerations. *Journal of Speech, Language, and Hearing Research, 42,* 1195-1204.

Cowan, N. (1996). Short-term memory, working memory and their importance in language processing. *Topics in Language Disorders, 17,* 1-18.

Cowan, N., Day, L., Saults, J. S., Keller, T. A., Johnson, T., & Flores, L. (1992). The role of verbal output time and the effects of word length on immediate memory. *Journal of Memory and Language, 31,* 1-17.

Culatta, B., & Wiig, E. H. (2002). Language disabilities in school-age children and youth. In G. H. Shames & N. B. Anderson (Eds.), *Human communication disorders: An introduction,* 6th ed. (pp. 218-257). Boston: Allyn & Bacon.

Deevy, P., & Leonard, L. (2004). The comprehension of wh-questions in children with specific language impairment. *Journal of Speech, Language, and Hearing Research, 47,* 802-815.

Delis, D. C., Kaplan, E., & Kramer, J. (2001). *Delis-Kaplan Executive Function Scale.* San Antonio, TX: Pearson/PsychCorp.

Dornbush, M. P., & Pruitt, S. K. (1995). *Teaching the tiger: A handbook for individuals in the education of students with attention deficit disorders, Tourette syndrome, or obsessive-compulsive disorders.* Duarte, CA: Hope Press.

Dunn, L. M., & Dunn, D. M. (2006). *Peabody Picture Vocabulary Test-IV* (PPVT-IV). Eagan, MN: Pearson.

Entringer, S., Buss, C., Kumsta, R., Hellhammer, D. H., Wadhwa, P. D., & Wüst, S. (2009). Prenatal psychological stress exposure is associated with subsequent working memory performance in young women. *Behavioral Neuroscience, 123,* 886-893.

Fields, R. D. (2008, March). White matter matters. *Scientific American,* 54-61.

Fuchs, D., Mock, D., Morgan, P. L., & Young, C. L. (2003). Responsiveness-to-interventions: Definitions, evidence and implications for the learning disabilities construct. *Learning Disabilities Research & Practice, 18,* 157-171.

Gentner, D., & Namy, L. L. (2006). Analogical processes in language learning. *Current Directions in Psychological Science, 15,* 297-301.

German, D. J., & Newman, R. S. (2004). The impact of lexical factors on children's word-finding errors. *Journal of Speech, Language, and Hearing Research, 47,* 624-636.

German, D., & Simon, E. (1991). Analysis of children's word-finding skills in discourse. *Journal of Speech and Hearing Research, 34,* 309-316.

Gilger, J. W., & Wise, S. E. (2004). Genetic correlates of language and literacy impairments. In C. A. Stone, E. R. Silliman, B. J. Ehren, & K. Appel (Eds.), *Handbook of language and literacy: development and disorders* (pp. 25-48). New York: Guilford.

Haskill, A. M., & Tyler, A. A. (2007). A comparison of linguistic profiles in subgroups of children with specific language impairment. *American Journal of Speech-Language Pathology, 16,* 209–221.

Ho, H-Z., Baker, L. A., & Decker, S. N. (2005). Covariation between intelligence and speed of cognitive processing: genetic and environmental influences. *Behavior Genetics, 18,* 247–261.

Hresko, W. P., Reid, D. K., & Hammill, D. D. (1999). *Test of Early Language Development-3.* Austin, TX: PRO-ED.

Joanisse, M. F. (2004). Specific language impairments in children: Phonology, semantics, and the English past tense. *Current Directions in Psychological Science, 13,* 156–160.

Johnson, C. J. (2006). Getting started in evidence-based practice for childhood speech-language disorders. *American Journal of Speech-Language Pathology, 15,* 20–35.

Kail, R. V. (2007). Longitudinal evidence that increases in processing speed and working memory enhance children's reasoning. *Psychological Science, 18,* 312–313.

Kuhl, P. K. (2004). Early language acquisition: Cracking the speech code. *Neuroscience, 5,* 831–843.

Larson, V. L., & McKinley, N. L. (2003). *Communication solutions for older students: Assessment and intervention strategies.* Greenville, NC: Thinking Publications/Super Duper.

Leonard, C. M., Eckert, M. A., Given, B., Virginia, B., & Eden, G. (2006). Individual differences in anatomy predict reading and oral language impairments in children. *Brain, 129,* 3329–3342.

Leonard, C. M., Eckert, M. A., & Kuldau, J. M. (2006). Exploiting human anatomical variability as a link between genome and cognome. *Genes, Brain and Behavior, 5,* 64–77.

Leonard, C. M., Eckert, M. A., Lombardino, L. J., Oakland, T., Kranzler, J., Mohr, C. M., et al. (2001). Anatomical risk factors for phonological dyslexia. *Cerebral Cortex, 11,* 148–157.

Leonard, C. M., Kuldau, J. M., Maron, L., Ricciuti, N., Mahoney, B., Bengtson, M., & DeBose, C. (2008). Identical neural risk factors predict cognitive deficit in dyslexia and schizophrenia. *Neuropsychology, 22,* 147–158.

Leonard, C. M., Lombardino, L. J., Walsh, K., Eckert, M. A., Mockler, J. L., Rowe, L. A., et al. (2002). Anatomical risk factors that distinguish dyslexia from SLI predict reading skill in normal children. *Journal of Communication Disorders, 35,* 501–531.

Leonard, L. B. (1998). *Children with specific language impairment.* Cambridge, MA: MIT Press.

Leonard, L. B. (2009). Is expressive language disorder an accurate diagnostic category? *American Journal of Speech-Language Pathology, 18,* 115–123.

Leonard, L. B., Weismer, S. E., Miller, C. A., Francis, D. J., Tomblin, J. B., & Kail, R. V. (2007). Speed of processing, working memory, and language impairment in children. *Journal of Speech, Language, and Hearing Research, 50,* 408–428.

Lezak, M. D., Howieson, D. B., & Loring, D. W. (2004). *Neuropsychological assessment* (4th ed.). Oxford, UK: Oxford University Press.

Manly, T., Anderson, V., Nimmo-Smith, I., Turner, A., Watson, P., & Robertson, I. (2001). The differential assessment of children's attention: The Test of Everyday Attention for Children (TEA-Ch), normative sample and ADHD performance. *Journal of Child Psychology and Psychiatry, 42,* 1065-1081.

McGregor, K. K., Newman, R. M., Reilly, R., & Capone, N. C. (2002). Semantic representation and naming in children with specific language impairment. *Journal of Speech, Language and Hearing Research, 45,* 998-1014.

Miller, C. J., Miller, S. R., Bloom, J. S., Jones, L., Lindstrom, W., Craggs, J., et al. (2006). Testing the double-deficit hypothesis in an adult sample. *Annals of Dyslexia, 56,* 83-102.

Miller, G. A. (1956). The magical number seven plus or minus two: Some limits in our capacity for processing information. *Psychological Review, 63,* 81-97.

National Joint Committee on Learning Disabilities (NJCLD). (1994). [Position paper]. *Reprinted in Topics in Language Disorders, 16* (1996), 69-73.

Nippold, M. A., Hesketh, L. J., Duthie, J. K., & Mansfield, T. C. (2005). Conversational versus expository discourse: A study of syntactic development in children, adolescents, and adults. *Journal of Speech, Language, and Hearing Research, 40,* 1048-1064.

Nippold, M. A., Mansfield, R. C., & Billow, J. L. (2007). Peer conflict explanations in children, adolescents, and adults: Examining the development of complex syntax. *American Journal of Speech-Language Pathology, 16,* 179-188.

Nippold, M. A., Mansfield, R. C., Billow, J. L., & Tomblin, J. B. (2008). Expository discourse in adolescents with language impairments: Examining syntactic development. *American Journal of Speech-Language Pathology, 17,* 256-366.

Nippold, M. A., Mansfield, R. C., Billow, J. L., & Tomblin, J. B. (2009). Syntactic development in adolescents with a history of language impairments: A follow-up investigation. *American Journal of Speech-Language Pathology, 18,* 241-251.

Ottinger, B. (2003). *Dictionary: A reference guide to the world to Tourette syndrome, Asperger syndrome, attention deficit hyperactivity disorders and obsessive compulsive disorder for parents and professionals.* Shawnee Mission, KS: Autism Asperger Publishing Co.

Paul, R. (2000). *Language disorders from infancy through adolescence* (2nd ed.). St. Louis, MO: Mosby.

Pinborourgh-Zimmerman, J., Satterfield, R., Miller, J., Bilder, D., Hossain, S., & McMahon, W. (2007). Communication disorders and comorbid intellectual disability, autism, and emotional/behavioral disorders. *American Journal of Speech-Language Pathology, 16,* 359-367.

Prestia, K. (2003). Tourette's syndrome: Characteristics and interventions. *Intervention in Schools and Clinics, 39,* 67-71.

Rice, M. L., & Wexler, K. (2001). *Rice/Wexler Test of Early Grammatical Impairment.* San Antonio, TX: Pearson Assessment/PsychCorp.

Rice, M., Taylor, C., & Zubrick, S. (2008). Language outcomes of 7-year-old children with and without a history of late language emergence at 24 months. *Journal of Speech, Language, and Hearing Research, 51,* 394–407.

Roid, G. H. (2003). *Stanford-Binet Intelligence Scales* (5th ed.). Itasca, IL: Riverside.

Roncadin, C., Pascual-Leone, J., Rich, J. B., & Dennis, M. (2007). Developmental relations between working memory and inhibitory control. *Journal of the International Neuropsychological Society, 13,* 59–67.

Rose, S. A., Feldman, J. F., & Jankowski, J. J. (2002). Processing speed in the 1st year of life: A longitudinal study of preterm and full-term infants. *Developmental Psychology, 38,* 895–902.

Semel, E., Wiig, E. H., & Secord, W. A. (2004). *CELF-Preschool-2.* San Antonio, TX: Pearson Assessment/PsychCopr.

Semrud-Clikeman, M., Steingard, R., Filiek, P., Biederman, J., Bekken, K., & Renshaw, P. (2000). Using MRI to examine brain-behavior relationships in males with attention deficit disorder with hyperactivity. *Journal of the American Academy of Child and Adolescent Psychiatry, 39,* 477–484.

Tallal, P. (2003). Language disabilities: Integrating research approaches. *Current Directions in Psychological Science, 12,* 206–211.

Tomblin, J. B., Mainela-Arnold, E., & Zhang, X. (2007). Procedural learning in adolescents with and without specific language impairments. *Language Learning Development, 3,* 269–293.

Tomblin, J. B., & Zhang, X. (2006). The dimensionality of language ability in school-age children. *Journal of Speech, Language, and Hearing Research, 49,* 1193–1208.

Tranel, D., Grabowski, T. J., Lyon, J., & Damasio, H. (2005). Naming the same entities from visual or from auditory stimulation engages similar regions of left inferotemporal cortices. *Journal of Cognitive Neuroscience, 17,* 1293–1305.

Ullman, M., & Pierpoint, E. (2005). Specific language impairment is not specific to language: The procedural deficit hypothesis. *Cortex, 41,* 399–433.

Van Daal, J., Verhoeven, L., & van Balkom, H. (2004). Subtypes of severe language impairments: Psychometric evidence from 4-year-old children in the Netherlands. *Journal of Speech, Language, and Hearing Research, 47,* 1411–1423.

Wechsler, D. (2003). *Wechsler Intelligence Scale for Children-Fourth Edition* (WISC-IV). San Antonio, TX: Pearson Assessment/PsychCorp.

Weismer, S. E. (2007). Typical takers, late talkers, and children with specific language impairment: A language endowment spectrum? In R. Paul (Ed.), *Language disorders from a developmental perspective* (pp. 83–101). Mahwah, NJ: Erlbaum.

Weismer, S. E., Evans, J., & Hesketh, L. J. (1999). An examination of verbal working memory capacity in children with specific language impairment. *Journal of Speech, Language, and Hearing Research, 42,* 1249–1260.

Weismer, S. E., Plante, E., Jones, M., & Tomblin, J. B. (2005). A functional magnetic resonance imaging investigation of verbal working memory in adolescents with specific language impairment. *Journal of Speech, Language, and Hearing Research, 48,* 405–425.

Wetherby, A. M. (2002). Communication and language disorders in infants, toddlers, and preschool children. In G. H. Shames & N. B. Anderson (Eds.), *Human communication disorders* (6th ed.) (pp. 186–217). Boston: Allyn & Bacon.

Wiig, E. H. (2004). *Wiig assessment of basic concepts.* Greenville, SC: Super Duper Publications.

Wiig, E. H., Langdon, H. W., & Flores, N. (2001). Nominación rápida y automática en niños hispanohablantes bilingües y monolingües. *Revista de Logopedia, Foniatria y Audiologia, 21,* 106–117.

Wiig, E. H., Nielsen, N. P., Minthon, L., & Jacobson, J. (2008). *AQT: Efficacy of a new paradigm for cognitive screening.* Poster presentation. International Conference on Alzheimer's Disease, Chicago, Illinois.

Wiig, E. H., Nielsen, N. P., Minthon, L., & Warkentin, S. (2002). *A quick test of cognitive speed (AQT).* San Antonio, TX: Pearson Assessment/Psych Corp.

Wiig, E. H., & Secord, W. (2003). *Classroom Performance Assessment (CPA).* Sedona, AZ & Arlington, TX: Red Rock Publications, Inc. & Schema Press.

Wiig, E. H., & Wilson, C. C. (1994). Is a question a question? Differential patterns in question answering by students with LLD. *Language, Speech and Hearing Services in Schools, 25,* 250–259.

Wiig, E. H., Zureich, P., & Chan, H. N. (2000). A clinical rational for assessing rapid, automatic naming in children with language disorders. *Journal of Learning Disabilities, 33,* 369–374.

Wilkinson, G. S. (2006). *Wide Range Achievement Test-fourth Edition* (WRAT4). Lutz, FL: Psychological Assessment Resources.

Wolf, M., Bowers, P. G., & Biddle, K. (2000). Naming–speed processes, timing, and reading: A conceptual review. *Journal of Learning Disability, 33,* 387–407.

World Health Organization. (2005). *International statistical classification of diseases and related health problems, tenth revision (ICD–10).* Geneva, Switzerland: Author.

Woodcock, R. W., McGrew, K. W., & Mather, N. (2001). *Woodcock-Johnson III.* Itasca, IL: Riverside.

Zimmerman, I. L., Steiner, V. G., & Pond, R. E. (2002). *Preschool Language Scale Fourth Edition.* San Antonio, TX: Pearson Assessment/PsychCorp.

CHAPTER 6

Al Otaiba, S., & Fuchs, D. (2002). Characteristics of children who are unresponsive to early literacy intervention: A review of the literature. *Remedial and Special Education, 23,* 300–316.

Al Otaiba, S., & Fuchs, D. (2006). Who are the young children for whom best practices in reading are ineffective? An experimental and longitudinal study. *Journal of Learning Disabilities, 39,* 414–431.

Barth, A. E., Stuebing, K. K., Anthony, J. L., Denton, C. A., Mahtes, P. G., Fletcher, J. M., & Francis, D. J. (2008). Agreement among response to intervention criteria for identifying responder status. *Learning and Individual*

Differences, 18, 296–307.

Bradley, R., Danielson, L., & Hallahan, D. (Eds.). (2002). *Identification of learning disabilities: Research to practice.* Mahwah, NJ: Erlbaum. Available from www.air.org/ldsummit.

Burns, M. K., & Senesac, S. V. (2005). Comparison of dual discrepancy criteria to assess response to intervention. *Journal of School Psychology, 43*(5), 393–406.

Clements, S. D. (1966). *Minimal brain dysfunction in children* [NINDB Monograph No. 3]. Washington, DC: U.S. Department of Health, Education, and Welfare.

Cohen, J. (1983). The cost of dichotomization. *Applied Psychological Measurement, 7,* 249–253.

Connor, C. M., Morrison, F. J., Fishman, B. J., Schatschneider, C., & Underwood, P. (2007). Algorithm–guided individualized reading instruction. *Science, 315*(5811), 464–465.

Donovan, M. S., & Cross, C. T. (2002). *Minority students in special gifted education.* Washington, DC: National Academy Press. Available from www.nap.edu/Catalog/10128.html.

Doris, J. L. (1993). Defining learning disabilities: A history of the search for consensus. In G. R. Lyon, D. B. Gray, J. F. Kavanagh, & N. A. Krasnegor (Eds.), *Better understanding learning disabilities: New views from research and their implications for education and public policies* (pp. 97–116). Baltimore, MD: Brookes.

Fiorello, C. A., Hale, J. B., & Snyder, L. E. (2006). Cognitive hypothesis testing and response to intervention for children with reading problems. *Psychology in the Schools, 43*(8), 835–853.

Fletcher, J. M., Coulter, W. A., Reschly, D. J., & Vaughn, S. (2004). Alternative approaches to the definition and identification of learning disabilities: Some questions and answers. *Annals of Dyslexia, 54*(2), 304–331.

Fletcher, J. M., Lyon, G. R., Fuchs, L. S., & Barnes, M. A. (2007). *Learning disabilities: From identification to intervention.* New York: Guilford.

Fletcher, J. M., Shaywitz, S. E., Shankweiler, D. P., Katz, L., Liberman, I. Y., Stuebing, K. K., et al. (1994). Cognitive profiles of reading disability: Comparisons of discrepacy and low achievement definitions. *Journal of Educational Psychology, 85,* 1–18.

Fletcher, J. M., & Vaughn, S. (2009a). Response to intervention: Preventing and remediating academic deficits. *Child Development Perspectives, 3,* 30–37.

Fletcher, J. M., & Vaughn, S. (2009b). RTI models as alternatives to traditional views of learning disabilities: Response to the commentaries. *Child Development Perspective, 3,* 48–50.

Francis, D. J., Fletcher, J. M., Stuebing, K. K., Lyon, G. R., Shaywitz, B. A., & Shaywitz, S. E. (2005). Psychometric approaches to the identification of learning disabilities: IQ and achievement scores are not sufficient. *Journal of Learning Disabilities, 38,* 98–108.

Francis, D. J., Shaywitz, S. E., Stuebing, K. K., Shaywitz, B. A., & Fletcher, J. M. (1996). Developmental lag versus deficit models of reading disability: A longitudinal, individual growth curves analysis. *Journal of Educational Psychology, 88,* 3–17.

Fuchs, D., & Deshler, D. K. (2007). What we need to know about responsiveness to intervention (and shouldn't be afraid to ask). *Learning Disabilities Research & Practice, 2,* 129–136.

Fuchs, D., & Young, C. L. (2006). On the irrelevance of intelligence in predicting responsiveness to reading instruction. *Exceptional Children, 73,* 8–30.

Fuchs, L. S., & Fuchs, D. (1998). Treatment validity: A unifying concept for reconceptualizing the identification of learning disabilities. *Learning Disabilities Research & Practice, 13,* 204–219.

Fuchs, L. S., & Fuchs, D. (2004). Determining adequate yearly progress from kindergarten through grade six with curriculum-based measurement. *Assessment for Effective Instruction, 29*(4), 25–38.

Gresham, F. M. (2009). Using response to intervention for identification of specific learning disabilities. In A. Akin-Little, S. G. Little, M. A. Bray, & T. J. Kehl (Eds.), *Behavioral interventions in schools: Evidence-based positive strategies* (pp. 205–220). Washington, DC: American Psychological Association.

Hoskyn, M., & Swanson, H. L. (2000). Cognitive processing of low achievers and children with reading disabilities: A selective meta-analytic review of the published literature. *School Psychology Review, 29,* 102–119.

Individuals with Disabilities Education Improvement Act of 2004, Pub. L. 108–446. *Federal Register,* Vol. *70,* No. 118, pp. 35802–35803.

Jimerson, S. R., Burns, M. K., & VanDerHeyden, A. M. (2007). *Handbook of response to intervention: The science and practice of assessment and intervention.* Springfield, IL: Charels E. Springer.

Kavale, K. A., & Flanagan, D. P. (2007). Ability-achievement discrepancy, response to intervention, and assessment of cognitive abilities/processes in specific learning disability identification: Toward a contemporary operational definition. In S. R. Jimerson, M. A. Burns, & A. M. VanDerHeyden (Eds.), *Handbook of response to intervention: The science and practice of assessment and intervention* (pp. 130–147). New York: Springer.

Kavale, K., & Forness, S. (1985). *The science of learning disabilities.* San Diego, CA: College–Hill Press.

Mathes, P. G., Denton, C. A., Fletcher, J. M., Anthony, J. L., Francis, D. J., & Schatschneider, C. (2005). An evaluation of two reading interventions derived from diverse models. *Reading Research Quarterly, 40,* 148–183.

Morgan, W. P. (1896). A case of congenital word blindness. *British Medical Journal,* ii, 1378.

Morris, R., & Flethcer, J. M. (1988). Classification in neuropsychology: A theoretical framework and research paradigm. *Journal of Clinical and Experimental Neuropsychology, 10,* 640–658.

Morris, R., Lovett, M. W., Wolf, M., Sevcik, R., Steinbach, K., Frijters, J., & Shapiro, M. (in press). Multiple-component remediation for developmental reading disabilities: IQ, socioeconomic status, and race as factors in remedial outcome. *Journal of Learning Disabilities.*

Nelson, R. J., Benner, G. J., & Gonzalez, J. (2003). Learner characteristics that influence the treatment effectiveness of early literacy interventions: A meta-analytic review. *Learning Disabilities Research & Practice, 18,* 255–267.

Pashler, H., McDaniel, M., Rohrer, D., & Bjork, R. (2009). Learning styles: Concepts and evidence. *Psychological Science in the Public Interest, 9,* 105–119.

Reschly, D. J., & Tilly, W. D. (1999). Reform trends and system design alternatives. In D. Reschly, W. Tilly, & J. Grimes (Eds.), *Special education in transition* (pp. 19–48). Longmont, CO: Sopris West.

Reynolds, C. R. (1984). Critical measurement issues in learning disabilities. *Journal of Special Education, 18,* 451–476.

Reynolds, C. R., & Shaywitz, S. E. (2009). Response to intervention: Ready or not? Or watch–them–fail. *School Psychology Quarterly, 24,* 130–145.

Ross, A. D. (1976). *Psychological aspects of learning disabilities and reading disorders.* New York: McGraw–Hill.

Rutter, M. (1978). Dyslexia. In A. L. Benton & D. Pearl (Eds.), *Dyslexia: An appraisal of current knowledge.* New York: Oxford University Press.

Schatschneider, C., Wagner, R. C., & Crawford, E. C. (2008). The importance of measuring growth in response to intervention models: Testing a core assumption. *Learning and Individual Differences, 18*(3), 308–315.

Siegel, L. S. (1992). An evaluation of the discrepancy definition of dyslexia. *Journal of Le Disabilities, 25,* 618–629.

Skinner, H. (1981). Toward the integration of classification theory and methods. *Journal of Abnormal Psychology, 90,* 68–87.

Spectrum K12 Solutions/The Council of Administrators of Special Education (2008). *Response to intervention (RTI) adoption survey.* Washington, DC: Council of Administrators of Special Education.

Speece, D. L., Case, L. P., & Molloy, D. E. (2003). Responsiveness to general education instruction as the first gate to learning disabilities identification. *Learning Disabilities Research & Practice, 18,* 147–156.

Stage, S. A., Abbott, R. D., Jenkins, J. R., & Berninger, V. W. (2003). Predicting response to early reading intervention form verbal IQ, reading–related language abilites, attention ratings, and verbal IQ–word reading discrepancy: Failure to validate discrepancy method. *Journal of Learning Disabilities, 36,* 24–33.

Stecker, P. M., Fuchs, L. S., & Fuchs, D. (2007). Using curriculum–based measurement to improve student achievement: Review of research. *Psychology in the Schools, 42,* 795–819.

Still, G. F. (1902). Some abnormal psychological conditions in children. *Lancet, 1,* 1077–1082.

Stuebing, K. K., Barth, A. E., Molfese, P. J., Weiss, B., & Flethcer, J. M. (2009). IQ is not strongly related to response to reading instruction: A meta–analytic interpretation. *Exceptional Children, 76,* 31–51.

Stuebing, K. K., Fletcher, J. M., LeDoux, J. M., Lyon, G. R., Shaywitz, S. E., & Shaywitz, B. A. (2002). Validity of IQ–discrepancy classifications of reading disabilities: A meta–analysis. *American Educational Research Journal, 39,* 469–518.

Swanson, H. L. (2008). *Neuroscience and RTI: A complementary role.* In E. Fletcher–Janzen & C. R. Reynolds (Eds.), *Neuropsychological perspectives on learning disabilities in the era of RTI: Recommendations for diagnosis and intervention* (pp. 14–27). Hoboken, NJ: Wiley.

U.S. Office of Education. (1968). *First annual report of the National Advisory Committee on Handicapped Children.* Washington, DC: U.S. Department of Health, Education, and Welfare.

VanDerHeyden, A., & Burns, M. (2010). *Essentials of response to intervention.* Hoboken, NJ: Wiley.

VanDerHeyden, A. M., Witt, J. C., & Gilbertson, D. (in press). A multi-year evaluation of the effects of a Response to International (RTI) model on identification of children for special education. *Journal of School Psychology*.

Vaughn, S. R., Wanzek, J., Woodruff, A. L., & Linan-Thompson, S. (2006). A three-tier model for preventing reading difficulties and early identification of students with reading disabilities. In D. H. Haager, S. Vaughn, & J. K. Klingner (Eds.), *Validated reading practices for three tiers of intervention*. Baltimore, MD: Brookes.

Vellutino, F. R., Scanlon, D. M., Zhang, H., & Schatschneider, C. (2008). Using response to kindergarten and first grade intervention to identify children at risk for long-term reading difficulties. *Reading and Writing, 21*(4), 437–480.

Walker, H. M., Stiller, B., Serverson, H. H., Feil, E. G., & Golly A. (1998). First step to success: Intervening at the point of school entry to prevent antisocial behavior patterns. *Psychology in the Schools, 35*, 259–269.

CHAPTER 7

American Institutes for Research. (2002). *Specific learning disabilities: Finding common ground*. Washington, DC: U.S. Department of Education.

Ashman, A. f., & Conway, R. N. F. (1997). *An introduction to cognitive education: Theory and applications*. London: Routledge.

Boden, C., & Kirby, J. R. (1995). Successive processing, phonological coding, and the remediation of reading. *Journal of Cognitive Education, 4*, 19–31.

Brailsford, A., Snart, F., & Das, J. P. (1984). Strategy training and reading comprehension. *Journal of Learning Disabilities, 17*, 287–290.

Carlson, J., & Das, J. P. (1997). A process approach to remediating word decoding deficiencies in Chapter 1 children. *Learning Disabilities Quarterly, 20*, 93–102.

Carroll, J. B. (2000). Commentary on profile analysis. *School Psychology Quarterly, 15*, 449–456.

Ceci, S. J. (2000). So near and yet so far: Lingering questions about the use of measures of general intelligence for college admission and employment screening. *Psychology, Public Policy, and Law, 6*, 233–252.

Cormier, P., Carlson, J. S., & Das, J. P. (1990). *Psychological testing and assessment*. Mountain View, CA: Mayfield.

Das, J. P. (1999). *PASS Reading Enhancement Program*. Deal, NJ: Sarka Educational Resources.

Das, J. P., Kar, B. C., & Parrila, R. K. (1996). *Cognitive planning: The psychological basis of intelligent behavior*. Thousand Oaks, CA: Sage.

Das, J. P., Mishra, R. K., & Kirby, J. R. (1994). Cognitive patterns of dyslexics: Comparison between groups with high and average nonverbal intelligence. *Journal of Learning Disabilities, 27*, 235–242.

Das, J. P., Mishra, R. K., & Pool, J. E. (1995). An experiment on cognitive remediation or word-reading difficulty. *Journal of Learning Disabilities, 28*, 66–79.

Das, J. P., Naglieri, J. A., & Kirby, J. R. (1994). *Assessment of cognitive processes*. Boston: Allyn & Bacon.

Das, J. P., Parrila, R. K., & Papadopoulos, T. C. (2000). Cognitive education and reading disability. In A. Kozulin & Y. Rand (Eds.), *Experience of mediated learning* (pp. 276–291). New York: Pergamon Press.

Davis, F. B. (1959). Interpretation of differences among averages and individual test scores. *Journal of Educational Psychology, 50,* 162–170.

Davison, M. L., & Kuang, H. (2000). Profile patterns: Research and professional interpretation. *School Psychology Quarterly, 15,* 457–464.

Dehn, M. J. (2000). *Cognitive Assessment System performance of ADHD children.* Paper presented at the annual meeting of the National Association of School Psychologists, New Orleans, LA.

Fagan, J. R. (2000). A theory of intelligence as processing: Implications for society. *Psychology, Public Policy, and Law, 6,* 168–179.

Flanagan, D. P., & Kaufman, A. S. (2004). *Essentials of WISC-IV assessment.* Hoboken, NJ: Wiley. African American students. *Reading Research Quarterly, 42,* 424–428.

Foreman, J. (2004). Game-based learning: How to delight and instruct in the 21st century. *Educause Review, 39*(5), 50–66.

Goldberg, E. (2002). *The executive brain: Frontal lobes and the civilized mind.* New York: Oxford University Press.

Goldstein, S., & Naglieri, J. A. (2009). *Autism Spectrum Rating Scale.* Toronto: Multi Health Systems.

Good, R. H., & Kaminski, R. A. (Eds.). (2002). *Dynamic Indicators of Basic Early Literacy Skills-Sixth Edition.* Eugene, OR: Institute for the Development of Educational Achievement.

Haddad, F. A., Garcia, Y. E., Naglieri, J. A., Grimditch, M., McAndrews, A., & Eubanks, J. (2003). Planning facilitation and reading comprehension: Instructional relevance of the PASS theory. *Journal of Psychoeducational Assessment, 21,* 282–289.

Hale, J. B., & Fiorello, C. A. (2004). *School neuropsychology: A practitioner's handbook.* New York: Guilford.

Hale, J. B., Kaufman, A. S., Naglieri, J. A., & Kavale, K. A. (2006). Implementation of IDEA: Integrating response to intervention and cognitive assessment methods. *Psychology in the Schools, 43*(7), 753–770.

Huang, L. V., Bardos, A. N., & D'Amato, R. C. (2010). Identifying students with learning disabilities: Composite profile analysis using the Cognitive Assessment System. *Journal of Psychoeducational Assessment, 28,* 19–30.

Individuals with Disabilities Education Improvement Act of 2004, 20 U.S.C. §§ 1401 *et seq.* (2005).

Iseman, J. s., & Naglieri, J. A. (in press). A cognitive strategy instruction to improve math calculation for children with ADHD: A randomized controlled study. *Journal of Learning Disabilities.*

Kar, B. C., Dash, U. N., Das, J. P., & Carlson, J. S. (1992). Two experiments on the dynamic assessment of planning. *Learning and Individual Differences, 5,* 13–29.

Kaufman, A. S. (1979). *Intelligent testing with the WISC-R.* New York: Wiley.

Kaufman, A. S., & Kaufman, N. L. (1983). *Kaufman Assessment Battery for Children.* Circle Pines, MN: American Guidance.

Kaufman, A. S., & Kaufman, N. L. (2004). *Kaufman Assessment Battery for Children-Second Edition*. Circle Pines, MN: American Guidance.

Kaufman, D., & Kaufman, P. (1979). Strategy training and remedial techniques. *Journal of Learning Disabilities, 12,* 63-66.

Kavale, K. A., Kaufman, A. S., Naglieri, J. A., & Hale, J. B. (2005). Changing procedures for identifying learning disabilities: The danger of poorly supported ideas. *The School Psychologist, 59,* 16-25.

Krywaniuk, L. W., & Das, J. P. (1976). Cognitive strategies in native children: Analysis and intervention. *Albert Journal of Educational Research, 22,* 271-280.

Lewandowski, L., & Scott, D. (2008). Introduction to neuropathology and brain-behavior relationships. In R. C. D' Amato & L. C. Hartlage (Eds.), *Essentials of neuropsychological assessment: Treatment planning for rehabilitation* (2nd ed.). New York: Springer.

Luria, A. R. (1966). *Human brain and psychology processes*. New York: Harper and Row.

Luria, A. R. (1973). *The working brain*. New York: Basic Books.

Luria, A. R. (1980). *Higher cortical functions in man* (2nd ed.). New York: Basic Books.

Martin, N. A., & Brownell, R. (2005). *Test of Auditory Processing Skills, Third Edition*. Los Angeles: Western Psychological Services.

McDermott, P. A., Fantuzzo, J. W., & Glutting, J. J. (1990). Just say no to subtest analysis: A critique on Wechsler theory and practice. *Journal of Psychoeducational Assessment, 8*(3), 290-302.

Naglieri, J. A. (1999). *Essentials of CAS assessment*. New York: Wiley.

Naglieri, J. A. (2000). Can profile analysis of ability test scores work? An illustration using the PASS theory and CAS with an unselected cohort. *School Psychology Quarterly, 15,* 419-433.

Naglieri, J. A. (2005). The Cognitive Assessment System. In D. P. Flanagan & P. L. Harrison (Eds.), *Contemporary intellectual assessment* (2nd ed.) (pp. 441-460). New York: Guilford.

Naglieri, J. A. (2008a). *Naglieri Nonverbal Ability Test-School Edition*. San Antonio, TX: Harcourt.

Naglieri, J. A. (2008b). Best practices in linking cognitive assessment of students with learning disabilities to interventions. In A. Thomas and J. Grimes (Eds.), *Best practices in school psychology* (5th ed.) (pp. 679-696). Bethesda, MD: National Association of School Psychologists.

Naglieri, J. A., & Conway, C. (2009). The Cognitive Assessment System. In J. A. Naglieri & S. Goldstein (Eds.), *A practitioner's guide to assessment of intelligence and achievement* (pp. 3-10). Hoboken, NJ: Wiley.

Naglieri, J. A., Conway, C., & Rowe, E. (2010). *An initial examination of the effects of computerized reading instruction on the academic performance of students from Title I schools*. Manuscript submitted for publication.

Naglieri, J. A., & Das, J. P. (1997a). *Cognitive Assessment System*. Itasca, IL: Riverside.

Naglieri, J. A., & Das, J. P. (1997b). *Cognitive Assessment System interpretive handbook*. Itasca, IL: Riverside.

Naglieri, J. A., & Das, J. P. (2005). Planning, Attention, Simultaneous, Successive (PASS) theory: A revision of the concept of intelligence. In D. P. Flanagan & P. L. Harrison (Eds.), *Contemporary intellectual assessment* (2nd ed.) (pp. 136-182). New York: Guilford.

Naglieri, J. A., & Das, J. P. (2006). *Cognitive Assessment System-Adattamento italiano a cura di S. Taddei.* Firenze, Italy: OS.

Naglieri, J. A., & Gottling, S. H. (1995). A cognitive education approach to math instruction for the learning disabled: An individual study. *Psychological Report, 76,* 1343-1354.

Naglieri, J. A., & Gottling, S. H. (1997). Mathematics instruction and PASS cognitive processes: An intervention study. *Journal of Learning Disabilities, 30,* 513-520.

Naglieri, J. A., & Johnson, D. (2000). Effectiveness of a cognitive strategy intervention to improve math calculation based on the PASS theory. *Journal of Learning Disabilities, 33,* 591-597.

Naglieri, J. A., & Otero, T. (in press). Cognitive Assessment System: Redefining intelligence from a neuropsychological perspective. In A. Davis (Ed.), *Handbook of pediatric neuropsychology.* New York: Springer.

Naglieri, J. A., Otero, T., DeLauder, B., & Matto, H. (2007). Bilingual Hispanic children's performance on the English and Spanish versions of the Cognitive Assessment System. *School Psychology Quarterly, 22,* 432-448.

Naglieri, J. A., & Paolitto, A. W. (2005). Ipsative comparisons of WISC-IV index scores. *Applied Neuropsychology, 12,* 208-211.

Naglieri, J. A., & Pickering, E. (2010). *Helping children learn: Intervention handouts for use in school and at home* (2nd ed.). Baltimore, MD: Brookes.

Naglieri, J. A., & Rojahn, J. R. (2004). Validity of the PASS theory and CAS: Correlations with achievement. *Journal of Educational Psychology, 96,* 174-181.

Naglieri, J. A., Rojahn, J., & Matto, H. (2007). Hispanic and non-Hispanic children's performance on PASS cognitive processes and achievement. *Intelligence, 35,* 568-579.

Naglieri, J. A., Rojahn, J. R., Matto, H. C., & Aquilino, S. A. (2005). Black and white differences in intelligence: A study of the PASS theory and Cognitive Assessment System. *Journal of Psychoeducational Assessment, 23,* 146-160.

Naglieri, J. A., Rowe, E. W., & Conway, C. (2010). *Empirical validation of an on-line literacy program using DIBELS for Title 1 students.* Manuscript submitted for publication.

Naglieri, J. A., Salter, C. J., & Edwards, G. (2004). Assessment of ADHD and reading disabilities using the PASS theory and Cognitive Assessment System. *Journal of Psychoeducational Assessment, 22,* 93-105.

Natur, N. H. (2009). *An analysis of the validity and reliability of the Das-Naglieri Cognitive Assessment System (CAS),* Arabic edition. Unpublished doctoral dissertation. Howard University. Dissertation Abstract International, 70, no. 01B. Retrieved February 8, 2010, from Dissertation and Theses databse.

Parrila, R. K., Das, J. P., Kendrick, M., Papadopoulos, T., & Kirby, J. (1999). Efficacy of a cognitive reading remediation program for at-risk children in grade 1. *Developmental Disabilities Bulletin, 27,* 1-31.

Penrose, L. S., & Raven, J. C. (1936). A new series of perceptual tests: Preliminary communication. *British Journal of Medical Psychology, 16,* 97–104.

Pivec, M. (2007). Editorial: Play and learn: Potentials of game-based learning. *British Journal of Educational Technology, 38,* 387–393.

Posner, M. I., & Boies, S. J. (1971). Components of attention. *Psychological Review, 78,* 391–408.

Regulations for the Individuals with Disabilities Education Act, 34 C.F.R. §§ 300.1 *et seq.* (2006).

Roid, G. (2003). *Stanford-Binet Intelligence Scales-Fifth Edition.* Itasca, IL: Riverside.

Rowe, E., Naglieri, J. A., & Conway, C. (2010). *Evaluation of an on-line literacy program for Title I students using DIBELS: A replication and extension study.* Manuscript submitted for publication.

Schneider, W., Dumais, S. T., & Shiffrin, R. M. (1984). Automatic and controlled processing and attention. In R. Parasuraman & D. R. Davies (Eds.), *Varieties of attention* (pp. 1–28). New York: Academic Press.

Segers, E., & Verhoeven, L. (2005). Long-term effects of computer training of phonological awareness in kindergarten. *Journal of Computer Assisted Learning, 21,* 17–27.

Silverstein, A. B. (1993). Type I, Type II, and other types of errors in pattern analysis. *Psychological Assessment, 5,* 72–74.

Suzuki, L. A., & Valencia, R. R. (1997). Race-ethnicity and measured intelligence. *American Psychologist, 52,* 1103–1114.

Taddei, S., & Naglieri, J. A. (2006). L'Adattamento Italiano del Das-Naglieri Cognitive Assessment System. In J. A. Naglieri & J. P. Das, *Cognitive Assessment System-Manuale.* Firenze, Italy: OS.

Wechsler, D. (2001). *Wechsler Individual Achievement Test-Second Edition.* San Antonio, TX: Psychological Corporation.

Wechsler, D. (2003). *Wechsler Intelligence Scale for Children-Fourth Edition.* San Antonio, TX: Psychological Corporation.

Wechsler, D., & Naglieri, J. A. (2006). *Wechsler Nonverbal Scale of Ability.* San Antonio, TX: Harcourt Assessment.

Woodcock, R. (1987). *Woodcock Reading Mastery Test-Revised.* Circle Pines, MN: American Guidance Service.

Woodcock, R. W., & Johnson, M. B. (1989, 1990). *Woodcock-Johnson Psycho-Educational Battery-Revised.* Allen, TX: DLM Teaching Resources.

Woodcock, R. W., McGrew, K. S., & Mather, N. (2001). *Woodcock-Johnson III Tests of Achievement.* Itsca, IL: Riverside.

CHAPTER 8

Aaron, P. G. (1997). The impending demise of the discrepancy formula. *Review of Educational Research, 67,* 461–502.

Alarcon, M., Pennington, B. F., Filipek, P. A., & DeFries, J. C. (2000). Etiology of neuroanatomical correlates of reading disability. *Developmental Neuropsychology, 17,* 339-360.

Anastasi, A., & Urbina, S. (1997). *Psychological testing.* Upper Saddle River, NJ: Prentice Hall.

Artiles, A., & Trent, S. (1994). Overrepresentation of minority students in special education: A continuing debate. *The Journal of Special Education, 27,* 410-437.

Barnett, B. W., Daly, E. J., & Jones, K. M., & Lentz, F. E. (2004). Response to intervention: Empirically based special service decisions from single-case designs of increasing and decreasing intensity. *Journal of Education, 38,* 66-79.

Baron, J. S. (2005). Test review: Weschler Intelligence Scale for Children-Fourth Edition (WISC-IV). *Child Neuropsychology, 11,* 471-475.

Barth, A., Stuebing, K. K., Anthony, J. L., Denton, C. A., Mathes, P. G., Fletcher, J. M., et al. (2008). Agreement among response to intervention criteria for identifying responder status. *Learning and Individual Differences, 18,* 196-307.

Bateman, B. (1964). Learning disabilities-yesterday, today, and tomorrow. *Exceptional Children, 31,* 167-177.

Batsche, G. M., Kavale, K. A., & Kovaleski, J. F. (2006). Competing views: A dialogue on response to intervention. *Assessment for Effective Intervention, 32,* 6-19.

Berninger, V., & Holdnack, J. (2008). Neuroscientific and clinical perspectives on the RTI initiative in learning disabilities diagnosis and intervention: Response to questions begging answers that see the forest and the trees. In: C. Reynolds & E. Fletcher-Janzen (Eds.), *Neuroscientific and clinical perspectives on the RTI initiative in learning disabilities diagnosis and intervention* (pp. 66-81). Hoboken, NJ: Wiley.

Berninger, V., Vaughan, K., Abbott, R., Brooks, A., Begay, K., Curtin, G., et al. (2000). Language-based spelling instruction: Teaching children to make multiple connections between spoken and written words. *Learning Disability Quarterly, 23,* 117-135.

Berninger, V. W. (2006). Research-supported ideas for implementing reauthorized IDEA with intelligent professional psychological services. *Psychology in the Schools, 43,* 781-796.

Berninger, V. W., & Abbott, R. D. (1994). Redefining learning disabilities: Moving beyond aptitude-achievement discrepancies to failure to respond to calibrated treatment protocol. In G. R. Lyon (Ed.), *Frames of reference for the assessment of learning disabilities: New views on measurement* (pp. 163-183). Baltimore, MD: Brookes.

Berninger, V. W., & Richards, T. L. (2002). *Brain literacy for educators and psychologist.* San Diego CA: Academic Press/Elsevier Science.

Bocian, K., Beebe, M., MacMillan, D., & Gresham, F. M. (1999). Competing paradigms in learning disabilities classification by schools and the variations in the meaning of discrepant achievement. *Learning Disabilities Research & Practice, 14,* 1-14.

Brown-Chidsey, R., & Steege, M. (2005). *Response to intervention: Principles and strategies for effective practice.*

New York: Guilford.

Castellanos, F. X., Lee, P. P., Sharp, W., Jeffries, N. O., Greenstein, D. K., Clasen, L. S. et al. (2002). Developmental trajectories of brain volume abnormalities in children and adolescents with attention-deficit/hyperactivity disorder. *Journal of the American Medical Association, 288,* 1740-1748.

Caterino, L. C., Sullivan, A., Long, L., Bacal, E., Kaprolet, C. M., Beard, R., & Peterson, K. K. (2008). Assessing school psychologists' perspectives on independent educational evaluations. *APA Division 16 School Psychology, 62,* 6-12.

Ceci, S. J. (1990). *On intelligence... more or less: A bio-ecological treatise on intellectual development.* Englewood Cliffs, NJ: Prentice Hall.

Ceci, S. J. (1996). *On intelligence.* Cambridge, MA: Harvard University Press.

Chenault, B., Thomson, J., Abbott, R., & Berninger, V. (2006). Effects of prior attention training on child dyslexics' response to composition instruction. *Developmental Neuropsychology, 29,* 243-260.

Coch, D., Dawson, G., & Fischer, K. W. (2007). *Human behavior, learning, and the developing brain.* New York: Guilford.

Collins, D. W., & Rourke, B. P. (2003). Learning-disabled brains: A review of the literature. *Journal of Clinical and Experimental Neuropsychology, 25,* 1011-1034.

D'Amato, R. C., Fletcher-Janzen, E., & Reynolds, C. R. (2005). *Handbook of school neuropsychology.* Hoboken, NJ: Wiley.

Denckla, M. B. (2007). Executive function: Binding together the definitions of attention-deficit/hyperactivity disorder and learning disabilities. In L. Meltzer (Ed.), *Executive function in education: From theory to practice* (pp. 5-18). New York: Guilford.

Deno, E. (1970). Special education as developmental capital. *Exceptional Children, 37,* 229-237.

Detterman, D. K., & Thompson, L. A. (1997). What is so special about special education? *Special issue: Intelligence & Lifelong Learning, 52,* 1082-1090.

Dombrowski, S. C., Kamphaus, R. W., & Reynolds, C. R. (2004). The demise of the discrepancy: Proposed learning disabilities diagnostic criteria. *Professional Psychology Research and Practice, 35,* 364-372.

Donovan, M. S., & Cross, C. T. (2002). *Minority students in special and gifted education.* Washington, DC: National Academy Press.

Dunn, L. M. (1968). Special education for the mildly retarded-is much of it justifiable? *Exceptional Children, 35,* 5-22.

Elliott, C., Hale, J. B., Fiorello, C. A., Moldovan, J., & Dorvil, C. (in press). DAS-II prediction of reading performance: Global scores are not enough. *Psychology in the Schools.*

Epps, S., Ysseldyke, J., & McGue, M. (1984). Differentiating LD ad non-LD students: "I know one when I see one." *Learning Disability Quarterly, 7,* 89-101.

Feifer, S. G., & Rattan, G. (2009). *Emotional disorders: A neuropsychological, pharmacological, and educational perspective*. New York: W. W. Norton.

Fiez, J. A., & Petersen, S. E. (1998). Neuroimaging studies of word reading. *Proceedings of the National Academy of Sciences, 95,* 914–921.

Filipek, P. A. (1999). Neuroimaging in the developmental disorders: The state of the science. *Journal of Child Psychology and Psychiatry, 40,* 113–128.

Fine, J. G., Semrud-Clikeman, M., Keith, T. Z., Stapleton, L. M., & Hynd, G. W. (2007). Reading and the corpus callosum: An MRI family study of volume and area. *Neuropsychology, 21,* 235–241.

Finn, J. D. (1982). Patterns in special education placement as revealed by the OCR surveys. In K. A. Heller, W. H. Holtzman, & S. Messick (Eds.), *Placing children in special education: A strategy for equity* (pp. 322–381). Washington, DC: National Academy Press.

Fiorello, C. A., Hale, J. B., Decker, S. L., & Coleman, S. (2009). Neuropsychology in school psychology. In E. Garcia Vazquez, T. D. Crespi, & C. A. Riccio (Eds.), *Handbook of education, training, and supervision of school psychologists in school and community* (pp. 213–233). New York: Routledge.

Fiorello, C. A., Hale, J. B., Holdnack, J. A., Kavanagh, J. A., Terrell, J., & Long, L. (2007). Interpreting intelligence test results for children with disabilities: Is global intelligence relevant? *Applied Neuropsychology, 14,* 2–12.

Fiorello, C. A., Hale, J. B., McGrath, M., Ryan, K., & Quinn, S. (2001). IQ interpretation for children with flat and variable test profiles. *Learning and Individual Differences, 13,* 115–125.

Fiorello, C. A., Hale, J. B., & Snyder, L. E. (2006). Cognitive hypothesis testing and response to intervention for children with reading problems. *Psychology in the Schools, 43,* 835–853.

Fiorello, C. A., Hale, J. B., Snyder, L. E., Forrest, E., & Teodori, A. (2008). Validating individual differences through examination of converging psychometric and neuropsychological models of cognitive functioning. In S. K. Thurman & C. A. Fiorello (Eds.), *Applied cognitive research in K-3 classrooms* (pp. 151–186). New York: Routledge.

Flanagan, D. P., & Kaufman, A. (2009). *Essentials of WISC-IV assessment* (2nd ed.). Hoboken, NJ: Wiley.

Flanagan, D. P., Ortiz, S. O., & Alfonso, V. (2007). *Essentials of cross-battery assessment* (2nd ed.). Hoboken, NJ: Wiley.

Flanagan, D. P., Ortiz, S. O., Alfonso, V., & Dynda, A. (2006). Integration of response to intervention and norm-referenced tests in learning disability identification: Learning from the tower of Babel. *Psychology in the Schools, 43,* 807–825.

Flanagan, D. P., Ortiz, S. O., Alfonso, V. C., & Mascolo, J. (2006). *The achievement test desk reference (ATDR) (2nd ed.): A guide to learning disability identification*. Hoboken, NJ: Wiley.

Flanagan, D. P., Ortiz, S. O., Alfonso, V., & Mascolo, J. (2002). *The achievement test desk reference (ATDR): Comprehensive assessment and learning disabilities*. Boston: Allyn & Bacon.

Fletcher, J. M., Coulter, W. A., Reschly, D. J., & Vaughn, S. (2004). Alternative approaches to the definition and identification of learning disabilities: Some questions and answers. *Annals of Dyslexia, 54,* 304–331.

Fletcher, J. M., Francis, D. J., Morris, R. D., & Lyon, G. R. (2005). Evidence–based assessment of learning disabilities in children and adolescents. *Journal of Clinical Child and Adolescent Psychology, 34,* 506–522.

Fletcher, J. M., Francis, D. J., Shaywitz, S. E., Lyon, G. R., Foorman, B. R., Stuebing, K. K., & Shaywitz, B. A. (1998). Intelligence testing and the discrepancy model for children with learning disabilities. *Learning Disabilities Research & Practice, 13,* 186–203.

Fletcher, J. M., Shaywitz, S. E., Shankweiler, D. P., Katz, L., Liberman, I. Y., Stuebing, K. K., Francis, D. J., Fowler, A. E., & Shaywitz, B. A. (1994). Cognitive profiles of reading disability: Comparisons of discrepancy and low achievement definitions. *Journal of Educational Psychology, 86,* 6–23.

Fletcher, J. M., & Vaughn, S. (2009). Response to intervention: Preventing and remediating difficulties. *Child Development Perspectives, 3,* 30–37.

Fletcher–Janzen, E. (2005). *Handbook of school neuropsychology.* Hoboken, NJ: Wiley.

Fletcher–Janzen, E., & Reynolds, C. R. (Eds.). (2008). *Neuropsychological perspectives on learning disabilities in the era of RTI: Recommendations for diagnosis and intervention.* Hoboken, NJ: Wiley.

Flowers, L., Meyer, M., Lovato, J., Wood, F., & Felton, R. (2001). Does third grade discrepancy status predict the course of reading development? *Annals of Dyslexia, 51,* 49–71.

Francis, D. J., Shaywitz, S. E., Stuebing, K. K., Shaywitz, B. A., & Fletcher, J. M. (1996). Developmental lag versus deficit models of reading disability: A longitudinal, individual growth curves analysis. *Journal of Educational Psychology, 88,* 3–17.

Fuchs, D., & Deshler, D. D. (2007). What we need to know about responsiveness to intervention (and shouldn't be afraid to ask). *Learning Disabilities Research & Practice, 22,* 129–136.

Fuchs, D., & Fuchs, L. S. (2006). Introduction to response to intervention: What, why, and how valid is it? *Reading Research Quarterly, 41,* 93–99.

Fuchs, D., Fuchs, L. S., & Compton, D. L. (2004). Monitoring early reading development in first grade: Word identification fluency versus nonsense word fluency. *Exceptional Children, 71,* 7–21.

Fuchs, D., Mathes, P., Fuchs, L., & Lipsey, M. (2001). *Is LD just a fancy term for underachievement? A meta-analysis of reading differences between underachievers with and without the label.* Nashville, TN: Vanderbilt University.

Fuchs, D., Mock, D., Morgan, P. L., & Young, C. L. (2003). Responsiveness–to–intervention: Definitions, evidence, and implications for the learning disabilities construct. *Learning Disabilities Research & Practice, 18,* 157–171.

Geary, D. C., Hoard, M. K., & Hamson, C. O. (1999). Numerical and arithmetical cognition: Patterns of functions and deficits in children at risk for a mathematical disability. *Journal of Experimental Child Psychology, 74,* 213–239.

Gerber, M. M. (2005). Teacher are still the test: Limitations of response to instruction strategies for identifying children with learning disabilities. *Journal of Learning Disabilities, 38,* 516-523.

Gottlieb, J., Alter, M., Gottlieb, B. W., & Wishner, L. (1994). Special education in urban America: It's not justifiable for many. *Journal of Special Education, 27,* 453-465.

Gresham, F. (2001). *Responsiveness to intervention: An alternative to the identification of learning disabilities.* Paper presented at the 2001 Learning Disabilities Summit: Building a Foundation for the Future. Retreived from www.air.org/ldsummit/download, March 8, 2002.

Gresham, F. (2004). Current status and future directions of school-based behavioral interventions. *The School Psychology Review, 33,* 326-343.

Gustafson, S., Ferreira, J., & Ronnberg, J. (2007). Phonological or orthographic training for children with phonological or orthographic deficits. *Dyslexia, 13,* 211-229.

Hain, L. A., Hale, J. B., & Glass-Kendorski, J. (2009). Comorbidity of psychopathology in cognitive and academic SLD subtypes. In S. G. Pfeifer & G. Rattan (Eds.), *Emotional disorders: A neuropsychological, psychopharmacological, and educational perspective* (pp. 199-226). Middletown, MD: School Neuropsychology Press.

Hale, J., Alfonso, V., Berninger, V., Bracken, B., Christo, C., Clark, E., et al. (2010). Critical issues in response-to-intervention, comprehensive evaluation, and specific learning disabilities identification and intervention: An expert white paper consensus. *Learning Disability Quarterly, 33,* 1-14.

Hale, J. B. (2006). Implementing IDEA with a three-tier model that includes response to intervention and cognitive assessment methods. *School Psychology Forum: Research and Practice, 1,* 16-27.

Hale, J. B., & Fiorello, C. A. (2004). *School neuropsychology: A practitioner's handbook.* New York: Guilford.

Hale, J. B., Fiorello, C. A., Bertin, M., & Sherman, R. (2003). Predicting math competency through neuropsychological interpretation of WISC-III variance components. *Journal of Psychoeducational Assessment, 21,* 358-380.

Hale, J. B., Fiorello, C. A., & Brown, L. (2005). Determining medication treatment effects using teacher ratings and classroom observations of children with ADHD: Does neuropsychological impairment matter? *Educational and Child Psychology, 22,* 39-61.

Hale, J. B., Fiorello, C. A., Kavanagh, J. A., Hoeppner, J. B., & Gaither, R. A. (2001). WISC-III predictors of academic achievement for children with learning disabilities: Are global and factor scores comparable? *School Psychology Quarterly, 16,* 31-55.

Hale, J. B., Fiorello, C. A., Kavanagh, J. A., Holdnack, J. A., & Aloe, A. M. (2007). Is the demise of IQ interpretation justified? A response to special issue authors. *Applied Neuropsychology, 14,* 37-51.

Hale, J. B., Fiorello, C. A., Miller, J. A., Wenrich, K., Teodori, A. M., & Henzel, J. (2008). WISC-IV assessment and intervention strategies for children with specific learning disabilities. In A. Prifitera, D. H. Saklofske, & L. G. Weiss (Eds.), *WISC-IV clinical assessment and intervention* (2nd ed.) (pp. 109-171). New York: Elsevier Science.

Hale, J. B., Fiorello, C. A., & Thompson, R. (in press). Implementation of IDEA in neuropsychological report writing: Integrating RTI and cognitive assessment. In E. Arzubi, & E. Mambrino (Eds.), *Practical guide to neuropsychological evaluations.* New York: Springer.

Hale, J. B., Flanagan, D. P., & Naglieri, J. A. (2008). Alternative research-based methods for IDEA (2004) identification of children with specific learning disabilities. *Communiqué, 36*(8), *1,* 14-17.

Hale, J. B., Kaufman, A., Naglieri, J. A., & Kavale, K. (2006). Implementation of IDEA: Integrating response to intervention and cognitive assessment methods. *Psychology in the Schools, 43,* 753-770.

Hale, J. B., & Morley, J. (2009, February). *Combining RTI with cognitive hypothesis testing for effective classroom instruction.* Invited workshop at the Annual Convention of the National Association of School Psychologists, Boston, MA.

Hale, J. B., Naglieri, J. A., Kaufman, A. S., & Kavale, K. A. (2004). Specific learning disability classification in the new Individuals with Disabilities Education Act: The danger of good ideas. *The School Psychologist, 58*(1), 6-14.

Helland, T. (2007). Dyslexia at a behavioural and a cognitive level. *Dyslexia, 13*(1), 25-41.

Hosp, J. L., & Reschly, D. J. (2004). Disproportionate representation of minority students in special education: Academic, demographic, and economic predictors. *Exceptional Children, 70,* 185-199.

Hosp, M. K., Hosp, J. L., & Howell, K. W. (2007). *The ABC's of CBM: A practical guide to curriculum-based measurement.* New York: Guilford.

Individuals with Disabilities Education Improvement Act of 2004, 20 U.S.C. §§ 1401 *et seq.* (2004).

Ikeda, M., & Gustafson, J. K. (2002). *Hearland AEA 11's problem-solving process: Impact on issues related to special education.* (Research rep. No. 2002-001). Johnson, IA: Heartland Area Education Agency 11.

Kaufman, A. S. (2008). Neuropsychology and specific learning disabilities: Lesson from the past as a guide to present controversies and future clinical practice. In E. Fletcher-Janen & C. R. Reynolds (Eds.), *Neuropsychological perspectives on learning disabilities in the era of RTI: Recommendations for diagnosis and intervention.* Hoboken, NJ: Wiley.

Kavale, K. A. (2005). Identifying specific learning disability: Is responsiveness to intervention the answer? *Journal of Learning Disabilities, 38,* 553-562.

Kavale, K. A., Holdnack, J. A., & Mostert, M. P. (2005). Responseiveness to intervention and the identification of specific learning disability: A critique and alternative proposal. *Learning Disability Quarterly, 28,* 2-16.

Kavale, K. A., Kaufman, A., Naglieri, J., & Hale, J. (2005). Changing procedures for identifying learning disabilities: The danger of poorly supported ideas. *The School Psychologist, 59,* 15-25.

Kavale, K. A., Kaufman, J. M., Bachmeier, R. J., & LeFever, G. B. (2008). Response to intervention: Separating the rhetoric of self-congratulation from the reality of specific learning disability identification. *Learning Disability Quarterly, 31,* 135-150.

Kavale, K., & Forness, S. (1995). *The nature of learning disabilities.* Hillsdale, NJ: Erlbaum.

Kavale, K., Fuchs, D., & Scruggs, T. (1994). Setting the record straight on learning disability and low achievement: Implications for policy making. *Learning Disabilities Research & Practice, 9,* 70–77.

Keith, T. Z., Fine, J. G., Taub, G. E., Reynolds, M. R., & Kranzler, J. H. (2006). Higher order, multisample confirmatory factor analysis of the Wechsler Intelligence Scale for Children-Fourth Edition: What does it measure? *School Psychology Review, 35,* 108–127.

Learning Disabilities Roundtable. (2002). *Specific learning disabilities: Finding common ground.* Washington, DC: U.S. Department of Education Office of Special Education Programs.

Learning Disabilities Roundtable. (2004). *Comments and recommendations of regulatory issues under the individuals with Disabilities Education Improvement Act of 2004 P.L. 108-446.* Washington, DC: U.S. Department of Education Office of Special Education Programs.

Lovett, M. W., Steinbach, K. A., & Frijters, J. C. (2000). Remediating the core deficits of developmental reading disability. *Journal of Learning Disabilities, 33,* 334–358.

Lyon, G. R., Fletcher, J. M., Shaywitz, S. E., Shaywitz, B. A., Torgesen, J. K., Wood, F., et al. (2001). Rethinking learning disabilities. In C. E. Finn, Jr., R. A. J. Rotherham, & C. R. Hokanson, Jr. (Eds.), *Rethinking special education for a new century* (pp. 259–287). Washington, DC: Thomas B. Fordham Foundation and Progressive Policy Institute.

Machek, G. R., & Nelson, J. M. (2007). How should reading disabilities be operationalized? A survey of practicing school psychologists. *Learning Disabilities Research & Practice, 22,* 147–157.

Machek, G. R., & Nelson, J. M. (2010). School psychologists' perceptions regarding the practice of identifying reading disabilities: Cognitive assessment and response to intervention considerations. *Psychology in the Schools, 47,* 230–245.

MacMillan, D. L., Gresham, F. M., & Bocian, K. M. (1998). Discrepancy between definitions of learning disabilities and school practices: An empirical investigation. *Journal of Learning Disabilities, 31,* 314–326.

MacMillan, D. L., Gresham, F. M., Lopez, M. F., & Bocian, K. M. (1996). Comparison of students nominated for prereferral interventions by ethnicity and gender. *The Journal of Special Education, 30,* 133–151.

MacMillan, D. L., & Hendrick, L. G. (1993). Evolution legacies. In J. I. Goodlad & T. C. Lovitt (Eds.), *Integrating general and special education* (pp. 23–48). Columbus, OH: Merrill/Macmillan.

Macmillan, D. L., Siperstein, G. M., & Gresham, F. M. (1996). A challenge to the viability of mild mental retardation as a diagnostic category. *Exceptional Children, 62,* 356–371.

Macmillan, D. L., & Speece, D. L. (1999). Utility of current diagnostic categories for research and practice. Developmental perspectives on children with high-incidence disabilities. In R. Gallimore, L. P. Bernheimer, D. L. MacMillan, D. L. Speece, & S. Vaughn (Eds.), *Developmental perspectives on children with high-incidence disabilities. The LEA series on special education and disability* (pp. 111–133). Mahwah, NJ: Erlbaum.

Mastropieri, M. A., & Scruggs, T. E. (2005). Feasibility and consequences of response to intervention. *Journal of*

Learning Disabilities, 38, 525-531.

Mather, N., & Gregg, N. (2006). Specific learning disabilities: Clarifying, not eliminating, a construct. *Professional Psychology, Research and Practice, 37,* 99-106.

Mather, N., & Roberts, R. (1994). Learning disabilities: A field in danger of extinction? *Learning Disabilities Research & Practice, 9,* 49-58.

McGrew, K. S., & Wendling, B. L. (2010). CHC cognitive-achievement relations: What we have learned from the past 20 years of research. *Psychology in the Schools.*

McKenzie, R. G. (2009). Obscuring vital distinctions: The oversimplification of learning disabilities within RTI. *Learning Disability Quarterly, 32,* 203-215.

Mercer, C. D., Jordan, L., Allsopp, D. H., & Mercer, A. R. (1996). Learning disabilities definitions and criteria used by state education departments. *Learning Disability Quarterly, 19,* 217-232.

Miller, D. C. (2009). *Best practices in school neuropsychology. Guidelines for effective practice, assessment, and evidence-based intervention.* Hoboken, NJ: Wiley.

Miller, D. C., & Hale, J. B. (2008). Neuropsychological applications of the WISC-IV and WISC-IV Integrated. In A. Prifitera, D. Saklofske, & L. Weiss (Eds.), *WISC-IV clinical use and interpretation: Scientist-practitioner perspectives* (2nd ed.). New York: Elsevier.

Miller, J. A., Getz, G., & Leffard, S. A. (2006, February). *Neuropsychology and the diagnosis of learning disabilities under IDEA 2004.* Poster presented at the 34th annual meeting of the International Neuropsychological Society, Boston, MA.

Naglieri, J. A. (1999). *Essentials of CAS assessment.* New York: Wiley.

Naglieri, J. A., & Bornstein, B. T. (2003). Intelligence and achievement: Just how correlated are they? *Journal of Psychoeducational Assessment, 21,* 244-260.

Naglieri, J. A., & Johnson, D. (2000). Effectiveness of a cognitive strategy intervention in improving arithmetic computation based on the PASS theory. *Journal of Learning Disabilities, 33,* 591-597.

National Advisory Committee on Handicapped Children (NACHC). (1968). *First annual report, special education for handicapped children.* Washington, DC: U.S. Department of Health, Education, and Welfare.

National Association of School Psychologists. (2007). *Identification of students with specific learning disabilities* (Position Statement). Bethesda, MD: Author.

Nicholson, R. I., & Fawcett, A. J. (2001). Dyslexia, learning, and the cerebellum. In M. Wolf (Ed.), *Dyslexia, fluency, and the brain* (pp. 159-188). Timonium, MD: York Press.

O'Connor, R. E. (2000). Increasing the intensity of intervention in kindergarten and first grade. *Learning Disabilities Research and Practice, 15,* 43-54.

Ofiesh, N. (2006). Response to intervention and the identification of specific learning disabilities: Why we need comprehensive evaluations as part of the process. *Psychology in the Schools, 43,* 883-888.

O'Malley, K., Francis, D. J., Foorman, B. R., Fletcher, J. M., & Swank, P. R. (2002). Growth in precursor and reading-related skills: Do low achieving and IQ discrepant readers develop differently? *Learning Disabilities Research and Practice, 17,* 19–34.

Oswald, D. P., Coutinho, M. J., Best, A. M., & Singh, N. N. (1999). Ethnic representation in special education. *The Journal of Special Education, 32,* 194–206.

Peterson, K. M. H., & Shinn, M. R. (2002). Severe discrepancy models: Which best explains school identification practices for learning disabilities? *The School Psychology Review, 31,* 459–476.

Pugh, K. R., Mencl, W. E., Shaywitz, B. A., Shaywitz, S. E., Fulbright, R. K., Constable, R. T., et al. (2000). The angular gyrus in developmental dyslexia: Task-specific difference in functional connectivity within posterior cortex. *Psychological Science, 11,* 51–56.

Reddy, L. A., & Hale, J. B. (2007). Inattentiveness. In A. R. Eisen (Ed.). *Treating childhood behavioral and emotional problems: A step-by-step evidence-based approach* (pp. 156–211). New York: Guilford.

Regulations for the Individuals with Disabilities Education Act, 34 C.F.R. §§ 300.1 *et seq.* (2006).

Reschly, D. J. (2005). Learning disabilities identification. *Journal of Learning Disabilities, 38,* 510–515.

Reschly, D. J., & Hosp, J. L. (2004). State SLD policies and practices. *Learning Disability Quarterly, 27,* 197–213.

Reschly, D. J., & Ysseldyke, J. E. (2002). Paradigm shift: The past is not the future. In A. Thomas & J. Grimes (Eds.), *Best practices in school psychology IV* (4th ed.) (pp. 3–20). Bethesda, MD: National Association of School Psychologists.

Reynolds, C. (1984). Critical measurement issues in learning disabilities. *The Journal of Special Education, 18,* 451–476.

Reynolds, C. (1988). Sympathy not sense: The appeal of the Stanford-Binet: Fourth Edition. *Measurement and Evaluation in Counseling and Development, 21,* 45.

Reynolds, C. R. (1997). Forward and backward memory span should be not combined for clinical analysis. *Clinical Neuropsychology, 12,* 29–40.

Reynolds, C. R., & Shaywitz, S. E. (2009). Response to intervention prevention and remediation, perhaps. Diagnosis, no. *Child Development Perspectives, 3,* 44–47.

Richards, T. L., Aylward, E. H., Field, K. M., Grimme, A. C., Raskind, W., Richards, A. L., et al. (2006). Converging evidence for triple word form theory in children with dyslexia. *Developmental Neuropsychology, 30,* 547–589.

Schrank, F. A., Miller, J. A., Caterino, L. C., & Desrochers, J. (2006). American Academy of School Psychology survey on the independent educational evaluation for a specific learning disability: Results and discussion. *Psychology in the Schools, 43,* 771–780.

Semrud-Clikeman, M. (2005). Neuropsychological aspects for evaluating learning disabilities. *Journal of Learning Disabilities, 38,* 563–568.

Shapiro, E. S. (2006). Are we solving the big problems? *School Psychology Review, 35,* 260–265.

Shaywitz, B. A., Lyon, G. R., & Shaywitz, S. E. (2006). The role of functional magnetic imaging in understanding reading and dyslexia. *Developmental Neuropsychology, 30*(1), 613-632.

Shaywitz, S. E., Shaywitz, B. A., Fulbright, R., Skudlarski, P., Mencl, W. E., Constable, R. T., et al. (2003). Neural systems for compensation and persistence: Young adult outcome of childhood reading disability. *Biological Psychiatry, 54*, 25-33.

Siegel, L. S. (1989). IQ is irrelevant to the definition of learning disabilities. *Journal of Learning Disabilities, 22*, 469-478.

Siegel, L. S. (1999). Issues in the definition of an diagnosis of learning disabilities: A perspective on Guckenberger v. Boston University. *Journal of Learning Disabilities, 32*(4), 304-319.

Simos, P. G., Fletcher, J. M., Sarkari, S., Billingsley, R. L., Francis, D. J., Castillo, E. M., et al. (2005). Early development of neurophysiological processes involved in normal reading and reading disability. *Neuropsychology, 19*, 787-798.

Smit-Glaude, S. W. D., Van Strien, J. W., Licht, R., & Bakker, D. J. (2005). Neuropsychological intervention in kindergarten children with subtyped risks of reading retardation. *Annals of Dyslexia, 55*, 217-245.

Speece, D. L. (2005). Hitting the moving target known as reading development: Some thoughts on screening children for secondary interventions. *Journal of Learning Disabilities, 38*, 487-493.

Spitzer, R. L., & Wakefield, D. S. W. (1999). DSM-IV diagnostic criterion for clinical significance: Does it help to solve the false positives problem? *The American Journal of Psychiatry, 156*, 1856-1864.

Stage, S. A., Abbott, R. D., Jenkins, J. R., & Berninger, V. W. (2003). Predicting response to early reading intervention from verbal IQ, reading-related language abilities, attention rating, and verbal IQ-word reading discrepancy. *Journal of Learning Disabilities, 36*, 24-33.

Stanovich, K. E. (1988). The right and wrong places to look for the cognitive locus of reading disability. *Annals of Dyslexia, 38*, 154-177.

Stanovich, K. E. (1994). constructivism in reading education. *The Journal of Special Education, 28*, 259-274.

Stanovich, K. E. (2000). *Progress in understanding research: Scientific foundations and new frontiers*. New York: Guilford.

Stanovich, K. E. (2005). *The robot's rebellion: Finding meaning in the age of Darwin*. Chicago: University of Chicago Press.

Stanovich, K. E., & Siegel, L. S. (1994). The phenotypic performance profile of reading-disabled children: A regression-based test of phonological core variable-difference model. *Journal of Educational Psychology, 86*, 24-53.

Stein, S. M., & Chowdbury, U. (2006). *Disorganized children: A guide for parents and professionals*. London: Jessica Kingsley.

Sternberg, R. J., & Grigorenko, E. L. (2002). Difference scores in the identification of children with learning disabilities: It's time to use a different method. *Journal of School Psychology, 40*, 65-83.

Stuebing, K. K., Fletcher, J. M., & LeDoux, J. M. (2002). Validity of IQ–discrepancy classifications of reading disabilities: A meta–analysis. *American Educational Research Journal, 39,* 469–518.

Tallal, P. (2006). What happens when "dyslexic" subjects do not meet the criteria for dyslexia and sensorimotor tasks are too difficult even for the controls? *Developmental Science, 9,* 262–264.

Thomas, A., & Grimes, J. (2008). *Best practices in school psychology, V.* Bethesda, MD: National Association of School Psychologists.

Tilly, W. D. (2008). The evolution of school psychology to evidence–based practice: Problem solving and the three-tiered model. In A. Thomas & A. J. Grimes (Eds.), *Best Practices in School Psychology* (5th ed., vol. 1, pp. 17–36). Bethesda, MD: National Association of School Psychologists.

U.S. Office of Education. (1977). *Assistance to states for education of handicapped children: Procedures for evaluating specific learning disabilities.* Federal Register, 42(250), 6508265085.

Vanderheyden, A. M., Witt, J. C., & Gilbertson, D. (2007). A multi–year evaluation of the effects of a response to intervention (RTI) model on identification of children for special education. *Journal of School Psychology, 45,* 225–256.

Vaughn, S., & Fuchs, L. S. (2003). Redefining learning disabilities as inadequate response to instruction: The promise and potential problems. *Learning Disabilities Research and Practice, 18,* 137–146.

Vaughn, S., Linan–Thompson, S., & Hickman, P. (2003). Response to instruction as a means of identifying students with reading/learning disabilities. *Exceptional Children, 69,* 391–409.

Vellutino, F. R., Scanlon, D. M., & Lyon, G. R. (2000). Differentiating between difficult–to–remediate and readily remediated poor readers: More evidence against the IQ–achievement discrepancy definition of reading disability. *Journal of Learning Disabilities, 33,* 223–238.

Vellutino, F. R., Scanlon, D. M., Sipay, E. R., Small, S. G., Pratt, A., Chen, R., & Denckla, M. B. (1996). Cognitive profiles of difficult–to–remediate and readily remediated poor readers: Early intervention as a vehicle for distinguishing between cognitive and experiential deficits as basic causes of specific reading disability. *Journal of Educational Psychology, 88,* 601–638.

Watkins, M. W., Glutting, J. J., & Lei, P. W. (2007). Validity of the Full Scale IQ when there is significant variability among WISC–III and WISC–IV factor scores. *Applied Neuropsychology, 14,* 13–20.

Wechsler, D. (2009). *Wechsler Individual Achievement Test-Third Edition.* San Antonio, TX: Psychological Corporation.

Wiederholt, J. L. (1974). Historical perspectives on the education of the learning disabled. In L. Mann & D. Sabatino (Eds.), *The second review of special education* (pp. 103–152). Philadelphia, PA: JSE Press.

Willis, J. O., & Dumont, R. P. (1998). *Guide to identification of learning disabilities* (1998 New York State Ed., p. 104). Acton, MA: Copley.

Willis, J. O., & Dumont, R. P. (2006). And never the twain shall meet: Can response to intervention and cognitive assessment be reconciled? *Psychology in the Schools, 43,* 901–908.

Wodrich, D. L., Spencer, M. L. S., & Daley, K. B. (2006). Combining RTI and psychoeducational assessment: What we must assume to do otherwise. *Psychology in the Schools, 43,* 797–806.

Ysseldyke, J. (2009). When politics trumps science: Generalizations from a career of research on assessment decision making, and public policy. *Communiqué, 38*(4), 6–8.

Ysseldyke, J., Algozzine, B., Shinn, M. R., & McGue, M. (1982). Similarities and differences between low achievers and students classified learning disabled. *The Journal of Special Education, 16,* 73–85.

Ysseldyke, J. E., & Marston, D. (2000). Origins of categorical special education services in schools and a rationale for changing them. In D. Reschly, D. Tilley, & J. Grimes (Eds.), *Functional and noncategorical special education* (pp. 137–146). Longmont, CO: Sopris West.

Zirkel, P. A., & Thomas, L. B. (2009). State laws for RTI: An updated snapshot. *Teaching Exceptional Children, 42,* 56–63.

CHAPTER 9

Altemeier, L., Abbott, R., & Berninger, V. (2008). Executive functions for reading and writing in typical literacy development and dyslexia. *Journal of Clinical and Experimental Neuropsychology, 30,* 588–606.

Amtmann, D., Abbott, R., & Berninger, V. (2007). Mixture growth models for RAN and RAS row by row: Insight into the reading system at work over time. *Reading and Writing. An Interdisciplinary Journal, 20,* 785–813.

Berninger, V. (1998). *Process Assessment of the Learner (PAL). Guides for Intervention. Reading and Writing.* Also, *Intervention Kit with Handwriting Lessons and Talking Letters.* San Antonio, TX: Psychological Corporation/Pearson.

Berninger, V. (2007a). *Process Assessment of the Learner-Second Edition. Diagnostic for Reading and Writing (PAL-II RW).* San Antonio, TX: Psychological Corporation/Pearson.

Berninger, V. (2007b). *Process Assessment of the Learner Diagnostic for Math (PAL II-M).* San Antonio, TX: Psychological Corporation/Pearson.

Berninger, V. (2007c). *Process Assessment of the Learner II User's Guide-Second Revision.* San Antonio, TX: Harcourt Assessment/PsychCorp.

Berninger, V. (2008a). *Understanding Dysgraphia.* Available from .

Berninger, V. (2008b). Defining and differentiating dyslexia, dysgraphia, and language learning disability within a working memory model. In E. Silliman & M. Mody (Eds.), *Language impairment and reading disability: Interactions among brain, behavior, and experience* (pp. 103–134). New York: Guilford.

Berninger, V. (2008c). Evidence-based written language instruction during early and middle childhood. In R. Morris & N. Mather (Eds.), *Evidence-based interventions for students with learning and behavioral challenges* (pp.

215–235). Mahwah, NJ: Erlbaum.

Berninger, V. (2008d). Listening to parents of children with learning disabilities: Lessons from the University of Washington Multidisciplinary Learning Disabilities Center. *Perspectives on Language and Literacy, Fall Issue,* 22–30.

Berninger, V. (in press). Process Assessment of the Learner–Second Edition (PAL II): Comprehensive assessment for evidence–based, treatment–relevant differential diagnosis of dysgraphia, dyslexia, oral and written language learning disability (OWL LD), and dyscalculia. In N. Mather, & L. Jaffe (Eds.), *Comprehensive evaluations: Case reports for psychologists, diagnosticians, and special educators.* Hoboken, NJ: Wiley.

Berninger, V., Abbott, R., Nagy, W., & Carlisle, J. (2010). Growth in phonological, orthographic, and morphological awareness in grades 1 to 6. *Journal of Psycholinguistic Research.* Available from SpringerLink, www.Springerlink.com/ Openurl.asp?genr=article&id=doi:10.loon/s10936–009–9130–6.

Berninger, V., Abbott, R., Swanson, H. L., Lovitt, D., Trivedi, P., Lin, S., Gould, L., Youngstrom, M., Shimada, S., & Amtmann, D. (in press). Relationship of word? and sentence–level working memory to reading and writing in second, fourth, and sixth grade. *Language, Speech, and Hearing Services in Schools.*

Berninger, V., Abbott, R., Thomson, J., & Raskind, W. (2001). Language phenotype for reading and writing disability: A family approach. *Scientific Studies in Reading, 5,* 59–105.

Berninger, V., Abbott, R., Thomson, J., Wagner, R., Swanson, H. L., Wijsman, E., & Raskind, W. (2006). Modeling developmental phonological core deficits within a working–memory architecture in children and adults with developmental dyslexia. *Scientific Studies in Reading, 10,* 165–198.

Berninger, V., Abbott, R., Trivedi, P., Olson, E., Gould, L., Hiramatsu, S., et al. (2009). Applying the multiple dimensions of reading fluency to assessment and instruction. *Journal of Psychoeducational Assessment.* Available from Sage Publications 10.1177/0734282909336083 http://spa.sagepub.com, hosted at http://online.sagepub.com.

Berninger, V., & Abbott, S. (2003). *PAL Research-supported reading and writing lessons.* Also, *PAL Reproducibles for the Lessons.* San Antonio, TX: Harcourt/PsychCorp.

Berninger, V., & Fayol, M. (2008). Why spelling is important and how to teach it effectively. *Encyclopedia of Language and Literacy Development* (pp. 1–13). London, ON: Canadian Language and Literacy Research Network. Available from www.literacyencyclpedia.ca/pdfs/topic.php?topId=234.

Berninger, V., & Hidi, S. (2006). Mark Twain's writers' workshop: A nature–nurture perspective in motivating students with learning disabilities to compose. In S. Hidi, & P. Boscolo (Eds.), *Motivation in writing* (pp. 159–179). Oxford, UK, and Amsterdam, The Netherlands: Elsevier.

Berninger, V., & Holdnack, J. (2008). Neuroscientific and clinical perspectives on the RTI initiative in learning disabilities diagnosis and intervention: Response to questions begging answers that see the forest and the trees. In C. Reynolds & E. Fletcher–Janzen (Eds.), *Neuroscientific and Clinical Perspectives on the RTI Initiative in*

Learning Disabilities Diagnosis and Neuroscientific and Clinical Perspectives on the RTI Initiative in Learning Disabilities Diagnosis and Intervention (pp. 66-81). Hoboken, NJ: Wiley.

Berninger, V., & Nagy, W. (2008). Flexibility in word reading: Multiple levels of representations, complex mappings, partial similarities, and cross-modality connections. In Cartwright, K. (Ed.), *Flexibility in literacy processes and instructional practice: Implications of developing representational ability for literacy teaching and learning* (pp. 114-139). New York: Guilford.

Berninger, V., Nagy, W., Carlisle, J., Thomson, J., Hoffer, D., Abbott, S., et al. (2003). Effective treatment for dyslexics in grades 4 to 6. In B. Foorman (Ed.), *Preventing and remediating reading difficulties: Bringing science to scale.* (pp. 382-417). Timonium, MD: York Press.

Berninger, V., Nielsen, K., Abbott, R., Wijsman, E., & Raskind, W. (2008a). Writing problems in developmental dyslexia: Under-recognized and under-treated. *Journal of School Psychology, 46,* 1-21.

Berninger, V., Nielsen, K., Abbott, R., Wijsman, E., & Raskind, W. (2008b). Gender differences in severity of writing and reading disabilities. *Journal of School Psychology, 46,* 151-172.

Berninger, V., O'Donnell, L., & Holdnack, J. (2008). Research-supported differential diagnosis of specific learning disabilities and implications for instruction and response to instruction (RTI). In A. Prifitera, D. Saklofske, L. Weiss (Eds.), *WISC-IV Clinical Assessment and Intervention-Second Edition* (pp. 69-108). San Diego, CA: Academic Press (Elsevier).

Berninger, V., & O'Malley, M. (in press). Evidence-based diagnosis and treatment for specific learning disabilities involving impairments in written and/or oral language. For special issue of Journal of Learning Disabilities on Cognitive and Neuropsychological Assessment Data That Inform Educational Intervention (guest editors, B. Hale & D. Fuchs).

Berninger, V., Raskind, W., Richards, T., Abbott, R., & Stock, P. (2008). A multidisciplinary approach to understanding developmental dyslexia within working-memory architecture: Genotypes, phenotypes, brain, and instruction. *Developmental Neuropsychology, 33,* 707-744.

Berninger, V., & Richards, T. (2002). *Brain literacy for educators and psychologists.* New York: Academic Press.

Berninger, V., Winn, W., Stock, P., Abbott, R., Eschen, K., Lin, C., ... Nagy, W. (2008). Tier 3 specialized writing instruction for students with dyslexia. *Reading and Writing. An Interdisciplinary Journal, 21,* 95-129.

Berninger, V., & Wolf, B. (2009a). *Teaching students with dyslexia and dysgraphia: Lessons from teaching and science.* Baltimore, MD: Brookes.

Berninger, V., & Wolf, B. (2009b). *Helping students with dyslexia and dysgraphia make connections: Differentiated instruction lesson plans in reading and writing.* Baltimore, MD: Brookes.

Cassiday, L. (2009). Mapping the epigenome. New tools chart chemical modifications of DNA and its packaging proteins. *Chemical and Engineering News.* Retrieved from www.cen-online.org, September 14, 2009.

Delis, D., Kaplan, E., & Kramer, J. (2001). *Delis-Kaplan Executive Function System.* San Antonio, TX: Psychological

Corporation/Pearson.

Dunn, A., & Miller, D. (2009). Who can speak for the children? Implementing research-based practices in an urban school district. In Rosenfield, S., & Berninger, V. (Eds.), *Implementing evidence-based interventions in school settings* (pp. 385–413). New York: Oxford University Press.

Garcia, N., Abbott, R., & Berninger, V. (2010). Predicting poor, average, and superior spellers in grades 1 to 6 from phonological, orthographic, and morphological, spelling, or reading composites. *Written Language and Literacy, 13,* 61–99.

Gilger, J. (2008). Atypical neurodevelopmental variation as a basis for learning disorders. In M. Mody & E. Silliman (Eds.), *Brain, behavior, and learning in language and reading disorders*. New York: Guilford.

Kaufman, A., & Kaufman, N. (2004). *Kaufman Test of Educational Achievement-Second Edition (KTEA-2)*. San Antonio, TX: Pearson.

Pearson Education, Inc. (2009). Webinars on Preventing Reading, Writing, and Math Problems and Differential Diagnosis and Treatment of Dysgraphia, Dyslexia, Oral and Written Language Learning Disability (OWL LD), and Dyscalculia. Available from http://psychcorp. pearsonassessments.com/pai/ca/training/webinars/RTIWebinarSeries. htm.

Petitto, L. (2009). New discoveries from the bilingual brain and mind across the lifespan and their implications for education. *Journal of Mind, Brain, and Education.*

Prifitera, A., Saklofske, D. H., & Weiss, L. G. (2005). *WISC-IV clinical use and interpretation: Scientist-practitioner perspectives*. San Diego, CA: Elsevier Academic Press.

Richards, T., Aylward, E., Berninger, V., Field, K., Parsons, A., Richards, A., & Nagy, W. (2006). Individual fMRI activation in orthographic mapping and morpheme mapping after orthographic or morphological spelling treatment in child dyslexics. *Journal of Neurolinguistics, 19,* 56–86.

Richards, T., Aylward, E., Raskind, W., Abbott, R., Field, K., Parsons, A., et al. (2006). Converging evidence for triple word form theory in children with dyslexia. *Developmental Neuropsychology, 30,* 547–589.

Richards, T., Berninger, V., & Fayol, M. (2009). FMRI activation differences between 11–year–old good and poor spellers' access in working memory to temporary and long–term orthographic representations. *Journal of Neurolinguistics, 22,* 327–353.

Richards, T., Berninger, V., Stock, P., Altemeier, L., Trivedi, P., & Maravilla, K. (2009). fMRI sequential–finger movement activation differentiating good and poor writers. *Journal of Clinical and Experimental Neuropsychology, 29,* 1–17.

Richards, T., Berninger, V., Winn, W., Stock, P., Wagner, R., Muse, A., & Maravilla, K. (2007). fMRI activation in children with dyslexia during pseudoword aural repeat and visual decode: Before and after instruction. *Neuropsychology, 21,* 732–747.

Richards, T., Berninger, V., Winn, W., Swanson, H. L., Stock, P., Liang, O., & Abbott, R. (2009). Differences in fMRI activation between children with and without spelling disability on 2-back/0-back working memory contrast. *Journal of Writing Research, 1*(2), 93–123. Available from .

Rosenfield, S., & Berninger, V. (Eds.). (2009). *Implementing evidence-based interventions in school settings*. New York: Oxford University Press.

Semel, E., Wiig, E. H., & Secord, W. A. (2003). *Clinical evaluations of language fundamentals* (4th ed.): *Examiner's manual*. San Antonio, TX: Harcourt Assessment, Inc.

Silliman, E., & Scott, C. (2009). *Research-based oral language intervention routes to the academic language of literacy: Finding the right road*. In S. Rosenfield & V. Berninger (Eds.), *Handbook on implementing evidence-based academic interventions* (pp. 107–145). New York: Oxford University Press.

Torgesen, J., Wagner, R., & Rashotte, C. (1999). *Test of Word Reading Efficiency*. Austin, TX: PRO-ED.

Wagner, R., Torgesen, J., & Rashotte, C. (1999). *Comprehensive Test of Phonological Processing*. Austin, TX: PRO-ED.

Washington, J., & Thomas-Tate, S. (2009). How research informs cultural-linguistic differences in the classroom: The bi-dialectal African American child. In S. Rosenfield & V. Berninger (Eds.), *Handbook on implementing evidence-based academic interventions* (pp. 147–163). New York: Oxford University Press.

Wechsler, D. (2003). *Wechsler Intelligence Scale for Children-Fourth Edition (WISC-4)*. San Antonio, TX: Pearson.

Wiederholt, J., & Bryant, B. (2001). *Gray Oral Reading Test-Fourth Edition*. Odessa, FL: Psychological Assessment Resources.

Wodrich, D. (2008). Contemplating the new DSM-V: Considerations from psychologists who work with school children. *Professional Psychology: Research and Practice, 39,* 626–532.

Wolf, M., & Denckla, M. (2005). *RAN/RAS Rapid Automatized Naming and Rapid Alternating Stimulus Tests*. Austin, TX: PRO-ED.

Woodcock, R. W., McGrew, K. S., & Mather, N. (2001, 2007). *Woodcock-Johnson III Tests of Achievement*. Rolling Meadows, IL: Riverside Publishing.

Yates, C., Berninger, V., & Abbott, R. (1994). Writing problems in intellectually gifted children. *Journal of the Education of the Gifted, 18,* 131–155.

CHAPTER 10

Bateman, B. (1965). An educational view of a diagnostic approach to learning disorders. In J. Hellmuth (Ed.), *Learning disorders:* Vol. 1 (pp. 219–239). Seattle, WA: Special Child Publications.

Carroll, J. B. (1993). *Human cognitive abilities: A survey of factor-analytic studies*. Cambridge, UK: Cambridge University Press.

Della Toffalo, D. (2010). Linking school neuropsychology with response-to-intervention models. In D. C. Miller (Ed.),

Best practices in school neuropsychology: Guidelines for effective practice, assessment, and evidence-based interventions (pp. 159–184). New York: Guilford.

Flanagan, D. P., & Alfonso, V. C., Ortiz, S. O., & Dynda, A. (2006). Integration of Response-to-Intervention and Norm-Referenced Tests in Learning Disability Identification: Learning from the Tower of Babel. *Psychology in the Schools, 43*(7), 807–825.

Flanagan, D. P., Fiorello, C., & Ortiz, S. O. (2010). Enhancing practice through application of Cattell-Horn-Carroll theory and research: A "third method" approach to specific learning disability Identification. *Psychology in the Schools, 47,* 739–760.

Flanagan, D. P., & Kaufman, A. S. (2000). Essentials of WISC-IV Assessment (2nd ed). Hoboken, NJ: Wiley.

Flanagan, D. P., Kaufman, A. S., Kaufman, N. L., & Lichtenberger, E. O. (2008). *Agora: The marketplace of ideas. Best practices: Applying response to intervention (RTI) and comprehensive assessment for the identification of specific learning disabilities.* [6-hour training program/DVD]. Bloomington, MN: Pearson.

Flanagan, D. P., Ortiz, S. O., & Alfonso, V. C. (2007). Essentials of Cross-Battery Assessment with C/D ROM (2nd ed.). Hoboken, NJ: Wiley.

Flanagan, D. P., Ortiz, S. O., & Alfonso, V. C. (2011). Essentials of Cross-Battery Assessment with C/D ROM (3rd ed.). Hoboken, NJ: Wiley. Manuscript in preparation.

Flanagan, D. P., Alfonso, V. C., Mascolo, J. T., & Hale, J. B. (in press). The Wechsler Intelligence Scale for Children-Fourth Edition in neuropsychological practice. In A. Davis (Ed.), Handbook of pediatric neuropsychology (pp. 397–414). New York: Springer Publishing.

Flanagan, D. P., Ortiz, S. O., Alfonso, V. C., & Mascolo, J. (2002). The Achievement Test Desk Reference (ATDR): Comprehensive Assessment and Learning Disabilities. Boston: Allyn & Bacon.

Flanagan, D. P., Ortiz, S. O., Alfonso, V. C., & Mascolo, J. (2006). The Achievement Test Desk Reference (ATDR), Second Edition: A Guide to Learning Disability Identification. Hoboken, NJ: Wiley.

Fletcher, J. M., Lyon, G. R., Fuchs, L. S., & Barnes, M. A. (2007). *Learning disabilities: From identification to intervention.* New York: Guilford.

Fletcher, J. M., Taylor, H. G., Levin, H. S., & Satz, P. (1995). Neuropsychological and intellectual assessment of children. In H. Kaplan & B. Sadock (Eds.), 1995. *Comprehensive textbook of psychiatry* (6th ed.) (pp. 581–601). Baltimore, MD: Williams & Wilkens.

Fletcher-Janzen, E., & Reynolds, C. R. (Eds.). (2008). *Neuropsychological perspectives on learning disabilities in the era of RTI: Recommendations for diagnosis and intervention.* Hoboken, NJ: Wiley.

Fuchs, L. S., & Fuchs, D. (1998). Treatment validity: A unifying concept for reconceptualizing the identification of learning disabilities. *Learning Disabilities Research and Practice, 13,* 204–219.

Fuchs, D., & Young, C. L. (2006). On the irrelevance of intelligence in predicting responsiveness to reading instruction. *Exceptional Children, 73,* 8–30.

Hale, J., Alfonso, V., Berninger, V., Bracken, B., Christo, C., Clark, E., et al. (2010). Critical issues in response-to-intervention, comprehensive evaluation, and specific learning disabilities identification and intervention: An expert white paper consensus. *Learning Disability Quarterly, 33*, 1–14.

Hale, J. B., & Fiorello, C. A. (2004). *School neuropsychology: A practitioner's handbook.* New York: Guilford.

Hale, J. B., Flanagan, D. P., & Naglieri, J. A. (2008). Alternative research-based methods for IEDA (2004): Identification of children with specific learning disabilities. *Communiqué, 36*(8), 1, 14–15.

Individuals with Disabilities Education Improvement Act of 2004, Pub. L. 108–466. *Federal Register,* Vol. 70, No. 118, pp. 35802–35803.

Kaufman, A. S. (2008). Neuropsychology and specific learning disabilities: Lessons from the past as a guide to present controversies and future clinical practice. In E. Fletcher-Janzen & C. Reynolds (Eds.), *Neuropsychological perspectives on learning disabilities in an era of RTI: Recommendations for diagnosis and intervention* (pp. 1–13). Hoboken, NJ: Wiley.

Kavale, K. A. (2005). Identifying specific learning disability: Is responsiveness to intervention the answer? *Journal of Learning Disabilities, 38*, 553–562.

Kavale, K. A., & Flanagan, D. P. (2007). Utility of RTI and assessment of cognitive abilities/processes in evaluation of specific learning disabilities. In S. Jimerson, M. Berns, & A. Van Der Heyden (Eds.), *Handbook of Response to Intervention: The science and practice of assessment and intervention.* New York: Springer Science.

Kavale, K. A., & Forness, S. R. (2000). What definitions of learning disability say and don't say: A critical analysis. *Journal of Learning Disabilities, 33*, 239–256.

Kavale, K. A., Holdnack, J. A., & Mostert, M. P. (2005). Responsiveness to intervention and the identification of specific learning disability: A critique and alternative proposal. *Learning Disabilities Quarterly, 28*, 2–16.

Kavale, K. A., Kauffman, J. M., Bachmeier, R. J., & LeFever, G. B. (2008). Response-to-intervention: Separating the rhetoric of self-congratulation from the reality of specific learning disability identification. *Learning Disability Quarterly, 31*, 135–150.

Kavale, K. A., Kaufman, A. S., Naglieri, J. A., & Hale, J. B. (2005). Changing procedures for identifying learning disabilities: The danger of poorly supported ideas. *The Schools Psychologist, 59*, 16–25.

Kavale, K. A., Spaulding, L. S., & Beam, A. P. (2009). A time to define: Making the specific learning disability definition prescribe specific learning disability. *Learning Disability Quarterly, 32*, 39–48.

Keith, T. Z., Fine, J. G., Taub, G. E., Reynolds, M. R., & Kranzler, J. H. (2006). Higher order, multisample, confirmatory factor analysis of the Wechsler Intelligence Scale for Children-Fourth Edition: What does it measure? *School Psychology Review, 35*, 108–127.

Keogh, B. K. (2005). Revisiting classification and identification. *Learning Disability Quarterly, 28*, 100–102.

Lezak, M. (1995). *Neuropsychological assessment,* 3rd edition. New York: Oxford University Press.

Lichtenstein, R., & Klotz, M. B. (2007). Deciphering the Federal Regulations on identifying children with specific learning disabilities. *Communiqué, 36*(3), 1, 13–16.

McCloskey, G., Perkins, L. A., & Van Divner, B. (2009). *Assessment and intervention for executive function difficulties.* New York: Routledge.

McGrew, K. S. (1997). Analysis of the major intelligence batteries according to a proposed comprehensive Gf–Gc framework. In D. P. Flanagan, J. L. Genshaft, & P. L. Harrison (Eds.), *Contemporary intellectual assessment: Theories, tests, and issues* (pp. 151–180). New York: Guilford.

McGrew, K. S., & Knopik, S. N. (1996). The relationship between intra-cognitive scatter on the Woodcock–Johnson Psycho-Educational Battery–Revised and school achievement. *Journal of School Psychology, 34,* 351–364.

McGrew, K., & Wendling, B. (2010). Cattell–Horn–Carroll cognitive–achievement relations: What we have learned from the past 20 years of research. *Psychology in the School, 47,* 651–675.

Miller, D. C. (2007). *Essentials of school neuropsychological assessment.* Hoboken, NJ: Wiley.

Miller, D. C. (Ed.). (2010). *Best practices in school neuropsychology: Guidelines for effective practice, assessment, and evidence-based intervention.* Hoboken, NJ: Wiley.

Oakley, D. (2006). *Intra-cognitive scatter on the Woodcock-Johnson Tests of Cognitive Abilities-Third Edition and its relation to academic achievement.* Dissertation Abstracts International: Section B: The Sciences and Engineering, 67, 1199.

Pearson (2010). Wechsler Individual Achievement Test–Third Edition (WIAT–III). San Antonio, TX: Pearson.

Reynolds, C. R., & Kamphaus, R. W. (2004). *Behavior Assessment System for Children-Second Edition.* Circle-Pines, MN: American Guidance Service.

Reynolds, C. R., & Shaywitz, S. A. (2009a). Response to intervention: prevention and remediation, perhaps, diagnosis, no. *Child Development Perspectives, 3,* 44–47.

Reynolds, C. R., & Shaywitz, S. A. (2009b). Response to intervention: Ready or not? Or, from wait-to-fail to watch-them-fail. *School Psychology Quarterly, 24,* 130–145.

Siegel, L. S. (1999). Issues in the definition and diagnosis of learning disabilities: A perspectives on Guckenberger v. Boston University. *Journal of Learning Disabilities, 32,* 304–320.

Stanovich, K. E. (1999). The sociopsychometrics of learning disabilities. *Journal of Learning Disabilities, 32,* 350–361.

U.S. Office of Education (USOE). (1977). Assistance to states for education of handicapped children: Procedures for evaluating specific learning disabilities. *Federal Register, 42*(250), 65082–65085.

Vellutino, F. R., Scanlon, D. M., & Lyon, G. R. (2000). Differentiating between difficultie-to-remediate and readily remediated poor readers: More evidence against the IQ-achievement discrepancy definition of reading disability. *Journal of Learning Disabilities, 33,* 223–238.

Wechsler, D. (2003). *Wechsler Intelligence Scale for Children-Fourth Edition.* San Antonio, TX: Psychological Corporation.

Woodcock, R. W., McGrew, K. S., & Mather, N. (2001). *Woodcock-Johnson III Tests of Cognitive Abilities.* Itsca, IL:

Riverside.

Zirkel, P. A., & Thomas, L. B. (2010). State laws for RTI: An updated snapshot. *Teaching Exceptional Children, 42*(3), 56–63.

CHAPTER 11

Aguera, F. (2006). *How language and culture impact test performance on the differential abilities scale in a pre-school population.* Unpublished manuscript. St. John's University, New York.

American Educational Research Association, American Psychological Association, & National Council on Measurement in Education. (1999). *Standards for educational and psychological testing.* Washington, DC: American Educational Research Association.

American Psychological Association. (1990). *Guidelines for providers of psychological services to ethnic, linguistic, and culturally diverse populations.* Washington, DC: Author.

American Psychological Association. (2002). Ethical principles of psychologists and code of conduct. *American Psychologist, 57,* 1060–1073.

Bialystok, E. (1991). *Language processing in bilingual children.* Cambridge, UK: Cambridge University Press.

Braden, J. P., & Iribarren, J. A. (2005). Test Review: Wechsler, D. (2005). Wechsler Intelligence Scale for Children-Fourth Edition Spanish. *Journal of Psychoeducational Assessment, 25,* 292–299.

Brigham, C. C. (1923). *A study of American intelligence.* Princeton, NJ: Princeton University.

Cathers-Schiffman, T. A., & Thompson, M. S. (2007). Assessment of English- and Spanish-speaking Students with the WISC-III and Leiter-R. *Journal of Psychoeducational Assessment, 25,* 41–52.

Cummins, J. C. (1984). *Bilingual and special education: Issues in assessment and pedagogy.* Austin, TX: PRO-ED.

Dynda, A. M. (2008). *The relation between language proficiency and IQ test performance.* Unpublished manuscript. St. John's University, New York.

Esparza-Brown, J. (2007). *The impact of cultural loading and linguistic demand on the performance of English/Spanish bilinguals on Spanish language cognitive tests.* Unpublished manuscript. Portland State University, Portland, Oregon.

Figueroa, R. A. (1989). Psychological testing of linguistic-minority students: Knowledge gaps and regulations. *Exceptional Children, 56,* 145–152.

Figueroa, R. A. (1990). *Assessment of linguistic minority group children.* In C. R. Reynolds & R. W. Kamphaus (Eds.), *Handbook of psychological and educational assessment of children: Vol. 1, Intelligence and achievement.* New York: Guilford.

Figueroa, R. A., & Hernandez, S. (2000). *Testing Hispanic Students in the United States: Technical and policy issues.* Report to the President's Advisory Commission on Educational Excellence for Hispanic Americans. Washington,

DC: U.S. Department of Education, Office of Educational Research and Improvement (OERI).

Flanagan, D. P., McGrew, K. S., & Ortiz, S. O. (2000). *The Wechsler intelligence scales and CHC theory: A contemporary approach to interpretation.* Boston: Allyn & Bacon.

Flanagan, D. P., & Ortiz, S. O. (2001). *Essentials of cross-battery assessment.* New York: Wiley.

Flanagan, D. P., Ortiz, S. O., & Alfonso, V. C. (2007). *Essentials of cross-battery assessment* (2nd ed.). Hoboken, NJ: Wiley.

Flanagan, D. P., Ortiz, S. O., Alfonso, V. C., & Mascolo, J. (2006). *The Achievement Test desk reference (ATDR)-Second Edition: A guide to learning disability identification.* Hoboken, NJ: Wiley.

Goddard, H. H. (1913). The Binet tests in relation to immigration. *Journal of Psycho-Asthenics, 18,* 105-107.

Goddard, H. H. (1917). Mental tests and the immigrant. *Journal of Delinquency, 2,* 243-277.

Goldenberg, C. (2008). Teaching English language learners: What the research does-and does not-say. *American Educator, 32*(20), 8-23, 42-44.

Hakuta, K. (1991). *Mirror of language: The debate on bilingualism.* New York: Basic Books.

Harris, J. G., & Llorente, A. M. (2005). *Cultural considerations the use of the Wechsler Intelligence Scale for children-Fourth Edition.* In A. Prifitera, D. H. Saklofske, & L. G. Weiss (Eds.), *WISC-IV clinical use and interpretation: Scientist-practitioner perspectives* (pp. 382-416). San Deigo, CA: Academic Press.

Jensen, A. R. (1974). How biased are culture-loaded tests? *Genetic Psychology Monographs, 90,* 185-244.

Jensen, A. R. (1976). Construct validity and test bias. *Phi Delta Kappan, 58,* 340-346.

Jensen, A. R. (1980). *Bias in mental testing.* New York: Free Press.

Lohman, D. F., Korb, K., & Lakin, J. (2008). Identifying academically gifted English language learners using nonverbal tests: A comparison of the Raven, NNAT, and CogAT. *Gifted Child Quarterly, 52,* 275-296.

Mercer, J. R. (1979). *The system of multicultural pluralistic assessment: Technical manual.* New York: The Psychological Corporation.

Mpofu, E., & Ortiz, S. O. (2010). *Equitable assessment practices in diverse contexts.* In E. L. Grigorenko (Ed.), *Assessment of abilities and competencies in the era of globalization.* New York, NY: Springer Publishing Company.

Muñoz-Sandoval, A. F., Woodcock, R. W., McGrew, K. S., & Mather, N. (2005). *Batería III Woodcock-Muñoz: Pruebas de habilidades cognitivas.* Itasca, IL: Riverside Publishing.

Nieves-Brull, A. (2006). *Evaluation of the Culture-Language Matrix: A validation study of test performance in monolingual English speaking and bilingual English/Spanish speaking populations.* Unpublished manuscript. St. John's University, New York.

Oakland, T. (1976). *Non-biased assessment of minority group children: With bias toward none.* Paper presented at the National Planning Conference on Nondiscriminatory Assessment for Handicapped Children, Lexington, Kentucky.

Oakland, T., & Harris, J. G. (2009). Impact of test-taking behaviors on Full Scale IQ scores from the Wechsler Intelligence Scale for Children-IV Spanish edition. *Journal of Psychoeducational Assessment, 27*(5), 366-373.

Oakland, T., & Laosa, L. M. (1976). *Professional, legislative, and judicial influences on psychoeducational assessment practices in schools*. Paper presented at the National Planning Conference on Nondiscreiminatory Assessment for Handicapped Children, Lexington, Kentucky.

Ortiz, S. O. (2008). Best practices in nondiscriminatory assessment. In A. Thomas & J. Grimes (Eds.), *Best practices in school psychology V,* (pp. 661-678). Washington, DC: National Association of School Psychologists.

Ortiz, S. O., & Dynda, A. M. (2010). Diversity, fairness, utility and social issues. In E. Mpofu & T. Oakland (Eds.), *Assessment in rehabilitation and health*. Boston: Allyn & Bacon.

Ortiz, S. O., & Ochoa, S. H. (2005). Intellectual assessment: A nondiscriminatory interpretive approach. In D. P. Flanagan & P. L. Harrison (Eds.), *Contemporary intellectual assessment* (2nd ed.) (pp. 234-250). New York: Guilford.

Reynolds, C. R. (2000). Methods for detecting and evaluating cultural bias in neuropsychological tests. In E. Fletcher-Janzen, T. Strickland, & C. R. Reynolds, (Eds.), *Handbook of cross-cultural neuropsychology* (pp. 249-285). New York: Kluwer Academic/Plenum Publishers.

Rhodes, R., Ochoa, S. H., & Ortiz, S. O. (2005). *Assessment of culturally and linguistically diverse students: A practical guide*. New York: Guilford.

Salvia, J., & Ysseldyke, J. (1991). *Assessment in special and remedial education* (5th ed.). Boston: Houghton-Mifflin.

Sanchez, G. I. (1934). The implications of basal vocabulary to the measurement of the abilities of bilingual children. *The Journal of Social Psychology, 5,* 395-402.

Sandoval, J. (1979). The WISC-R and internal evidence of test bias with minority groups. *Journal of Consulting and Clinical Psychology, 47,* 919-927.

Sandoval, J., Frisby, C. L., Geisinger, K. F., Scheuneman, J. D., & Grenier, J. R. (Eds.). (1998). *Test interpretation and diversity: Achieving equity in assessment*. Washington, DC: American Psychological Association.

Sattler, J. (1992). *Assessment of children* (revised and updated 3rd ed.). San Diego, CA: Author.

Sotelo-Dynega, M. (2007). *Cognitive performance and the development of English language proficiency*. Unpublished manuscript. St. John's University, New York.

Tychanska, J. (2009). *Evaluation of speech and language impairment using the Culture-Language Test Classifications and Interpretive Matrix*. Unpublished manuscript. St. John's University, New York.

Valdes, G., & Figueroa, R. A. (1994). *Bilingualism and testing: A special case of bias*. Norwood, NJ: Ablex.

Vukovich, D., & Figueroa, R. A. (1982). *The validation of the system of multicultural pluralistic assessment: 1980-1982*. Unpublished manuscript, University of California at Davis, Department of Education.

Wechsler, D. (2005). *Wechsler Intelligence Scale for Children-Fourth Edition Spanish*. San Antonio, TX: Psychological Corporation.

Weiss, L. G., Harris, J. G., Prifitera, A., Courville, T., Rolfhus, E., Saklofske, D. H., & Holdnack, J. A. (2006). WISC-IV interpretation in social context. In L. G. Weiss, D. H. Saklofske, & J. Holdnack (Eds.), *WISC-IV advanced clinical interpretation* (pp. 1-57). Burlington, MA: Academic Press.

Woodcock, R. W., McGrew, K. S., & Mather, N. (2001). *Woodcock-Johnson III Tests of Cognitive Abilities*. Itasca, IL: Riverside Publishing.

Yerkes, R. M. (1921). Psychological examining in the United States Army. *Memoirs of the National Academy of Sciences, 15,* 1-890.

찾/아/보/기

[인 명]

[내 용]

● 편저자 소개 ●

Dawn P. Flanagan, Ph.D.
뉴욕에 위치해 있는 세인트존스 대학교에서 심리학과 교수직과 심리학 트레이닝 프로그램 부장을 맡고 있으며, 예일 의과대학교에 속해 있는 아동교육센터에서 부교수로 재직하고 있다. 인지평가, 심리교육학적 평가, 특정학습장애 등 전문적인 심리학을 가르치고 있다. 이 외에도 미국뿐만 아니라 전 세계적으로 학습장애 그리고 심리교육학적 평가/검사 컨설턴트를 하고 있다. 미국심리학회의 멤버이며, 미국 전문심리학자(American Board of Psychological Specialties) 자격이 있다. *Essentials of Cross-Battery Assessment*(2판)와 *Essentials of WISC-IV*(2판)를 출판했다.

Vincent C. Alfonso, Ph.D.
포드햄 대학교 교육대학원 부학장이며 심리학을 가르치고 있다. 또한 포드햄 대학교 박사 프로그램 전 코디네이터 그리고 포드햄 소속인 Rosa A. Hagin School Consultation Center and the Early Childhood Center에서 이사로 역임했다. 그의 연구 방향은 심리교육학적 평가, 유아평가, 트레이닝(training issues) 및 심리측정이다. 2003년 11월에는 뉴욕 심리교육자협회 학교심리학 리더십 분야에서 수상한 바 있다. 최근 그는 미국심리학회(Division 16)의 멤버로 임명받았다. 공인 학교심리학자이며 뉴욕 주 공인 심리학자로서 지난 20년간 많은 사람에게 심리교육적 지원을 제공해 왔다.

● 저자 소개 ●

Vincent C. Alfonso, Ph.D. 포드햄 대학교, 교육대학원
Drew H. Bailey, Ph.D. 미주리 대학교, 문리대학, 심리과학학과
Amy E. Barth, Ph.D. 휴스턴 대학교, 측정, 평가, 통계관련 텍사스 연구소
Virginia W. Berninger, Ph.D. 워싱턴 대학교, 교육대학, 교육심리학과
Steven G. Feifer, D.Ed. 학교심리학자, 프레더릭 카운티 공립학교 소속
Catherine A. Fiorello, Ph.D. 템플 대학교, 교육대학, 교육심리연구
Dawn P. Flanagan, Ph.D. 세인트존스 대학교, 심리학과, 예일 대학교, 약학대학, 예일아동연구센터
Jack M. Fletcher, Ph.D. 휴스턴 대학교, 심리학과
David C. Geary, Ph.D. 미주리 대학교, 심리과학학과

James B. Hale, Ph.D. 필라델피아 대학교, 의학, 심리학과
Mary, K. Hoard, Ph.D. 미주리 대학교, 심리과학학과
Jennifer T. Mascolo, PsyD. 컬럼비아 대학교, 사범대학, 건강 및 행동 연구학과
Nancy Mather, Ph.D. 애리조나 대학교, 특수교육, 재활, 학교심리학과
Jack Naglieri, Ph.D. 조지메이슨 대학교, 심리학과
Samuel O. Ortiz, Ph.D. 세인트존스 대학교, 심리학과
Marlene Sotelo-Dynega, Ph.D. 세인트존스 대학교, 심리학과
Karla K. Struebing, Ph.D. 휴스턴 대학교, 측정, 평가, 통계관련 텍사스 연구소
Barbara J. Wendling, M. A. Woodcock-Munoz 재단, 교육이사
Elizabeth Wiig, Ph.D. 보스턴 대학교, 명예교수
Kirby L. Wycoff, Ed.M. 러트거스 대학교, 응용 및 전문 심리학 대학원

● 역자 소개 ●

김동일(Kim, Dongil)
서울대학교 교육학과를 졸업, 교육부 국비유학생으로 선발되어 미국 미네소타 대학교 교육심리학과에서 학습장애를 주전공으로 석사, 박사학위를 취득하였다. Developmental Studies Center Research Associate, 한국청소년상담원 상담교수와 법인이사, 경인교육대학교 교육학과 교수, 한국학습장애학회 회장을 역임하였다. 2002년부터 국가 수준의 인터넷 중독 척도와 개입 연구를 진행해 왔으며, 정보화 역기능 예방 사업에 대한 공로로 행정안전부 장관 표창(2008)을 수상하였다.
현재 서울대학교 사범대학 교육학과 교육상담전공 교수 및 대학원 특수교육전공 주임교수로 재직하고 있으며, 한국아동청소년상담학회 회장, 한국교육심리학회 부회장, BK21 미래교육디자인 연구사업단 단장, 한국인터넷중독학회 부회장, 서울대학교 다중지능창의성연구센터(SNU MIMC Center) 소장, 여성가족부 청소년보호위원회 위원 등으로 활동하고 있다.

(SNU SERI 연구총서 3)

학습장애 진단과 판별
Essentials of Specific Learning Disability Identification

2016년 7월 20일 1판 1쇄 인쇄
2016년 7월 25일 1판 1쇄 발행

엮은이 • Dawn P. Flanagan · Vincent C. Alfonso
옮긴이 • 김동일
펴낸이 • 김진환
펴낸곳 • (주) **학지사**

04031 서울특별시 마포구 양화로 15길 20 마인드월드빌딩
대표전화 • 02)330-5114   팩스 • 02)324-2345
등록번호 • 제313-2006-000265호

홈페이지 • http://www.hakjisa.co.kr
페이스북 • https://www.facebook.com/hakjisa

ISBN 978-89-997-1034-6 93370

정가 20,000원

이 도서의 국립중앙도서관 출판시도서목록(CIP)은 서지정보유통지
원시스템 홈페이지(http://seoji.nl.go.kr)와 국가자료공동목록시스템
(http://www.nl.go.kr/kolisnet)에서 이용하실 수 있습니다.
(CIP 제어번호: CIP2016017046)

▌교육문화출판미디어그룹 **학지사**
심리검사연구소 **인싸이트** www.inpsyt.co.kr
원격교육연수원 **카운피아** www.counpia.com
학술논문서비스 **뉴논문** www.newnonmun.com